高速铁路岗位培训教材

动车组
车载通信设备维修岗位

铁道部劳动和卫生司
铁 道 部 运 输 局

中国铁道出版社有限公司
CHINA RAILWAY PUBLISHING HOUSE CO., LTD.

内容简介

本书为铁道部规划的高速铁路岗位培训教材之一，是根据《动车组车载通信设备维修岗位培训规范》编写的。全书共六章，内容包括理论知识和实作技能两大类。理论知识主要内容为：安全知识、专业知识、相关知识；实作技能主要内容为：基本技能和专业技能，包括：动车组车载通信设备维护（CIR/LBJ 出入库检测设备的使用、CIR/LBJ 设备检测与维修），动车组车载通信设备故障处理（CIR/LBJ 设备故障判断处理、结合部故障处理）等专业技能知识。

本书适用于对动车组车载通信设备维修岗前资格性培训和岗位适应性培训，可作为高速铁路职工岗位培训教材，也可供动车组车载通信设备维修人员和运用管理人员学习，对各类职业院校相关师生学习也有重要的参考价值。

图书在版编目(CIP)数据

动车组车载通信设备维修岗位/铁道部劳动和卫生司，铁道部运输局编．—北京：中国铁道出版社，2012.9（2021.3 重印）
高速铁路岗位培训教材
ISBN 978-7-113-15288-8

Ⅰ.①动… Ⅱ.①铁… ②铁… Ⅲ.①高速动车-铁路通信-通信设备-维修-岗位培训-教材 Ⅳ.①U266

中国版本图书馆 CIP 数据核字(2012)第 211678 号

书　　名：高速铁路岗位培训教材
动车组车载通信设备维修岗位
作　　者：铁道部劳动和卫生司　铁道部运输局

策划编辑：武亚雯
责任编辑：崔忠文　徐　清　**电话**：(010)51873147　**电子信箱**：dianwu@vip.sina.com
封面设计：崔丽芳
责任校对：孙　玫
责任印制：高春晓

出版发行：中国铁道出版社有限公司（100054，北京市西城区右安门西街 8 号）
网　　址：http://www.tdpress.com
印　　刷：国铁印务有限公司
版　　次：2012 年 10 月第 1 版　2021 年 3 月第 6 次印刷
开　　本：787 mm×1092 mm　1/16　印张：15　字数：378 千
书　　号：ISBN 978-7-113-15288-8
定　　价：63.00 元

前言

在科学发展观的指导下，我国高速铁路建设取得重要成果。目前，中国已成为世界上高速铁路营业里程最多、运营速度最高、在建高速铁路规模最大的国家。培养和造就一支适应高速铁路发展的高素质人才队伍，是强化安全风险管理基础、确保高速铁路运营安全的战略任务。

为严格落实高速铁路主要行车工种岗位准入制度，满足相关人员岗位培训需要，铁道部决定按照高速铁路主要行车工种岗位标准和培训规范，结合铁路现代化发展的实际，组织开发高速铁路岗位培训教材。教材建设是职业教育培训工作的重要组成部分，是提高教育培训质量的关键。加快高速铁路岗位培训教材建设，已成为加强和改进高速铁路职工教育培训工作的当务之急。

本套教材由铁道部劳动和卫生司、运输局共同组织，集中相关铁路局、部分铁路高职院校和职工培训基地的专家、工程技术人员、任课教师编写及审定，多方合作，共同完成，涵盖了高速铁路基础设施维护(工务、供电、通信、信号)13个岗位。教材充分体现了近几年来高速铁路新技术、新设备的大量运用及其发展趋势，侧重体现了与既有线相关技术的区别，填补了高速铁路基础设施维护岗位培训教材的空白。教材按照高速铁路岗位培训规范编写，涵盖了培训规范的各个能力项，适用于高速铁路主要行车工种岗前资格性培训和岗位适应性培训，便于现场模块化教学及职工自学。

Preface

本书为《动车组车载通信设备维修岗位》培训教材。全书共分六章，内容包括理论知识和实作技能。理论知识主要内容为：安全知识、专业知识、相关知识；实作技能主要内容为：基本技能和专业技能，包括：动车组车载通信设备维护（CIR/LBJ 出入库检测设备的使用、CIR/LBJ 设备检测与维修），动车组车载通信设备故障处理（CIR/LBJ 设备故障处理、结合部故障处理）等专业技能知识。为便于教学和使用，书中各章节都配有思考题和复习题，书末并附有动车组车载通信设备维修岗位技能实训设备配置标准建议表。

本书由姜立荣主编并统稿，参加编写人员有李海堂、徐伟、林海峰、马勇、张菁、方冲、钱玉燕。其中，姜立荣、李海堂参与编写第一章、第二章、第三章；徐伟参与编写第五章；林海峰参与编写第二章；马勇参与编写第六章；张菁参与编写第五章；方冲参与编写第二章、第三章、第五章；钱玉燕参与编写第二章、第四章。

本书由铁道部劳动和卫生司、运输局统一组织审定。主要审定人员有：姜永富、闫永利、张朝华、邵汝峰、任天德、杨春燕、武亚雯。本书在编写、审定过程中，还得到上海铁路通信有限公司俞健、天津七一二通信广播有限公司李世凯、北京世纪东方国铁科技股份有限公司姚兰英等许多同仁的大力支持和帮助，在此一并表示感谢。

编　者

2012 年 6 月

目录

理论知识

实作技能

Contents

理论知识

LiLun ZhiShi

第一章　安 全 知 识

高速铁路对促进我国社会经济发展、方便人民群众出行起到了积极作用。高速铁路列车运行速度快、密度大，必须保证高速铁路和客运列车的运行安全。本章结合有关规章制度和通信专业特点，重点讲述劳动安全、电气化作业安全和施工安全的基本知识。有关行车安全的内容，纳入施工安全中一并讲述。

第一节　劳 动 安 全

本节从高速铁路通信岗位从业人员基本素质、法律法规的相关要求出发，结合通信专业实际情况，讲述了高处作业安全、有限(密闭)空间作业安全以及劳动安全防护措施等基本安全知识。

一、高速铁路通信相关岗位从业人员的基本素质要求

高速铁路通信岗位目前包括高速铁路通信综合维修岗位、动车组车载通信设备维修岗位和高速铁路通信网管岗位。对应的岗位标准分别适用于从事高速铁路现场通信设备维修、车载通信设备维修、通信网络管理及调度所(中心)通信设备维修的人员。以下为动车组车载通信设备维修岗位标准中规定的基本素质要求，其他岗位的基本素质要求参见相关文件。

1. 文化程度：中职毕业。
2. 专业要求：通信或相关专业，或经 1 年专业培训合格。
3. 职业资格：铁路通信工中级工职业资格。
4. 工作经历：从事铁路干线通信设备维护工作不少于 1 年。
5. 身体要求：身体健康，动作协调，心理及身体素质较好，无职业禁忌症，听力及辨色力正常，双眼矫正视力不低于 5.0，能胜任本岗位工作。
6. 职业道德：遵章守纪、爱岗敬业、服从指挥、团结协作。

二、《铁路运输安全保护条例》有关规定

1. 铁路运输企业应当加强铁路运输安全管理，建立、健全安全生产管理制度，设置安全管理机构，保证铁路运输安全所必需的资金投入。

铁路运输工作人员应当坚守岗位，按程序实行标准作业，尽职尽责，保证运输安全。

2. 铁路运输企业的安全生产管理人员应当对铁路线路进行经常性巡查和维护。对巡查中发现的安全问题，应当立即处理；不能处理的，应当及时报告本企业有关负责人。巡查及处理情况应当留存记录。

3. 铁路运输企业应当建立、健全并严格执行铁路运输的设施、设备的安全管理和检查防护的规章制度，加强对铁路运输的设施、设备的检测、维修，对不符合安全要求的应当及时更

换，确保铁路运输设施、设备性能完好和安全运行。

在法定假日和传统节日等铁路运输高峰期间，铁路运输企业应当加强铁路运输安全检查，确保运输安全。

4. 铁路运输企业应当加强对从业人员的安全教育和培训。铁路运输企业的从业人员应当严格按照国家规定的操作规程，使用、管理铁路运输的设施、设备。

三、劳动保护的相关规定

《中华人民共和国劳动法》对劳动保护提出了统一要求，各省、直辖市分别制定了劳动保护条例。

（一）劳动保护的定义

劳动保护，是指劳动者在生产劳动过程中的安全与健康的保护，由劳动保护科学管理、安全技术和职业卫生三个部分组成。

（二）劳动保护教育培训

用人单位对劳动者必须进行劳动保护教育培训，提高劳动保护意识，掌握必要的劳动保护知识。对从事特种作业的劳动者，必须进行专业安全技术培训，并经劳动行政部门考核，取得特种作业操作证后，方可上岗作业。

（三）劳动者的健康检查

用人单位对劳动者应当实行定期健康检查制度，建立健全劳动者健康档案，其中：

（1）对依法招用并签订劳动合同的劳动者必须进行就业前健康检查。

（2）对从事职业危害作业的劳动者必须进行定期健康监护检查。

（3）对确诊患有职业病的劳动者必须及时予以治疗、康复，不宜继续从事原工作的应当调换岗位，妥善安置。

（4）不得安排患有职业禁忌症的劳动者从事该职业的劳动。不得安排女职工和未成年人从事国家禁忌的劳动。

（四）劳动者权利和义务

劳动者在劳动过程中必须遵守国家和省有关劳动保护法律、法规、规章及有关技术标准、规程和行业规范，遵守劳动纪律和劳动保护管理制度，执行岗位职责和安全操作规程。

劳动者依法享受劳动保护，参加劳动保护教育培训；对管理人员违章指挥或强令冒险作业，有权拒绝执行；对危害生命安全和身体健康以及违反劳动保护法律、法规规定的行为，有权提出批评、检举和控告。

四、高处作业安全技术培训管理

《特种作业人员安全技术培训考核管理规定》（国家安全生产监督管理总局30号令）于2010年5月24日公布，自2010年7月1日起施行。其中明确了特种作业人员安全技术培训管理的相关内容。高处作业为其附件特种作业目录的第3项。

（一）高处作业的定义

指专门或经常在坠落高度基准面2 m及以上有可能坠落的高处进行的作业。包括：

（1）登高架设作业：指在高处从事脚手架、跨越架架设或拆除的作业。

(2)高处安装、维护、拆除作业：指在高处从事安装、维护、拆除的作业。

适用于利用专用设备进行建筑物内外装饰、清洁、装修，电力、电信等线路架设，高处管道架设，小型空调高处安装、维修，各种设备设施与户外广告设施的安装、检修、维护以及在高处从事建筑物、设备设施拆除作业。

（二）特种作业人员应当符合的条件

(1)年满18周岁，且不超过国家法定退休年龄；

(2)经社区或者县级以上医疗机构体检健康合格，并无妨碍从事相应特种作业的器质性心脏病、癫痫病、美尼尔氏症、眩晕症、癔病、震颤麻痹症、精神病、痴呆症以及其他疾病和生理缺陷；

(3)具有初中及以上文化程度；

(4)具备必要的安全技术知识与技能；

(5)相应特种作业规定的其他条件。

（三）特种作业操作证

特种作业人员必须经专门的安全技术培训并考核合格，取得《中华人民共和国特种作业操作证》(简称特种作业操作证)后，方可上岗作业。特种作业操作证样式如图1-1所示。

图1-1　特种作业操作证样式图

五、有限(密闭)空间作业

（一）有限空间

有限空间是指封闭或部分封闭，进出口较为狭窄有限，未被设计为固定场所，自然通风不良，易造成有毒有害、易燃易爆物质积聚或氧含量不足的空间。

（二）有限空间作业存在的危害

(1)中毒危害：有限空间容易积聚高浓度的有毒有害物质，比较常见的有硫化氢、二氧化碳、苯和二甲苯等；

(2)缺氧危险：有限空间空气中氧浓度过低导致的缺氧；

(3)燃爆危险：空气中存在易燃易爆物质，浓度过高遇火引起爆炸或燃烧；

(4)其他危险：其他威胁生命或健康的环境条件，如坠落、溺水、物体打击、电击等。

夏季温度较高，各种有害气体聚集和挥发的程度比较高，所以发生有限空间中毒窒息的概率加大。

（三）有限空间作业应采取的安全措施

(1)进入作业现场前，要详细了解现场情况，对作业现场进行危害识别和评估，并有针对性地准备检测与防护器材。

(2)采取通风净化等措施，使有限空间工作条件符合要求。必要时，先对有限空间进行氧气、可燃气、硫化氢、一氧化碳等气体检测，确认安全后方可进入。

(3)对作业面可能存在的电、高低温及危害物质进行有效隔离。

(4)必要时佩戴隔离式空气呼吸器。

(5)进入有限空间时应佩戴有效的通讯工具，系安全绳。

(6)配备防护员和应急救援人员。

(7)有限空间内必须使用喷灯时，应首先排除气体燃爆风险，同时要防止缺氧造成人员伤害。

(8)严格安全管理，落实作业许可。

六、劳动安全防护控制措施

1. 所有高铁从业人员必须经专门安全教育培训，并经考试合格后，方准上岗。学徒工、实习人员参加作业前，必须签订师徒合同，严格落实人身安全互控措施，严禁师徒分离，不得单独顶岗作业。

2. 从业人员上岗前必须充分休息好，严禁班前、班中饮酒。严禁脱岗、串岗、私自替班或换班。

3. 生产作业班组于班前，必须结合天气情况、作业处所、环境条件的变化和工作重点任务，对人身安全关键环节进行安全预想，并制定人身安全防护措施。作业人员要认真落实有关技术作业安全要求，自觉地实施安全自控和互控，杜绝人身伤亡事故的发生。

4. 工区应备有急救药箱，所有工作人员应掌握预防作业伤害、触电和外伤处理知识。

5. 从业人员上线作业时必须精力集中、严守“两纪”，认真执行安全检查确认制度和呼唤应答制度，不准打闹、玩笑、阅读书报、接打手机和做与本岗工作无关的事情。

6. 各单位必须按规定为从业人员配发符合国家标准或行业标准的劳动防护用品和工具，并教育从业人员正确佩戴、使用。

7. 从业人员上岗前必须按规定穿戴劳动防护服装和携带必要的人身安全防护用品。禁止穿凉鞋、高跟鞋、塑料底鞋和带钉子的鞋上岗作业，未穿戴劳动防护服装和携带人身安全防护用品的不准上岗作业。

8. 上线作业应首先设好安全防护，未设防护严禁作业。所有上线作业人员，应统一着装带有夜间反光标志的防护坎肩或带有反光标志的黄半袖衫。劳务工、民工、临时工上线作业必须由正式铁路职工带领，并按规定做好防护后方准作业。

9. 严禁在钢轨上、轨枕头、车底下、道心、车端部、站台边站立、坐卧、避风、避雨雪或乘凉。

10. 如遇高速铁路通信设备故障或其他非正常情况必须上线作业时，现场维护单位必须设专人防护，严禁通信人员单人上线作业。

11. 夏季防暑降温劳动保护：

(1)对患有心、肺、脑血管性疾病、肺结核、中枢神经系统疾病及其他身体状况不适合高温、高湿作业的从业人员，应调离高温、高空作业岗位，确保从业人员在生产过程中的安全和健康。

(2)加强生产作业场所防暑降温安全生产措施。各单位不断完善暑期高温、湿热生产作业场所的安全生产条件，努力改善从业人员生产作业岗位、工休室和单身宿舍等生产、生活环境条件，为从业人员提供良好的工作和休息环境。

(3)调整从业人员防暑降温劳动作息时间。各单位的劳动卫生部门要在暑期高温、湿热极端天气期间，根据生产作业特点和具体条件，在保证工作质量的同时，适时调整夏季高温作业劳动和休息制度，减少高温时段作业，缩短一次连续作业时间，增加休息、减轻劳动强度，严格控制和避免加班、加点，保证充足的休息，确保职工精力充沛地投入生产作业。

(4)保障从业人员防暑降温劳动防护用品的配备和发放。各单位物资后勤部门应及时将防暑降温劳动防护用品发到职工手中,并健全管理办法,教育职工上岗作业正确佩戴使用,不按规定佩戴使用,不准上岗作业,防止各类人身伤害事故和职业禁忌症、中暑事故的发生。

12. 冬季防寒过冬劳动保护:

(1)各单位要做好防寒过冬教育,按规定发放防寒过冬劳动防护用品,并健全管理办法,教育职工上岗作业正确佩戴使用,防止冻伤、滑倒跌伤的发生。冬季室外作业时,所戴防寒帽应有耳孔。

(2)采用炉火取暖的,应安装风斗,定期打烟筒,防止一氧化碳中毒。

(3)对露天作业的登高作业扶梯等处所要提前做好包扎等防滑措施。

(4)要及时组织清除作业场地的积冰、积雪,防止滑倒摔伤。

(5)冬季雨雪天气,要防止坠冰造成人身伤害。

13. 从事爬杆、登塔等高处作业时安全措施:

(1)使用安全带。

(2)禁止上、下同时作业;不得将工具、材料放在梯子上;不准上下抛递工具、材料。

(3)不准人扛、手提笨重物品爬杆、登塔。

(4)上下传递工具材料应使用系绳。

(5)塔下防护员或配合作业人员应正确佩戴安全帽。

思考题

1. 简述动车组车载通信设备维修岗位对人员的基本素质要求。
2. 简述劳动保护的含义。
3. 简述特种作业人员应符合的条件。
4. 简述劳动安全防护控制措施的内容。
5. 简述有限空间作业应采取的措施。

第二节 电气化作业安全

本节主要讲述高速铁路电气化区段通信作业安全的相关内容和安全用电基本知识。

一、通信作业人身安全规定

1. 为防止电气化铁路区段人身伤害和行车事故的发生,确保人员的生命安全和运输安全,凡在电气化铁路作业的职工都必须执行国家相关的法律法规和铁道部《电气化铁路有关人员电气安全规则》等规定。各单位要认真组织职工学习,并考试合格后方准上道作业。

2. 在电气化铁路上,接触网的各导线及其相连部件,通常均带有高压电,因此禁止直接或间接地(通过任何物件,如棒条、导线、水流等)与上述设备接触(接触网特殊带电作业除外)。

3. 当接触网的绝缘不良时,在其支柱、支撑结构及其金属结构上,在回流线与钢轨连接点上都有可能出现高电压,因此,平常应避免与上述部件接触,当接触网绝缘损坏时,禁止与之接触。

4. 接触网在未确认无电以前,应一律按有电处理。

5. 对非电化区段的有关人员临时进入电化区段工作时，应由分配工作单位的负责人向有关人员传达电化区段安全注意事项。

6. 为保证人身安全，除专业人员按规定作业外，任何人员所携带的物件（包括长杆、导线等）与接触网设备的带电部分需保持 2 m 以上的距离，与回流线保持 1 m 以上距离。

乘坐轨道作业车时，严禁将长大料具高举挥动。作业人员拿有长大物体通过电气化铁路时，必须使其保持水平状态通过。

7. 在距离接触网带电部分不足 2 m 的处所进行作业时，接触网必须断电，并按以下要求办理：

(1)通信维护单位向电力调度员提出接触网停电申请书，申请书中要明确施工地点、所需时间、开始时间及作业特点。

(2)经电力调度员许可停电施工命令批准，并有接触网工区指定的接触网工安设可靠的临时接地线后，通信人员方可开始施工作业。作业时应有接触网工区人员在场监护，在有关电气安全方面，通信作业人员必须听从接触网工的指导。

(3)通信作业结束，所有作业人员都已在安全地点后，通知接触网工区监护人员。接触网工在确认所有通信作业人员都已在安全地点后，方可拆除临时接地线，并通知电力调度员施工已完成。在拆除临时接地线之后，严禁通信作业人员再行施工。

8. 当接触网停电并接地以前，禁止登上机车车辆顶部进行任何作业或翻越车顶通过线路。严禁在有电区攀爬车顶进行车载无线通信设备天线的检修作业。

9. 禁止攀登接触网支柱及在接触网支柱上搭挂衣物，或在支柱旁休息。禁止在变压器下、支柱旁、铁塔下避雨。在雷雨天气巡视设备时，不准靠近避雷针、避雷器。雨天作业时，必须远离接触网支柱、接地线、回流线等设备。

10. 严禁在接触网上搭挂绳索等物，一旦发现接触网上挂有线头等物，不准接触；当发现接触网导线断落，要远离断落点 10 m 以外，并将该处加以防护，立即通知有关部门派人处理。

11. 在电气化区段，通过铁路平交道口的汽车等运输工具装载的货物高度不得超过 4.2 m，装载高度超过 2 m 的货物上严禁坐人。

12. 用水或一般灭火器浇灭离接触网带电部分不足 4 m 的燃着物体时，接触网必须断电；距接触网超过 4 m 的燃着物体时可不停电，但必须使水流不向接触网方向喷射或流淌。若用沙土灭火时，距接触网在 2 m 以上时可不停电。

13. 接触网附近，严禁抛、甩绳索和导线。

14. 进入牵引变电所、AT 所、分区所和电力变配电室检修通信设备，应按照规定的路线行走，严禁进入无关区域、严禁触碰电力设备，必要时应在供电人员监护下进行通信设备检修作业。

二、安全用电

安全电压是指对人体不会引起生命危险的电压，它是根据人体电阻确定的，人体电阻一般在 800 Ω～1 MΩ 之间，流经人体不致发生生命危险的电流一般不会超过 50 mA，按照欧姆定律可推知人体安全电压应小于 40 V。我国规定 36 V 以下为安全电压，在某些特殊场合规定 12 V 为安全电压。

低压指对地电压在 250 V 及以下，如 380/220 V 三相四线制居民生活用电线路、直流 220/110 V电源等。高压指对地电压在 250 V 以上，如 10 kV 电力线路、25 kV 接触网线路等。

跨步电压是指电气设备或电力系统一相发生接地短路时，电流从接地处四散流出，在地面上形成不同的电位分布，人走近短路点时两脚之间的电位差。当跨步电压达到 40 V 以上时，将使人有触电危险，特别是人被跨步电压击倒后加大了人体的触电电压，从而造成意外和死亡。发现有跨步电压危险时，应单足或并双足跳离危险区，亦可沿半径垂直方向小步慢慢退出。

发生高压接地故障时，在切断电源前，任何人与接地点的距离，室内不得小于 4 m，室外不得小于 8 m，接触网断线接地不得小于 10 m。必须进入上述范围作业时，作业人员要穿绝缘靴。实践证明，穿着绝缘靴是防护跨步电压的一种有效措施。

安全用电的原则是不接触低压带电体，不靠近高压带电体。常用的安全用电措施有：

1. 火线必须进开关。火线进开关后，当开关处于分断状态时，用电器上就不带电，不但利于维修而且可减少触电机会。

2. 合理选择照明电压。一般工厂和家庭的照明灯具多采用悬挂式，人体接触机会较少，可选用 220 V 电压供电；工人接触机会较多的机床照明灯则应选 36 V 供电，决不允许采用 220 V 灯具做机床照明；在潮湿、有导电灰尘、有腐蚀性气体的情况下，则应选用 24 V、12 V 甚至是 6 V 电压来供照明灯具使用。

3. 合理选择导线和熔丝。导线通过电流时，不允许发热，所以导线的额定电流应比实际电流要大些。熔丝是做保护用的，要求电路发生短路时能迅速熔断，所以不能选额定电流大的熔丝来保护小电流电路。但也不能用额定电流小的熔丝来保护大电流电路，因为这会使电路无法正常工作。

4. 电气设备要有一定的绝缘电阻。电气设备的金属外壳和导电线圈间必须要有一定的绝缘电阻，否则当人触及正在工作的电气设备的金属外壳就会触电。一般电气设备在出厂前，都测量过它们的绝缘电阻，以确保使用者的安全。但是在使用电气设备的过程中，应注意保护绝缘材料，预防绝缘材料受伤和老化。

5. 电气设备的安装要正确。电气设备要根据安装说明进行安装，不可马虎从事。带电部分应有防护罩，高压带电体更应有效加以防护，使一般人无法靠近高压带电体。必要时应加装联锁装置以防触电。

6. 采用各种保护用具。保护用具是保证工作人员安全操作的工具，主要有绝缘手套、鞋，绝缘钳、棒、垫等。干燥的木质桌凳、玻璃、橡皮等也可充做保护用具。

7. 电气设备的保护接地和保护接零。正常情况下电气设备的金属外壳是不带电的，但在绝缘损坏而漏电时，外壳就会带电。为保证人触及漏电设备的金属外壳时不会触电，通常都会采用保护接地或保护接零的安全措施。保护接地就是将电气设备在正常情况下不带电的金属外壳或构架，与大地之间作良好的金属连接。保护接零就是将电气设备在正常情况下不带电的金属外壳或构架，与供电系统中的零线连接。

8. 通信设备的电容、电感等具有蓄能能力，在检修前应将相关端子短路，消除残留电量。

9. 其他安全用电常识：

(1)任何电气设备在未确认无电以前，应一律认为有电，不要随便接触电气设备。

(2)不盲目信赖开关或控制装置，只有拔下用电器的插头才是最安全的。

(3)不损伤电线，也不乱拉电线。若发现电线、插头、插座有损坏，必须及时更换。

(4)拆开的或断裂的、裸露的带电接头，必须及时用绝缘物包好并放置到人身不易触碰到的地方。

(5)尽量避免带电操作，手湿时更应避免带电操作；在做必要的带电操作时，应尽量用一只手工作，另一只手可放在口袋中或背后。同时要有人监护。

(6)当有数人进行电工作业时，应于接通电源前通知他人。

(7)不要依赖绝缘来防范触电，因为绝缘代替不了小心。

(8)在带电设备周围严禁使用钢皮尺、钢卷尺进行测量工作。

思考题

1. 简述电气化区段作业人身安全的措施。
2. 我国规定的安全电压是多少?
3. 简述跨步电压的含义。
4. 简述常用的安全用电措施。
5. 简述安全用电常识。

第三节 施工安全

铁路各类施工必须把确保行车安全放在首要位置，坚持“安全第一、预防为主、综合治理”的方针，对影响行车和施工安全的每个环节都必须强化安全管理。本节重点讲述铁路交通事故、行车设备故障管理、高速铁路施工安全管理的有关规定，介绍了电务基本安全制度以及施工防护等相关基本知识。

一、电务基本安全制度

电务工作人员必须认真执行“三不动”、“三不离”“三不放过”和“三级施工安全措施”四项基本安全制度。

1. 三不动：未登记联系好不动；对设备性能、状态不清楚不动；正在使用中的设备不动。

2. 三不离：工作完了，不彻底试验良好不离；影响正常使用的设备缺点未修好前不离；发现设备有异状时，未查清原因不离。

3. 三不放过：事故原因分析不清不放过；没有防范措施不放过；事故责任者和职工没有受到教育不放过。

4. 三级施工安全措施：通信(电务)段、车间、工区三级组织的施工均应制定施工安全措施。安全措施的基本内容应包括：施工前的准备措施，施工中的单项作业措施、安全卡控措施及安全防护措施，施工后的检查试验措施，以及应急处置措施等。

二、事故及故障的处理程序

1. 对影响正常行车的设备故障，通信维修人员应将确认的故障现象以及故障原因、处理情况登记在《行车设备检查登记簿》内，作为原始记录备查。

2. 当发生通信故障或事故时，应按险情等级和影响程度及时启动应急预案。故障处理人员应严格按故障处理程序处理，查明原因，排除故障，尽快恢复使用。

3. 当发生与通信设备有关联的铁路交通事故时，通信人员应会同车站值班员记录设备状态，保护事故现场，不得擅自动用设备(或按照上级指示封存设备)，并立即报告通信(电务)段调度；同时做好执行应急通信保障准备工作，根据上级命令及时出动。

三、铁路交通事故定义及事故等级划分

铁路机车车辆在运行过程中与行人、机动车、非机动车、牲畜及其他障碍物相撞，或者铁路机车车辆发生冲突、脱轨、火灾、爆炸等影响铁路正常行车的情况，均构成铁路交通事故（以下简称事故）。

根据事故造成的人员伤亡、直接经济损失、列车脱轨辆数、中断铁路行车时间等情形，事故等级分为特别重大事故、重大事故、较大事故和一般事故。

1. 有下列情形之一的，为特别重大事故：

(1)造成 30 人以上死亡，或者 100 人以上重伤（包括急性工业中毒，下同），或者 1 亿元以上直接经济损失的；

(2)繁忙干线客运列车脱轨 18 辆以上并中断铁路行车 48 h 以上的；

(3)繁忙干线货运列车脱轨 60 辆以上并中断铁路行车 48 h 以上的。

2. 有下列情形之一的，为重大事故：

(1)造成 10 人以上 30 人以下死亡，或者 50 人以上 100 人以下重伤，或者 5 000 万元以上 1 亿元以下直接经济损失的；

(2)客运列车脱轨 18 辆以上的；

(3)货运列车脱轨 60 辆以上的；

(4)客运列车脱轨 2 辆以上 18 辆以下，并中断繁忙干线铁路行车 24 h 以上或者中断其他线路铁路行车 48 h 以上的；

(5)货运列车脱轨 6 辆以上 60 辆以下，并中断繁忙干线铁路行车 24 h 以上或者中断其他线路铁路行车 48 h 以上的。

3. 有下列情形之一的，为较大事故：

(1)造成 3 人以上 10 人以下死亡，或者 10 人以上 50 人以下重伤，或者 1 000 万元以上 5 000万元以下直接经济损失的；

(2)客运列车脱轨 2 辆以上 18 辆以下的；

(3)货运列车脱轨 6 辆以上 60 辆以下的；

(4)中断繁忙干线铁路行车 6 h 以上的；

(5)中断其他线路铁路行车 10 h 以上的。

4. 造成 3 人以下死亡，或者 10 人以下重伤，或者 1 000 万元以下直接经济损失的，为一般事故。

除前款规定外，按照国务院授权，铁道部又将一般事故做了细化分类，一般事故分为 A（A1～A4）、B(B1～B4)、C(C1～C25)、D(D1～D21)四类。例如：

C13：列车运行中碰撞轻型车辆、小车、施工机械、机具、防护栅栏等设备设施或路料、坍体、落石；

C24：无调度命令施工，超范围施工，超范围维修作业；

D9：施工、检修、清扫设备耽误列车；

D21：行车设备故障耽误本列客运列车 1 h 以上，或耽误本列货运列车 2 h 以上；固定设备故障延时影响正常行车 2 h 以上（仅指正线）。

四、设备故障和障碍

因违反作业标准、操作规程及养护维修不当或设计制造质量缺陷、自然灾害等原因，造成

铁路通信、行车设备损坏，影响正常行车，危及行车安全，均构成设备故障。未影响正常行车的，列通信障碍。

五、事故及故障报告与调查处理

(一)通信设备故障、事故报告

(1)设备故障发生后，各级电务人员应逐级上报。通信工区立即向车间和通信(电务)段调度报告；通信(电务)段调度应及时向铁路局(公司)电务调度报告。

(2)属于人为破坏、设备被盗造成的故障，报告公安部门处理。

(3)对可能与电务有关的一般C类以上事故，须及时将事故概况上报至主管部门。

(二)通信设备故障、事故的调查处理

(1)铁道部、铁路安全监督管理办公室(简称安全监管办)的安全监察部门负责铁路交通事故调查处理的日常工作。铁道部、安全监管办派驻各地的安全监察机构，分别承担铁道部、安全监管办指定的事故调查处理工作。

(2)铁道部、铁路局专业部门是行车设备的主管部门，负责组织设备故障的调查处理。

(3)事故调查处理的原则和方法是：坚持以事实为依据，以法律、法规、规章为准绳，认真调查分析，查明原因，认定损失，定性定责，追究责任，总结教训，提出整改措施。

六、事故(故障)的责任划分

事故(故障)分为责任事故和非责任事故。

事故(故障)责任分为全部责任、主要责任、重要责任、次要责任和同等责任。

1. 因设备管理不善造成的事故(故障)，定设备管理单位责任。

2. 因产品质量不良造成事故(故障)，属设计、制造、采购、检修等单位责任的，定相关单位责任；应采用经行政许可或强制认证的产品而采用其他产品的，追究采用单位责任；采购不合格或不达标产品的，追究采购单位责任。

3. 自然灾害原因导致的事故(故障)，因防范措施不到位，定责任事故。确属不可抗力原因导致的事故，定非责任事故(故障)。

4. 营业线施工中发生责任事故(故障)，属工程建设、设计、监理、施工等原因造成的，定上述相关单位责任；同时追究设备管理单位责任。

已经竣工验收的设备，因质量问题发生责任事故(故障)，确属工程建设、设计、施工、监理等单位责任的，定上述相关单位责任；属设备管理不善的，定设备管理单位责任。

5. 涉嫌人为破坏造成的事故(故障)，在公安机关确认前，定发生单位责任事故(故障)；经公安机关确认属人为破坏原因造成的，定发生单位非责任事故(故障)。

6. 因临时租(借)用其他单位的设备设施、人员，发生事故(故障)，定使用单位责任。产权单位委托其他单位维修设备设施，因维修质量不良造成事故(故障)，定维修单位责任；产权单位管理不善的，追究其同等责任。

7. 凡经铁道部批准或铁路运输企业批准并报铁道部核备后的技术革新项目、科研项目在运营线上试验时，在限定的试验期限内确因试验项目本身原因发生事故(故障)，不定责任事故(故障)；但由于违反操作规程以及其他人为因素造成的事故(故障)，定责任事故(故障)。

8. 事故(故障)发生后，因发生单位未如实提供情况，导致不能查明事故(故障)原因和判定责任的，定发生单位责任。

9. 事故(故障)涉及两个以上单位管理的相关设备，设备质量均未超过临修或技术限度时，按事故(故障)因果关系进行推断，确定责任单位。

特别需要指出的是，事故(故障)责任的确定，并非仅凭维护单位的说明，要按规定履行事故(故障)外转手续，并取得外转单位的书面认可。

七、高铁通信施工作业的相关规定

(一)施工组织原则

严格执行"施工不行车、行车不施工"的施工组织原则。高速铁路除室内设备巡视、线下设备巡检之外的所有通信设备维护和施工作业必须在综合天窗内进行，全部由铁路局审批，纳入月度施工计划。应急处理故障和非正常情况下的上道作业需按规定经审批同意后方可进行。

(二)施工登记销记

施工(维修)作业，施工联络员应于施工前规定的时间在高铁调度台(车站)运统46(施工)上登记。按照以下程序办理：

1. 施工要点

不需接触网停电配合的施工，调度所电务(通信)联络员要与列车调度员加强联系，在得到列车调度员发布的施工调度命令后，立即将命令号、命令内容等事项通知现场施工负责人，现场负责人核对无误后，方可组织现场开始施工。

需接触网停电配合的施工，调度所电务(通信)联络员要与列车调度员和供电调度员(或调度所供电联络员)加强联系，必须同时得到列车调度员的施工命令和供电调度员(或调度所供电联络员)已停电的书面通知，方可通知现场施工负责人开始施工。

2. 施工销点

不需接触网停电配合的施工，调度所电务(通信)联络员在得到施工现场负责人施工完成的报告后，在调度所《行车设备施工登记簿》上登记，注明开通时间。

需接触网停电配合的施工，调度所电务(通信)联络员在得到施工现场负责人施工完成的报告后，除按上述规定登记外，还应立即通知供电调度员(或调度所供电联络员)，并书面签认。

(三)高铁施工作业安全控制措施

高速铁路上道维修、检查、测试和施工作业必须安排在天窗时间内进行。没有命令不准上道。

(1)天窗时间以外，严禁任何人员上道。

(2)未经允许，严禁进入高铁防护栅栏内。

(3)高铁通信所用工具、材料、仪表，照明灯具、通信工具均要进行编号，粘贴反光标志，建立台账，实行统一管理。

(4)对已经批准的上道施工(维修)作业，应做到：

①严格按照批准的范围、项目、时间和程序作业，相关人员、工器具仪表等必须良好、到位。

②驻站联络员应与室外专职防护员保持通讯畅通，及时掌握施工作业情况，一旦遇到通讯联络中断或联络困难、通话不清时，严禁盲目销点，必须待通讯联络恢复后，得到现场施工负责人确认作业结束，并已回到安全地带后，方可销点。

③施工及配合施工应切实加强施工作业前、中、后的联系，加强施工现场监控；上道前，施

工负责人应清点作业人员、作业机具及材料数量；施工结束，施工负责人必须清点人员和机具，确定人员、机具及材料全部撤到防护栅栏外或随作业车辆返回库线，方可通知销点。

④各级人员必须严格执行安全规定，现场人员必须服从现场防护员的统一指挥。

（四）高铁设备故障上道抢修规定

遇设备发生故障需上道检查抢修等特殊情况，必须申请故障处理的临时天窗，在得到本线封锁调度命令和确认邻线临时限速（最高运行速度小于或等于 160 km/h）设置成功后，方可上道作业，并执行以下规定：

（1）按照规定设置防护，防护员必须携带 GSM-R 手持台，所有作业人员在前往作业地点和返回途中，必须按照预先规定的路线行走，严禁在道心及枕木头上行走，行走不得侵入限界。

（2）作业人员首先须根据作业内容将防护用品、用具佩戴齐全；驻站联络员必须掌握列车运行动态，并及时准确告知现场防护员。未采取人身安全防护措施或措施不到位的，禁止盲目冒险处理故障。

（3）现场通信应急抢修人员需上道进行作业时，驻站联络员必须向段调度汇报所在疏散口位置（作业通道口）和作业范围（包括行走路线）。段调度及时与驻调度所联络员联系，办理上道有关手续。驻站联络员必须确认本线封锁和邻线 160 km/h 限速后，方可通知现场作业人员上道作业。

（4）现场通信人员接到上道通知后，应设好防护，作业过程中现场防护人员应随时与驻站联络员保持联系，在接到邻线来车，本线下道通知时，按规定及时下道避车。

（5）现场人员应在本线一侧安全距离（距钢轨头部外侧距离不小于 3 m）避车，禁止分散多处或跨线避车，严禁在双线线间站立避车。

（6）驻站联络员必须每 3 min 与现场防护员通话，随时掌握现场作业情况，一旦联络中断，现场防护员应立即呼叫作业人员停止作业，按上述要求下道避车。

（7）应急处理故障，遇有能见度不足 200 m 的大雾、暴风雨（雪）、雷电密集、扬沙等恶劣天气时等必须作业时，应采取特殊、有效的安全防护措施，并对故障发生区间进行全线封锁。

（8）现场防护人员应站在便于瞭望和通知作业人员的安全地点，在瞭望距离不足 2 000 m 的曲线地段，应增设中间防护员，加强联络。

（9）作业人员在下道避车前，必须将设备门、盖固定牢固，并加强监护。

（10）故障修复后，应在处理人员全部上到抢修作业轨道车或到达疏散口外时方能销记解除邻线临时限速和作业线路的封锁。

八、高铁通信施工作业防护有关规定

（一）防护员的设置

（1）驻所防护员、驻站防护员、现场防护员、远端防护员、中间联络员统称防护员。驻站防护员佩戴胸牌（卡），现场防护员、中间联络员按规定着装、佩戴标识。

（2）高速铁路区段施工（作业）除按规定设置驻所联络员外，还应同时设置现场防护员，必要时（或按铁路局规定）设置驻站联络员，根据作业情况选择设置远端防护员、中间联络员。

（3）在下列情况下，现场必须设专人防护：

①在站（场）内进行设备检修或施工时；

②在区间上道进行设备检修或施工时；

③铁路局、通信(电务)段等上级组织在上述地点进行设备检查时;

④铁路局、通信(电务)段认为有必要设专人防护时。

在恶劣天气、作业繁忙站场作业时应根据情况增设防护人员。

(二)防护员作业纪律

(1)必须持证上岗。

(2)必须按标准着装,穿带有国际警告色的防护坎肩,左臂佩戴“防护员”臂章,左胸佩戴防护员上岗合格证,携带 GSM-R 手持台或对讲机以及防护喇叭。

(3)防护时必须做到“四不准”:不准擅自离岗;不准与他人闲谈;不准以蹲、坐、卧姿进行防护;不准参与作业或做与防护工作无关的事情。

(4)必须先于作业人员上岗,滞后于作业人员离岗。防护员需要临时离岗时,必须先停止所有被防护人员的作业,或由具有防护员资格的人员代替防护。

(5)工作时禁止戴有色眼镜,禁止班前饮酒。班前要休息好,班中集中精力,振作精神,禁止防护时坐、卧、打盹。

(6)现场防护员必须做到:选择防护位置适当,认真立岗瞭望列车,站内注意倾听车站广播,与驻站(所)防护员保持通信联系,及时向作业人员发出来车下道避车的正确指示。

(7)驻站(所)防护员必须做到“五勤”:勤看操作台显示,勤听值班员对话,看不懂、听不清要勤问,勤向现场防护员传达列车运行情况,勤与现场防护员复诵、核对通话内容。要坚守岗位,精神集中,随时掌握、监视列车运行及调车作业情况,按照规定时机及时通知现场防护员,并做到语言简练,呼唤应答。值台时严禁与车站值班员闲谈。

思考题

1. 简述电务基本安全制度的内容。
2. 简述事故(故障)的应急处理程序。
3. 简述铁路交通事故和铁路行车设备故障的定义。
4. 简述铁路交通事故的等级划分。
5. 简述防护员设置的原则及防护员作业纪律。

复 习 题

1. 什么叫高处作业?
2. 特种作业人员应符合哪些条件?
3. 电气化区段作业人身安全要做到哪些?
4. 我国规定安全电压是多少?
5. 什么是跨步电压? 如何防止跨步电压造成危害?
6. 常用的安全用电措施有哪些? 其他安全用电常识包括哪些?
7. 电务基本安全制度都有哪些? 内容是什么?
8. 事故(故障)的应急处理程序是什么?
9. 什么是铁路交通事故、铁路行车设备故障?
10. 事故(故障)的责任是如何界定的?

第二章　专 业 知 识

随着高速铁路通信技术的不断发展，铁路数字移动通信系统 GSM-R 和机车综合无线通信设备 CIR 在高速铁路上得到广泛的应用。本章主要介绍高速铁路无线通信设备 GSM-R、CIR、LBJ 无线列调电台以及 CIR/LBJ 出入库检测设备等专业基础知识。

第一节　铁路数字移动通信系统(GSM-R)

本节介绍铁路数字移动通信系统(GSM-R)的基本原理、网络结构及 GSM-R 空中接口、事件及流程和 GSM-R 在铁路上的应用。我国铁路发展GSM-R的目标是在全路建立移动通信网络，利用该技术手段实现铁路移动设施和固定设施的无缝链接，确保列车平稳、高速、安全运行。

一、GSM-R 系统的网络结构

GSM-R 采用 900 MHz 的工作频段。上行：885～889 MHz，下行：930～934 MHz；共 4 MHz频率。GSM-R 陆地移动网络由六个子系统组成，分别为基站子系统(BSS)、网络子系统(NSS)、智能网(IN)、操作和维护子系统(OSS)、GPRS 系统、终端子系统，其基本结构如图 2-1 所示。

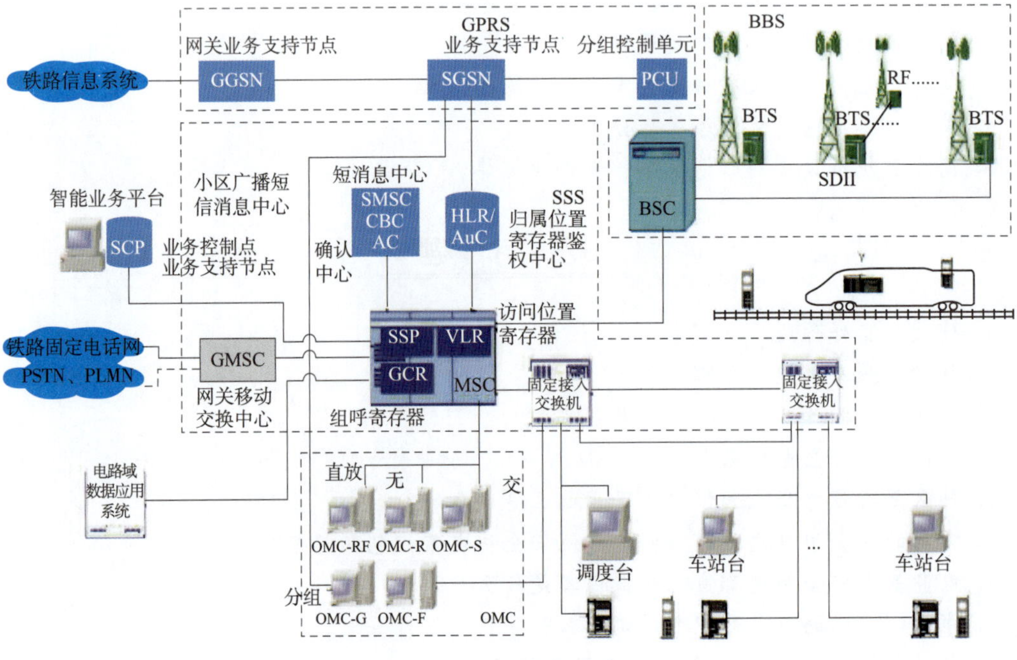

图 2-1　GSM-R 网络结构图

(一)网络子系统(NSS)

建立在移动交换中心(MSC)上,负责端到端的呼叫、用户数据管理、移动性管理和与固定网络的连接。NSS通过A接口连接BSS,与固定网络的接口决定于互联网络的类型。NSS包括移动交换中心(MSC)、组呼寄存器(GCR)、访问位置寄存器(VLR)、归属位置寄存器(HLR)、鉴权中心(AuC)等实体功能,可支持EIRENE规范所定义的各种铁路业务,并能根据设备运营商的需求,提供多种增值业务和自定义的补充业务。

1. 移动交换中心(MSC)

MSC为漫游到该MSC控制范围内的移动终端设备提供相关交换功能,具有呼叫处理、路由选择、回波抵消、超负荷控制功能,并可以收集计费信息,实现话务管理,支持电信业务、承载业务、补充业务和智能业务。GSM-R的MSC还实现语音组呼业务(VGCS)、语音广播业务(VBS)、增强多优先级与强拆业务(eMLPP)等铁路专有业务。

2. 组呼寄存器(GCR)

GCR是为了在GSM-R网络中提供先进语音呼叫(ASCI)服务而引入的新的功能实体,它用来存储语音组呼的相关数据,为在控制区域内进行VGCS、VBS提供必要信息。与VLR相同,GCR也内嵌于MSC中,它用于存储与VGCS和VBS相关的组呼属性,包括组识别号、调度员地址、eMLPP优先级以及与组呼相关的服务区信息(服务区信息包括本MSC相关呼叫小区列表以及其他相关MSC地址列表)。GCR还提供相应的人机接口,以便管理员可以增加、查询和修改这些组呼属性。

3. 归属位置寄存器(HLR)

HLR是GSM-R系统的中央数据库,存储着该HLR控制区内的所有移动用户的相关数据。在GSM-R系统中,HLR还保存用户VGCS、VBS、eMLPP等业务的签约信息。

4. 鉴权中心(AuC)

AuC用于可靠地识别用户,存储着鉴权信息和加密密钥,防止无权用户接入系统和防止无线接口中数据被窃。与HLR一般处于同一位置。

5. 访问位置寄存器(VLR)

用于记录移动台状态、位置区域识别码(LAI)、临时移动用户识别码(TMSI)和移动台漫游码(MSRN)等。

(二)GPRS系统

GPRS系统是基于TCP/IP协议的无线数据网络,采用V4版的IP协议,主要设备有服务GPRS支持节点(SGSN)、网关GPRS支持节点(GGSN)、域名服务器(DNS)、Radius、WAN Router及网管设备,利用IP地址来标识网络中的设备(主机和网络设备)。

1. 服务GPRS支持节点(SGSN)

SGSN主要负责移动台(MS)的接入控制、移动性管理、会话管理等功能,通过SGSN建立MS的分组数据协议(PDP)上下文,为MS提供接入外部Internet网的通道。

2. 网关GPRS支持节点(GGSN)

GGSN提供数据包在GPRS网和外部数据网之间的路由和封装,并承担用户接入外部网的身份认证工作。GGSN的选择由用户签约的接入点名称(APN)和请求APN决定的。

(三)智能网子系统(IN)

GSM-R系统中的铁路特殊业务,如功能寻址、基于位置的寻址、采用功能号码发送短信、基于位置路由短信等功能和业务由 IN 实现。

智能网由业务控制点(SCP)、业务交换点(SSP)和业务管理系统(SMS)组成,并在系统中建立短消息服务平台(SMSC)。

(四)基站子系统(BSS)

BSS 是 GSM-R 系统网络中最基本的组成部分。它有基站收发信机(BTS)和基站控制器(BSC)两种基本组成设备,此外,还有编码速率适配单元(TRAU)。

BSS 主要完成无线链路的管理以及无线链路和有线链路的转换,是 MS 与 NSS 之间的桥梁。BSS 的系统功能分为基本功能、扩展功能、GPRS 功能。

BTS 主要负责与一定覆盖区域内的 MS 进行通信,并对空中接口进行管理。BSC 用来管理 BTS 与 MSC 之间的信息流。BTS 与 BSC 之间通过 Abis 接口通信。TRAU 实现 GSM-R 编码速率向标准的公用电话交换网(PSTN)或综合业务数字网(ISDN)速率的转换。TRAU 与 BSC 通过 Ater 接口连接。

1. 基站控制器(BSC)

在 GSM-R 系统中,BSC 处于 BTS 与 MSC 之间,提供 A 接口与 MSC 相连、提供 Abis 接口与 BTS 相连。BSC 作为基站控制中心,主要承担无线资源管理、基站管理、功率控制、切换控制、话务统计的功能。它在无线接入、网络优化方面扮演重要角色。

2. 基站收发信台(BTS)

BTS 是在 GSM 移动通信业务 BTS 基本平台的基础上开发铁路综合移动通信系统,包括 eMLPP、VBS 和 VGCS 等集群移动通信的基本业务。

3. 分组控制单元(PCU)

PCU 是为了在 GSM-R 网络中提供 GPRS 业务功能而在 BSS 侧增加的一个处理单元,主要完成 BSS 侧的分组业务处理和分组无线信道资源的管理。

(五)操作和维护子系统(OSS)

OSS 是相对独立的子系统,为 GSM-R 网络提供管理和维护功能。它的具体功能由操作维护中心(OMC)来完成,OSS 主要提供移动用户管理、移动设备管理、网络操作和控制三类功能。

OSS 分为对应 BSS 的操作与维护中心(OMC-R)和对应 NSS 的操作与维护中心(OMC-S)两部分。

OMC-R 与 BSC 的连接有两种途径:一种是直接通过 X.25 数据网络与 BSC 相连;另一种是 BSC 先与 TRAU 相连,然后通过 MSC 再与 OMC-R 连接。

OMC-S 通过操作维护网络(OMN)接口与 MSC 相连。

OSS 是操作人员与系统设备之间的中介,一侧与设备相连(不包括 BTS,对 BTS 的操作维护是经过 BSC 进行管理),另一侧是作为人机接口的计算机工作站,系统的每个组成部分都可以通过特有的网络连接至 OMC,从而实现集中维护。

(六)终端子系统

终端子系统分为车载台、手持台、客户识别模块(Subscriber Identity Module,简称 SIM 卡)。

1. 车载台:机车综合无线通信设备(CIR)、动车组车载通信设备(MT)、机车同步操作机车车载通信设备、列尾装置主机等。

2. 手持台:作业手持台(OPH)、通用手持台(GPH)等。

3. SIM 卡:也称智能卡、用户身份识别卡,GSM-R 数字移动电话机必须装上此卡方能使用。它在一电脑芯片上存储了数字移动电话客户信息、加密的密钥等内容，可对 GSM-R 网络客户身份进行鉴别，并对客户通话时的语音信息进行加密。

二、移动区域定义与识别号

(一)区域定义

在小区制移动通信网中，基站设置很多，移动台又没有固定的位置，移动用户只要在服务区域内，无论移动到何处，移动通信网必须具有交换控制功能，以实现位置更新、越区切换和自动漫游等性能。

在由 GSM-R 系统组成的移动通信网路结构中，区域定义如图 2-2 所示。

1. 公用陆地移动通信网(PLMN)

PLMN 是一个提供通信业务的地理区域。PLMN 可以认为是网路(如 ISDN 网或 PSTN 网)的扩展，一个 PLMN 区可由一个或若干个 MSC 组成。在该区内具有共同的编号制度(比如相同的国内地区号)和共同的路由计划。MSC 构成固定网与 PLMN 之间的功能接口，用于呼叫接续等。

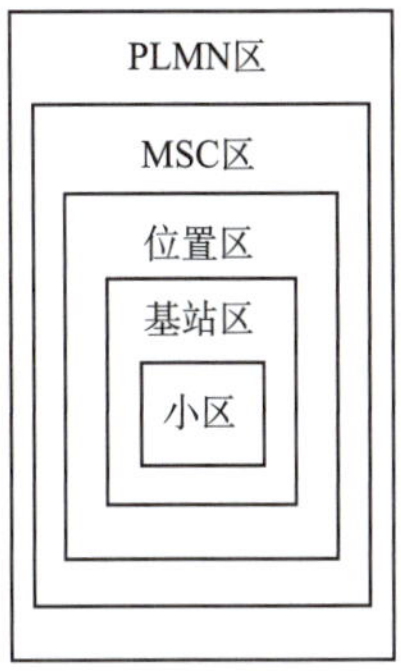

图 2-2 GSM 区域定义

2. MSC 区

MSC 区是由一个 MSC 所控制的所有小区共同覆盖的区域，构成 PLMN 网的一部分。一个 MSC 区可以由一个或若干个位置区组成，如图 2-3 所示。

MSC 可以通过 BSC 的信令点代码(CCS7 地址)寻址一个小区，虽然在呼叫建立的过程中 MSC 不需要知道用户所在小区的位置，但是为了测量话务量，MSC 仍需要知道用户所在的小区。用户在 MSC 的 VLR 中的位置不是建立在小区基础上的。在 VLR 中存储的是用户的位置区，即利用位置区来寻找用户。可以将一个或多个位置区分配给一个 BSC，通过 BSC 的信令点代码，在所在的 MSC 中实现位置区和所有小区的地址逻辑。还可以给小区分配一个位置标志码，它是一个与小区相关的完整的电话号码，可以用作 GSM-R 紧急呼叫的拨号信息，或者用来替代该信息，用作紧急呼叫的拨号短代码。

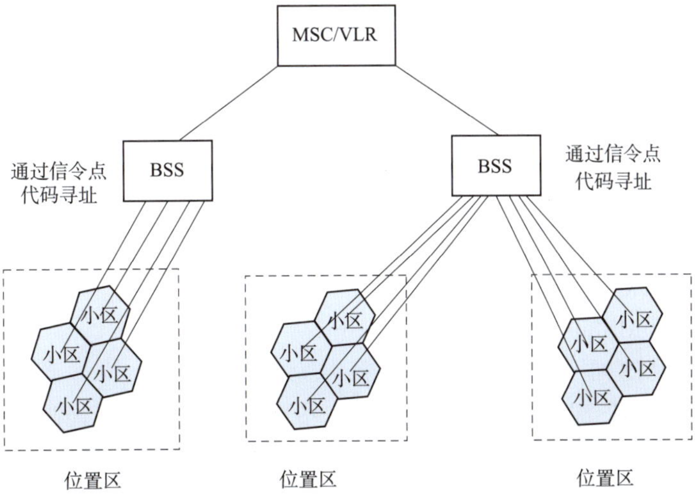

图 2-3 区域示意图

3. 位置区

位置区是指移动台可任意移动不需要进行位置更新的区域。位置区可由一个或若干个小区(或基站区)组成。为了呼叫移动台,可在一个位置区内所有基站同时发寻呼信号。越区切换时移动用户从一个MSC/VLR切换到另一个MSC/VLR区域中,因此前一个MSC必须知道后一个MSC的位置区。对于一个MSC,它不仅应该知道与它相邻的、可能发生越区切换的MSC的位置区,还应该知道其他的一些外部位置区。

移动用户在位置区中必须进行位置登记,移动台的位置信息储存在HLR和VLR中。移动台要不断地向MSC的VLR提供自己的位置信息,这一过程叫做位置更新。

位置区的划分要考虑两方面的原因:登记和寻呼。如果一个位置区包括了整个MSC的业务域,那么它的登记代价是最小的,即位置更新的次数最小,但是寻呼的代价是最大的,即MSC需要向所属的所有移动台发出寻呼信息。反之,如果一个位置区就是一个小区,那么寻呼的代价最小,登记的代价最大。

4. 基站区

由置于同一基站点的一个或数个BTS包括的所有小区覆盖的区域。

5. 小区

小区是最小的可寻址无线区域。采用基站识别码或全球小区识别进行标识的无线覆盖区域。在采用全向天线结构时,小区即为基站区。

MSC可以通过位置区识别码(LAI)和全球小区识别码(CGI)来识别位置区和小区。位置区识别码由三部分组成:LAI=移动国家代码(MCC)+移动网络(MNC)+位置区域码(LAC),全球小区识别码是在LAI的基础上再加上小区识别码(CI)构成的,其结构为CGI=MCC+MNC+LAC,CGI可在全球范围内唯一地标识一个小区。

(二)移动识别号

1. 国际移动用户标志(International Mobile Subscriber Identity,IMSI)

IMSI是GSM-R系统分配给MS的唯一识别号,此码在所有位置,包括在漫游区都是有效的。采取E.212编码方式。存储在SIM卡、HLR和VLR中,在无线接口及移动应用部分(MAP)接口上传送。IMSI组成如图2-4所示。

MCC:Mobile Country Code,移动国家码,三位数字,如中国为460。

MNC:Mobile Network Code,移动网号,两位数字,如中国移动的MNC为00,中国联通的MNC为01,铁路为20。

MSIN:Mobile Subscriber Identification Number,在某一PLMN内MS唯一的识别码。编码格式为:H1 H2 H3 S XXXXXX。

NMSI:National Mobile Subscriber Identification,在某一国家内MS唯一的识别码。

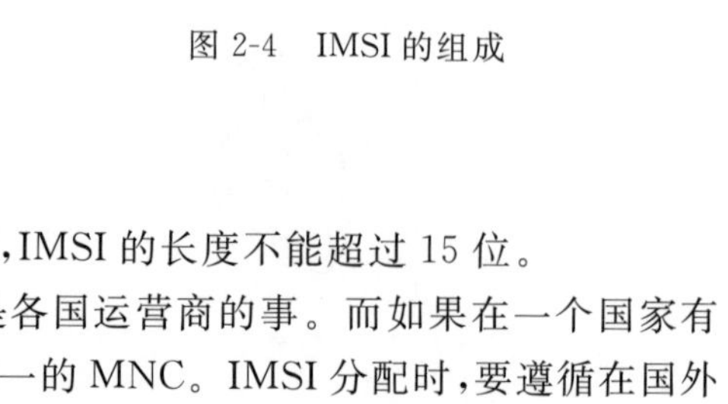

图2-4 IMSI的组成

IMSI分配原则:IMSI只能包含数字字符(0~9),IMSI的长度不能超过15位。

MCC在世界范围内统一分配,NMSI的分配则是各国运营商的事。而如果在一个国家有不止一个GSM PLMN,则每一个PLMN都要分配唯一的MNC。IMSI分配时,要遵循在国外

PLMN 通过分析 MCC+MNC 就可寻址的原则。

位置更新、PurgeMS、发送授权信息必须用 IMSI 寻址;数据恢复一般用 IMSI 寻址,目前所有到 HLR 的补充业务的操作都是用 IMSI 寻址。

2. 临时移动用户标识(Temporary Mobile Subscriber Identity,TMSI)

TMSI 是为了加强系统的保密性而在 VLR 内分配的临时用户识别,它在某一 VLR 区域内与 IMSI 唯一对应,仅在本地使用,由各 MSC 自行分配。

TMSI 分配原则:包含 4 个字节,可以由 8 个十六进制数组成,其结构可由各运营部门根据当地情况而定。

TMSI 的 32 比特位不能全部为 1,因为 TMSI 必须存储在 SIM 卡中,SIM 卡中比特全为 1 的 TMSI,表示没有有效的 TMSI。要避免在 VLR 重新启动后 TMSI 重复分配,可以采取 TMSI 的某一部分表示时间或在 VLR 重启后某一特定位改变的方法。

3. 位置区识别码(Location Area Identification,LAI)

在检测位置更新时,要使用位置区识别 LAI。编码格式如图 2-5 所示。

图 2-5 LAI 的组成

LAC:Location Area Code,位置区代码是 2 个字节的十六进制 BCD 码,表示为 $X_1X_2X_3X_4$(范围为 0000~FFFF),0000 与 FFFE 不能使用。X_1X_2 由全路在各铁路局之间统一分配,见表 2-1,X_3X_4 由各铁路局按行车调度区段分配。

表 2-1 位置区识别码 X_1X_2 分配表

X_1 \ X_2	0	1	2	3	4	5	6	7	8	9	A	B	C	D	E	F
0																
1				柳州		襄樊			南昌							
2		北京		天津		石家庄		太原	临汾	大同						
3	白城	沈阳	长春	哈尔滨	大连	齐齐哈尔	通辽	吉林	通化	锦州						
4	青岛	上海		济南	福州	徐州		杭州	蚌埠	南京						
5	羊城	武汉		郑州	安康	西安	怀化	广州	长沙	洛阳						
6		成都		重庆		贵阳		昆明	北疆							
7		兰州	银川	乌鲁木齐	青藏(拉萨)	青藏(西宁)		哈密	南疆	武威						
8		呼和浩特			佳木斯	海拉尔	牡丹江	图们								
9																
A																
B																
C																
D																
E																
F																

4. 全球小区识别码(Cell Global Identification,CGI)

CGI 是所有 GSM PLMN 中小区的唯一标识,是在位置区识别 LAI 的基础上再加上小区识别 CI 构成的。编码格式为 LAI+CI。

CI:Cell Identity,是 2 个字节的十六进制 BCD 码,可由网络运营主管部门自定。

5. 基站识别码(Base transceiver Station Identity code,BSIC)

BSIC 用于移动台识别相邻的、采用相同载频的不同 BTS,特别用于区别在不同国家的边界地区采用相同载频的相邻 BTS。BSIC 为一个 6 比特编码,其组成如图 2-6 所示。

图 2-6 BSIC 的组成

NCC:PLMN 色码,3bit。用来唯一识别不同国家(国内区别不同的省)及不同运营者,结构为 XY_1Y_2,X 需向国家申请,Y_1Y_2 由全国网络在各铁路局、公司之间统一分配,见表 2-2。

表 2-2 基站识别码 Y_1Y_2 分配表

Y_2 \ Y_1	0	1
0	哈尔滨、济南、昆明、呼和浩特	沈阳、上海、乌鲁木齐、成都
1	北京、广铁、兰州、西安、武汉	太原、郑州、柳州、南昌、青藏

BCC:BTS 色码,3bit。用来唯一识别采用相同载频、相邻的不同 BTS,由运营部门设定。

6. 短消息中心号码

在 No. 7 信令消息中使用,代表短消息中心的号码。

中国移动短消息号码结构为 138 H0 0 $X_1X_2X_3$ 500。

中国铁路短消息号码为+8614900216。

7. 移动台国际 ISDN 号码(Mobile Station International ISDN Number,MSISDN)

MSISDN 号码为本网移动用户作被叫时,主叫用户所需拨的号码。采用 E. 164 编码方式,其号码结构为:

国家代码	国内有效移动用户电话号码
CC	NDC+SN

其中:

CC:是国家码,中国使用 86。

NDC ($N_1N_2N_3$):是移动接入码,GSM-R 为 149。

SN:是用户号码,SN 号码长度暂定为 8 位。

在 GSM-R 中 SN 结构为:

HLR 识别号	移动用户号码
$H_0H_1H_2$	ABCDE

$H_0H_1H_2$ 为 HLR 的识别号,其中 H_0=CT=8,H_1H_2 分配见表 2-3。

表 2-3 HLR 识别号 H_1H_2 分配表

H_1 \ H_2	0	1	2	3	4	5	6	7	8	9
0										
1				柳州		襄樊			南昌	
2	铁道部	北京		天津		石家庄		太原	临汾	大同
3	白城	沈阳	长春	哈尔滨	大连	齐齐哈尔	通辽	吉林	通化	锦州
4	青岛	上海		济南	福州	徐州		杭州	蚌埠	南京
5	羊城	武汉		郑州	安康	西安	怀化	广州	长沙	洛阳
6		成都		重庆		贵阳		昆明	北疆	
7		兰州	银川	乌鲁木齐	青藏(拉萨)	青藏(西宁)		哈密	南疆	武威
8		呼和浩特			佳木斯	海拉尔	牡丹江	图们		
9										

注:空格处的 H_1H_2 为备用。

移动用户号码 ABCDE,首位 A 表示用户类型,A、B 的分配见表 2-4。

表 2-4 移动用户号码首位 A、B 分配表

A	B	用户类型
0～1		预留
2	0～2	机车综合无线通信设备(语音模块)
	3～9	司机手持台、列车长、乘警长、随车机械师及调度通信用户
3～4		维护、运营管理、公安、应急通信等其他通信用户
5～6		预留
7	0～2	机车综合无线通信设备(数据模块)
	3～4	列车控制数据模块
	5～9	非列控数据模块
8		预留
9	0～8	预留
	9	测试用户

移动用户号码个位(E)分配见表 2-5,其他位和表中未列明的用户号码分配参照(82)电通字 70 号文件,结合工程进行分配。

表 2-5 CT=8 移动用户号码个位(E)分配原则

E	铁路局	基层单位	E	铁路局	基层单位
1	预留(运输)	预留(运输)	6	电务、信息	电务、信息
2	运输	运输	7	数据	数据
3	机务、水电、电力	机务、水电、电力	8	公安、军运	公安、军运
4	车辆、调度	车辆	9	预留	预留
5	工务	工务	0	安监	安监

三、GSM-R 系统的基本原理

GSM-R 是在 GSM 蜂窝系统上增加了调度通信功能和适合高速环境下使用要素的系统，能满足铁路专用调度通信的要求，能将现有行车调度、列车运行控制等铁路通信应用融合到单一网络平台中的一种经济、高效的综合无线通信系统。以下将从语音编码技术、信道编码、交织、加密/解密技术、时分多址及区域覆盖等方面来介绍 GSM-R 系统的原理和关键技术。

首先，语音通过一个 A/D 转换器，经过 8 kHz 抽样、量化后变为每 125 μs 含有 13 bit 的码流；每 20 ms为一段，再经语音编码后降低传码率至 13 kbit/s；经信道编码变为 22.8 kbit/s；再经码字交织、加密和突发脉冲格式化后变为 33.8 kbit/s 的码流，经调制后发送出去。接收端的处理过程相反。

语音信号在无线接口路径的处理过程如图 2-7 所示。

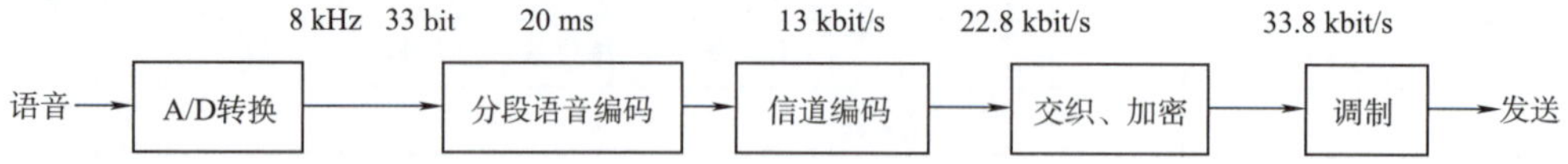

图 2-7 语音调制

(一)语音编码

数字通信中必须要将模拟的语音信号转换成数字信号，语音编码决定了接收端的语音质量和系统的容量。语音编码的目的是在保证必需的语音信息的前提下，用尽量少的符号来传输语音信息，节省信道容量。一个好的编码方法必须要产生低比特率的数字语音信号，同时还不能因为算法过于复杂而增加时延，因此在编码器的质量和效率之间要做出折中。通常使用平均主观分(MOS)来评价一种语音编码的优劣。数字语音编码需要满足以下要求：

(1)在给定的编码速率下，话音质量尽可能高；

(2)在多音环境或强噪声下，应有较好的编码效果，MOS 不应低于 3.5 分；

(3)编译码延时不能过长，应控制在几十毫秒之内；

(4)算法应该具有较好的抗误码性能，计算量小，性能稳定；

(5)编译码器应便于大规模集成。

主要的语音编码技术分为波形编码、声源编码和混合编码。混合编码方案有多脉冲激励线性预测编码(MPLPC)和码激励线性预测编码(CELPC)。

(二)信道编码

为了检测和纠正传输期间引入的差错，在数据流中引入冗余码，通过从信源数据计算得到的信息来提高其速率，信道编码的结果是一个码字流；对语音来说，这些码字长 456 bit。

(三)交织

在编码后，语音组成的是一系列有序的帧。而在传输时的比特错误通常是突发性的，这将影响连续帧的正确性。为了纠正随机错误以及突发错误，最有效的组码就是用交织技术来分散这些误差。

交织的要点是把码字的 b 个比特分散到 n 个突发脉冲序列中，以改变比特间的邻近关系。n 值越大，传输特性越好，但传输时延也越大，因此必须折中考虑，这样，交织就与信道的用途有关，所以在 GSM 系统中规定了几种交织方法，在 GSM-R 系统中，采用二次交织方法。

(四)加密/解密技术

在无线通信中，电磁波在空间中传输采用的是公共介质，不仅要接收的对象可以收到，其他的人也可以收到，因此对于用户的个人通信和网络专用的一些重要信息必须采用一定的加密/解密技术。加密/解密的本质是对信号进行特殊的编码变换，只有知道变换方法的对方才能正确地接收到信息并获得信息的真实内容。在移动通信中，加密/解密为用户提供了一个附加的安全保障。

（五）调制技术

GSM的调制方式是0.3GMSK。0.3表示了高斯滤波器的带宽和比特率之间的关系。GSMK是一种特殊的数字调频方式，它通过在载波频率上增加或者减少67.708 kHz，表示0或1，利用两个不同的频率来表示0和1的调制方法称为FSK。在GSM中，数据的比特率被选择为正好是频偏的4倍，这可以减小频谱的扩散，增加信道的有效性，比特率为频偏4倍的FSK，称为MSK，即最小频移键控。通过高斯预调制滤波器，可以进一步压缩调制频谱。高斯滤波器降低了频率变化的速度，防止信号能量扩散到邻近信道频谱。0.3GSMK并不是一个相位调制，信息并不像QPSK那样，由绝对的相位来表示。它是通过频率的偏移或者相位的变化来传送信息的。

把GMSK画在I/Q平面图上是非常有用的，如果没有高斯滤波器，MSK将用一个比载波高67.708 kHz的信号来表示一个待定的脉冲串1。如果载波的频率被作为一个静止的参考相位，就会看到一个67.708 kHz的信号在I/Q平面上稳定地增长相位，它将旋转67 708次/s。在每一个比特周期，相位将变化90°。一个1将由90°的相位增长表示，两个1将引起180°的相位增长，三个1将引起270°的相位增长，如此等等；同样地，连续的0也将引起相应的相位变化，只是方向相反而已。高斯滤波器的加入并没有影响0和1的90°相位增减变化，因为它没有改变比特率和频偏之间的四倍关系，所以不会影响平均相位的相对关系，只是降低了相位变化时的速率。在使用高斯滤波器时，相位的方向变换将会变缓，但可以通过更高的峰值速度来进行相位补偿。如果没有高斯滤波器，将会有相位的突变，但相位的移动速度是一致的。精确的相位轨迹需要严格的控制。GSM系统使用数字滤波器和数字I/Q调制器去产生正确的相位轨迹。在GSM规范中，相位的峰值误差不得超过20°，均方误差不得超过5°。

（六）时序调整

GSM采用时分多址（TDMA），小区半径可以达到35 km，因此需要进行时序调整。由于从手机出来的信号需要经过一定时间才能到达基站，因此必须采取一定的措施，保证信号在恰当的时候到达基站。如果没有时序调整，那么从小区边缘发射过来的信号，就将因为传输的时延和从基站附近发射的信号相冲突（除非二者之间存在一个大于信号传输时延的保护时间）。通过时序调整，手机发出的信号就可以在正确的时间到达基站。当MS接近小区中心时，BTS就会通知它减少发射前置的时间，而当它远离小区中心时，就会要求它加大发射前置时间。

当手机处于空闲模式时，可以接收和解调来自基站的广播信道（BCH）信号。在BCH信号中有一个同步信道（SCH）的同步信号，可以用来调整手机内部的时序，当手机接收到一个SCH信号后，并不确定离基站有多远。如果手机和基站相距30 km的话，那么手机的时序将比基站慢100 μs。当手机发出第一个随机接入信道（RACH）信号时，就已经滞后100 μs，再经过100 μs的传播时延，到达基站时就有了200 μs的总时延，很可能和基站附近的相邻时隙的脉冲发生冲突。因此，RACH和其他的一些信道接入脉冲将比其他脉冲短。只有在收到基站的时序调整信号后，手机才能发送正常长度的脉冲。在该例中，手机就需要提前200 μs发送信号。

（七）TDMA技术

在GSM系统中，无线接口采用时分多址（TDMA）与频分多址（FDMA）相结合的方式。

用户在不同频道上通信，且每一频道（TRX）上可分成 8 个时隙，每一时隙为一个信道，因此，一个 TRX 最多可供 8 个全速率（或 16 个半速率）移动客户同时使用。

TDMA 系统具有如下特性：

（1）每个载频有多路信道。TDMA 系统形成频率时间矩阵，在每一频率上产生多个时隙，该矩阵中的每一点都是一个信道，在基站控制分配下，可为任意一移动用户提供电话或非话业务。

（2）利用突发脉冲序列传输。移动台信号功率的发射是不连续的，只在规定的时隙内发射脉冲序列。

（3）传输速率高，自适应均衡。每个载频含有时隙多，则频率间隔宽，传输速率高，但数字传输带来了时间色散，使时延扩展加大，故必须采用自适应均衡技术。

（4）传输开销大。由于 TDMA 分成时隙传输，使得收信机在每一突发脉冲序列上都得重新获得同步。为了把一个时隙和另一个时隙分开，保护时间也是必需的。因此，TDMA 系统通常比 FDMA 系统需要更多的开销。

（5）对于新技术是开放的。例如：当话音编码算法改进而降低比特速率时，TDMA 系统的信道很容易重新配置以接纳新技术。

（6）共享设备的成本低。由于每个载频为多个客户提供服务，所以 TDMA 系统共享设备的每客户平均成本与 FDMA 系统相比是大大降低了。

（7）移动台设计较复杂。TDMA 系统比 FDMA 系统移动台完成更多的功能，需要复杂的数字信号处理。

（八）TDMA 帧结构

1. TDMA 帧定义

在 GSM 的 TDMA 中，帧被定义为每个载频中所包含的 8 个连续的时隙（TS0～TS7），相当于 FDMA 系统中的一个频道。在每个时隙中，信号以突发脉冲系列的形式发送。

2. 帧结构

TDMA 帧结构的实质是在无线链路上重复的物理帧。

（1）TDMA 帧

每个 TDMA 帧含 8 个时隙，整个帧时长约为 4.615 ms，每个时隙含 156.25 个码元，时隙时长为 0.577 ms。

（2）TDMA 复帧（Multi-frame）

多个 TDMA 帧构成复帧，其结构有两种：

连续的 26 个 TDMA 帧构成的复帧，称为 26 复帧，周期为 120 ms，用于业务信道和随路控制信道（TCH 与 SACCH/FACCH）。

连续的 51 个 TDMA 帧构成的复帧，称为 51 复帧，用于控制信道（CCH），周期为 3 060/13≈235.385 ms。

（3）TDMA 超帧（Super-frame）

多个连续的 TDMA 复帧构成超帧，它是一个连续的 51×26TDMA 帧，一个超帧的持续时间为 6.12 s。

（4）TDMA 超高帧（Hyper-frame）

包括 2048 个超帧，每个周期包括 2715648 个 TDMA 帧，其时间周期为 3 h 28 min 53 s 760 ms。TDMA 帧号是以 TDMA 超高帧（2715648 个 TDMA 帧）为周期循环编号的。这是因为 GSM 系统对客户的保密是通过在发送信息前对信息进行加密实现的，计算加密序列的算法是以 TDMA 帧号为一个输入参数，因此每一帧都必须有一个帧号。有了 TDMA 帧号，移动台就可判断控制信道 TS0 上传送的是哪一类逻辑信道。

（九）区域覆盖

1. 小区形状

在移动通信中，如果使用全向天线，人们很容易联想到应该采用圆形的小区，但是从电磁波传播的角度考虑，圆形并不是最理想的形状。如图 2-8 所示，使用圆形的面状覆盖存在许多重叠区域和无覆盖区域。为确保无盲区的完全覆盖，通常使用多边形的小区。

在面状覆盖的服务区中，通常采用正六边形的小区形状。六边形比正方形和正三角形在半径相同的情况下，覆盖面积要多 30%～100%，如图 2-9 所示。因此采用六边形的设计需要较少的小区，较少的发射基站。同样，六边形覆盖的系统费用也要低于正方形和正三角形。需要指出的是，正六边形的小区形状只具有理论分析和设计上的意义，在实际工程中，小区的形状取决于电波传播的条件和天线的方向性。

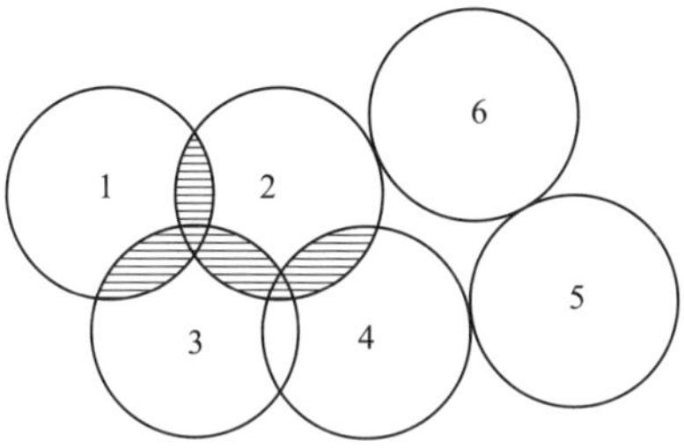

图 2-8 圆形小区的覆盖

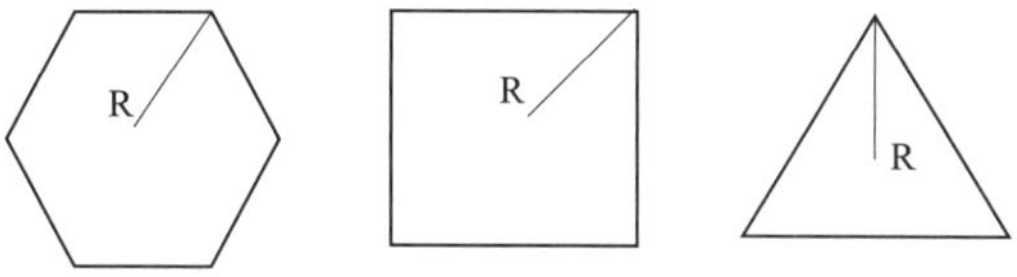

图 2-9 多边形小区

2. 频率复用

在蜂窝系统中，系统会给每一个小区的基站分配一组信道，只要相隔距离足够远，相同的信道可以在另一个小区重复使用，这就是频率复用的思想。若干个使用全部频率的小区组成的集合称为一个簇；不同簇中使用相同频率的小区称为同频小区；任意两个同频小区之间的距离称为同频复用距离。为了避免同频小区之间的干扰，必须选定一个合适的同频复用距离，如图 2-10 所示，提供了一个寻找同频小区的方法，其中 A 为同频小区。

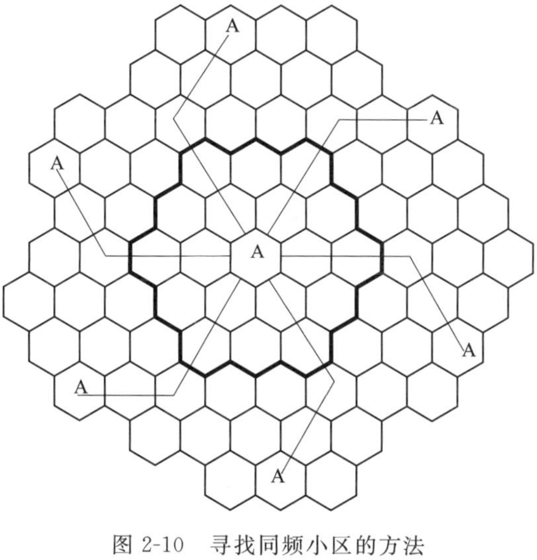

图 2-10 寻找同频小区的方法

四、GSM-R 空中接口、事件及流程

空中接口(air interface)是 MS 与 BTS 之间的通信接口,又称为 Um 接口。在移动电话中,空中接口表示基站和移动电话之间的无线传输规范。它定义每个无线信道的使用频率和带宽,或者定义采用的编码方法。

(一)帧和信道

1. 基本术语简介

物理信道(Physical Channel)采用频分和时分复用的组合,它由用于 BS 和 MS 之间连接的时隙流构成。这些时隙在 TDMA 帧中的位置,从帧到帧是不变的。

逻辑信道(Logical Channel)是在一个物理信道中作时间复用的。不同逻辑信道用于 BS 和 MS 间传送不同类型的信息,例如信令或数据业务。在 GSM-R 中,对不同的逻辑信道规定了五种不同类型的突发脉冲序列帧结构。

2. 信道类型和组合

GSM-R 系统中,物理信道是指时隙,而逻辑信道是根据 BTS 与 MS 之间传递的信息种类的不同而定义的,这些逻辑信道映射到物理信道上传送。Um 接口物理信道上传送的信息种类繁多,每一类信息均有一定的要求和规律,由一定的物理信道支撑,为了表述每一类信息的方便,定义了多种逻辑信道。

逻辑信道可分为业务信道(Traffic Channel,TCH)和控制信道(Control Channel,CCH)两大类,其中后者也称信令信道(Signalling Channel)。

(1)业务信道

TCH 载有编码的语音或用户数据,有全速率业务信道(TCH/F)和半速率业务信道(TCH/H)之分,两者分别载有总速率为 22.8 kbit/s 和 11.4 kbit/s 的信息。使用全速率信道所用时隙的一半,就可得到半速率信道。因此一个载频可提供 8 个全速率或 16 个半速率业务信道(或两者的组合),并包括各自所带有的随路控制信道。

①语音业务信道

载有编码语音的业务信道分为 TCH/FS 和 TCH/HS,两者的总速率分别为 22.8 kbit/s 和 11.4 kbit/s。对于全速率语音编码,语音帧长 20 ms,每帧含 260 bit,提供的净速率为 13 kbit/s。

②数据业务信道

在全速率或半速率信道上,通过不同的速率适配、信道编码和交织,支撑着直至 9.6 kbit/s 的透明和非透明数据业务。用于不同用户数据速率的业务信道具体有:

a. 9.6 kbit/s,全速率数据业务信道(TCH/F9.6);

b. 4.8 kbit/s,全速率数据业务信道(TCH/F4.8);

c. 4.8 kbit/s,半速率数据业务信道(TCH/H4.8);

d. 小于或等于 2.4 kbit/s,全速率数据数据业务信道(TCH/F2.4);

e. 小于或等于 2.4 kbit/s,半速率数据数据业务信道(TCH/H2.4)。

数据业务信道还支撑具有净速率为 12 kbit/s 的非限制数字承载业务。在 GSM-R 系统中,为了提高系统效率,还引入一类 TCH/8 信道,其速率很低,仅用于信令和短消息传输。如果 TCH/H 可看作 TCH/F 的一半,则 TCH/8 便可看作 TCH/F 的 1/8。TCH/8 应归于慢速随路控制信道(SACCH)的范围。

(2)控制信道

CCH 用于传送信令或同步数据。主要有三种：广播信道(BCCH)、公共控制信道(CCCH)和专用控制信道(DCCH)。

①广播信道

BCCH 仅作为下行信道使用，BS 至 MS 单向传输。BCCH 可分为下述三种信道：

a. 频率校正信道(FCCH)

FCCH 载有供移动台频率校正用的信息。此信道在 BCCH 时隙上频繁发射，移动台就可依据该信道与发射基站的频率同步；FCCH 只在 BCCH 载波频率的 0 时隙发射，是移动台辨别 BCCH 载频 0 时隙的标志。

b. 同步信道(SCH)

SCH 载有供移动台帧同步和基站收发信台识别的信息。实际上，该信道包含两个编码参数。基站识别码(BSIC)和简化的 TDMA 帧号(RFN)，占有 19 个 bit。

c. 广播控制信道(BCCH)

通常，在每个基站收发信台中总有一个收发信机含有这个信道，以向移动台广播系统信息。为接入准许信息所预约的各 CCCH 上的区块(block)号码。向同样寻呼组的移动台传送寻呼信息之间的 51TDMA 复合帧号码。

此信道主要用于传送系统参数、位置区域识别码(LAI)、应由移动台监测的相邻小区名单、小区所使用的频率表、小区识别码、功率控制指示、接入控制参数等。

②公共控制信道

公共控制信道为系统内移动台所共用，分为下述三种信道：

a. 寻呼信道(PCH)

PCH 是一个下行信道，用于寻呼被叫的移动台。当网络寻呼 MS 时使用，可用 IMSI、TMSI 或 IMEI 执行。

b. 随机接入信道(RACH)

RACH 是一个上行信道，用于移动台随机提出入网申请，即请求分配一个专用控制信道(SDCCH)。它发生在移动台主叫或响应呼叫等情况。

c. 准予接入信道(AGCH)

AGCH 是一个下行信道，用于基站对移动台的入网请求作出应答，即分配一个 SDCCH 或直接分配一个 TCH。响应在随机接入(RACH)接收的接入信息，BTS 利用 AGCH 为 MS 分配一个 SDCCH，MS 将移到控制信道以便建立呼叫、响应呼叫、位置更新或短消息服务等。

③专用控制信道

DCCH 使用时由基站将其分给移动台，进行移动台与基站之间的信号传输。主要有下述三种信道：

a. 独立专用控制信道(SDCCH)

SDCCH 用于传送信道分配等信号。它可分为独立专用控制信道(SDCCH/8)CCCH 与相组合的独立专用控制信道(SDCCH/4)。一个物理信道可以传送多条独立专用控制信道 SDCCH，一个 SDCCH 是一个移动台在呼叫、鉴权、位置更新及点对点短消息时使用。

b. 慢速随路控制信道(SACCH)

SACCH 与一条业务信道或一条 SDCCH 联用，在传送用户信息期间携带某些特定信息。SACCH 在下行链路方向传送功率控制、定时信息、相邻小区列表信息。SACCH 在上行链路方向传送的测量报告包括：

(a)服务小区下行信号的质量、强度等；

(b)邻小区的 BCCH 载频信号强度；

(c)邻小区的 BSIC。

SACCH 包含下述四种信道：

(a)TCH/F 随路控制信道(SACCH/TF)；

(b)TCH/H 随路控制信道(SACCH/TH)；

(c)SDCCH/4 随路控制信道(SACCH/C4)；

(d)SDCCH/8 随路控制信道(SACCH/C8)。

c. 快速随路控制信道(FACCH)

FACCH 与一条业务信道联用，携带与 SDCCH 同样的信号，但只在未分配 SDCCH 时才分配 FACCH，通过从业务信道借取的帧来实现接续，传送诸如“越区切换”等指令信息。FACCH 在 TCH 上发射，发送 FACCH 时占用相应 TCH 的资源，用于载送用户切换等突发性信息。

FACCH 包含下述两种信道：

(a)TCH/F 随路控制信道(FACCH/F)；

(b)TCH/H 随路控制信道(FACCH/H)。

除了上述三类控制信道外，还有一种小区广播控制信道(CBCH)，用于下行线，载有短消息业务小区广播(SMSCB)信息，使用和 SDCCH 相同的物理信道。图 2-11 归纳了上述逻辑信道的分类。

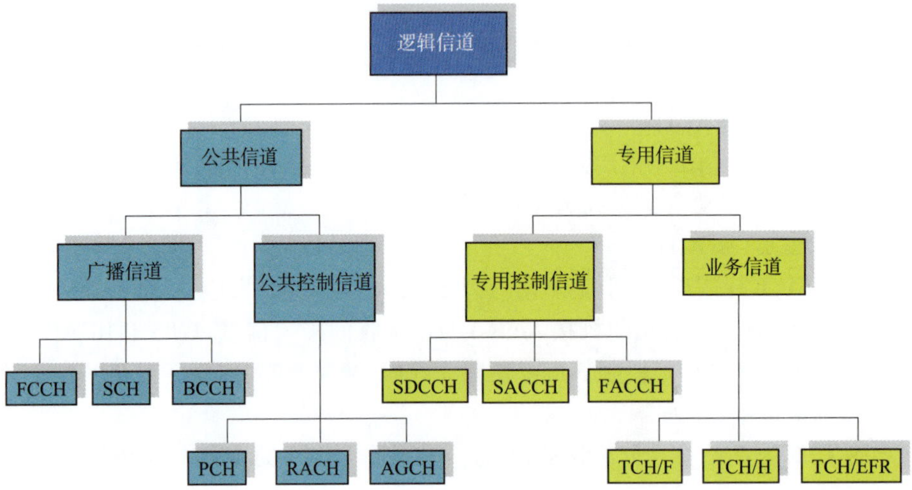

图 2-11　逻辑信道类型

(二)主要流程

GSM-R 系统各功能实体之间的接口定义明确，同样，GSM 规范对各接口所使用的分层协议也作了详细的定义，协议是各功能实体之间共同的“语言”。通过各个接口互相传递有关的消息，为完成 GSM-R 系统的全部通信和管理功能建立起有效的信息传送通道。

1. 移动主叫流程(如图 2-12 所示)

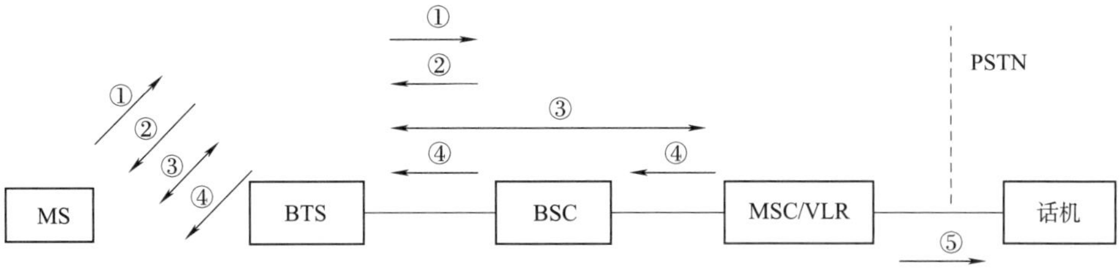

图 2-12　移动主叫流程

①MS 通过 RACH 请求 BSC 分配信令信道 SDCCH；

②BSC 分配 SDCCH 后通过 AGCH 通知 MS；

③MS 通过 SDCCH 向 MSC/VLR 发送呼叫建立请求，其后所有建立呼叫前所需的控制信息均在 SDCCH 上传送，包括鉴权、加密、设备识别、发送被叫号码等；

④MSC/VLR 要求 BSC 分配一个 TCH 给 MS，BSC 经 BTS 告知 MS，然后 MS 转到 TCH；

⑤MSC/VLR 传送被叫号码到 PSTN，根据被叫号码建立连接，然后 MSC 给 MS 发回铃音。

2. 移动被叫流程(如图 2-13 所示)

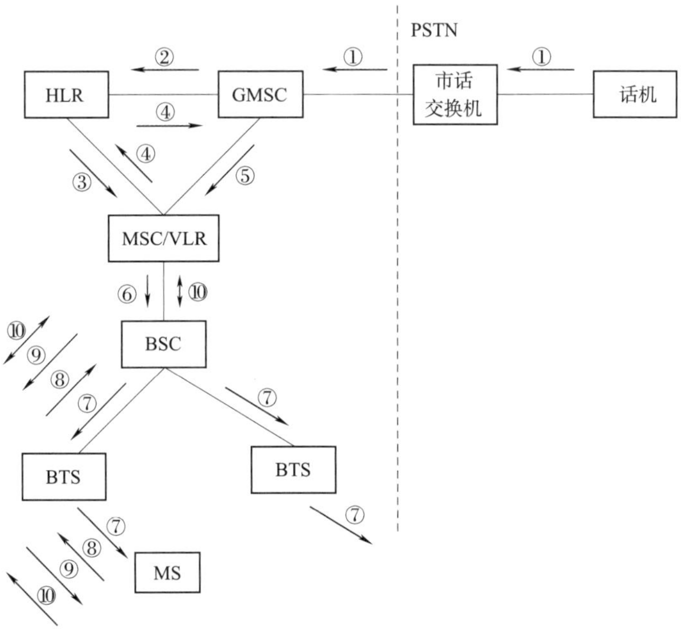

图 2-13　移动被叫流程

①固定用户拨 MSISDN 号码，在本地交换机内经过分析后转至就近的 GMSC；

②GMSC 分析 MSISDN，找出 MS 登记所在的 HLR，并向 HLR 查询路由信息；

③HLR 释放 MSISDN 为 IMSI，找出当前服务于 MS 的 MSC/VLR，并向 MSC/VLR 查询该 MS 的 MSRN；

④MSC/VLR 将 MSRN 发至 HLR，由其转至 GMSC；

⑤GMSC 根据 MSRN 将呼叫接续到 MS 所在的 MSC/VLR；

⑥MSC/VLR 查询到 MS 所在的位置区，要求 BSC 寻呼该 MS；

⑦BSC 分配寻呼信息到 BTS，由 BTS 通过 PCH 呼叫 MS；

⑧MS 收到寻呼信息后，经 RACH 请求分配 SDCCH；

⑨BSC 经 AGCH 分配给 MS 一个 SDCCH；

⑩MS 利用 SDCCH 和 MSC/VLR 建立呼叫连接，成功后转至 TCH。

3. 正常释放流程（如图 2-14 所示）

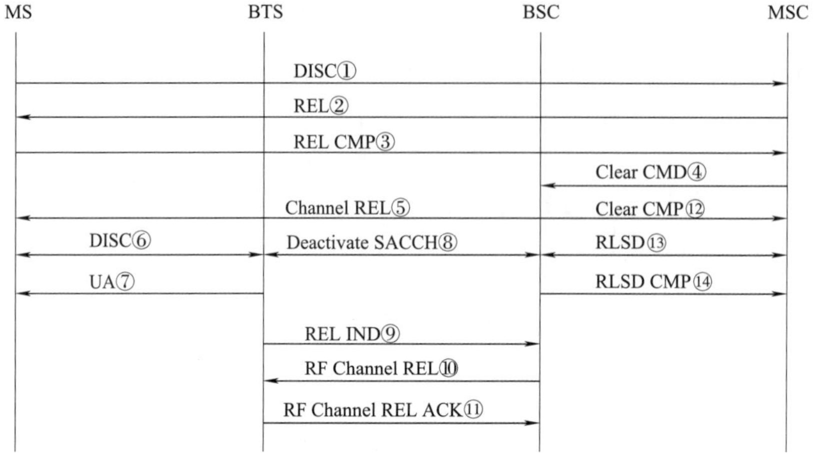

图 2-14 MS 发起的释放流程

①通话完毕，主叫方挂机，主叫手机给 MSC 发送 Disconnect 消息；

②MSC 向 MS 发送 Release 消息（同时 MSC 会给对应的被叫下发 Disconnect 消息）；

③MS 释放 MM 连接，向 MSC 回 Release Complete 消息；

④MSC 收到 MS 的 Release Complete 消息，释放 MM 连接，向 BSC 发 Clear Command 消息，通知 BSC 释放占用的 A 接口资源和无线接口资源；

⑤BSC 向 MS 下发 Channel Release，要求手机和 BTS 释放无线口逻辑信道；

⑥MS 向 BTS 发 DISC 帧，表示已释放逻辑信道；

⑦BTS 向 MS 发 UA 帧确认；MS 收到 UA 帧后，返回到空闲模式；

⑧BSC 向 BTS 发 Deactivate SACCH，去活随路信道；

⑨BTS 向 BSC 回 Release Indication；

⑩BSC 向 BTS 发 RF Channel Release，释放无线口物理信道；

⑪BTS 向 BSC 发 RF Channel Release Acknowledge，表示已释放无线口物理信道；

⑫BSC 向 MSC 回 Clear Complete；

⑬MSC 向 BSC 发 RLSD，释放 SCCP 链接；

⑭BSC 向 MSC 回 RLSD Complete，表示已释放 SCCP 链接。

图 2-14 中①～③为呼叫连接释放，④～⑭为无线资源释放。

在 CC 层和 MM 层的连接释放完毕后，网络将向 BSC 发出 Clear Command 消息来请求释放 SCCP 信令链路。在该消息中携带此次呼叫清除的原因，“切换完成”或“位置更新完成”等。如果是由于无线接口消息失败、无线链路失败或因设备故障等导致的释放，则是由 BSC 向系统发出 Clear Request 消息，然后 MSC 下发 Clear Command 消息。

4. BSC 间切换流程（如图 2-15 所示）

①旧 BSC 将切换请求及切换目的小区标识一起发给 MSC；

②MSC 判断是哪个 BSC 控制的 BTS，并向新 BSC 发送切换请求；

③新 BSC 预订目标 BTS 激活一个 TCH；

④新 BSC 把包含有频率、时隙及发射功率的参数通过 MSC，旧 BSC 和旧 BTS 传到 MS；

⑤MS 在新频率上通过 FACCH 发送接入突发脉冲；

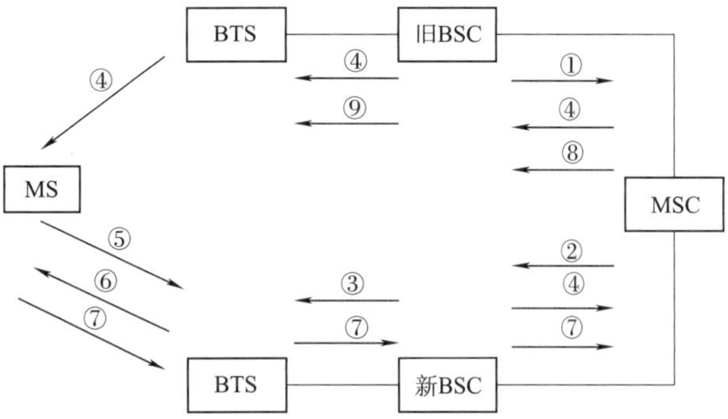

图 2-15 BSC 间切换流程

⑥新 BTS 收到此脉冲后，回送时间提前量信息至 MS；

⑦MS 发送切换成功信息通过新 BSC 传至 MSC；

⑧MSC 命令旧 BSC 去释放 TCH；

⑨BSC 转发 MSC 命令至 BTS 并执行。

5. 位置更新流程

正常位置更新、周期性位置更新、IMSI 附着位置更新流程基本相同（不同之处在下面详细描述），流程如图 2-16 所示。

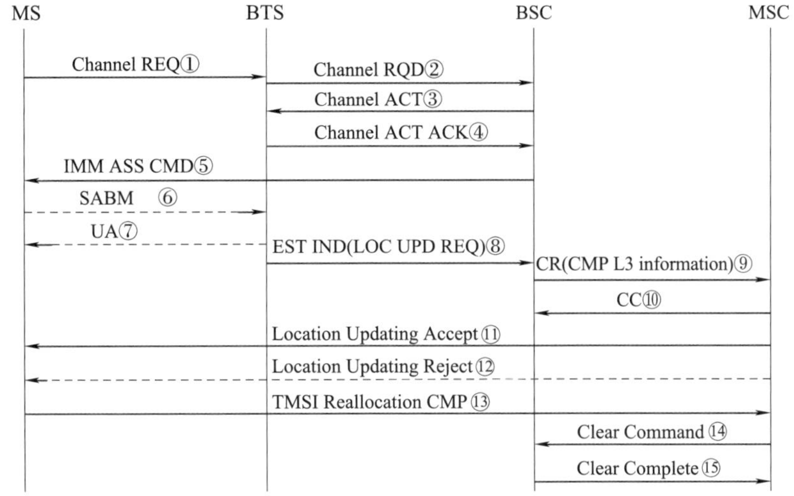

图 2-16 位置更新流程

①MS 在空中接口的接入信道上向 BTS 发送 Channel Request（该消息内含接入原因值为位置更新）；

②BTS 向 BSC 发送 Channel Required（信道请求）消息；

③BSC 收到 Channel Required 后，分配信令信道，向 BTS 发送 Channel Activation（信道激活）；

④BTS 收到 Channel Activation 后，如果信道类型正确，则在指定信道上开功率放大器，上行开始接收信息，并向 BSC 发送 Channel Activation Acknowledge（信道激活确认）；

⑤BSC 通过 BTS 向 MS 发送 Immediate Assignment Command（立即指配命令）；

⑥MS 发设置异步平衡模式（SABM）帧接入；

⑦BTS 回无编号确认（UA）帧进行确认；

⑧BTS 向 BSC 发 Establishment Indication（确认指示），该消息中包含了 Location Update Request（位置更新请求）消息内容；

⑨BSC 建立 A 接口信令连接控制部分（SCCP）链接，MSC 发送 Location Update Request；

⑩MSC 向 BSC 回链接确认消息；

⑪MSC 向 MS 回位置更新接受消息，表明位置更新成功；

⑫在网络侧拒绝本次位置更新时，网络侧下发消息给 MS；

⑬若 MSC 侧选择“位置更新时分配 TMSI”为否，则在位置更新的过程中，MS 没有“TMSI Reallocation Complete（TMSI 再分配完成）”消息的上报；

⑭从此处开始网络侧启动信道释放流程，详细解释见释放流程部分。

（1）正常位置更新流程

正常位置更新流程由 MS 发起时，所有正在计时的触发位置更新流程定时器停止计时，如：T3211、T3212 定时器。

由于此时 MS 无 RR 连接，MM 子层向 RR 子层请求 RR 连接，并进入 Wait For RR Connection（Location Update）状态。

MS 向网络侧发送 Location Updating Request 消息发起位置更新流程，启动 T3210 定时器并进入 Location Updating Initiated（位置更新开始）状态，该消息中包含位置更新类型信息。

（2）附着位置更新流程

IMSI 附着位置更新流程是 IMSI 分离流程的补充，表明 MS 在网络中处于活动状态。System Information Type 3 消息中有一个 ATT 标志，指明 IMSI 附着位置更新流程和 IMSI 分离流程是否使用。

如果网络侧指明需要使用 IMSI 附着位置更新流程和 IMSI 分离流程，则 MS 在 IMSI 激活时触发 IMSI 附着位置更新流程。在网络覆盖区，或 IMSI 激活的 MS 从非覆盖区进入覆盖区，在 update status 标志为 Updated 时，并且存储的位置区和当前服务小区 BCCH 上广播的位置区相同时，才触发 IMSI 附着流程；否则，MS 触发正常位置更新流程，而不论 ATT 标志为何值。

IMSI 附着位置更新流程采用正常位置更新流程实现。但位置更新类型必须在 Location Updating Request 消息中指明。

（3）周期性位置更新

周期性位置更新用于通知网络侧 MS 没有关机，采用正常位置更新流程实现，位置更新类型在 Location Updating Request 消息中给出；MS 中的 T3212 定时器用于周期性位置更新。如果该定时器没有启动，则 MS 在每次进入 MM Idle 状态中的 Normal Service 或 Attempting to update 子状态时，启动该定时器。MS 在离开 MM Idle 子状态时，保持 T3212 定时器值。

在下列情况下，该定时器停止计时（MS 重置 T3212 定时器为初始值，以便下一次位置更新）：

①收到 Location Updating Accept 或 Location Updating Reject 消息时；

②收到 Authentication Reject 消息时；

③第一条 MM 消息收到时，或在 MM 连接建立加密模式完成时（最近业务状态为 Limited Service 除外）；

④MS 已响应寻呼，并正确地收到除 RR 消息外的层 3 消息；

⑤T3212 定时器超时；

⑥MS 去活（如关机或无 SIM 卡拔出）。

当 T3212 定时器超时，则启动位置更新流程。

如果 MS 在业务状态 No Cell Available、Limited Service（服务受限）、PLMN search 或 PLMN Search-Normal Service、T3212 定时器超时，则 MS 在离开业务态时再启动位置更新流程。如果 T3212 定时器超时时，系统消息指明不使用周期性位置更新，则不启动位置更新流程。T3212 定时器超时值在 System Information Type3 消息的 Control channel description IE 携载。

MS 在 No Cell Available，Limited Service，PLMN Search 和 PLMN Search-Normal Service 等状态，T3212 超时值不变。

在 T3212 定时器计时时，如果超时值进行更改（如：服务小区的变更、T3212 超时值的广播），则 MS 以当时 T3212 定时器值为初始值重启新的定时器；当 T3212 处于非计时态时，以 1 至新的初始值之间的随机值为初始值重启 MS 新的定时器。

6. GPRS 附着流程（如图 2-17 所示）

①MS 向网络侧发送 GPRS 附着请求消息，消息中带有该 MS 的 IMSI 和临时逻辑链路识别（TLLI）；

②SGSN 在收到 MS 的 GPRS 附着后，将向 GGSN 请求对应 MS 的 IMSI 的鉴权三元素；

③SGSN 与 MS 进行鉴权流程；

④鉴权通过后，SGSN 向 GGSN 发送位置更新消息；

⑤GGSN 将 MS 的用户数据发送给 SGSN 之后，向 SGSN 回位置更新确认消息；

⑥SGSN 向 MS 回附着接受消息，消息中带有 MS 上报的 TLLI。

7. SGSN 内的路由区更新流程（如图 2-18 所示）

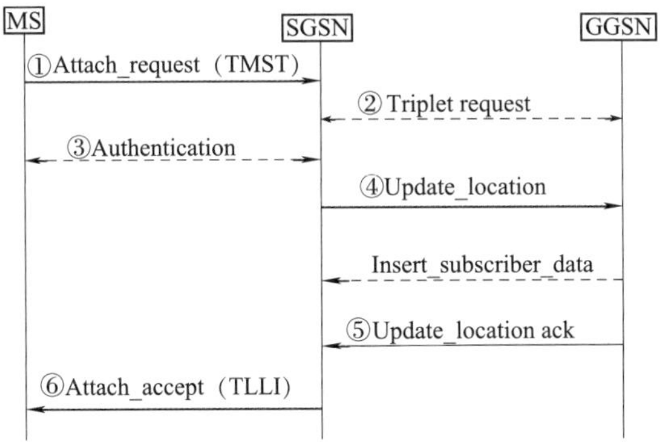

图 2-17　GPRS 附着流程

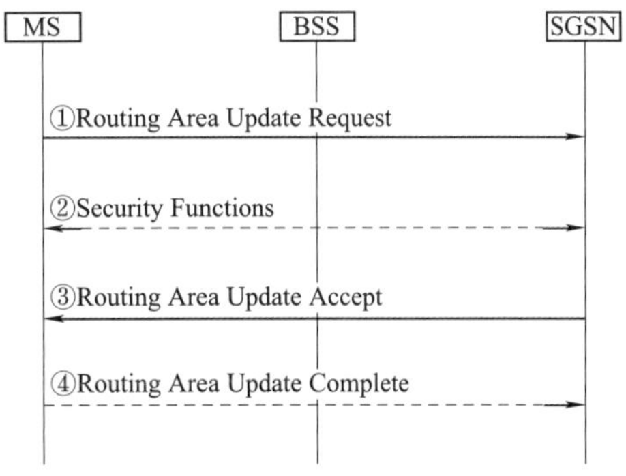

图 2-18　SGSN 内的路由区更新流程

①MS 向 SGSN 发送 Routing Area Update Request 消息（带旧 RAI、旧 P－TMSI 签名、更新类型）。更新类型指明此次更新是路由区更新还是周期性路由区更新。BSS 在转发此路由区更新请求消息过程中增加新小区的 CGI（包括 RAC 和 LAC）；

②安全性功能可选；

③如果 MS 不允许附着到新路由区或 IMEI 检测(可选)失败，则 SGSN 拒绝此路由区更新请求。如果 MS 允许附着到新路由区并且 IMEI 检测(可选)成功，SGSN 更新此 MS 的 MM 上下文，分配新的 P－TMSI，并向 MS 回 Routing Area Update Accept 消息(带新的 P－TMSI 和 P－TMSI 签名)；

④如果 P－TMSI 重分配成功，MS 向 SGSN 回 Routing Area Update Complete 消息(带新的 P－TMSI)。

如果在最大允许的路由区更新流程次数内，路由区更新均失败或 SGSN 向 MS 回 Routing Area Update Reject 消息，MS 进入 IDLE 状态。

8. MS 发起的 PDP 上下文激活流程(如图 2-19 所示)

①MS 向 SGSN 发送激活 PDP 上下文请求；

②SGSN 进行 MS 身份鉴别(IMSI)和设备检查(IMEI)；

③身份鉴别和设备检查通过后，SGSN 向 GGSN 发“建立 PDP 上下文请求”，GGSN 返回“建立 PDP 上下文响应”；

④SGSN 向 MS 返回“PDP 上下文激活完成”消息，消息中携带 MS 在 PDP 上下文中使用的 IP 地址。

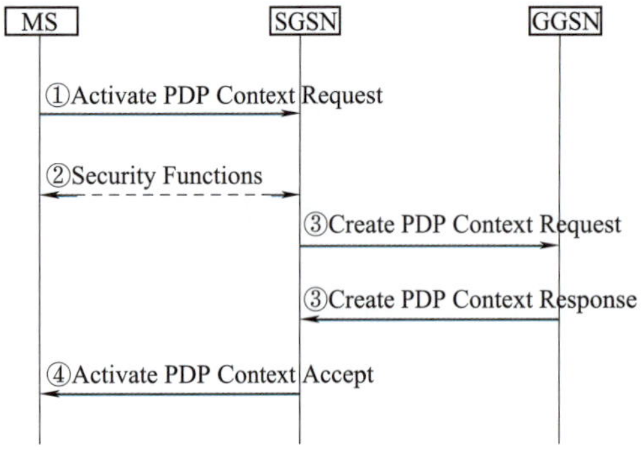

图 2-19 PDP 上下文激活流程

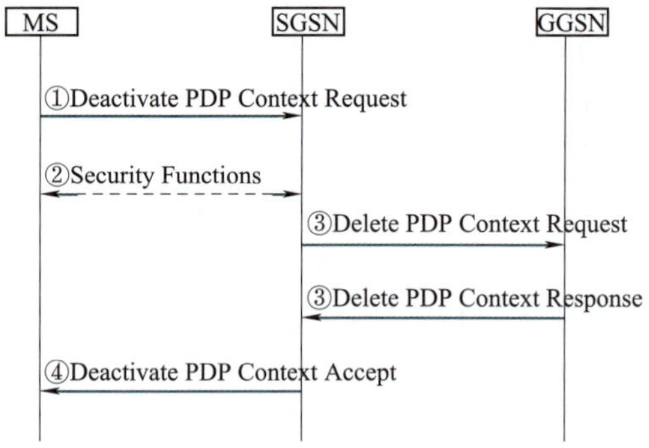

图 2-20 MS 发起的 PDP 上下文去激活流程

9. MS 发起的 PDP 上下文去激活流程(如图 2-20 所示)

①MS 向 SGSN 发送 Deactivate PDP Context Request 消息，该消息中含有需要去激活的 PDP 上下文的事件标识符(TI)；

②执行安全性管理规程(可选)；

③SGSN 向 GGSN 发送 Delete PDP Context Request(TID)消息，GGSN 删除 PDP 上下文，并向 SGSN 返回 Delete PDP Context Response(TID)消息。如果 MS 正在使用动态 PDP 地址，则 GGSN 释放此动态 PDP 地址，并标记此地址可被后续其他 MS 激活时使用。Delete PDP Context 消息在整个 GPRS 骨干网上传送；

④SGSN 向 MS 返回 Deactivate PDP Context Accept(TI)消息。

五、GSM-R 的特殊业务与在铁路上的应用

(一)GSM-R 系统的特殊业务

GSM-R 除了支持以上列出的补充业务外，还提供了一些铁路特定的业务。

1. 功能寻址

功能寻址是GSM-R的一个重要特征，它允许主叫用户通过功能号码来识别功能和应用。功能号识别的是用户使用的功能，而不是用户终端的号码。例如，一个特定的功能号代表的是特定列车上的一个司机，而不是机车上的无线电话号码。

功能寻址是指用户可以由它们当时所担当的功能角色，而不是它们所使用的终端设备的号码来寻址。在同一时刻，至少可以为一个用户分配若干功能地址，而只能将一个功能地址分配给一个用户。用户可以向智能网注册和注销功能地址。

例如，可以给每列正在运行的列车司机分配一个功能号，结构为"车次号＋司机功能代码（设为01）"。于是，T13次列车司机的功能号为T1301。当某位司机驾驶T13次列车从起点站出发时，他都必须向网络注册该功能号，网络负责将该功能号与他当时所使用的机车电台的真实号码对应起来。当调度员或是车站值班员要呼叫T13次列车的司机时，他不必知道该司机姓甚名谁，也不必知道该司机使用的机车台的号码，他只要向智能网请求"我要呼叫T1301"，智能网将T1301对应到一个真实的电话号码返回交换网络，并建立该呼叫。

在铁路通信中有许多这样的情况，因为从铁路运输管理的角度出发，主叫方在发起呼叫时更多的是使用被叫方所担当的功能角色的编号。由于谁在担当这个功能角色是在动态变化的，所以该编号与真实的物理号码之间的对应也是在动态改变的。智能网提供一套机制，以保证功能寻址能够正确而有效地进行。该机制主要包括以下方面：

(1)功能角色必须按一定规律进行编号，以使得智能网可以对其进行识别；

(2)必须提供一套有效的注册和注销功能号的方法；

(3)必须保证功能号的相对唯一性。

GSM-R系统从某个角度也可以看作是在一定数量的物理终端上运行的一系列应用和功能。每一个应用和功能利用了最基本的电信业务(承载业务或终端业务)。一个物理终端可以是一个移动终端或移动终端的支持实体。GSM-R网络用户可以靠功能号来发起或接收呼叫，图2-21描述了调度员采用功能号对司机进行呼叫的过程。

如图2-21所示，东环台的调度员直接使用"T509"来呼叫T509次列车的司机；枢纽台调度员使用"4495"来呼叫4495次列车的司机，以此类推。

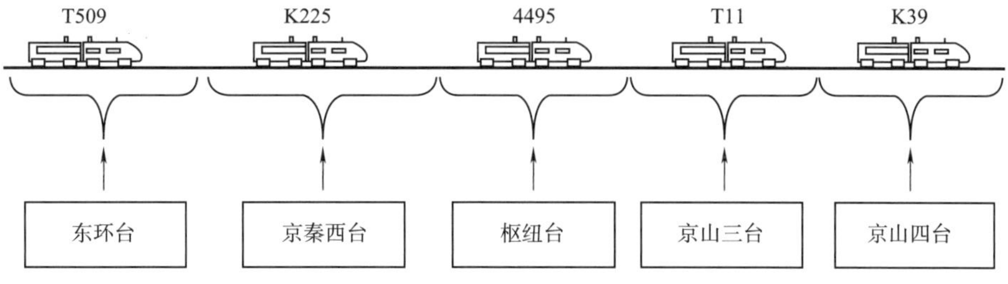

图2-21 调度员呼叫司机示例

2. 基于位置的寻址

基于位置的寻址采取两种方式：基于小区的路由和使用来自外部资源的位置信息。来自外部资源的位置信息可以由地面系统(如轨道电路或GSM-R网络内部的位置系统)或车载系统(如查询应答器读取器、GPS等)提供。

列车在行车过程中要经过若干调度区段以及若干车站，当司机呼叫调度员或车站值班员时，只能呼叫当前调度区段的调度员或当前车站的车站值班员。但是，司机无法知道自己当前位于哪个区段，更不知道调度员或车站值班员的电话号码。GSM-R 为了解决这个问题，采用了基于位置的寻址，并且让移动台使用短码拨号来触发基于位置的寻址。例如，短码 1200 表示呼叫调度，于是当司机需要呼叫调度员时，直接拨号 1200，网络根据司机当时所处的位置，自动将其路由到正确的调度员。另外，也可以用 1300 来呼叫车站值班员。

图 2-22 描述了列车司机使用基于位置的寻址来呼叫车站值班员和调度员的示例。

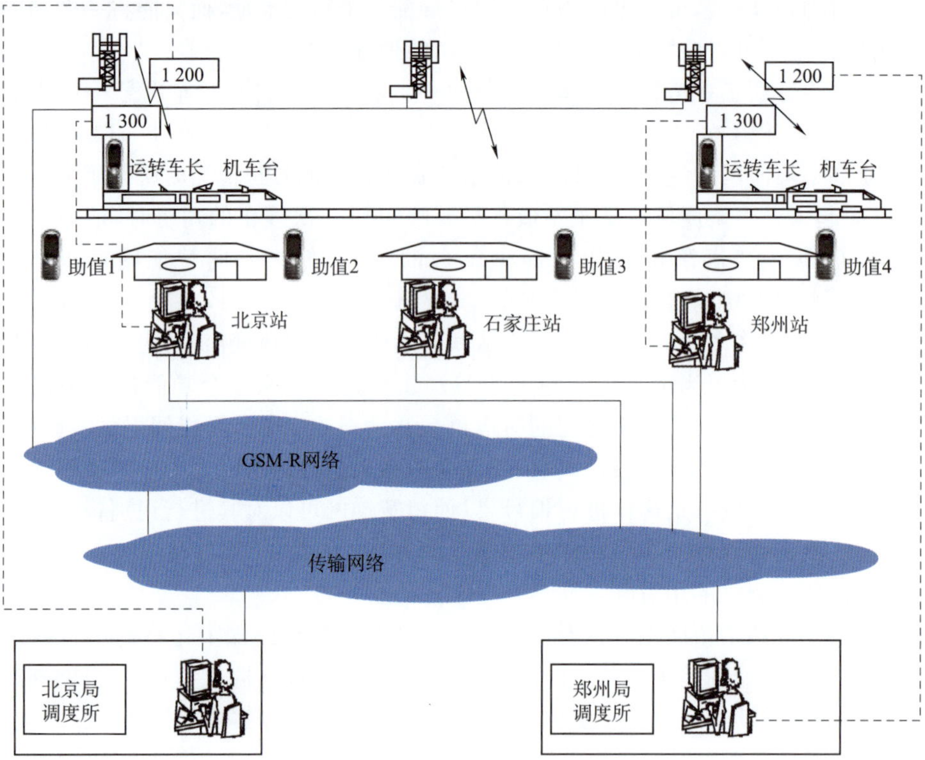

图 2-22 基于位置的寻址示例

GSM-R 使用小区特定路由来实现基于位置的寻址。小区特定路由使用两个参数来确定目的地址：

(1)被叫方地址(短码)；

(2)小区识别码。

其中，被叫方地址是由移动终端通过空中接口向 MSC 提供的，而在每次呼叫中，BSC 都要向 MSC 提供移动台当前所处小区的小区识别码。

3. 铁路紧急呼叫

铁路紧急呼叫是指具有“铁路紧急优先级”的呼叫，用于通知司机、调度员和其他处于危险级别的相关人员，要求停止在预先指定地区内的所有铁路活动。由于铁路运营存在的紧急情况，这些呼叫被连接到事先定义的用户或用户组，所有铁路紧急呼叫都应使用 GSM-R 语音组呼规范。这些紧急呼叫不包括公共紧急呼叫，如 119。

4. 语音组呼(Voice Group Call Service，VGCS)

VGCS 是语音组呼业务，又简称组呼，它是一种电信业务。组呼业务定义了一种由多方参加(GSM 移动台或固网电话)，其中一部分人可以讲话、多方聆听的点对多点语音通信方式。

VGCS业务用一个组功能码(组ID)就能呼到所有该组的成员,参与同一个VGCS通信的移动用户可以分布在多个蜂窝小区内,另外,VGCS还支持业务用户实现讲者和听者身份之间的转变。VGCS业务突破了点对点通信的局限性,能够以简捷的方式建立组呼叫,实现调度指挥、紧急通知等特定功能,尤其适用于铁路的行车指挥调度部门。

(1)语音组呼相关定义

调度员:调度员的身份必须要由业务提供商在网络中预定义,拥有随时讲话的权利,它们可以是固网用户也可以是移动用户,移动调度员可以不在组呼区域内。调度员可以发起某个组ID的组呼,也可以接收组呼区域中一定组ID的所有组呼(这个过程由网络自动完成)。当由调度员发起组呼时,他们要呼叫一个特殊的MSISDN号,这个号与组ID以及组呼区域有关。一个组呼中最多可以有5个调度员,也可以没有。其实,调度员是VGCS通信中具有较高"权利"的管理者,他们各自使用一对专用信道。

组呼区域:必须由业务提供商预先定义,它由分配了VGCS业务的一个小区或者一簇小区组成。定义在一个网络中的最大组呼区域ID数由在此网络中定义的组ID最大值决定。如果由于运营的原因引起小区分配的变动,那么组呼区的定义也要跟着调整。一个组呼区可能包含不止一个MSC域和不止一个网络中的小区。

组ID:在一个网络中能定义的最大组ID数由在此网络中定义的组呼区域数决定,业务用户最多可以具有50个组ID号。

语音组呼信道:在组呼进行时,网络给组呼区域上的每个小区分配的一对专用业务信道,这条信道的上行链路只有讲话的业务用户才能占用,小区内的其他业务用户则共享下行链路聆听消息。

(2)VGCS无线信道资源分配

组呼业务使用的是公共下行链路广播功能,这种功能允许在同一个小区上很多用户在一条业务信道上聆听组呼,用户数量没有限制,用这种方法可以节省网元间的空中接口和信令链路上的可用资源,因此频谱利用率很高。一个特定的VGCS通信由组功能码(简称组ID)和组呼区域唯一确定。组ID与组呼区域的合称为组呼参考,即组呼参考唯一确定一次VGCS通信。组ID标识该组的功能,即由哪些身份的成员参加;组呼区域是指VGCS通信所覆盖的地理范围,以无线蜂窝小区为基本单位,一个组呼区最多可有25个小区。在VGCS建立期间,给主叫用户和调度员提供标准的双向信道,给所有的被叫业务用户分配单一的下行链路信道。

VGCS通信发起者以正常的呼叫流程发出呼叫请求,请求建立组ID=×××的VGCS通信,网络检测到其呼叫请求为组呼,验证并确认后,则向GCR查询该组的各种属性参数,然后在组呼区域定义的一个或者多个蜂窝小区内发送组呼通知消息(Notification Message)给签约了组ID=×××的所有成员。组成员接收到通知消息后500 ms内进入组呼区,非本组成员忽略此消息。在一个蜂窝小区内,所有组成员在一条共享的下行信道上聆听话音,而不占用对应的上行信道(讲话者除外)。网络的MSC使用会议桥(Conference Bridge)来连接所有参与方。语音组呼成功建立后,网络向呼叫发起用户发送一个指示,这样发起用户才可以开始讲话。

成功建立呼叫意味着无论用户是否在收听,所有语音组呼的下行链路都已经分配好,并且相关的调度员已收到示警。对一个已经建立的组呼来说,给想讲话的业务用户分配上行信道必须在发送讲话请求后300 ms内执行。

在一个组呼区中可能会有不同组ID的被叫用户同时在进行组呼。同一组ID的用户允许在不同的、可能相互重叠的组呼区内同时进行语音组呼。用户可以选择激活或关闭接收某个语音组呼，选择好的列表存储在 SIM 卡中。可以设置禁止关闭的高优先级呼叫的组 ID。为了避免寻呼调度员和通知组 ID 之间发生冲突，对于那些在两个不同的但有重复部分的组呼区上，用相同组 ID 注册的调度员，当它在其中一个组呼区中进行组呼时，应当关掉这个相应的组 ID。

VGCS 业务中包含有两种身份的成员：调度员和移动业务用户。调度员可以是移动用户也可以是固网用户（比如 ISDN 终端用户），移动业务用户是指签约了某些组 ID 的移动用户。在 VGCS 通信过程中，调度员各自使用一对专用信道，移动业务用户使用半双工无线信道，即同一蜂窝小区的用户共享一条下行链路，只有讲话的业务用户才使用相应的上行链路。VGCS 在通信过程中，某一时刻只能有一个“非调度身份”的移动用户讲话，任何“调度身份”的用户可以随时讲话。调度用户除了能听到自己声音以外还能听到其他所有人的讲话；聆听的业务用户可以听到所有人的声音。如果调度员同时在讲话，讲话用户应得到某种指示。调度员允许随时讲话而无需发送想要讲话的信号，想要说话的移动业务用户必须发送想要讲话的信号。成为讲话用户的权利以先到先服务的方式分配，没有排队等待。

(3)VGCS 通信中使用的号码

如前文所述，组呼参考可以唯一的确定一个 VGCS。组呼参考的最大长度是 8 位数字。组呼参考由组呼区域 ID 和组 ID 两部分组成，如图 2-23 所示。

(4)确认中心(Acknowledge Center，AC)

由 VGCS 业务的定义方式可以看出，网络并不知道究竟有哪些用户参与了 VGCS 通信。对于高优先级的 VGCS，尤其是紧急呼叫，实际应用中需要对参与者进行记录以备岗位事故后分析。因此，在网络中需要引入一个新的功能实体——确认中心。AC 可以通过专用自动小交换机(PABX)连接到 MSC 上，也可以作为一个 ISDN 终端连接到 ISDN 交换机上。

组呼区域ID	组ID

图 2-23 组呼参考组成

AC 的配置原则是：每个 MSC 配置一个 AC，这意味着被叫 AC 的路由信息总是由用户当时所在的 MSC 决定，即用户总是呼叫其所在 MSC 的那个 AC，而不呼叫其他 MSC 的 AC。当一个正在接收高优先级 VGCS 呼叫的用户，从一个 MSC 进入另一个 MSC 时，确认消息的路由选择会随用户位置的变化而变化。确认消息的路由选择发生在发送确认消息的时刻，而不是在参与 VGCS 的过程中。

为了使确认消息能够正确路由到合适的 AC，需要使用“基于位置寻址”的机制。AC 的短码存储在 SIM 卡的 EFCONF 文件中。

5. 语音广播业务(Voice Broadcast Service，VBS)

VBS 业务允许建立点对多点的单向语音呼叫连接。业务用户或调度用户在预定义的地理区域发起广播呼叫。当建立了呼叫之后，位于服务区域的签约业务用户组就能够聆听语音广播。另外，除了发起广播的调度用户，最多还可以存在 5 个 ISDN 固定用户或移动调度员可以连接到一个广播呼叫上，但若他们不是发起者就没有讲话的权利。

实际上，VBS 业务与 VGCS 业务非常相似，在业务定义、信令流程、对系统和终端的需求、呼叫控制等方面都大同小异。两种业务其中一个最重要的不同之处在于：VBS 的业务用户不能实现讲话者与聆听者之间的转换，VBS 不支持角色的转变，即 VBS 的呼叫发起者一定是讲话者，且理论上，在 VBS 通话进行过程中只能有一个人在讲话。这个特性体现在信道资源的分配上是：VBS 的发起者即讲话用户从一开始就占用一条专用信道，这个特点在 VBS 的呼叫发起者是业务用户时体现得尤为明显，也是 VBS 和 VGCS 的另一个最重要的不同之处。具体地说，当 VBS 的发起者是业务用户时，此业务用户占用的是一条专用信道，而其他业务用户共享广播呼叫信道的下行链路，上行链路一定是一直处于空闲状态的。而当 VGCS 的发起者是业务用户时，当成功建立了 VGCS 后，此业务用户同其他业务用户一起被分配到组呼信道的下行链路上聆听通话，当此业务用户想讲话时同其他业务用户一样必须提出申请，获得网络的准许后才可以使用组呼信道的上行链路（一对信道方案）或网络再分配给它一条专用信道（一对半信道方案）。因此当 VGCS 采用的是一对信道方案时，组呼信道的上行链路不一定一直处于空闲状态（一对半信道方案的组呼上行链路一定处在空闲状态）。

由上述特征导致 VGCS 与 VBS 之间其他的细微差别还有：

（1）在 VBS 进行中，当网络确认呼叫发起者离开了组呼区域，网络会立即停止此次 VBS 业务，但是如若 VGCS 的呼叫发起者离开组呼区，网络不会因此停止 VGCS 业务。

（2）VGCS 中定义了一个非活动时间以应对形同虚设的呼叫，当某次 VGCS 业务没有讲话声音的时间超过了设定值后，网络会自动终止此次呼叫，这个设定值就是非活动时间，而 VBS 中没有这个概念。

（3）VBS 业务中无需对广播呼叫信道的下行链路做静音处理，而对于一对信道方案的 VGCS 业务，当有业务用户讲话时，网络必须屏蔽掉它的下行链路，以免讲话用户听到自己的声音。

（4）在对数据加密上，VGCS 支持上下行链路的加密，而 VBS 只支持下行链路加密。

（5）在 VGCS 进行过程中，如果没有了呼叫发起者，移动业务用户可以假定为发起者，而 VBS 不支持这种情况。

（6）在 VGCS 业务中，对于想要讲话的业务用户，网络需要做好此用户接入上行链路的安排，而在 VBS 中无需考虑这种情况。

6. 增强多优先级和强拆业务（eMLPP）

MLPP 业务有两种类型，一种是 GSM 增强多优先级和强拆业务（eMLPP），它是一种电信补充业务，另一种是 ISDNMLPP。开展 eMLPP 补充业务的目的是给用户提供不同的优先级水平，使得在呼叫建立期间和越区切换期间，系统根据优先级水平对网络资源进行处理，另外，设定优先级别的另一个功能是能够让高优先级的呼叫抢断正在进行的低优先级呼叫。优先级别在呼叫建立期间设定给被呼叫方。eMLPP 业务的适用范围由网络运营商决定，可以是整个网络也可以仅是网络的一部分。在业务适用范围内，该业务对所有网络资源和所有移动台均有效。

eMLPP 业务包含的两个方面分别是优先级和资源抢占。优先级是指在呼叫建立时给该呼叫指配一个优先级别，并和该呼叫的建立时间类型一起来参与网络资源的竞争与调配；资源抢占是指当网络没有空闲资源可用时，具有较高优先级的呼叫将抢占正在被较低优先级呼叫占用的信道资源，还可以表现为被叫用户断开正在进行的低优先级呼叫而接听高优先级的呼入呼叫。

铁路对于有些类型的通信有很高的性能要求，特别是无线信道和通话的快速建立。比如，ERTMS/ETCS 需要一个连续的数据信道，在越区切换时，如果邻近小区的无线信道拥塞，就必须将那些低优先级的通话切断，释放无线信道，以便切换时能马上提供无线信道。又如，在铁路紧急呼叫区域内，不管是否有空余的信道，紧急呼叫必须马上建立。eMLPP 业务优先级功能能够为编组调车通信与列车辅助通信根据不同的要求提供高低不同的优先级，强拆功能可使正在进行的低优先级通话马上释放信道，让位于高优先级呼叫，如紧急呼叫。另外，eMLPP业务还引入了快速建立通话的功能，尽量缩短HLR/AC和MSC/VLR中的处理时间，对于有些通话，鉴权和加密过程还可以取消或在建立通话以后进行。

（二）调度通信功能

GSM-R系统中存在一种固定终端——GSM-R网络调度子系统。GSM-R网络调度子系统是给调度员身份的用户使用，能完成与其他各种终端之间的通信。GSM-R网络调度子系统与MSC之间通过30B+D连接，GSM-R调度通信系统构成如图2-24所示。

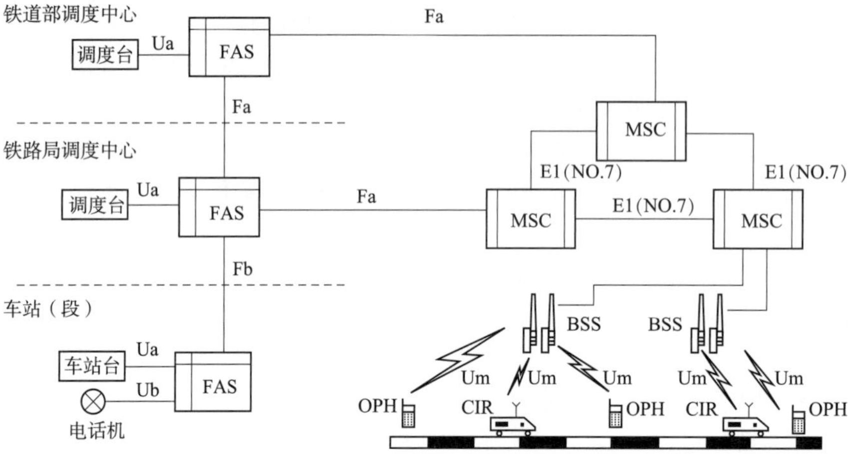

图2-24 GSM-R调度通信系统构成示意图

Fa接口：ISDN基群速率接口(30B+D)，DSS1信令。

Fb接口：ISDN基群速率接口(30B+D)，DSS1信令；或基群速率E1，内部信令。

Ua接口：ISDN基本速率接口(2B+D)，DSS1信令；或基群速率E1，内部信令。

Ub接口：选用Z接口、音频2/4线接口、64 kbit/s同向接口、录音接口等。

1. 终端接入方式

(1)调度所配置调度台，通过FAS接入GSM-R网络，进行无线列调通信；

(2)在各车站配置FAS车站终端，车站值班员通过有线方式接入GSM-R系统，进行无线列调通信。

2. 主要通信方式

调度通信系统业务包括列车调度通信、货运调度通信、牵引变电调度通信、其他调度及专用通信、站场通信、应急通信、施工养护通信和道口通信等。

(1)列车调度员能按车次号功能寻址方式个别呼叫辖区内的机车司机并通话；

(2)列车调度员可以向辖区内所有机车司机发布语音广播；

(3)列车调度员能组呼辖区内的机车司机并通话；

(4)列车调度员组呼辖区内某个车站的车站值班员、助理值班员以及该车站管辖范围内的所有机车司机并通话；

(5)列车调度员可以个别呼叫辖区内车站值班员并通话；

(6)列车调度员可以组呼辖区范围内的所有车站值班员并通话；

(7)机车司机可以按位置寻址方式个别呼叫当前所在调度区段的列车调度员并通话；

(8)机车司机可以紧急呼叫当前所在调度区段的调度员并通话；

(9)邻近的机车司机、运转车长和工务人员之间可以紧急呼叫并通话；

(10)机车司机可以按位置寻址方式个别呼叫本站、后方及前方车站值班员并通话；

(11)车站值班员个别呼叫任意级别列车调度员并通话；

(12)车站值班员可以按车次号功能寻址方式个别呼叫辖区内的机车司机并通话；

(13)车站值班员可以个别呼叫所属的列车调度员并通话；

(14)车站值班员可以个别呼叫相邻车站值班员并通话；

(15)车站值班员、助理值班员、车站管辖范围内机车司机和运转车长之间可以按组呼方式通话；

(16)列车调度员可以组呼辖区范围内的机务段(折返段)运转值班员、列车段(车务段、客运段)值班员、电力牵引变电所值班员并通话；

(17)列车调度员、车站值班员、助理值班员、救援列车主任之间可以按组呼方式通话；

(18)列车调度通信系统具有记录功能。

(三)车次号校核与列车停稳信息的传送功能

实时跟踪列车运行位置是调度集中系统/列车调度指挥系统(CTC/TDCS)系统的主要功能之一，实际运行图绘制、列车运行计划的调整、运行数据的统计均需要CTC/TDCS系统所提供的对列车车次号实时跟踪的信息。在现有CTC/TDCS系统中，车次号跟踪是依靠轨道电路获得信息，基于无线列调的列车无线车次号校核信息作为辅助手段，实现了对车次号的跟踪校核。在未来高速列车运行控制系统中，虚拟闭塞方式无法依靠轨道电路实现车次号信息传送，需要利用无线通信手段，实时将运行机车车次号信息传送至列车运行控制系统地面设备。

无线车次号校核系统将从机车运行安全监控记录装置(TAX箱)采集的车次号、机车号、位置(公里标)、机车速度等车次号信息，通过无线信道，传送给CTC/TDCS系统进行车次号校核。

无线车次号校核系统利用现有无线列调系统实现，当无线列调机车台被车次号信息触发时，不论是否正在通话，均切断话音调制并改变发射频率，强行转为传送车次号数据信息，传送完成后恢复话音通信。这种受限于现有网络单信道资源的情况，难免存在数据和话音业务之间争抢信道，而在同频干扰和业务并存的情况下，数据传输可靠性降低。

利用GSM-R实现的无线车次号校核完全摆脱了基于无线列调信道的场强覆盖限制、克服了单信道争抢带来碰撞等造成可靠性低的问题。

(四)调度命令传送

铁路调度命令是调度所里的调度员向司机下达的书面命令，它是列车行车安全的重要保障。采用GSM-R系统传输通道传输调度命令无疑将加速调度命令的传递过程，提高工作效率。

调度命令(含调度命令、行车凭证、调车作业通知单、列车接车进路预告信息)的无线传送系统，由GSM-R系统、TDCS系统设备、无线列调系统设备、TDCS无线车次号校核系统设备、机车安全信息综合监测装置(TAX箱)、调度命令车站转接器、机车综合无线通信设备等组成。该系统主要功能包括：

(1)调度员向辖区内的运行列车发送调度命令；

(2)在CTC区段调度员向辖区内的运行列车发送行车凭证；

(3)在 CTC 区段调度员向辖区内的运行列车发送调车作业通知单；

(4)车站值班员向辖区内的运行列车发送行车凭证；

(5)车站值班员向辖区内的运行列车发送调车作业通知单；

(6)自动向辖区内的运行列车发送列车接车进路预告信息；

(7)列车接收调度命令后能发送自动确认和签收信息，并将信息送发送方显示；

(8)调度命令发送方未收到自动确认信息，应自动重发，自动重发后仍未收到自动确认，应向调度命令发送方提示；

(9)机车装置判断是发给本次列车的调度命令，在显示操作终端上显示；

(10)机车装置提示司机签收调度命令，司机根据需要选择打印；

(11)TDCS 设备和机车装置应存储调度命令并记录操作过程；

(12)机车装置未收到来自监控装置的机车号和车次号信息时，接收的命令信息中机车号与机车装置记录的机车号相同，应显示所接收到的调度命令；

(13)系统中各终端应具有语音提示功能，对各种命令的提示音应有区分；

(14)机车装置可向车站发送调车请求；

(15)机车装置工作在补机状态时应显示、记录所有接收到的调度命令及签收、打印等操作过程，此时确认信息不向地面发送。

(五)列车尾部装置信息传送

GSM-R 列尾装置信息传送业务是将尾部风压数据通过 GSM-R 网络进行传输，可避免单独投资及单独组网建设，同时利用 GSM-R 强大的网络功能，克服了原有的抗干扰性差，信息无法共享等各种缺点。它具有以下优势：尾部风压状态随时通过列尾装置传输；机车司机随时可以查询、反馈车尾工作状态；在复线区段或临线，追踪列车之间不会相互干扰；在网络覆盖的隧道内也能传输。

列尾信息传送业务由车头通信模块与车尾通信模块建立电路或数据连接，通过 GSM-R 网络来实现。GSM-R 列尾装置主要由地面和车载两部分组成。地面部分主要是 GSM-R 网络，车载部分主要由 GSM-R 机车综合无线通信设备和 GSM-R 列尾主机构成。安装在机车上的 GSM-R 机车综合无线通信设备，不仅实现了语音业务、GPRS 数据业务业务。安装在列车尾部的 GSM-R 列尾主机与列车尾部车辆的主风管相连接，完成列尾信息传送、列车尾部排风辅助制动等功能。

(六)调车机车信号和监控信息系统传输功能

提供调车机车信号和监控信息传输通道，实现地面设备和多台车载设备间的数据传输，并能够存储进入和退出调车模式的有关信息。

(七)列车控制数据传输

传统的列车控制信息传输主要是依靠轨道电路，设置固定闭塞区间，向列车显示运行信号。由于轨道电路传输特性差、工作环境恶劣，其传输的信息极为有限，还经常出现红光带等故障。

为了克服上述问题，世界各国铁路都在研究基于移动通信的闭塞技术。车载设备和 RBC 之间的列控数据传输需要 GSM-R 网络提供满足电路交换模式的数据传输、非限制数字信息(UDI)、全速率无线信道、非语音/数据交替、异步透明传输模式等要求的承载业务。GSM-R 是实现列车运行控制系统(CTCS-3/CTCS-4 级和无线闭塞)基本条件。在列控中，GSM-R 仅负责实时、可靠地进行数据传输，不承担安全责任，通信误码或通信中断后如何进行逻辑处理、确保行车安全由信号系统负责。

基于 GSM-R 的列车运行控制系统是在车载设备和地面设备之间，利用无线通信系统双向传输列车控制信息，可以实现地面对列车的闭环控制。目前，相对比较成熟的有欧洲列车控制系统(ETCS)、北美增强型列车控制系统(ITCS)和应用于重载运输的机车同步操作控制系统(LOCOTROL)。可以看出，基于 GSM-R 的列控系统主要包括三个部分：地面子系统、车载子系统和 GSM-R 网络。另外，还有一些外部接口，如列车接口、联锁设备、调度集中设备等。

地面子系统中的无线闭塞中心(RBC)是一个安全计算机系统，根据来自外部信号系统(如联锁设备)的信息以及与车载子系统交换的信息，经过计算，产生发送给列车的消息。这些许可列车运行的消息，保证列车在 RBC 的管辖范围内安全运行。列控 GSM-R 接入服务器主要用于连接 RBC 和 GSM-R 网络，可以方便实现接入控制。

车载子系统的核心也是一个安全计算机系统，通过与地面子系统交换信息来控制列车运行。地面子系统和车载子系统之间的信息交换由 GSM-R 网络实现，并且列控信息在网络中要安全、可靠、及时地传递。

目前我国大力发展 CTCS 系统以保证列车安全运行，并以分级形式满足不同线路运输需求。CTCS-3 级列控系统是基于无线传输信息并采用传统方式检查列车占用的列车运行控制系统，面向提速干线、高速新线或特殊线路，采用基于无线通信的自动闭塞或虚拟自动闭塞，它可以叠加在既有干线信号系统上。CTCS-3 级适用于各种限速区段，地面可不设通过信号机，司机凭车载信号行车，满足客运专线和高速运输的需求。CTCS-3 级列控系统采取目标距离控制模式和准移动闭塞方式，同时具有 CTCS-2 级功能。CTCS-3 级列控系统结构如图 2-25 所示。

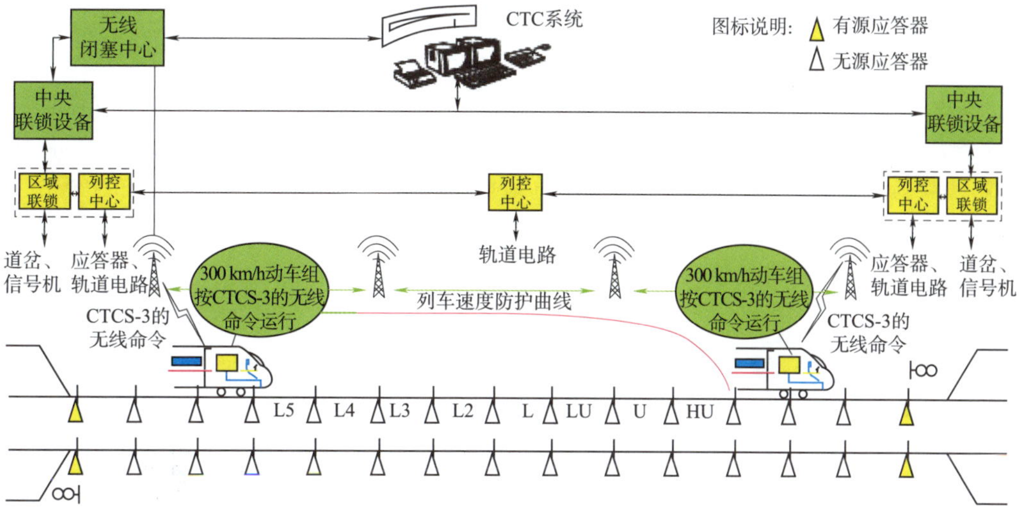

图 2-25 CTCS-3 级列控系统结构示意图

(八)区间移动公务通信

在区间作业的水电、工务、信号、通信、供电、桥梁守护等部门内部的通信，均可以使用 GSM-R 作业手持台，作业人员在需要时可与车站值班员、各部门调度员或自动电话用户联系。紧急情况下，作业人员还可以呼叫司机，与司机建立通话联络。

(九)应急指挥通信话音和数据业务

应急通信系统是当发生自然灾害或突发事件等影响铁路运输的紧急情况时，在突发事件现场与救援中心之间，以及现场内部采用 GSM-R 通信系统，建立语音、图像、数据通信系统。

思考题

1. 什么是逻辑信道？逻辑信道包含哪些信道？
2. 信道编码后提取出的 456 bit 被分为 8 组，如何进行第一次交织？
3. 广播的系统消息包含哪些种类？
4. GSM-R NSS 包括哪些设备？
5. 简述 Follow Me 注册、注销过程。

第二节　机车综合无线通信设备(CIR)

随着我国铁路建设事业的高速发展，铁路装备技术也在不断提高，机车综合无线通信设备(CIR)已成为我国铁路列车无线调度通信的主要车载设备，目前使用的 CIR 设备是基于《GSM-R 数字移动通信网设备技术规范　第二部分：机车综合无线通信设备 V2.0》研发的，随着通信技术的发展，铁道部正组织相关单位研发可靠性更高、维护性更好，各主要功能单元实现冗余备份，同时满足未来 450 MHz 数字无线调度通信应用要求的新一代机车综合无线通信设备(简称“CIR V3.0”)。

一、CIR 设备基本原理、结构及功能

(一)基本原理

1. CIR 设备的组成

机车综合无线通信设备由主机、操作显示终端(MMI)、送受话器、扬声器、打印终端、机车数据采集编码器、天线、合路器及各部连接电缆等组成。不同型号的动车组由于工程配置不一，CIR 设备的组成也有差异，CRH_{380A}、CRH_{380B}、CRH_3 等动车组未安装 TAX 箱，没有机车数据采集编码器。CIR 设备连接示意如图 2-26 所示。

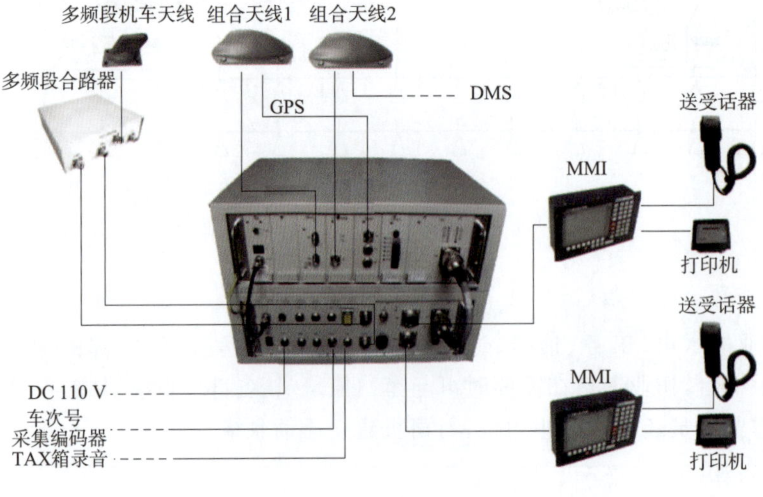

图 2-26　CIR 设备连接示意图

2. 工作原理

正常运行时 CIR 设备分 450 MHz 和 GSM-R 两种工作模式，CIR 设备的工作模式可通过人工方式进行切换，也可通过卫星定位信息自动进行切换。

(1)450 MHz 模式工作原理

①设备启动

CIR 设备加电后，各功能单元开始初始化，初始化完成后，如果 CIR 工作在手动工作方式或 CIR 工作在自动工作方式，但卫星定位单元输出的公用信息无效，则 450 MHz 单元根据主控单元输出的模式号(主机存储的)切换到相应的通信制式和工作频点；如果 CIR 工作在自动工作方式，卫星定位单元输出的公用信息有效，则 450 MHz 单元根据公用信息中的模式号切换到相应的通信制式和工作频点。

②450 MHz 工作模式下的话音调度通信

450 MHz 工作模式下，动车组司机可通过 MMI 界面的“调度”、“平原司机”、“平原车站”、“隧道司机”、“隧道车站”按键呼叫调度员、车站值班员并建立通话，也可接收调度员、车站值班员等发起的呼叫，摘机通话时需按下送受话器的“PTT”按键，打开 MIC 并控制电台发送。通信过程中，MMI 负责人机交互，主控单元负责 MMI 与 450 MHz 单元间的数据转发，450 MHz 单元负责对信道机的控制。

③450 MHz 工作模式下的数据传输通信

CIR 在 450 MHz 工作模式下的数据通信包括：无线调度命令信息、无线车次号校核信息、货车列尾信息等。450 MHz 单元的调度命令解码板接收到 FFSK 数据后，进行解码，将解码后的信息发送至主控单元，由主控单元对调度命令信息进行判断，如果符合本机接收条件，则将信息转发至 MMI 显示并向 450 MHz 单元发送回执信息，450 MHz 单元通过 FFSK 编码将回执信息发送至地面。对于多包的调度命令信息由主控单元进行拼包，将拼包后的完整信息发送至 MMI 显示。

主控单元对机车数据采集编码器输出的车次号校核信息进行判断，满足无线车次号校核信息发送条件(车次号变化、进站、出站、监控状态发生变化等)时，主控单元将无线车次号校核信息打包发送至 450 MHz 单元，450 MHz 单元通过 FFSK 编码将信息发送至地面。

④设备关机

外部电源断电或关闭 CIR 的电源开关，CIR 自动关机。

(2)GSM-R 模式工作原理

①设备启动

CIR 设备加电后，各功能单元开始初始化，GSM-R 话音单元、GSM-R 数据单元在主控单元的控制下，开始网络扫描。扫描到 GSM-R 网络后，发起网络注册申请，进行 GSM-R 网络注册。GSM-R 话音单元在网络注册成功后，由主控单元控制自动进行机车号功能号注册，并向 MMI 反馈注册结果。主控单元通过 GSM-R 话音单元周期性读取网络注册状态和场强值，在 MMI 上显示。如果 GSM-R 话音单元脱网，或主控单元与 GSM-R 话音单元通信出现异常，则重新初始化 GSM-R 话音单元。GSM-R 数据单元网络注册成功后，在主控单元的控制下，通过设定的 APN 进行上下文激活，获取 IP 地址；主控单元通过 GSM-R 数据单元周期性读取网络注册状态和场强值，如果 GSM-R 数据单元脱网，或主控单元与 GSM-R 数据单元通信出现异常，则重新初始化 GSM-R 数据单元。

②车次功能号的注册/注销

CIR 获取车次功能号后信息后，如果满足车次功能号注册条件，由主控单元控制 GSM-R 话音单元进行车次功能号注册，并将注册结果发送至 MMI 显示。

CIR 已注册车次功能号，如果满足车次功能号注销条件，由主控单元控制 GSM-R 话音单元进行车次功能号注销，并将注销结果发送至 MMI 显示。

③当前 GPRS 接口服务器(GRIS)IP 地址的申请

CIR 获取 IP 地址后，主控单元最长等待 3 min 后或 3 min 内接收到的卫星定位信息变为有效时，控制 GSM-R 数据单元向主用 GPRS 归属服务器(GROS)发送“当前 GRIS IP 地址查询”请求信息，如果主控单元 1 min 内未收到主用 GROS 的请求响应信息，则向主用 GROS 重发查询请求信息，重发不超过 2 次。

如果 CIR 向主用 GROS 发送“当前 GRIS IP 地址查询”请求失败，则主控单元控制 GSM-R数据单元向备用 GROS 发送“当前 GRIS IP 地址查询”请求，如果 1 min 内未收到备用 GROS 的请求响应信息，则向备用 GROS 重发查询请求信息，重发不超过 2 次。

④GSM-R 模式下的话音调度通信

CIR 在 GSM-R 模式下的话音调度通信包括：个呼、组呼、广播、紧急呼叫。通常情况下，列车行车调度通信采用个呼，实现司机与车站值班员、司机与调度员之间的话音通信。

司机与调度员的通信通常采用短号码(1200、1210 等)呼叫，司机通过 MMI 界面的“调度”按键进行呼叫操作，主控单元控制 GSM-R 话音单元，发送呼叫信令，建立呼叫。

司机与车站值班员通信有两种方式，一种是通过短号码呼叫，一种是通过 ISDN 号码发起呼叫。司机通过 MMI 界面上的“车站”按键进行呼叫操作，主控单元控制 GSM-R 话音单元，使用短号码(1300、1310 等)发送呼叫信令，建立呼叫。通过短号码只能呼叫到运行列车当前基站区所属车站的值班员。

如果 CIR 的卫星定位单元能获取到有效的卫星定位信息，并且在 CIR 设备的地理信息数据库中能检索到符合条件的记录，卫星定位单元则输出有效的公用信息，公用信息的内容包括：车站一、车站二、车站三、车站四的名称和对应的 ISDN 号码、工作模式、时钟等信息。

MMI 主界面的配置按键根据公用信息内容，依次显示“车站一”、“车站二”、“车站三”、“车站四”的名称，司机可通过按键上的车站名称呼叫对应的车站，主控单元控制 GSM-R 话音单元，使用对应车站的 ISDN 号码发送呼叫信令与车站值班员建立通话。

如果卫星定位信息失效时，配置按键图标继续保留原显示；失效 3 min 后，按键图标变为黄底黑字，“车站三”显示为“车站”。

如果在 CIR 设备的地理信息数据库中未能检索到符合条件的记录，则输出无效的公用信息。

⑤GSM-R 模式下的数据调度通信

CIR 在 GSM-R 模式下的数据调度通信采用 GPRS 通道，用户数据包协议(UDP)方式，CIR 的 UDP 端口号为 20000。主要通信业务包括：无线调度命令信息、无线车次号校核信息、列车启动和停稳信息等。

主控单元通过 GSM-R 数据单元接收到调度命令信息后，进行解析判断，如果符合本机接收条件，则将信息发送至 MMI 显示，并通过 GSM-R 数据单元发送回执信息。

主控单元对机车数据采集编码器输出的车次号校核信息进行解析判断，如果满足无线车次号校核信息发送条件(车次号、信号机或监控状态等发生变化)，则控制 GSM-R 数据单元进行发射无线车次号校核信息；如果满足列车启动、停稳信息发送条件(通过速度进行判断)，则控制 GSM-R 数据单元发送列车启动、停稳信息。

⑥设备关机

外部电源断电或关闭 CIR 的电源开关，CIR 通过备用电池提供的电源进行车次功能号和机车功能号的注销，GSM-R 网络的去附着，完成后 CIR 自动关机。

(3)CIR 工作模式的切换原理

CIR 工作模式切换包括从 450 MHz 模式向 GSM-R 模式切换以及从 GSM-R 模式向 450 MHz模式切换两种。

①从 450 MHz 工作模式向 GSM-R 工作模式的切换

CIR 工作于 450 MHz 模式，如果在自动工作方式下，卫星定位单元输出的公用信息中模式号发生改变，变为 GSM-R 模式的代码值；或者通过人工方式将 CIR 当前的工作模式设定为 GSM-R 模式，则 CIR 自动从 450 MHz 模式切换到 GSM-R 模式。GSM-R 话音单元在主控单元的控制下进行网络附着，附着成功后完成车次、机车功能号的注册，CIR 的 GSM-R 话音单元进入正常工作状态；GSM-R 数据单元在主控单元的控制下进行网络附着，附着成功后，通过设定的 APN 和机车号进行上下文激活，获取 IP 地址。IP 地址获取成功后向 GROS 发送当前 GRIS IP 申请，成功获取当前 GRIS IP 后，CIR 的 GSM-R 数据单元进入正常工作状态。

②从 GSM-R 工作模式向 450 MHz 工作模式的切换

CIR 工作于 GSM-R 模式，如果在自动工作方式下，卫星定位单元输出的公用信息中模式号发生改变，变为 450 MHz 模式的代码值；或者通过人工方式将 CIR 当前的工作模式设定为 450 MHz 模式，则 CIR 自动进行模式切换。GSM-R 话音单元在主控单元的控制下完成车次功能号和机车功能号注销；GSM-R 数据单元在主控单元的控制下完成 IP 地址的注销、上下文激活。450 MHz 单元根据模式号切换到相应的通信制式和工作频点，CIR 的 450 MHz 单元进入正常工作状态。

(4)列车防护报警工作原理

CIRB 子架内部安装有 LBJ 单元，持续按下 MMI 面板上的“报警”按键 3 s 以上(或者按下“报警”按键 3 s 内松开，随后 5 s 内按下“确认”键)，MMI 向 LBJ 单元发送列车防护报警启动命令，LBJ 单元随机间隔 5～10 s 以无线方式发送列车防护报警信息并向 MMI 发送当前状态信息，MMI 状态指示灯每 1 s 闪亮一次并发出提示音。

再次按下 MMI 报警按键后，MMI 向 LBJ 单元发送列车防护报警解除命令，LBJ 单元以无线方式发送列车防护报警解除信息并向 MMI 发送当前的状态信息，MMI 持续发出 5 s 的提示音，状态指示灯也继续闪亮 5 s 后，转为红灯长亮并停止语音提示。

LBJ 单元接收到列车防护报警信息、施工防护报警信息、道口报警信息后进行解码，并通过主控单元转发至 MMI，MMI 显示报警内容和按键确认提示，每隔 5s 发出一次语音提示。

列车防护报警工作过程中，MMI 负责人机交互、主控单元 MMI 人机交互和 LBJ 单元间的信息转发，LBJ 单元负责信息的接收解码和编码发送。

(二)设备结构

1. CIR 主机

CIR 主机采用机箱式结构，机箱内安装 A、B 两个 19 英寸标准 3U 子架。其中 A 子架包括：主控单元、GSM-R 话音单元、GSM-R 数据单元、卫星定位单元、记录单元、电源单元等，各单元采用模块化结构便于日常检修和维护。B 子架包括：450 MHz 机车电台单元、LBJ 单元、接口单元。

主机机柜可采用一体化结构，也可采用分体结构，各子架符合 19 英寸机架标准，并采用托盘和前面板固定方式装入机柜。CIR主机外形尺寸如图2-27所示。

一体化机柜结构尺寸:540 mm×340 mm×384 mm(宽×高×深)。

分体式机柜结构尺寸:540 mm×170 mm×384 mm(宽×高×深)。

2. MMI

MMI操作显示终端分为横向式、竖立式两种外形结构,采用嵌入式安装方式。MMI外形示意图如图2-28、图2-29所示。

图2-27 CIR主机外形示意图

图2-28 横向式外形示意图

图2-29 竖立式外形示意图

横向式MMI的宽×高为262 mm×162 mm,深度小于80 mm;

竖立式MMI的宽×高为180 mm×250 mm,深度小于80 mm。

MMI采用彩色液晶显示屏,MMI按键包括功能键、数字键及八个可配置式按键。可配置式按键依据CIR的工作模式和列车的GPS定位位置进行定义,用于调度通信。

3. 送受话器

送受话器分为紧凑式送受话器和通用式送受话器两种规格,可根据不同的工程需求选配。送受话器有两个呼叫按键,当CIR在GSM-R工作模式时,按键Ⅰ定义为“调度”,按键Ⅱ定义为“车站”;当CIR工作在450 MHz工作模式时,按键Ⅰ定义为“隧道车站”,按键Ⅱ定义为“平原车站”。

4. 打印终端

打印终端通过串口方式与MMI进行通信,并由MMI供电,在MMI的控制下打印输出纸质调度命令等信息。

(三)设备主要功能

1. 具有TB/T 3052—2002《列车无线调度通信系统制式及主要技术条件》规定的机车电台功能。

2. 具有450 MHz通用式机车电台承载的列车尾部风压、无线车次号、调度命令等数据信息的传输功能。

3. 具有GSM-R调度通信功能。

4. 具有GSM-R通用数据传输功能,根据承载业务的需要提供GPRS或电路方式数据传输链路。其中GPRS业务包括当前GRIS IP地址的申请、无线车次号校核信息、无线调度命令(包括调度命令、进路预告、行车凭证、调车作业单)等信息。

5. 具有工作模式自动、手动转换功能和语音提示功能。

6. 具有上、下行线路分别设定工作模式转换点的功能。

7. 卫星定位信息无法确定唯一的运行线路时,具有提示并手动选择运行线路的功能。

8. 卫星定位单元失效时，具有手动转换工作模式和选择运行线路的功能。

9. 具有输出卫星定位原始信息、公用位置信息的功能。

10. MMI 具有调度通信、通用数据传输所需的操作、状态显示以及语音提示功能。

11. 具有通过 MMI 控制 LBJ 启动和解除列车防护报警功能。

12. 具有接收报警信息功能，并通过 MMI 显示和语音提示。

13. 具有客车列尾状态基本信息显示和提示音功能，包括：

(1)与客列尾建立连接关系；

(2)手动查询客列尾风压；

(3)客列尾风压动态显示；

(4)控制客列尾辅助排风；

(5)客列尾风压异常自动提示；

(6)供电电压欠压自动提示；

(7)拆除客列尾连接关系。

14. 具有主、副 MMI 之间通话功能。

15. 具有话音、数据业务和状态信息记录及转储功能。

16. 具有整机自检功能和故障定位功能(故障定位到单元模块)，包括 450 MHz 机车电台单元、GSM-R 话音单元、GSM-R 数据单元、记录单元、卫星定位单元、MMI、机车数据采集编码器、电池单元，并可将自检结果发送到库检台。

17. 具有人工系统复位功能。复位重启后自动进入原注册状态。

18. 主机关机时，具有电池单元放电电压检测功能。

二、CIR 主机各单元模块的配置及功能

(一)CIR 主机各单元模块配置

1. CIR 主机

CIR 的各功能单元采用模块结构，可据实际应用要求进行选配，CIR 主机配置如图 2-30 所示。

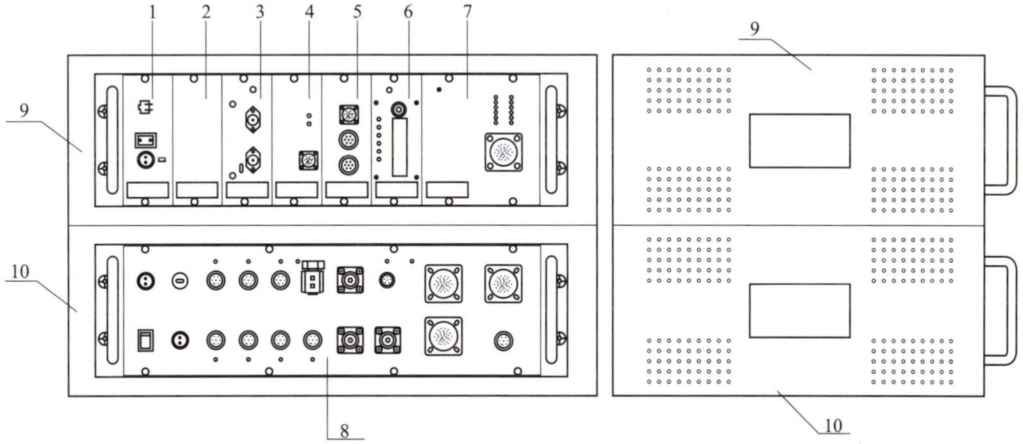

图 2-30　CIR 主机配置及结构示意图

1—电源单元；2—预留(高速数据)；3—GSM-R 话音单元；4—GSM-R 数据单元；5—GPS 单元；6—记录单元；7—主控单元；8—接口单元；9—A 子架；10—B 子架

2. 主控单元

(1)主控单元的配置

各厂家主控单元采用的硬件平台不同,有厂家采用单片机,有的厂家采用工控机,但外部接口一致。

采用单片机平台的主控单元由控制板、接口板、显示板及其连接线组成,原理框图如图2-31所示。

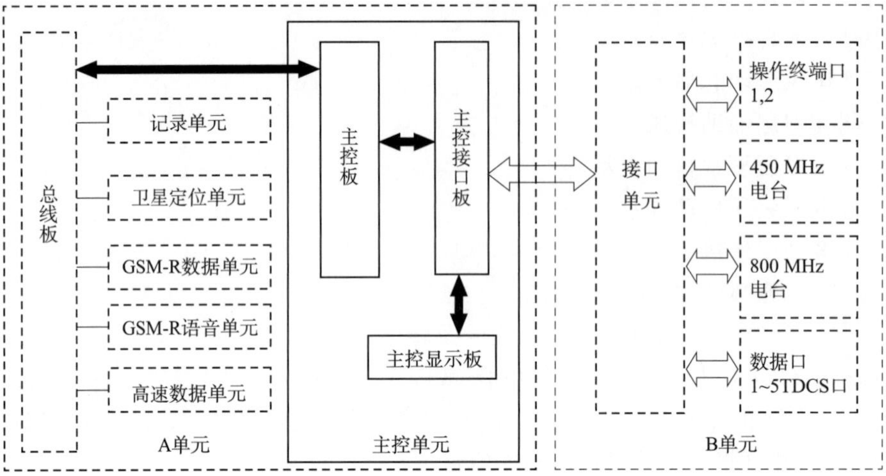

图 2-31 采用单片机平台的主控单元原理框图

图中实线部分为主控单元,主控板用于实现对各单元的控制,主控接口板完成主控板和接口单元的数据转发,主控显示板用于实现主控单元面板指示灯的状态显示。主控单元实物如图 2-32 所示。

(2)主控单元的功能

①实现对 MMI、记录单元、GPS 单元、GSM-R 话音单元、GSM-R 数据单元、450 MHz 单元、LBJ 单元、接口单元的通信与控制。

②接收转发处理各单元的数据,并转发至记录单元。

③完成了对多包调度命令信息的拼包处理并送 MMI 显示。

④在 GSM-R 工作模式下,根据车次号发送条件,控制无线车次号校核信息的发送。

⑤实现了对各路音频的汇接。

⑥完成了 GSM-R 调度通信的语音业务。

⑦完成了其他 GSM-R 调度通信的数据业务。

3. GSM-R 话音单元

(1)GSM-R 话音单元配置

CIR 的 GSM-R 话音单元均采用功率为 8 W(39 dBm ± 2 dBm)的模块,载频间隔 200 kHz,双工频率间隔 45 MHz,参考灵敏度优于 −104 dBm(33 dBμV/M),天线阻抗 50Ω,射频连接器为 TNC。话音单元实物如图 2-33 所示。

(2)GSM-R 话音单元功能

①在主控单元的控制下自动完成 GSM-R 网络注册。

②在主控单元的控制下完成 GSM-R 系统话音调度通信功能。

③在主控单元的控制下完成 GSM-R 系统机车功能号的注册注销功能。

④在主控单元的控制下完成 GSM-R 系统车次功能号的注册注销功能。

图 2-32 采用单片机主控单元实物

图 2-33 GSM-R 话音单元实物

4. GSM-R 数据单元

(1)GSM-R 数据单元配置

CIR 的 GSM-R 数据单元都是采用 2 W(33 dBm±2 dBm)的模块,有些型号的模块内嵌 TCP/IP 协议栈,数据通信采用 AT 命令控制;也有些型号的模块,没有 TCP/IP 协议栈,数据通信采用拨号方式控制。无论采用哪种型号的模块,性能配置都一样,载频间隔 200 kHz,双工频率间隔 45 MHz,参考灵敏度优于－104 dBm(33 dBμV/M),天线阻抗 50Ω,天线连接器为 TNC。数据单元实物如图 2-34 所示。

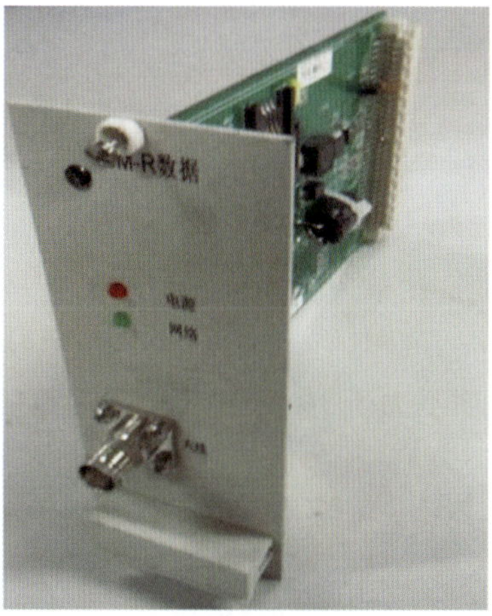

图 2-34 GSM-R 数据单元实物图

(2)GSM-R 数据单元功能

①在主控单元的控制下自动完成 GSM-R 网络注册。

②在主控单元的控制下完成 IP 地址的获取。

③在主控单元的控制下完成当前 GRIS IP 地址的申请。

④在主控单元的控制下通过 GPRS 网络采用 UDP/IP 方式,发送无线车次号校核信息,接收无线调度命令信息,并能发送自动和收到回执信息。

5. 记录单元

(1)记录单元配置

CIR 的记录单元由 CPU、存储体、电源模块、时钟芯片、音频转换电路等组成。设备具有对话音、承载业务信息及操作过程进行记录存储、话音回放的功能。

记录单元的原理框图如图 2-35 所示,实物如图 2-36 所示。

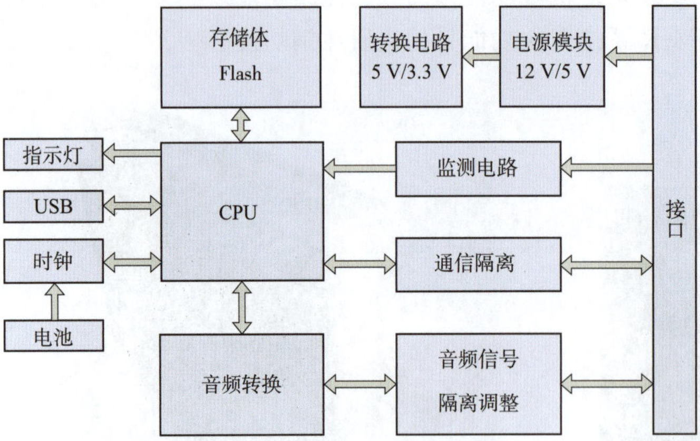

图 2-35 记录单元原理框图

图 2-36 记录单元实物图

记录单元音频接口采用平衡输入/输出，阻抗为 600Ω，误差±5%，输入电平的标称值为－10 dBm(245 mV)，动态范围－30～0 dBm；输出电平的标称值为－10 dBm(245 mV)，动态范围－20～0 dBm。

记录单元的录音采用电平控制方式，低电平(低于 0.3 V)时，启动录音；高电平时，停止录音。

记录单元话音记录的时间不小于 24 h，采用循环覆盖方式存储；数据记录的空间不小于 256 MB，采用循环覆盖方式存储。

(2)记录单元主要功能

①具有话音记录功能，按时间顺序记录 CIR 话音通信的内容和时间(精确到秒)。

②具有数据记录功能，按时间顺序记录 CIR 主控单元与其他功能单元进行数据通信以及卫星定位单元输出公用信息的内容和时间(精确到 100 ms)，包括 CIR 的开机、GSM-R 网络注册/注销、功能号注册/注销、信号强度、操作、模式切换、承载业务、检测、报警信息、关机等。

③具有时钟校正功能，可根据 CIR 卫星定位单元输出的公用信息进行时钟校正，校正周期不大于 10 min。CIR 可手动校正记录单元时钟。

④记录 CIR 外部输入电源状态。

⑤记录单元记录的内容应完整可靠，不能被修改、删除、格式化。

⑥记录单元断电后，所记录内容应保持完整。

⑦CIR 可对记录单元进行检测，包括话音记录功能、数据记录功能、时钟校正功能。

6. 卫星定位单元

(1)卫星定位单元配置

CIR 设备的卫星定位单元普遍采用 GPS 模块，卫星定位单元通常也称 GPS 单元。

卫星定位单元的原理框图如图 2-37 所示，实物如图 2-38 所示。

卫星定位单元的工作频率 1 575.42 MHz，带宽±5 MHz，采用右旋圆极化，天线阻抗为 50Ω。

卫星定位单元的定位精度为 10 m2DRMS(95%)。

卫星定位单元初次定位时间(TTFF)(90%)：

①热启动(天历、位置、日期、时间和星历数据时)：8 s。

②温启动(天历、位置、日期和时间数据时)：38 s。

③冷启动(无存储信息):45 s。

卫星定位单元重新捕获卫星时间:

①被遮挡 60 s 后:不大于 3 s。

②瞬时被遮挡:不大于 1 s。

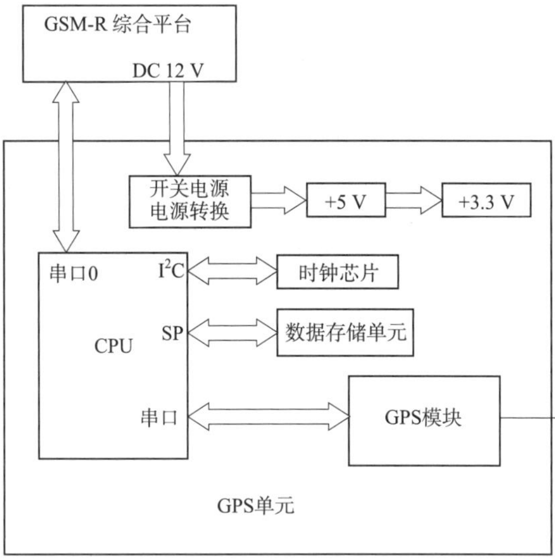

图 2-37　卫星定位单元原理框图

图 2-38　卫星定位单元实物图

(2)卫星定位单元主要功能

①为 CIR 设备个单元提供标准时钟。

②具有线路数据库存储功能。

③可为 CIR 各单元提供基于 GPS 定位信息公用信息(包括线路通信工作模式,相邻车站的相关信息)。

④在当 GPS 定位无法确认的区域,可输出线路选择列表信息。

⑤ 可为外部接口提供 GPS 公用信息和 GPS 原始信息。

7. 450 MHz 单元

(1)450 MHz 单元配置

450 MHz 单元由控制板、高/低端信道机、双工器、电源单元等组成,单元具有在主控单元的控制下完成 450 MHz 调度通信所规定的机车电台功能及承载的数据传输功能。原理框图如图 2-39 所示,实物如图 2-40 所示。

450 MHz 单元的通信方式有同频单工、异频单工、异频双工三种方式,接收频率为 f_1、f_2、f_3、f_4,发射频率为 f_4,信道间隔为 25 kHz,设置 8 个频组。

450 MHz 单元的信令要求:

①呼叫调度:1 520 Hz,时间 8 s,通话时 151.4(162.2,173.8)Hz 随话发送;

②隧道呼叫车站:131.8 Hz,时间 3 s;

③隧道呼叫机车:114.8 Hz+186.2 Hz,时间 3 s,通话时 186.2 Hz 随话发送;

④平原呼叫车站:123.0 Hz,时间 3 s;

⑤平原呼叫机车:114.8 Hz,时间 3 s;

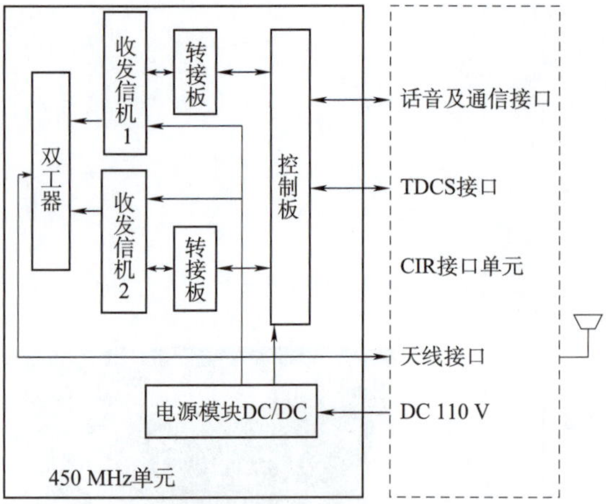

图 2-39　450 MHz 单元原理框图

图 2-40　450 MHz 单元实物示意图

⑥接收隧道司机呼叫：114.8 Hz+186.2 Hz；

⑦接收调度呼叫：1 960 Hz；

⑧接收其他用户呼叫：114.8 Hz。

450 MHz 单元采用低功率发射时，功率为 4.8～5.8 W；采用高功率发射时，功率为 9～11 W。

450 MHz 单元参考灵敏度不大于 0.35 μV，双工灵敏度不大于 0.42 μV。

(2)450 MHz 单元主要功能

①支持 TB/T 3052—2002《列车无线调度通信系统制式及主要技术条件》规定的机车电台功能。

②支持 450 MHz 承载的采用 FFSK 方式的无线调度命令信息传输功能。

③支持 450 MHz 承载的采用 FFSK 方式的无线车次号校核信息传输功能。

④支持 450 MHz 承载的采用 FFSK 方式的列车尾部风压传输功能。

8. LBJ 单元

LBJ 单元详见本章第四节。

9. 电源单元

(1)电源单元配置

电源单元由电源模块、整流桥、保护电路、控制电路、滤波器的等组成，用于把动车组直流 110 V 供电电压转换成 CIR 设备所需要直流 13.3 V 和 13.8 V 的工作电压。目前 CIR 设备共有三组电源单元，450 MHz 单元和 LBJ 单元都有独立的电源单元，CIR 主机 A 子架的电源单元为 CIR 除 450 MHz单元和 LBJ 单元外的其他功能单元提供工作电源。电源单元的原理框图如图 2-41 所示。

(2)电源单元主要功能

①将动车组 110 V 直流供电电压转换成 CIR 设备各单元模块工作电压。

②向 CIR 设备主机 A 子架内各单元模块提供 13.3 V 直流电源。

③向 CIR 设备主机 B 单元内置 LBJ 单元及 450 MHz 单元提供 13.8 V 直流电源。

④在外部 110 V 供电中断时，为系统提供应急工作电源(仅用于 CIR 设备正常关机)。

⑤可外接 13.8 V 测试电源。

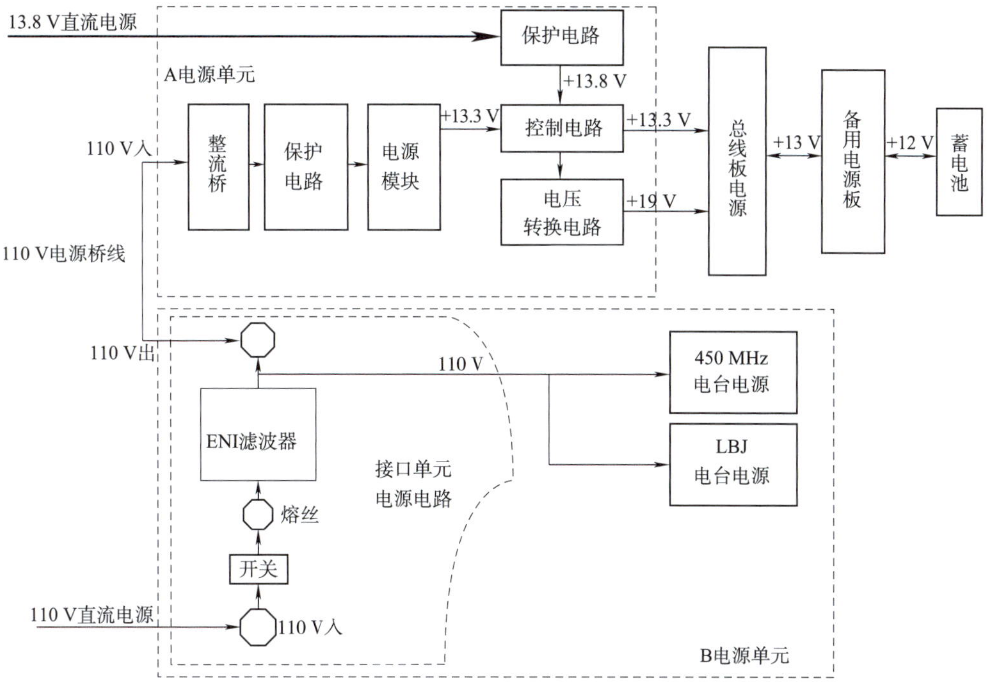

图 2-41 电源单元原理框图

三、CIR 设备各单元面板及指示灯含义

（一）主控单元

CIR 设备厂家主要有：上海新干通通信设备有限公司（以下简称上海新干通）、北京世纪东方国铁科技有限公司（以下简称北京世纪东方）、天津七一二通信广播有限公司（以下简称天津七一二）、北京市华铁信息技术开发总公司（以下简称北京华铁）。各厂家 CIR 设备主控单元面板示意图如图 2-42 所示。

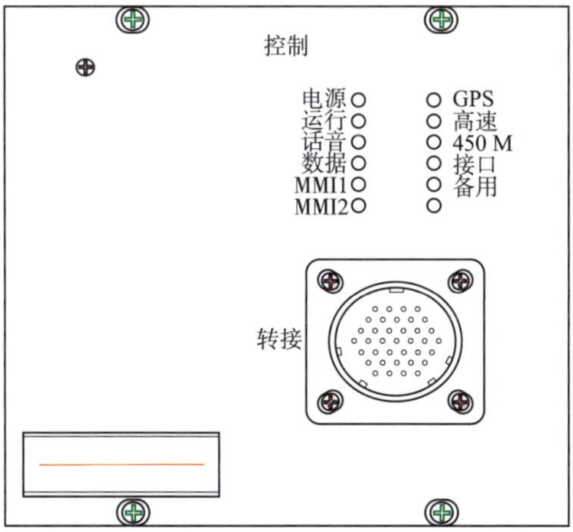

(a)上海新干通面板示意图

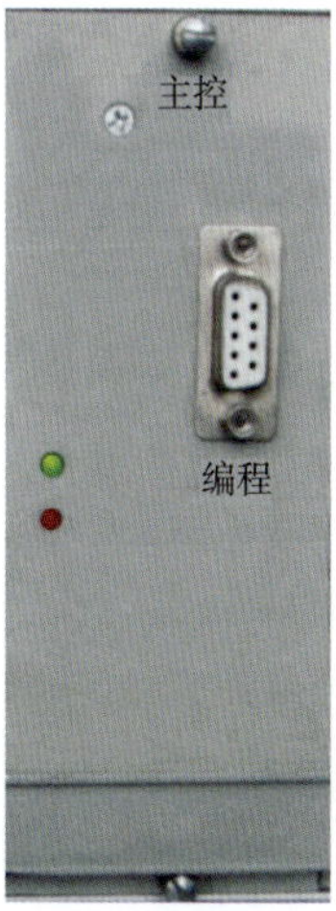

(b)北京世纪东方面板示意图

图 2-42

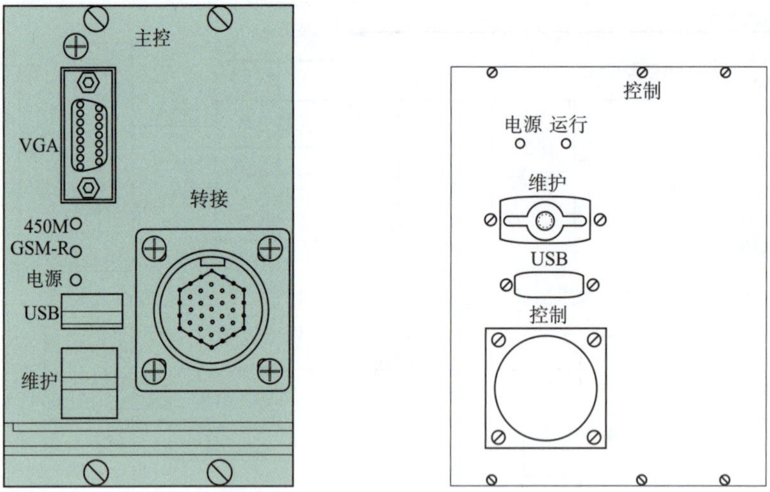

(c)天津七一二厂面板示意图　　(d)北京华铁面板示意图

图 2-42　主控单元

各厂家 CIR 设备主控单元指示灯状态与含义见表 2-6。

表 2-6　主控单元指示灯状态与含义

厂家名称	指示灯名称	颜色	状　态	含　义
上海新干通	电源	红	常亮	正常供电
	运行	绿	闪烁周期 1 s	主控单元,运行正常
	话音	绿	每收发一帧数据时闪烁一次	与话音单元的通信指示灯
	数据	绿	每收发一帧数据时闪烁一次	与数据单元的通信指示灯
	MMI1	绿	每收发一帧数据时闪烁一次	与 MMI1 的通信指示灯
	MMI2	绿	每收发一帧数据时闪烁一次	与 MMI2 的通信指示灯
	GPS	绿	每收发一帧数据时闪烁一次	与 GPS 单元的通信指示灯
	高速	绿	常灭	预留
	450 MHz	绿	每收发一帧数据时闪烁一次	与 450 MHz 电台的通信指示灯
	接口	绿	每收发一帧数据时闪烁一次	与接口单元的通信指示灯
	备用	绿	常灭	
北京世纪东方	绿色指示灯	绿	常亮/常灭	常亮:外部供电正常　常灭:外部供电中断
	红色指示灯	红	常亮/常灭	常亮:外部供电中断,启动设备备用电池 常灭:外部供电正常
天津七一二	电源指示灯	红	常亮	单元供电正常
	运行指示灯	绿	闪烁	单元运行正常
	录音指示灯	绿	常亮/常灭	常亮:正在录音　常灭:无录音信息
	数据指示灯	绿	闪烁	单元接收到数据信息
	放音指示灯	绿	常亮/常灭	常亮:正在放音　常灭:无放音信息
	转储指示灯	绿	闪烁	正在转储记录
北京华铁	电源状态指示灯	红色	红色常亮	供电正常
	运行状态指示灯	绿色	1 s 间隔闪烁	主控扩展板运行正常
			500 ms 间隔闪烁	CIR 外部 110 V 电源掉电

（二）话音单元

各厂家 CIR 设备话音单元面板示意图如图 2-43 所示。

CIR 设备话音单元面板指示灯状态与含义见表 2-7。

表 2-7 话音单元指示灯状态与含义

指示灯名称	指示灯颜色	状　态	含　义
网络指示灯	绿/红	常绿	已上网
		绿色、闪烁	网络信号非常弱
		红绿闪烁	检测到网络但不能注册
		红色	未能检测到网络
		灭	无 12 V 供电
状态指示灯	绿/红	常绿	正常
		绿色、闪烁	正在检验 PIN 码
		常红	故障或正在启动
		红色、闪烁	无 SIM 卡或 SIM 卡故障
		灭	无 5 V 供电

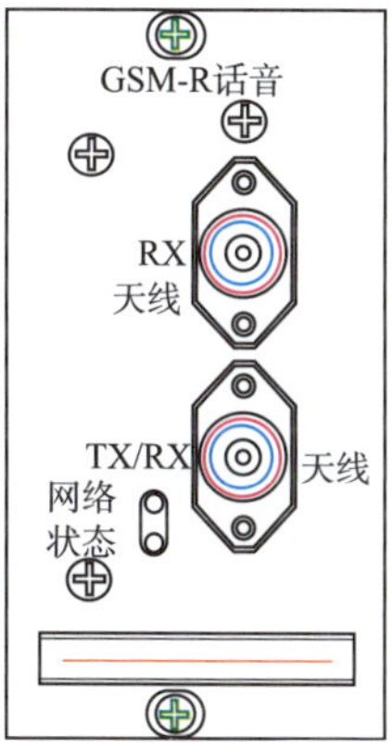

图 2-43 话音单元面板示意图

（三）数据单元

各厂家 CIR 设备数据单元面板示意图如图 2-44 所示。

各厂家数据单元工作指示灯状态与含义见表 2-8。

表 2-8 数据单元指示灯状态与含义

厂家名称	指示灯名称	指示灯颜色	状　态	含　义
上海新干通	电源指示灯	红	常亮	正常供电
	网络指示灯	红	灭	复位
			亮 64 ms、灭 1 s	正在搜索网络
			亮 64 ms、灭 3 s	已上网
北京世纪东方	控制通信信号灯	绿	常亮	模块未正常附着网络
			闪烁	正常附着网络
	电源信号灯	红	常亮	电源供电正常
			常灭	供电异常
天津七一二	电源指示灯	红	常亮	单元供电正常
			常灭	单元未供电
	网络指示灯	绿	常绿	单元未附着到网络
			绿色，闪烁/3 s	单元附着到网络
北京华铁	电源状态指示灯	红色	红色常亮	单元供电正常
	网络状态指示灯	绿色	64 ms 亮/800 ms 灭	未找到网络
			64 ms 亮/3 000 ms 灭	网络登录正常
			常灭	GPRS 模块未进入工作状态

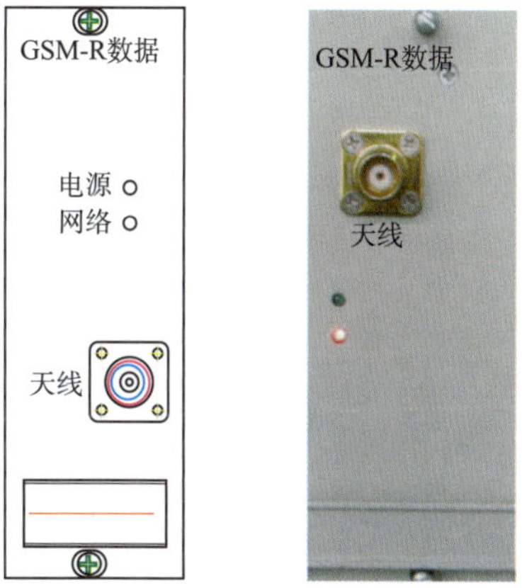

（a）上海新干通/天津七一二/华铁面板示意图　（b）北京世纪东方面板示意图

图 2-44 数据单元

（四）GPS 单元

各厂家 GPS 单元面板示意图如图 2-45 所示。

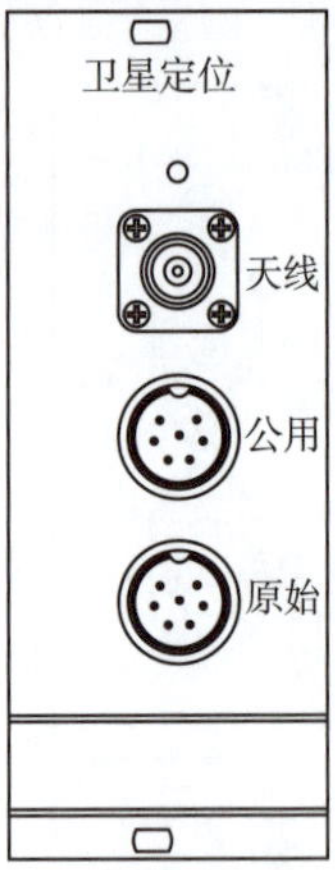

（a）新干通
面板示意图

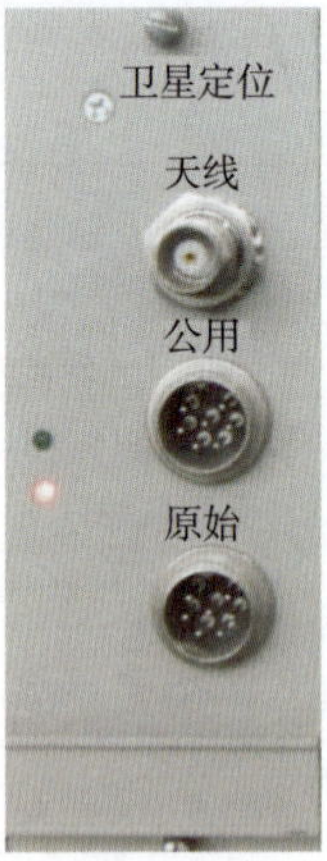

（b）北京世纪
东方面板示意图

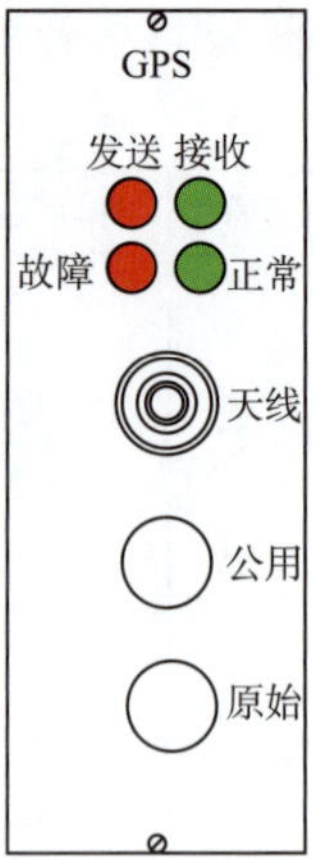

（c）天津七一二/华铁
面板示意图

图 2-45 GPS 单元

各厂家 GPS 单元工作指示灯状态与含义见表 2-9。

表 2-9 GPS 单元指示灯状态与含义

厂家名称	指示灯名称	指示灯颜色	状 态	含 义
上海新干通	状态指示灯	红	亮 5 s，快闪 5 s	CPU 无法收到时钟芯片的信息
			灭 2 s，快闪 2 s	CPU 无法收到任何 GPS 信息
			灭 5 s，亮 5 s	CPU 收到无效的 GPS 信息
			灭 350 ms，亮 350 ms	CPU 收到有效的 GPS 信息且数据库无效
			灭 1 s，亮 1 s	CPU 收到有效的 GPS 信息且数据库有效
	注意：每次上电后，无论是什么状态，面板指示灯总是要先进行初始化，快闪 1 s			
北京世纪东方	控制通信信号灯	绿	常亮	设备开机启动
			闪烁	收到数据信息
			灭	未收到数据信息
	电源信号灯	红	常亮	设备供电正常
			灭	设备供电异常
天津七一二	发送指示灯	绿	闪烁	给主控单元发送数据
	接收指示灯	绿	闪烁	接收到主控单元数据
	故障指示灯	红	常亮	单元未收到经纬度信息
	正常指示灯	绿	常亮	单元收到经纬度信息
北京华铁	发送指示灯	红色	红色闪烁	向 GPS 模块发送数据正常
	接收指示灯	绿色	绿色闪烁	GPS 模块输出数据正常
	故障指示灯	红色	常亮	定位数据失效
	正常指示灯	绿色	常亮	定位数据有效

(五)记录单元

上海通信现场使用的记录单元分 V1.0 版和 V2.0 版两种型号。

各厂家记录单元面板示意图如图 2-46 所示。

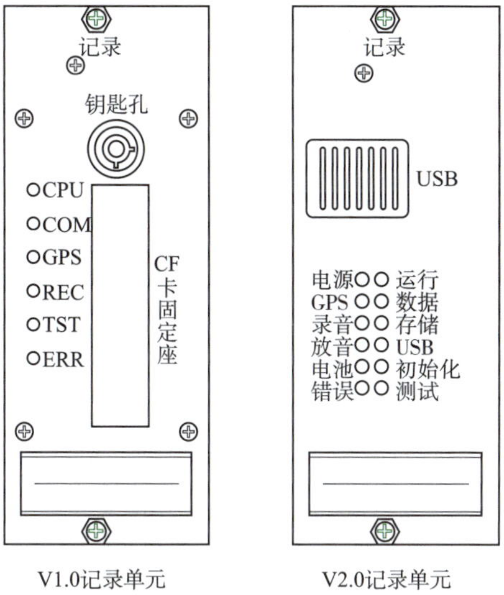

(a)上海新干通面板示意图

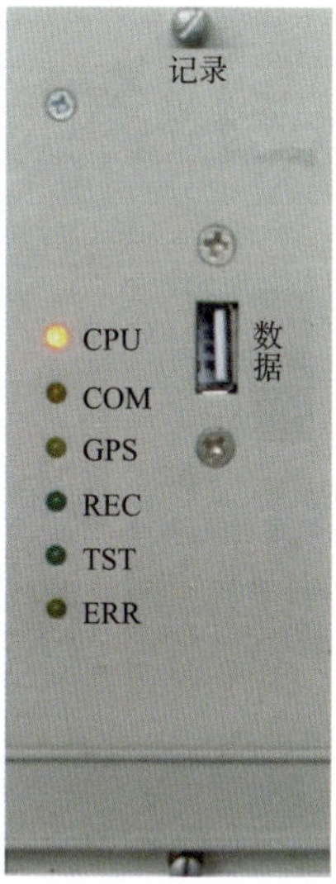

(b)北京世纪东方面板示意图

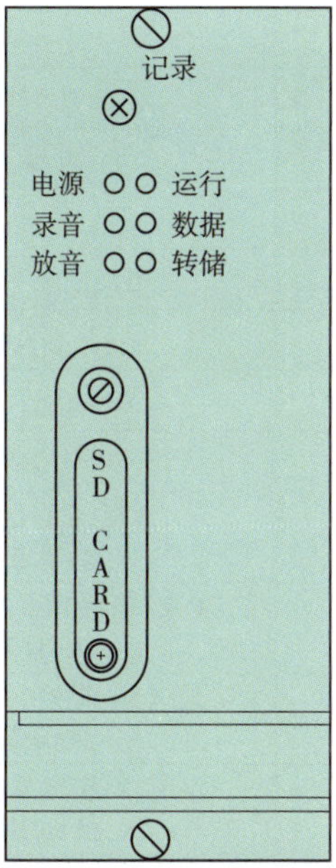

(c)天津七一二面板示意图

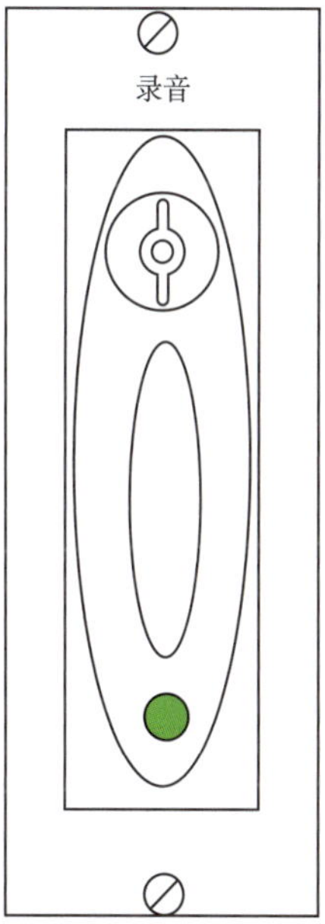

(d)北京华铁面板示意图

图 2-46 记录单元

各厂家记录单元工作指示灯状态与含义见表 2-10。

表 2-10 V1.0 版记录单元指示灯状态与含义

厂家名称	指示灯名称	指示灯颜色	状 态	含 义
上海新干通V1.0	CPU	绿	闪烁周期 1 s	CPU 工作正常
			常亮或常灭	CPU 故障
	COM	绿	每收到一帧数据时闪烁一次	与主控单元的通信指示灯
	GPS	绿	每收到一帧数据时闪烁一次	与 GPS 单元的通信指示灯
	REC	绿	闪烁周期 30 ms	正在录音
	TST	绿	闪烁周期 30 ms	正在放音/无放音时，表示对 CF 读或写一次
	ERR	红	上电过程：6 只灯依次闪烁 3 个循环过后，ERR 灯一直亮，此时指示 CPU 对新的 CF 卡进行格式化和检查操作，操作成功后，ERR 灯熄灭	
			对时钟芯片校时操作时，ERR 灯一直亮，直到校时结束并检验成功	
			瞬间掉电：当系统瞬间掉电时，ERR 灯一直亮，等待 10 s 后，熄灭	
			断电过程：当系统断电时，ERR 开始亮起，直到记录单元自身的后备电源不能再支持系统工作时熄灭	
上海新干通V2.0	电源	红	常亮	已加电
	运行	绿	闪烁	CPU 运行
	GPS	绿	闪烁	接收到 GPS 数据
	数据	绿	闪烁	记录数据
	录音	绿	闪烁	语音记录
	存储	绿	闪烁	对接收数据进行存储
	放音	绿	闪烁	语音回放
	USB	绿	常灭	未插入 U 盘
			闪烁	插入 U 盘，正在下载数据
			常亮	插入 U 盘，数据下载完毕
	电池	绿	常亮	电池电量不足，需更换电池
	初始化	绿	快闪	只有模块刚上电时
	错误	绿	常亮	任何故障时
	测试	绿	闪烁	U 盘容量不够时
北京世纪东方	CPU	红	常亮/灭	常亮：设备已上电，供电正常 灭：设备上电不正常
	COM	黄	常亮/灭	常亮：连续 10 s 未收到主控单元数据 灭：设备工作正常
	GPS	黄	常亮/灭	常亮：连续 6 s 未收到 GPS 单元的公用数据帧信息 灭：设备工作正常
	REC	绿	常亮/灭	常亮：正在进行通话录音 灭：待机，未进行通话录音
	TST	绿	常亮	播放录音
	ERR	黄	闪烁后常亮	设备电池故障
			常亮后熄灭	系统上电启动

续上表

厂家名称	指示灯名称	指示灯颜色	状　　态	含　　义
天津七一二	电源指示灯	红	常亮	单元供电正常
	运行指示灯	绿	闪烁	单元运行正常
	录音指示灯	绿	常亮/常灭	常亮:正在录音 常灭:无录音信息
	数据指示灯	绿	闪烁	单元接收到数据信息
	放音指示灯	绿	常亮/常灭	常亮:正在放音 常灭:无放音信息
	转储指示灯	绿	闪烁	正在转储记录
北京华铁	工作状态指示灯	红色	红色闪烁	正在录音
		绿色	绿色闪烁	正在回放录音
			绿色常亮	空闲

（六）CIR 设备 B 子架

CIR 设备 B 子架面板示意图如图 2-47 所示。

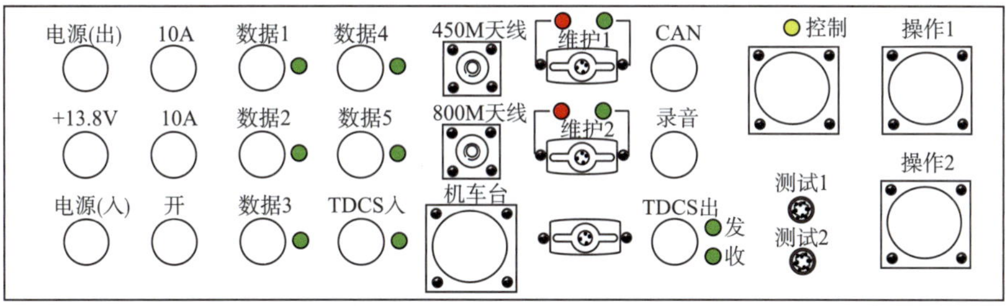

图 2-47　CIR 设备 B 子架各面板示意图

CIR 设备 B 子架包括 13 个指示灯，定义见表 2-11。

表 2-11　CIR 设备 B 子架指示灯说明

名　　称		意　　义	颜色	状　　态	说　　明
数据 1		数据流状态指示灯	绿色	常灭/闪烁	数据流通过接口 1 时闪烁
数据 2		数据流状态指示灯	绿色	常灭/闪烁	数据流通过接口 2 时闪烁
数据 3		数据流状态指示灯	绿色	常灭/闪烁	数据流通过接口 3 时闪烁
数据 4		数据流状态指示灯	绿色	常灭/闪烁	数据流通过接口 4 时闪烁
数据 5		数据流状态指示灯	绿色	常灭/闪烁	数据流通过接口 5 时闪烁
TDCS 入		数据流状态指示灯	绿色	常灭/闪烁	数据流通过 TDCS 接口时闪烁
维护 1	电源	电源状态指示灯	红色	常亮	数据接口板供电正常
	运行	工作状态指示灯	绿色	闪烁	数据接口板运行正常
维护 2	电源	电源状态指示灯	红色	常亮	调度命令板供电正常
	运行	工作状态指示灯	绿色	闪烁	调度命令板运行正常
TDCS 出	发	数据流状态指示灯	绿色	常灭/闪烁	450 MHz 方式发送数据时闪烁
	收	数据流状态指示灯	绿色	常灭/闪烁	450 MHz 方式接收数据时闪烁
控制		数据流状态指示灯	黄色	常灭/闪烁	调度命令板与主控单元数据交互时闪烁

四、天馈系统的组成和基本特性

(一)CIR 设备天馈系统概述

1. 天馈系统的组成

机车综合无线通信设备的天馈系统包括 GSM-R 话音单元天线及馈线、GSM-R 数据单元天线及馈线、450 MHz 单元天线及馈线、800 MHz 单元天线及馈线。受车顶安装空间的限制,有些动车组采用了多频段合路器将 450 MHz 单元天线和 800 MHz 单元天线进行合路。天馈系统连接关系示意图如图 2-48 所示。

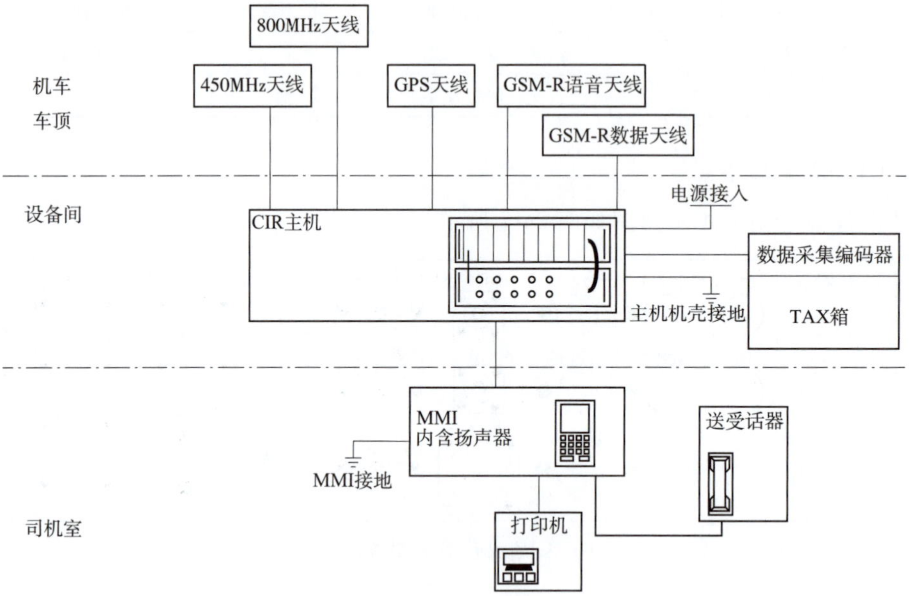

(a)天馈系统连接关系示意图

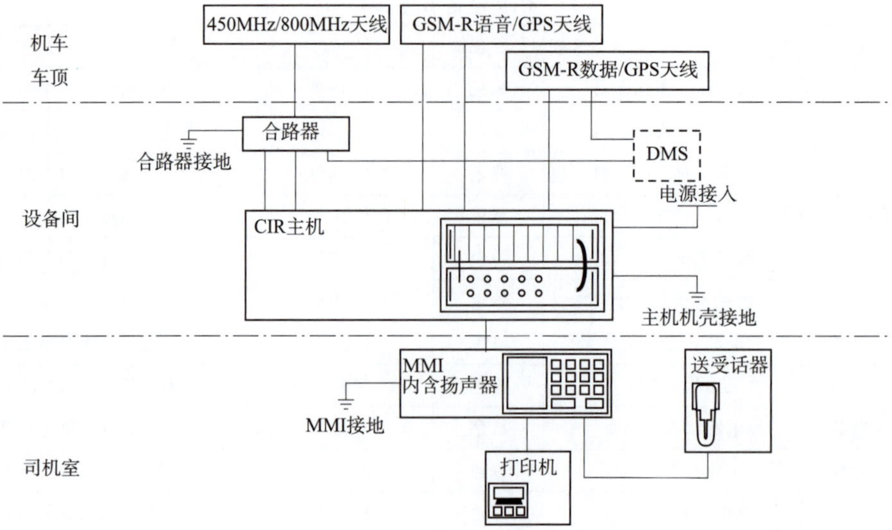

(b)采用合路器的天馈系统连接关系示意图

图 2-48 天馈系统连接关系示意图

2. 多频段合路器

(1)型号定义

合路器又称多路复用器,指利用一副天线能同时使几部发射机或几部接收机工作而又不互相影响的一种器件。

铁路专用的多频段合路器共有四种型号,详见表 2-12。

表 2-12 合路器型号定义

型号		450 MHz 频段	800 MHz 频段	GSM-R 频段	2.4 GHz 频段	输出端口	质量(kg)
合路数	DHL-Ⅰ	1	2	2	1	2	≤13.5
	DHL-Ⅱ	1	1	1	1	1	≤8
	DHL-Ⅲ	2	1	2		2	≤10
	DHL-Ⅳ	1	1	1		1	≤6

(2)频带宽度

频带宽度是指满足产品标准规范的电性能技术要求的频率范围。合路器的频带宽度包括 450 MHz 频段、800 MHz 频段、GSM-R 频段、2.4 GHz 频段。

①450 MHz 频段:457.00~469.00 MHz;

②800 MHz 频段:821.00~869.00 MHz;

③GSM-R 频段:885.00~934.00 MHz;

④2.4 GHz 频段:2400.00~2483.50 MHz。

(3)插入损耗

插入损耗是指发射机输出功率和接收机输入功率通过合路器时引起的传输损耗。我国铁路技术规范规定合路器的插入损耗不大于 1.2 dB。

(4)带内波动

带内波动是指合路器通带内信号幅度的起伏程度,规定为通带内信号起伏的最大值与最小值之差。我国铁路技术规范规定合路器的带内波动不大于 1.0 dB。

(5)电压驻波比

电压驻波比(VSWR)是指合路器被测端口与无损耗传输线相连接并作为其负载,其他端口与标称阻抗负载相连接时,在沿传输线产生的电压驻波图形上,其最大值与最小值之比值。

我国铁路技术规范规定,合路器在规定工作频段内,合路器各端口处的电压驻波比不大于 1.5。

(6)带外抑制

带外抑制是指合路器对通带外信号的抑制能力,取通带外某一频率的衰减值作为此项指标。

各频段带外抑制要求见表 2-13。

表 2-13 合路器各频段带外抑制要求

工作频段	450 MHz 频段	800 MHz 频段	GSM-R 频段	2.4 GHz 频段
带外抑制指标	≥75 dB@821 MHz	≥75 dB@469 MHz ≥75 dB@885 MHz	≥75 dB@869 MHz ≥75 dB@2400 MHz	≥75 dB@934 MHz

(7)端口隔离度

端口隔离度是指当合路器的主路接匹配负载时,射频信号泄漏到其他端口的功率与输入功率之比。

我国铁路技术规范规定合路器的端口隔离度不小于 75dB。

(8)额定功率

额定功率是指在规定的条件和规定的时间周期内,可连续地加到合路器上而不致降低其性能的最大连续射频功率。

我国铁路技术规范规定合路器的额定功率:输入端口,30 W;输出端口,100 W。

3. 机车天线

(1)型号定义

天线是指能有效地辐射和接收电磁波,将传输线与空间或其他媒质耦合起来的一种装置。它包括直接到传输线端口为止的所有匹配、平衡、移相或其他耦合装置。

全向天线是指在水平面基本具有无方向的辐射特性,而垂直面内则具有定向的辐射特性的天线。在水平面方向图中,最大电平与最小电平的差应不超过 3dB。

铁路机车由于天线作用不同,在机车上会安装不同频段的天线,以满足 CIR 设备的工作需求。天线类型包括:450 MHz 机车天线、800 MHz 机车天线、GSM-R 机车天线、多频段机车天线、组合天线、GPS 天线等。

(2)频带宽度

天线频带宽度间称"带宽",是指天线的性能满足产品标准规范的电性能技术要求的频率范围。CIR 设备采用的天线频带宽度包括 450 MHz 频段、800 MHz 频段、GSM-R 频段、2.4 GHz频段。

①450 MHz 频段:457.00～469.00 MHz;

②800 MHz 频段:821.00～869.00 MHz;

③GSM-R 频段:885.00～934.00 MHz;

④2.4 GHz 频段:2400.00～2483.50 MHz。

(3)天线增益

天线增益是指天线在某一规定方向上的辐射功率通量密度与自由空间的理想点源在相同输入功率时,最大辐射功率通量密度的比值。

(4)电压驻波比

电压驻波比(VSWR)指把天线作为无损耗传输线的负载时,在沿传输线产生的电压驻波图形上,其最大值与最小值之比值。

我国铁路技术规范规定,在规定工作频段内天线端口处的电压驻波比不大于 1.5。

(5)天线额定功率

天线额定功率是指在规定的条件和规定的时间周期内,可连续地加到天线上而不致降低其性能的最大连续功率。

我国铁路技术规范规定,在规定工作频段内额定功率为 50W。

(6)辐射方向图

辐射方向图简称"方向图",它分为功率方向图和场强方向图两种。

功率方向图是指与天线相同距离各点的辐射功率通量密度随空间方向分布的图形。

场强方向图是指与天线相同距离各点的电场强度随空间方向分布的图形。

水平面方向图是指与地平面平行的平面内方向图。

垂直面方向图是指与地平面垂直的平面内方向图。

我国铁路技术规范规定，全向天线的水平面方向图在 360°范围内的任何方位上，其相对增益的变化与平均值相比误差应不超过±1.5 dB。

平均值指 360°范围内相对增益的最大值与最小值的算术平均值。

(7)方向图圆度

全向天线的方向图圆度是指在水平面方向图中，其最大或最小电平值与平均值的偏差。

我国铁路技术规范规定，机车天线的方向图圆度为±1.5 dB。

(8)标称阻抗

标称阻抗是指天线端口测量反射系数等各项电性能指标时规定作为参考的电性能阻抗。

我国铁路技术规范规定，天线端口的标称输入阻抗为 50 Ω。

(9)极化

极化是指天线辐射电磁波的电场矢量取向。

当电磁波的电场矢量取向不变，电场矢量的端点随时间变化的轨迹为一直线时，称这种电磁波的极化为线极化。

电场矢量与地面垂直的极化称为垂直极化。

电场矢量与地面平行的极化称为水平极化。

我国铁路技术规范规定，机车天线的极化方式为垂直极化。

4. 天线连接馈线

天线连接馈线俗称射频电缆，用于 CIR 设备主机与天线之间的相互连接，以传导射频通信信号。由于 CIR 主要用于设备主机与天线的连接，因此统称为天线连接馈线。

(二)常用天馈设备基本特性

1. 常用机车天线的基本特性

(1)DTX-Ⅳ型组合天线(如图 2-49 所示)

①GSM-R 端口

a. 工作频段：870～960 MHz；

b. 电压驻波比：小于或等于 1.5；

c. 标称输入阻抗：50 Ω；

d. 方向性：全向；

e. 极化方式：垂直线性极化；

f. 增益：大于或等于 4 dBi；

g. 接头类型：N-50KF 型射频接头；

h. 最大承受功率：100 W(CW)@50℃。

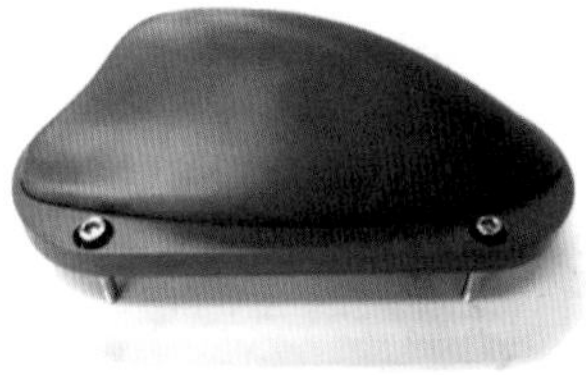

图 2-49 DTX-Ⅳ型组合天线外观

②GPS 端口

a. 工作频段：1575.42 MHz±1.023 MHz；

b. 阻抗：50 Ω；

c. 极化方式：右旋圆极化；

d. 放大器增益：27 dB±2 dB；

e. 噪声系数：小于或等于 2.7 dB；

f. 供电条件：5 V，直流供电；

g. 耗电：不大于 25 mA；

h. 带外衰减：f_0±50 MHz，优于 20 dB；f_0±100 MHz，优于 40 dB；

i. 隔离度：大于 30 dB；

j. 接口类型：N-50KF 型射频接头。

③机械指标

a. 高度：90 mm；

b. 重量：1 300 g；

c. 抗风能力：450 km/h；

d. 工作温度：－40 ℃～＋70 ℃。

(2)DTX-Ⅲ型多频段机车天线(如图 2-50 所示)

a. 工作频段：457～469 MHz；821～869 MHz；885～934 MHz；

b. 电压驻波比：小于或等于 1.5；

c. 标称输入阻抗：50 Ω；

d. 方向性：全向；

e. 极化方式：垂直极化；

f. 增益：大于或等于 0 dBi；

g. 接头形式：N-50KF 型射频接头；

h. 机械指标：高度 95 mm；重量 430 g；抗风能力 450 km/h；工作温度－40℃～＋70℃。

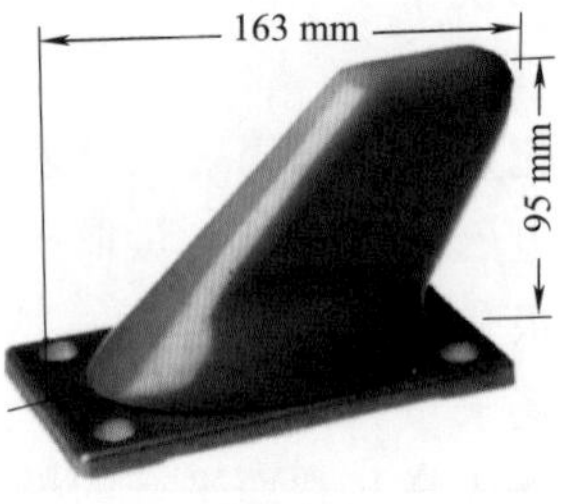

图 2-50 DTX-Ⅲ型多频段机车天线外观

(3)单频段机车天线(如图 2-51 所示)

a. 工作频段：

450 MHz 天线：457.000～469.000 MHz，连接 450 MHz单元；

800 MHz 天线：821～869 MHz，连接 LBJ 单元；

GSM-R 天线：885～934 MHz，连接话音单元和数据单元，或作为 ATP、DMS 系统天线；

b. 驻波比：安装后不大于 1.5；

c. 方向性：全向；

d. 增益：不小于 0 dBi；

e. 抗风能力：最大 300 km/h；

f. 工作温度：－40℃～＋70℃。

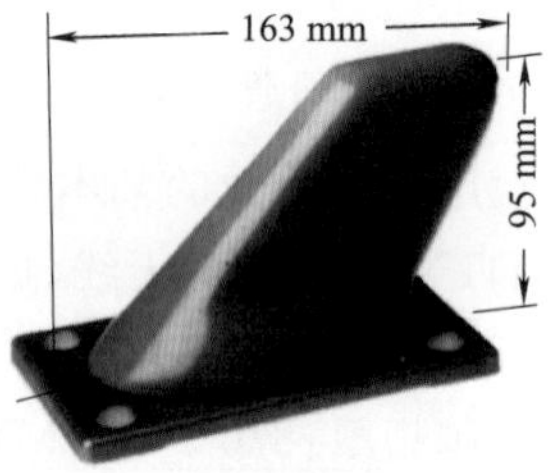

图 2-51 单频段机车天线外观

(4)GPS 机车天线(如图 2-52 所示)

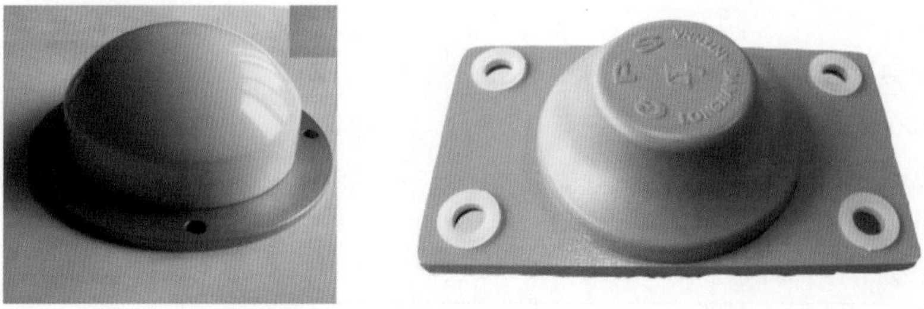

图 2-52 常用 GPS 天线外观

a. 工作频段：1 574～1 577 MHz；

b. 阻抗：50 Ω；

c. 驻波比：不大于 1.5；

d. 供电条件：直流 5 V 供电；

e. 方向性：全向；

f. 增益：26 dBi±2 dBi；

g. 抗风能力：最大 300 km/h；

h. 工作温度：－40℃～＋70℃；

2. DHL-Ⅳ型多频段合路器的基本特性

DHL-Ⅳ型多频段合路器技术参数见表 2-14，外观如图 2-53 所示。

表 2-14　DHL-Ⅳ型多频段合路器技术参数

	450 MHz 通道	800 MHz 通道	GSM-R 通道
频率范围(MHz)	457～469	821～869	885～934
工作带宽(MHz)	12	48	49
插入损耗(dB)	≤1.2	≤1.2	≤1.2
带内波动(dB)	≤1.0	≤1.0	≤1.0
带外抑制(dB)	≥75@821 MHz	≥75@469 MHz	≥75@869 MHz
		≥75@885 MHz	
端口隔离(dB)	≥75	≥75	≥75
电压驻波比	≤1.5		
阻抗(Ω)	50		
接口类型	N－F		
功率容量(W)	50		
工作温度(℃)	－25℃～＋70℃		
外形尺寸(mm)	180×180×55		
重量(kg)	3.6		
寿命期(年)	5 年		

图 2-53　DHL-Ⅳ型多频段合路器外观

3. 常用天线连接馈线的基本特性

(1)SYWV-50-7 射频电缆

①电气特性

a. 缆芯介质强度：1.6 kV；

b. 绝缘电阻：不小于 5 000 MΩ·km；

c. 特性阻抗：50 Ω；

d. 400 MHz 衰减：不大于 0.10 dB/m；

e. 800 MHz 衰减：不大于 0.141 dB/m；

f. 900 MHz 衰减：不大于 0.148 dB/m；

g. 防紫外线：具有抗紫外线照射的性能。

②环境应用要求

a. 重量:78 g/m;

b. 最小弯曲半径:50 mm;

c. 工作温度:−40℃～+70℃。

(2)SYV-50-5-1 射频电缆

①电气特性

a. 缆芯介质强度:6.5 kV;

b. 绝缘电阻:不小于 5 000 MΩ·km;

c. 特性阻抗:50 Ω±2 Ω;

d. 200 MHz 衰减:不大于 0.15 dB/m;

e. 护套材料:采用美国联碳材料,耐光热、抗紫外线能力强,护套材料符合 GB 12527—90 标准要求。

②环境要求

a. 重量:72 g/m;

b. 工作温度:−40℃～70℃。

思考题

1. CIR 设备在 GSM-R 和 450 MHz 工作模式下送(受)话器的两个呼叫按键定义有所不同,请分别阐述送受话器在两种工作模式下,"按键Ⅰ"和"按键Ⅱ"的定义。
2. CIR 正常关机时,主要完成哪些工作?请根据完成工作的次序依次回答。
3. 若 CIR 设备无法上电,请判断可能存在的故障位置。
4. MMI 的状态查询界面中可查看的信息有哪些?请至少例举 5 项。
5. 简述车次号功能号及机车号功能号的拨号规则。

第三节　450 MHz 无线列调系统

450 MHz 无线列调系统是 450 MHz 频段列车无线调度通信系统的简称,是根据铁路运用需要经过长期发展,铁道部管理部门逐步规范具有完善标准的一系列无线通信设备。按工作制式分,有 A、B、C 三种通信制式。其中 A 制式在铁路通信中未得到推广应用,目前全路 450 MHz 无线列调通信以 B 制式为主。

一、基本原理和功能

(一)组网方式

450 MHz 无线列调系统采用有线、无线相结合的组网方式。车站台、机车台、便携台之间的通信采用无线方式;调度台至车站台由数字电路或四线制音频话路构成有线通道。

(二)系统组成

系统主要由调度总机、车站台、机车台、便携台、中继设备等组成,主要设备组成如图 2-54

所示。其中车站台用于铁路 450 MHz 无线列调系统，为机车和地面之间提供语音和数据的传输通道。

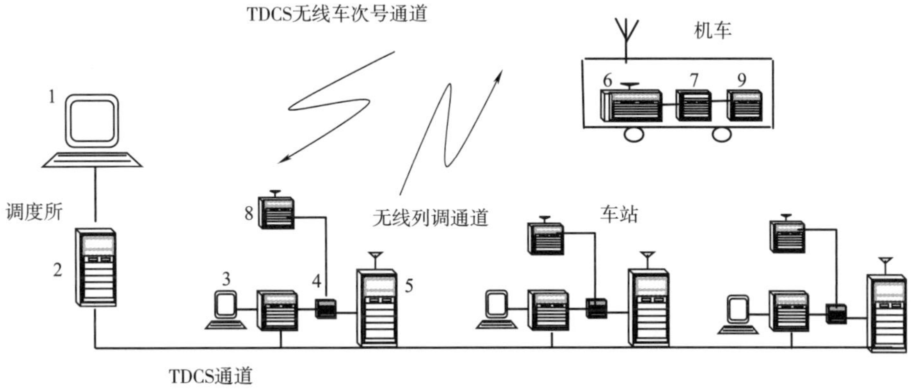

图 2-54　450 MHz 无线列调系统主要设备组成图

1—行车调度台；2—TDCS 总机；3—TDCS 车站设备；4—车站转接器；5—无线列调车站台；6—无线列调机车台；7—机车装置；8—车次号解码器；9—监控装置

（三）系统工作原理

1. B 制式 450 MHz 电台工作原理

（1）呼叫平原车站时摘下话筒，按下“平原车站”键，“平原车站”灯闪亮 3 s，发射 f_4 载波及 123 Hz 呼叫信令，3 s 后“平原车站”灯变为常亮，停发呼叫信令，收到回铃后，用话音呼叫车站值班员并通话。通话结束，话筒挂机，各灯灭返回守候状态。

（2）接收到其他机车、车站或便携台的呼叫时，首先判定 f_4 载频是否超过接收门限，如果大于接收门限，“单工”接收灯亮，如果接收机检测出呼叫信号（114.8 Hz），则车台发出回铃 0.5 s。回铃信号发出后，“平原车站”、“平原司机/车长”灯闪亮，听到对方话音呼叫，9 s 内摘机，两个灯常亮进入同频单工通话状态；不摘机，9 s 后退出状态，各灯熄灭变成守候状态。通话结束，话筒挂机，返回守候状态。

（3）呼叫调度时，将话筒从挂钩上取下，按“调度”键，“调度”灯闪亮，并发呼叫调度信号（1 520 Hz），B 制式 5 s 或 C 制式 3 s 后，“调度”灯从闪亮变成常亮。同时，通过扬声器可听到调度发出的回铃信号（415 Hz），用话音呼叫调度，得到回答后开始通话。通话结束，话筒挂机，返回守候状态。

（4）被调度呼叫时，接收到载波信号后，“双工”接收灯点亮，同时检测出调度呼叫信号（1960 Hz）时“调度”灯闪亮，并发出回铃信号（415 Hz），调度灯闪亮 9 s，此时司机可以听到调度的话音呼叫。若司机 9 s 内摘机，“调度”灯变成常亮则进入通话状态；若司机 9 s 内不摘机，9 s 后各灯灭，返回守候状态。

2. 呼叫原理

在铁路无线通信系统中广泛地采用了信令呼叫的方式，按频率可分为亚音频信令和音频信令。敞开式的对讲系统容易被其他业务的通话所干扰，所以信令呼叫的方式可以大大减少这种干扰。

亚音频信令是利用人类话音频带外的一个单音作为是否打开音频通道的一个条件，从而屏蔽其他不带导音的信号。人类话音大部分能量集中在 300～3 000 Hz，由于人耳对 300 Hz 以下及更低的频率不敏感，所以通常选择低于人类话音下限 300 Hz（即亚音频）以下的频率作为导音，铁路无线通信系统中应用了连续语音控制静噪系统(CTCSS)中的 114.8 Hz、123.0 Hz、186.2 Hz 等频率。

亚音频信令编解码的实现方法较多，从成本控制、可靠性及电路复杂程度上，综合考虑配合单片机应用专用芯片 FX465 的情况较多。它能够满足低压 3 V 供电，涵盖了 67.0～254.1 Hz中 47 个单音，可以直接采用并口或串口的方式和单片机连接，具有功耗低、外围电路简单、易于控制等特点。进行亚音频编码时，只需用单片机向 FX465 发送编码频率及命令即可；解码时需提前预置要解出的频率，然后在解码指示管脚上判断高低电平即可。

3. 静噪原理

门限在无线通信技术上使用载波传递信息，将话音信号调制到一个高频载波上，再进行空中发射和接收，铁路无线通信使用 450 MHz 频段。由于所有机车、地面设备都使用该频段里的指定频率，这就造成空中很多同频率弱信号的存在，而这些弱信号的载频并不是设备想接收的。通常规定载频幅度小到一定数值以下是不应接收的干扰信号，该数值定义为载频的接收门限。

无线调频接收机都有接收信号强度输出接口(Received Signal Strength Indicator，RSSI)，该接口接收载频的强度指示，通常输出一个电压，此电压和载频信号幅度成正比，比如 1 μV 的载频信号幅度对应的 RSSI 电压值约为 0.5 V。在设备电路中，多数使用运放搭建的比较器来判断接收载频信号强度并控制是否打开音频门。

4. 过网切换

调度员与司机之间的通信，车站电台发射频率采用交替配置，车站电台发射频率为 f_1、f_2、f_3，接收频率为 f_4。机车在行进过程中扫描接收频率 f_1、f_2、f_3，当其中一个频率的场强弱到一定程度，就会自动接收下一个车站的频率，在调度总机的配合下完成机车在穿越多个车站时的过网切换功能。

5. 系统频率配置

根据铁道部相关标准规定，无线列调系统采用四频组配置方式。同频通话时，机车台和车站台收发频率都定为 f_4(低端频率)；在进行异频通话时，机车接收频率为 f_2，发射频率为 f_4(高端频率)，站台正好相反。f_1、f_3 也是高端频率，主要在“大三角”通信时使用。

6. 车次号编码器工作原理

(1)FFSK 方式

编码器随时读取监测装置信息，判定信息内容符合发送条件时，启动机车电台或 CIR 的 450 MHz 通信单元，改变原有发射频率，在 457.550 MHz 发射。机车电台或 CIR 发送车次号信息时，不论是否正在通话，均切断话音调制并改变发射频率，强行转为发送车次号信息，发送完成后恢复原工作状态。如启动信号在 1.5 s 内不消失，机车电台或 CIR 的 450 MHz 通信单元应在发射 1.5 s 后自动切断发射并回到原工作状态，以免影响无线列调正常通信。

(2)RS-422 方式

编码器随时读取监测装置信息，并以 200 ms 的频率将采集到的数据以数字方式向 CIR 传送。当车次号信息中车次号、机车号、信号机编号发生变化以及列车启动和停稳时，对车次号信息进行存储。存储容量不小于 10 000 条。

(四)系统功能

现有列车无线调度通信系统功能主要有小三角通信、大三角通信、机台电台出入库遥测等。

1. 司机、车站、车长之间的通信简称为小三角通信。

(1)车站值班员和司机之间可以相互呼叫并建立通话。

(2)车长、司机、车站值班员之间可以相互呼叫并建立通话。

2. 调度、车站、司机之间的通信简称为大三角通信。

(1)调度员直接呼叫辖区内的司机,其中有选站呼叫和全呼两种方式,呼叫建立后调度员和司机可进行双工通话。

(2)司机直接呼叫调度(所在区段),呼叫建立后司机和调度员可进行双工通话。

(3)调度员可对辖区内所有司机进行通告。

(4)B 制式电台具有自动越区切换功能,实现调度员与司机连续通话。

(5)调度员和车站值班员直接可以相互呼叫并建立有线通信。

3. 系统具备机车电台自检功能,机车电台出入库遥测功能。

4. 机车电台预留列尾装置、TDCS 无线车次号校核系统、调度命令无线传输系统等数据接口。系统机车设备可接收调度命令信息和进行无线车次号发送。

二、机车电台组成

如图 2-55 所示,该电台是通用型铁路机车电台,该设备满足机车长交路运用,兼容 B 制式(包括 B1、B2)、C 制式以及多种频率无线列调通信系统工作模式。可用于机车与调度、车站、其他机车、车长之间通信。该电台通过 GPS 全球卫星定位系统,按机车的运行位置自动控制电台的工作模式,使之改变到与地面通信设备一致的工作模式上,从而实现与地面通信设备正常通信的目的。电台由单工收发信机、双工收信机、CPU 控制单元、GPS 接收单元、电源单元和主/副控制盒单元等组成。

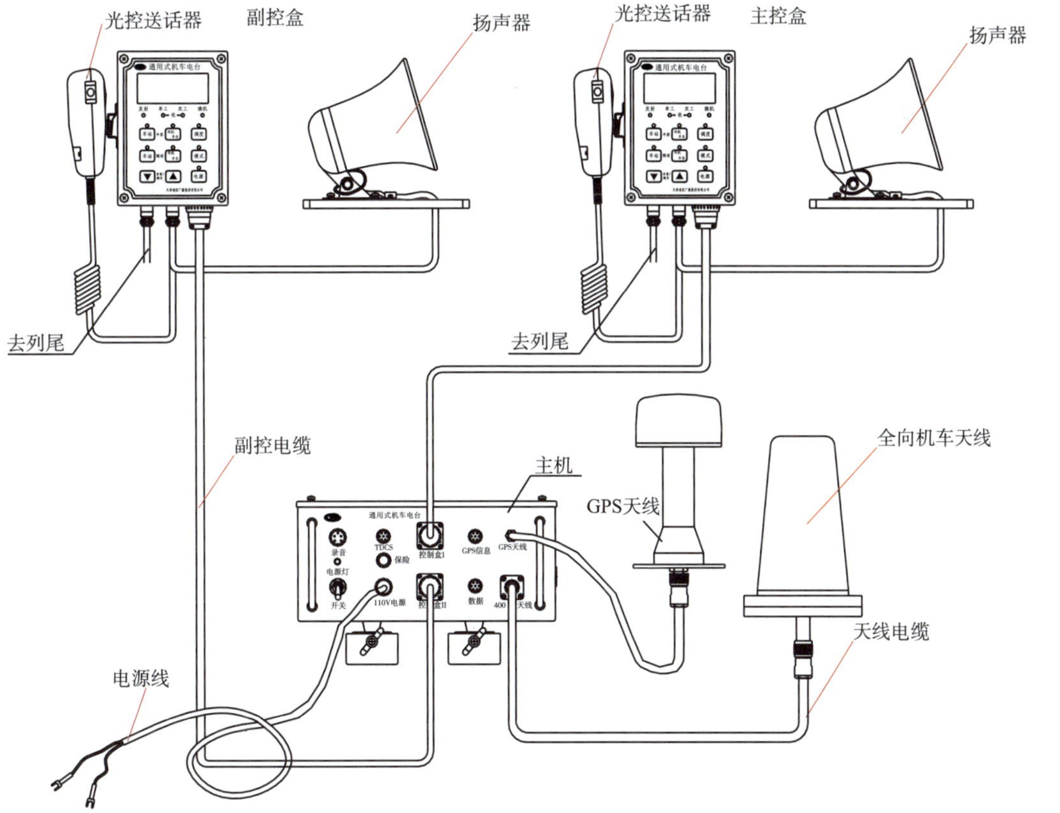

图 2-55　机车电台设备

（一）信道机单元

信道机单元是 450 MHz 无线机车电台的核心组成部分，负责射频信号的收发，并能把接收到的语音、信令、数据等有用信息解调出来，同时也可以把这些信息调制到无线信道上发射出去。

1. 接收机部分

接收机电路由带通滤波器、低噪声放大器、第一混频器、晶体滤波器、解调频电路、接收机频率合成器等组成。接收机采用带高频放大器的低本振一次变频超外差式结构，该设计结构简单。低本振是为了保证在一次变频结构中输入信号的镜像频率有好的滤波性能，容易达到高的增益。虽然接收机输入信号带宽比较宽，但是由于中频频率为 450 MHz，镜像信道频率与输入信号频率相距较远，镜像抑制滤波器的设计也比较容易。

2. 发射机部分

发射机主要由发射机频率合成器、缓冲放大器、功率放大器、功率自动控制电路和功放保护电路等组成。发射机频率合成器的电路同于接收机频率合成器，V_{CO} 的自由振荡频率范围为 440～480 MHz，音频信号送合成器的调制端口进行调制，亚音频信号送温补晶振的频率微调端进行调制，最大频偏 5 kHz。

发射机频率合成器输出的调频信号经缓冲放大器和功率放大器放大，由发射机天线端口输出。在功率放大器电路中包含自动功率控制电路（APC），以保证发射机输出功率的稳定。控制电路发出的功率控制电平也加到此电路，实现设置发射机发射功率的目的。在功放输出与天线端口之间有驻波检测电路，用于保护功放电路，即检测到 V＋和 V－异常时降低发射功率，以实现开短路保护。

3. 信道机接口

（1）单工收发信机接口（见表 2-15）

表 2-15　单工收发信机接口表

序　号	接　口	功能说明
1	UL	失锁检测信号输出
2	RXD	串行数据输出端
3	MOD	音频信号调制端，415 Hz、1 520 Hz 和话音信号输入端
4	AFIN	音频信号输出端
5	ME	接地端
6	TXD	串行数据输入端，用此接口对信道机设置信道
7	TO	亚音频信号调制端，114.8 Hz、186.2 Hz 等亚音频信号输入端
8	RSSI	载波信号场强指示信号输出端
9	PTT	信道机控发端，“L”电平有效
10	DEC	鉴频信号输出端，从该端口输出需要的解码信令 114.8 Hz 等
11	APC	自动功率检测端，输出一直流电平
12	NC	未接

(2)双工收信机接口(见表 2-16)

表 2-16　双工收信机接口表

序　　号	接　　口	功能说明
1	NC	未接
2	RXD	串行数据输出端
3	NC	未接
4	AFIN	音频信号输出端,从信道机输出话音信号,约为 350 mV 左右
5	ME	接地端
6	TXD	串行数据输入端,用此接口对信道机设置信道
7	NC	未接
8	RSSI	载波信号场强指示信号输出端
9	NC	未接
10	DEC	鉴频信号输出端,从该端口输出需要的解码信令 114.8 Hz 等
11	NC	未接
12	NC	未接

(二)CPU 控制单元

CPU 控制单元是整个机车电台的核心部分,由它来完成整个机车台的控制工作,包括编/解码的产生、通话、工作模式的切换、车次号功能和列尾功能的实现等。其工作原理框图如图 2-56 所示。

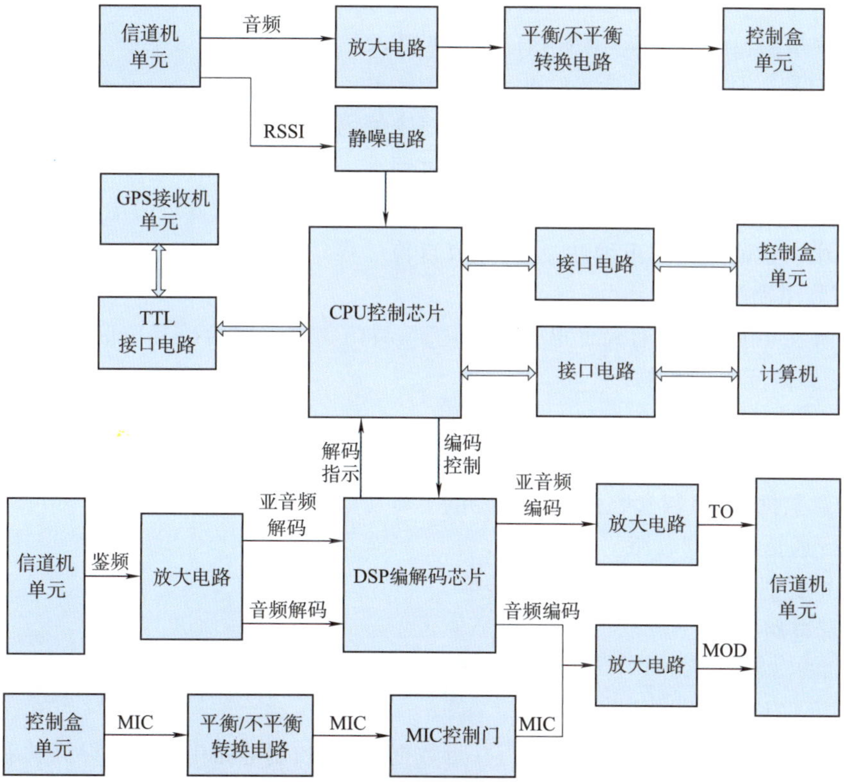

图 2-56　CPU 控制单元原理框图

1. 静噪控制电路

单工载波场强信号经滤波纹后正向放大后送入 CPU,CPU 查询到后进行 A/D 变换并与 CPU 预先设定的门限值比较,决定点亮或熄灭控制盒上的单工接收灯。双工载波场强信号经滤波纹正向放大后送入 CPU,CPU 查询到后进行 A/D 变换并与 CPU 预先设定的门限值比较,决定点亮或熄灭控制盒上的双工接收灯。

2. 录音电路

MIC 信号经运放由平衡信号转变为不平衡信号,再通过门电路和运放将 MIC 信号送到 XS10 的 4 脚。

单工收发信机的 AF 信号和双工接收机的 AF 信号经运放送到控制盒接口。

3. 接收话音电路

来自单工收发信机和双工接收机的音频信号经门电路和运放输出,再经功放转成平衡信号输出。

4. 音频、亚音频编码电路

音频、亚音频信号经门电路和运放后接到解码芯片进行解码。

5. TDCS 解码电路

TDCS 音频信号经门电路和运放后接至 TDCS 接口。

6. MIC 电路

MIC 信号经运放由平衡信号转变为不平衡信号,再通过门电路和运放将 MIC 信号接至信道机。

7. 编码(ENC)电路

音频信令和亚音频信令的编码都是通过 CPU 和音频编解码芯片进行的。音频信令编码滤波后经运放接至信道机接口;亚音频信令编码滤波后经运放输出送至信道机接口。

8. 自检电路

音频信令自检:通过编解码芯片实现音频信令编码,然后通过门电路和运放将信令送回编解码芯片以验证数据的正确性,从而完成自检过程。

亚音频信令自检:通过编解码芯片实现亚音频信令编码,然后通过门电路和运放将信令送回编解码芯片以验证数据的正确性,从而完成自检过程。

9. 看门狗电路

当监测脚在 1.6 s 内没有高低电平的变化时,看门狗复位脚给出复位信号,单片机重新开始工作,以达到防死机的目的。

10. 与控制盒的串行通信电路

向控制盒送数:CPU 送出数据,经电平转换电路送至控制盒;

收控制盒数据:从控制盒收到的数据经电平转换电路送至 CPU。

11. 串行通信口控制电路

通过门电路进行串行通信口的定位转换。

12. 语音电路

从语音芯片输出。

13. 串/并转换电路

通过串/并转换电路将串行数据转为并行数据,用以控制电路中的门电路开关和其他需要高低电平控制的部分。

（三）电源单元

电源单元由电源模块、输入转换滤波电路、输出滤波电路和控制部分等组成。电源原理框图如图 2-57 所示。

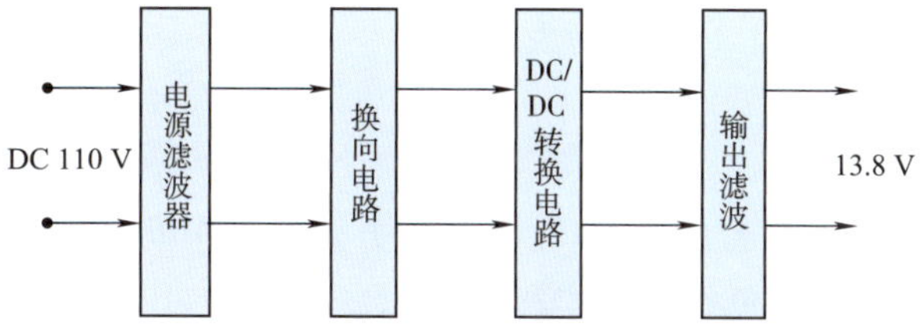

图 2-57　电源原理框图

（四）控制盒单元

控制盒单元由液晶模块、显示板、语音板组成，其中语音板上有数据处理电路及语音控制电路。控制盒单元原理框图如图 2-58 所示。

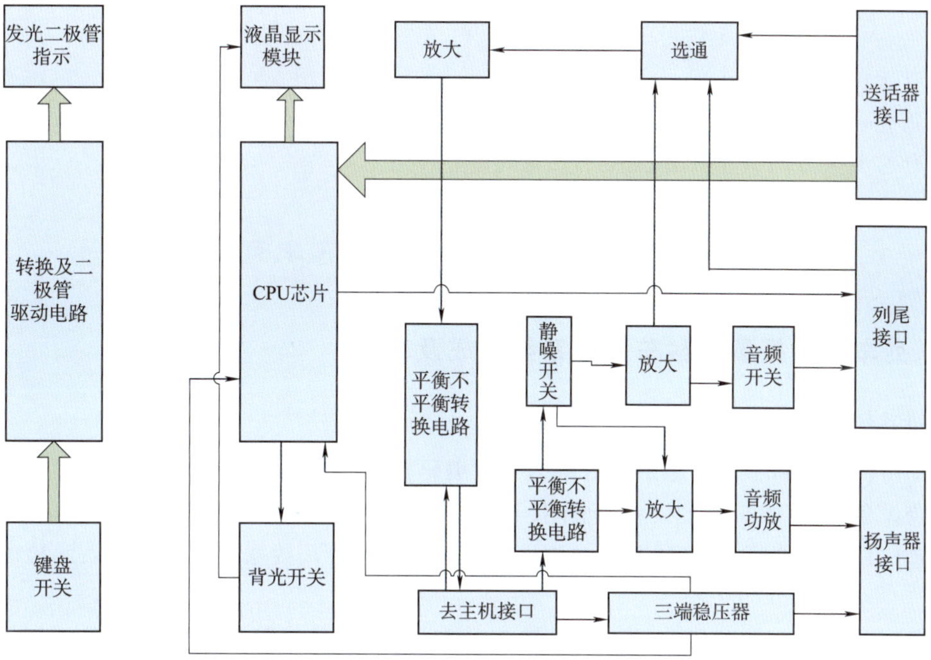

图 2-58　控制盒单元原理框图

三、机车数据采集编码器

机车数据采集编码器（简称编码器）兼容 FFSK 和 RS-422 两种方式。插在 TAX2 型机车安全信息综合检测装置（简称 TAX 箱）内的编码器，不断地捕获在 TAX 箱总线上广播的机车运行数据信息。FFSK 方式时编码器捕获到进站、出站、通过、容许等位置信息时，将车次号、机车号、机车速度、机车位置、车重、计长等信息数据进行纠检错编码，以 FFSK 方式传送给 CIR 或机车台。RS-422 方式时编码器以 200 ms 的频率将采集到的数据传送给 CIR。

发送条件如下：

(1)非监控状态下，列车运行速度从 0 变化至 5 km/h 时，发送 3 次，时间间隔为 3 s。

(2)非监控状态转为监控状态时，发送 3 次，时间间隔为 3 s。

(3)列车通过各站进站和出站信号机两个位置时，均发送 2 次。第一次是在判定条件符合后立即发送，第二次则随机延时 3～5 s 后发送。

(4)补机不发车次号信息。

测试过程如下：

(1)打开 TAX 箱和机车电台的电源，在 FFSK 方式下工作模式灯 A1(红灯)常亮，表示程序运行正常。按下挡板上的黑色小按键(发送测试数据一次)，B3 灯应点亮一次，表明发送数据正常，同时机车台发射灯点亮一次，表明连接电缆与机车台正常。

(2)在 RS-422 方式下工作模式灯 A1(红灯)每秒闪亮一次。

思考题

1. 简述车站呼叫机车的呼叫过程。
2. 信道机在系统中的作用是什么？
3. 什么是亚音频信令？
4. 简述调度命令无线传送系统组成。
5. 什么是大三角通信？什么是小三角通信？

第四节　列车防护报警设备及客车列尾系统

一、列车防护报警和客车列尾系统构成及功能

(一)系统构成

列车防护报警和客车列尾系统由数据采集编码器、800 MHz 机车电台(以下简称“LBJ”)、道口报警设备、施工防护报警设备、列车接近预警器(以下简称“预警器”)、旅客列车尾部安全防护装置(以下简称“KLW”)和专用维护设备(含便携测试台、数据管理器和出入库检测设备)等组成。

编码器和 LBJ 安装于机车，KLW 安装于列车尾部，道口报警设备安装于道口，工务人员配备施工防护报警设备和预警器，维护人员配备便携测试台和数据管理器，出入库检测设备安装于机车出入库检测地点。

列车防护报警和客车列尾系统构成示意图如图 2-59 所示。

(二)系统主要功能

(1)LBJ 具有向 KLW 查询列车尾部风压和控制 KLW 排风制动的功能。

(2)LBJ 具有发送和接收列车防护报警信息并发出声光提示的功能。

(3)LBJ 具有接收道口事故报警信息和施工防护报警信息并发出声光提示的功能(预留)。

(4)LBJ 具有发送列车接近预警信息的功能(预留)。

(5)预警器具有接收列车接近预警信息并发出声光提示的功能。

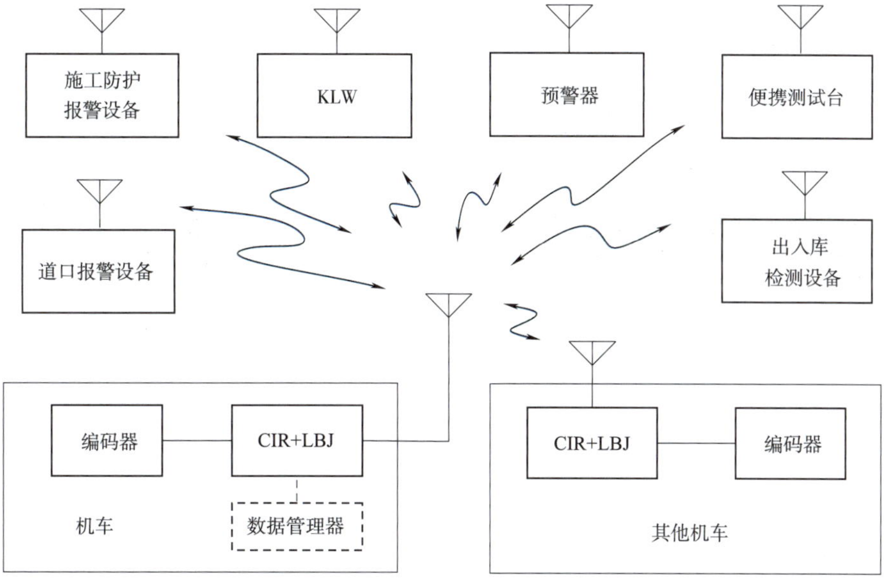

图 2-59 列车防护报警和客车列尾系统构成示意图

(6)道口预警设备具有接收列车接近预警信息和发送道口事故报警信息并发出声光提示的功能。

(7)施工防护报警设备具有接收列车接近预警信息和发送施工防护报警信息并发出声光提示的功能。

(8)LBJ、道口报警设备、施工防护报警设备、预警器、KLW、数据管理器和出入库检测设备均具有记录功能。

(9)专用维护设备具有对 LBJ 进行出入库检测和数据维护管理的功能。

(三)系统主要技术要求

在平原地区,LBJ 发送列车防护报警信息时,以机车天线为基点,机车前后各 5 000 m 范围内的其他机车 LBJ 能可靠接收。

系统信道频率配置见表 2-17。

表 2-17 系统信道频率配置表

序号	信道频率(MHz)	编码方式	信道业务
1	821.xxxx	POCSAG	列车接近预警
2	866.xxxx	FFSK	列尾安全防护报警、道口事故报警、施工防护报警

二、LBJ 设备组成及功能

(一)设备简介

LBJ 由主机、天线和连接电缆组成,设备型号为 WTHZ-Ⅱ。LBJ 主机包括 LBJ 功能单元、机壳和防震架。LBJ 功能单元包括电源单元、控制单元、记录单元和信道机。如图 2-60、图 2-61所示,分别为 LBJ 实物图和 LBJ 各功能单元安装示意图。

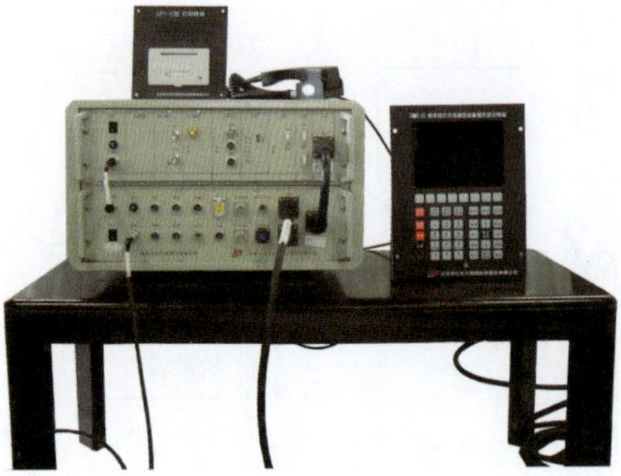

图 2-60 LBJ 实物图

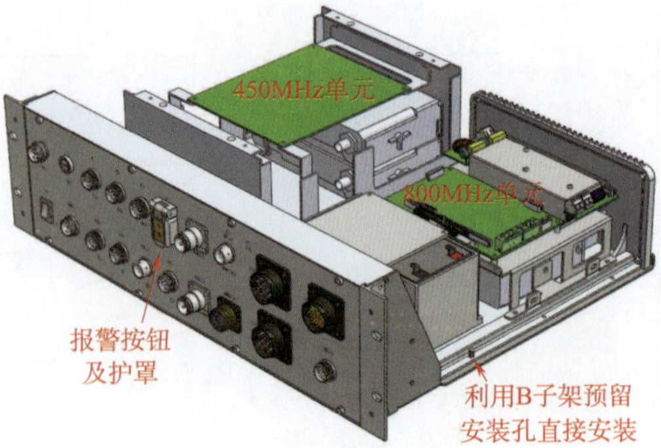

图 2-61 LBJ 功能单元安装示意图

（二）设备功能

1. 列车防护报警基本显示界面

CIR 接 LBJ(内置/外置)时,如果通信成功,MMI 界面安全预警区显示黄色的“报警字样”,圆形区域为电子铅封/工作状态指示灯:点亮时为红色圆形,表示电子铅封已启用;熄灭时为黄色圆环,表示电子铅封未启用;闪烁时表示正在发送列车事故报警信息。如图 2-62 所示。

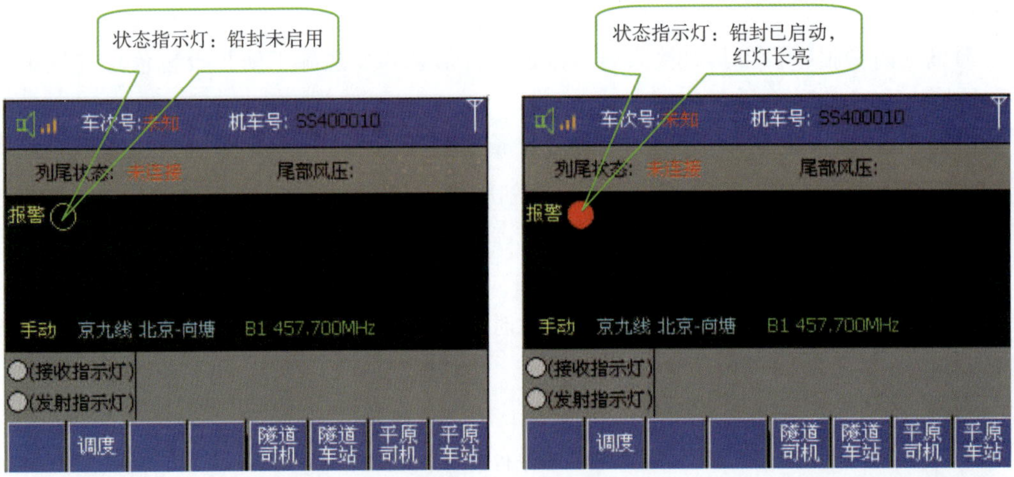

(a)电子铅封未启用 (b)电子铅封已启用

图 2-62 LBJ 发送报警前、后 MMI 显示主界面

2. 发送列车防护报警信息功能

MMI 操作面板上的“报警”按键,用于发起和解除列车防护报警操作。持续按下“报警”键 3 s 以上(或按下“报警”键 3 s 内松开,随后 5 s 内按“确认/签收”按键),MMI 向 LBJ 发送启动报警命令,工作状态指示灯每 1 s 闪亮一次并发出间歇性提示音,如图 2-63 所示。

3. 解除列车防护报警信息功能

当本车正在发送报警时,持续按下 MMI 的“报警界面”3 s 以上或按主机上的报警按钮,MMI 向 LBJ 发送报警解除命令,MMI 发出提示音持续 5 s,工作状态灯也持续闪亮 5 s 后,转为红色长亮并停止发出提示音。

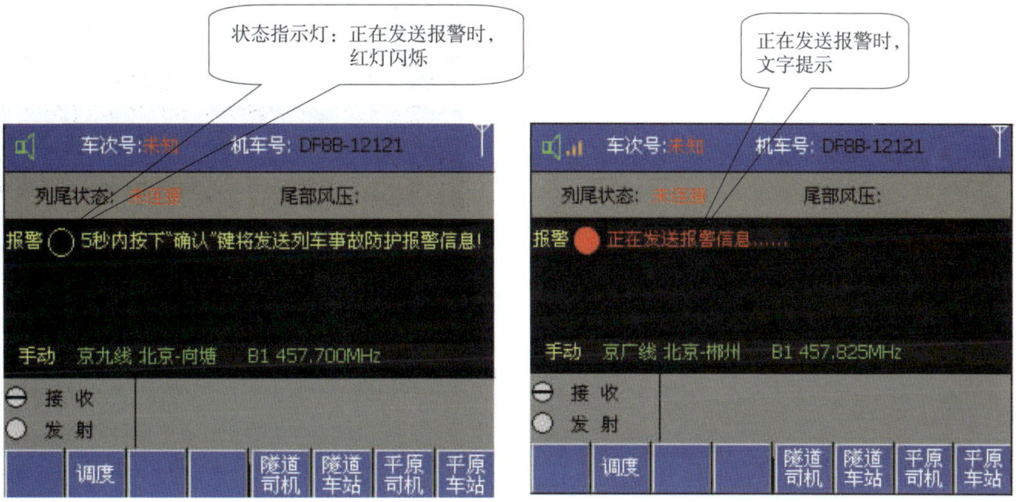

(a)启动报警界面　　(b)正在发送报警界面

图 2-63　带报警主界面

LBJ 配置多个报警触发装置，各装置均能触发 LBJ 发送列车事故防护报警信息，但只有触发报警的装置或按下主机面板的报警按键才能解除报警。

4. 接收列车防护报警、施工防护报警、道口报警信息功能

LBJ 接收到列车防护报警信息、施工防护报警信息、道口报警信息时向 MMI 转发，MMI 每隔 5 s 发出一次提示音并显示报警内容，直至接收到报警解除信息或 30 s 内未再次接收到相同的报警信息为止，显示的报警内容和提示音的内容一致。各种报警接收界面如图 2-64、图 2-65、图 2-66 所示。

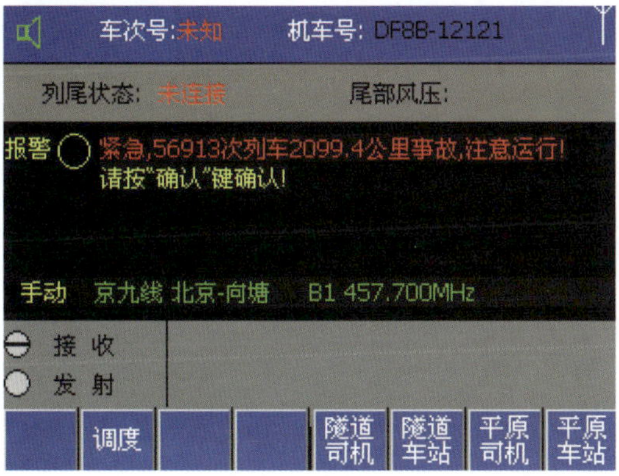

图 2-64　接收列车防护报警界面

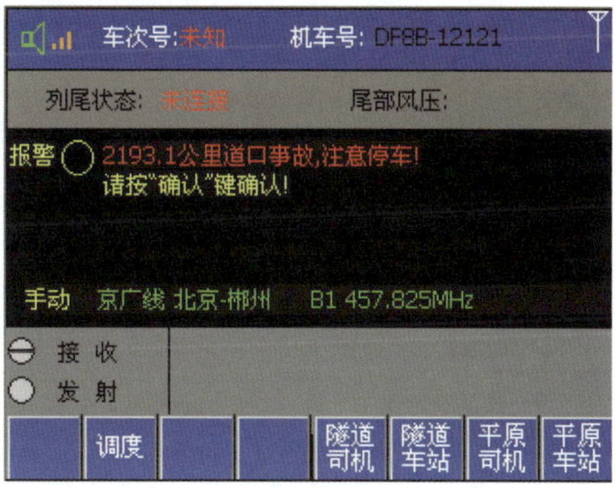

图 2-65　接收道口报警界面

在播音的过程中如果司机按下 MMI"确认/签收"按键，MMI 立即停止当前报警信息的提示音并向 LBJ 发送按键确认信息，不再对相同的报警信息发出提示音，但在报警显示区显示报警内容。

LBJ 接收到报警解除信息时向 MMI 转发，MMI 停止报警信息的声光提示，改为显示报警解除信息的内容并连续发出两次提示音。

MMI 界面显示的优先级由高到低依次为：报警信息/通信转换界面、调度命令、列尾信息、其他内容。

MMI 语音播放的优先级由高到低依次为：报警信息/调度通信/通信转换、调度命令、其他语音（含列尾语音、注册/注销语音、注意机车号语音等）按时间顺序依次播放。

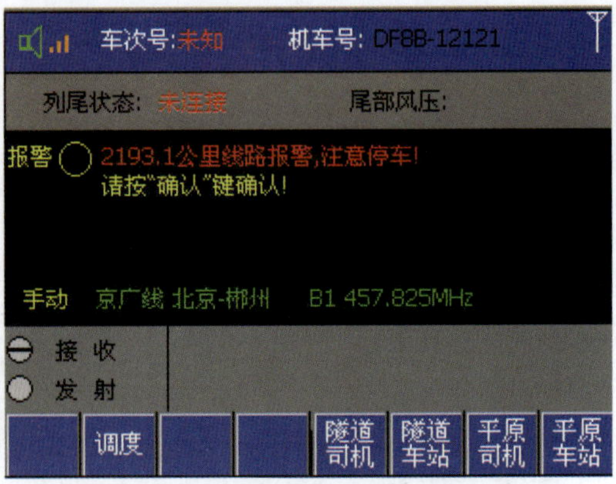

图 2-66 接收施工防护报警界面

5. 专用维护设备对 LBJ 进行出入库检测的功能

LBJ 接收到出入库命令后，LBJ 进入出入库检测状态并向 MMI 发送当前状态信息，MMI 每隔 5 s 发出一次"请按键试验"提示音并显示语音内容。

按下 MMI 面板上的"报警"按键、"列尾排风"按键、"风压查询"按键和"确认/签收"按键后，LBJ 向出入库检测设备发送一次报警试验信息和一次车次号为 99998、速度为 888 km/h 和公里标为 8 888.8 m 的列车接近预警试验信息，随后退出检测状态，MMI 退出出入库检测状态。如果 LBJ 进入检测状态 60 s 后仍未完成检测，LBJ 将自动发送报警试验信息结果和列车接近预警试验信息并退出检测状态。

注：库检检测的四个按键按下时没有先后顺序。

6. 记录读取和分析功能

LBJ 发送列车事故报警信息后，启用电子铅封，状态指示灯长亮，即使 LBJ 重启，状态指示灯仍保持长亮状态，提示维护人员读取报警记录信息。在维护人员使用数据管理器读取报警记录信息后，LBJ 的状态显示灯自动熄灭。在数据管理器把记录信息转存至出入库检测设备后，出入库检测设备能按照车次号、机车号对记录信息进行分类查询和分析。

7. 备用电源供电功能

机车直流供电电源意外中断后，LBJ 能够自动切换到备用电源并向 MMI 发出"注意，LBJ3 min 后关机"提示语音。如果 LBJ 当前没有发送报警并且在 3 min 内没有任何装置触发 LBJ 发送报警信息，则 LBJ 自动关机，否则 LBJ 不关机，继续使用备用电源供电保持报警。

8. 发送接近预警信息功能（预留）

LBJ 的接近预警功能能够通过维护设备配置为开启或关闭状态。

9. 自检测试功能

CIR 进行自检时，向 LBJ 发送自检请求，LBJ 收到后进行自检并向 CIR 返回自检结果，自检结果包括 TAX 箱连接状态、记录单元状态、信道机状态和电池电压。

10. LBJ 意外重启

LBJ 记录断电前列尾连接状态和列车防护报警状态。LBJ 整机断电重新启动后，LBJ 查询断电前的状态，如果是正在发送报警信息，保持发送报警状态，MMI 发出声光提示，直到解除报警。如果断电前为列尾已连接状态，MMI 发出"列尾装置通信失效"提示音。LBJ 每 25～30 s随机自动向 KLW 发送风压查询命令信息，直至重新接收到风压信息时，MMI 恢复正常的声光提示。

思考题

1. 列车防护报警和客车列尾系统由哪几部分组成，各部分的作用是什么？
2. 简述 LBJ 设备组成及功能。
3. 800 MHz 电台机车（简称“LBJ”）出入库检测时需要按哪四个按键？
4. 简述从 MMI 界面显示和语音提示来分析，发送列车防护报警和接收列车防护报警的区别。

第五节 CIR/LBJ 出入库检测设备

CIR/LBJ 检测设备中包含 CIR/LBJ 出入库检测设备、便携式机车设备测试仪、便携测试台、数据管理器。CIR/LBJ 出入库检测设备是按照《机车综合无线通信设备库检技术条件 V2.0》标准设计研发，用来对 CIR 进行出入库检测，同时可以对检测结果进行保存、检索和打印。

一、CIR/LBJ 出入库检测设备原理

（一）检测 CIR 的简单原理

1. 自检

（1）上车自检方式：选择“自检”项，进入自检状态，MMI 上界面显示：“请输入或选择库检设备 IP 地址”。输入或选择后，按“确认”键，MMI 显示“正在进行自检…”，自检完成后 CIR 显示自检结果，通过 GPRS 通道发送到地面 CIR/LBJ 出入库检测设备保存，各项单元自检结果应正常。此时库检结果中的“GPRS 数据”、“450 MHz 数据”暂标记为故障，如 30 min 内进行“GPRS 数据”、“450 MHz 数据”检测并且检测结果正常时，此两项标记改为正常。自检结果是通过 GPRS 网络传送给 CIR/LBJ 出入库检测设备。

（2）地面遥测方式：检修人员操作地面库检设备。输入或选择待检 CIR 的机车编号（如 DF4D_00022、SS7E_00033 等），选择启动通道，库检设备根据选择的通道，向所输入的机车号的 CIR 发送库检命令，CIR 收到库检命令后，自动回送确认信息（根据启动通道方式判断回送通道方式），并启动 CIR 自检功能，自检完成后，将检测结果发回地面库检设备，地面库检设备保存检测结果。

带 G 网模块 CIR 的自检结果包括：GSM-R 语音单元模块工作状态、GSM-R 通用数据模块工作状态、GPS 单元状态、车次号数据采集单元状态、450 MHz 功能模块状态、800 MHz 功能模块状态、记录单元状态、MMI 操作终端状态、电池状态。不带 G 网模块 CIR 的自检结果只有 450 MHz 功能模块状态。

2. GPRS 数据（没有 GSM-R 网络时不检测该项）

选择“GPRS 数据”选项，按“确认”键，CIR 根据相应库检台的地址向地面 CIR/LBJ 出入库检测设备请求发送“GPRS 数据检测”信息，并在该界面显示“已发送请求信息……”，地面 CIR/LBJ 出入库检测设备收到后存储并根据机车对应的 IP 地址向 CIR 发送一条正文内容为“GPRS 数据出入库检测”的出入库检测信息，CIR 收到后在 MMI 上显示该信息并发送自动确认信息，按下“确认”键后，CIR 发送手动签收信息并返回原界面。地面 CIR/LBJ 出入库检测设备存储收到的 CIR 自动和手动签收信息。

如果在上述流程中，CIR/LBJ 出入库检测设备未收到 CIR 发送的请求或者手动签收信

息，库检结果中的“GPRS 数据”项标记为故障，否则标记为正常。

3. 450 MHz 数据

选择“450 MHz 数据”选项，按“确认”键，CIR 在 457.550 MHz 向地面 CIR/LBJ 出入库检测设备请求发送“450 MHz 数据检测”信息，并在该界面显示“已发送请求信息……”。地面 CIR/LBJ 出入库检测设备收到后存储并向 CIR 用工作频率发送一条正文内容为“450 MHz 数据出入库检测”的出入库检测信息，CIR 收到后在 MMI 上显示该信息，并在 457.550 MHz 发送自动签收信息，按下“确认”键后，在 457.550 MHz 发送手动签收信息并返回原界面。地面 CIR/LBJ 出入库检测设备存储收到的 CIR 自动和手动签收信息。

如果在上述流程中，CIR/LBJ 出入库检测设备未收到 CIR 发送的请求或者手动签收信息，库检结果中的“450 MHz 数据”项标记为故障，否则标记为正常。

4. 450 MHz 同频通话

选择“450 MHz 同频通话”选项，按“确认”键，在 457.925 MHz 测试信道发送同频呼叫信号，收到 CIR/LBJ 出入库检测设备回铃后，按“PTT”开始讲话，内容为“××型×××号机车 450 MHz 电台同频呼叫话音试验”，讲话应在 7 s 内完成，地面 CIR/LBJ 出入库检测设备录制语音并存储，在 CIR 发射载波结束 1 s 后，地面 CIR/LBJ 出入库检测设备在 457.925 MHz 回放录制的语音，CIR 收听应正常。

5. 450 MHz 异频通话

选择“450 MHz 异频通话”选项，按“确认”键，在 467.925 MHz 测试信道发送异频呼叫信号，收到 CIR/LBJ 出入库检测设备回铃后，按“PTT”开始讲话，内容为“××型×××号机车 450 MHz 电台异频呼叫话音试验”，讲话应在 7 s 内完成，地面 CIR/LBJ 出入库检测设备录制语音并存储，在 CIR 发射载波结束 1 s 后，地面 CIR/LBJ 出入库检测设备在 467.925 MHz 回放录制的语音，CIR 收听应正常。

6. GSM-R 通话(没有 GSM-R 网络或 CIR 不具备 G 网模块时不检测该项)

选择“GSM-R 通话”选项，按“确认”键，MMI 上显示“请输入或选择库检设备电话号码”，输入 CIR/LBJ 出入库检测设备电话号码并按“呼叫”键，收到地面 CIR/LBJ 出入库检测设备接通提示音后，按“PTT”开始讲话，内容为“××型×××号机车 GSM-R 呼叫话音试验”，讲话应在 7 s 内完成，地面 CIR/LBJ 出入库检测设备录制语音并存储，8 s 后，地面 CIR/LBJ 出入库检测设备回放录制的语音，CIR 收听应正常。

7. 记录单元测试

选择“记录单元测试”选项，按“确认”键，应能连续播放最近 5 段录音。该录音为 CIR 中记录单元中录制的声音。

8. LBJ 库检(没有安装 LBJ 或者在设备台账管理未配置时不检测该项)

便携测试台开机，输入待检 LBJ 的机车号，按下便携测试台侧面上键，启动 LBJ 进入库检状态。LBJ 进入库检状态后，语音提示“请按键试验”，此时按下“报警”、“列尾排风”、“风压查询”、“确认/签收”键，LBJ 在 866.237 5 MHz 将自检结果发至便携测试台和 CIR/LBJ 出入库检测设备，自检结果各项应正常。地面 CIR/LBJ 出入库检测设备未收到 LBJ 的库检记录时，检测结果显示为故障。

(二)检测通用台的简单原理

1. 自检

同时按下控制盒上的“隧道车站”和“隧道机车”键 2 s 以上。LCD 显示“设备检测中…”，自检完成显示自检结果，并发送到地面 CIR/LBJ 出入库检测设备保存。自检结果是通过库检台 457.925 MHz 传给 CIR/LBJ 出入库检测设备。

2. 450 MHz 同频通话

自检后按 PTT 开始讲话，内容为“××型×××号机车 450 MHz 电台同频呼叫话音试验”，讲话应在 7 s 内完成，地面 CIR/LBJ 出入库检测设备自动录制语音并存储，在通用台讲话结束后，地面 CIR/LBJ 出入库检测设备使用同频回放录制的语音，通用台收听应正常。

二、CIR/LBJ 出入库检测设备系统组成和功能

(一)CIR/LBJ 出入库检测设备结构

CIR/LBJ 检测设备包含 CIR/LBJ 出入库检测设备、便携式机车设备测试仪、便携测试台、数据管理器。系统组成如图 2-67 所示。

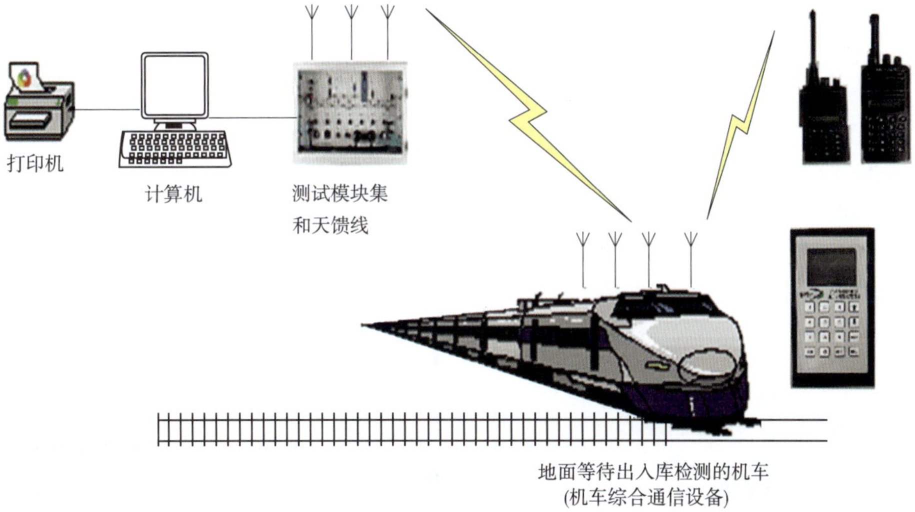

图 2-67 CIR/LBJ 出入库检测设备系统组成图

1. CIR/LBJ 出入库

CIR/LBJ 出入库检测设备包含 CIR/LBJ 主机(GSM-R 语音单元、GSM-R 数据单元、450 MHz控制单元、450 MHz 信道机、800 MHz 控制单元、800 MHz 信道机、电源单元)、天馈线系统、计算机(预装 CIR/LBJ 出入库检测软件)、19 英寸液晶显示器、打印机、连接电缆。设备主机面板图如图 2-68 所示。

2. 便携式机车设备测试仪

便携式机车设备测试仪通过先进的软件语音播放技术实现语音播放功能。采用单声道、8 位音频采用率、16 kHz 音频采样级别、128 kbit/s 位速、PCM 格式的语音文件，具有音效好、语音文件升级简单的优点。采用一体化结构，能在手持、袋装或身挂的条件下使用。结构牢固，外形美观，不易变形、老化，能够满足防水、防尘、抗摔等要求。采用 LCD 显示，具有背光功能，支持在夜间或黑暗光线下工作。实物如图 2-69 所示。

3. 便携测试台

便携测试台通过先进的软件语音播放技术实现语音播放功能。采用一体化结构，外形小巧美观，结实耐用。采用 LCD 显示，具有背光功能，支持在夜间或黑暗光线下工作。实物如图 2-70 所示。

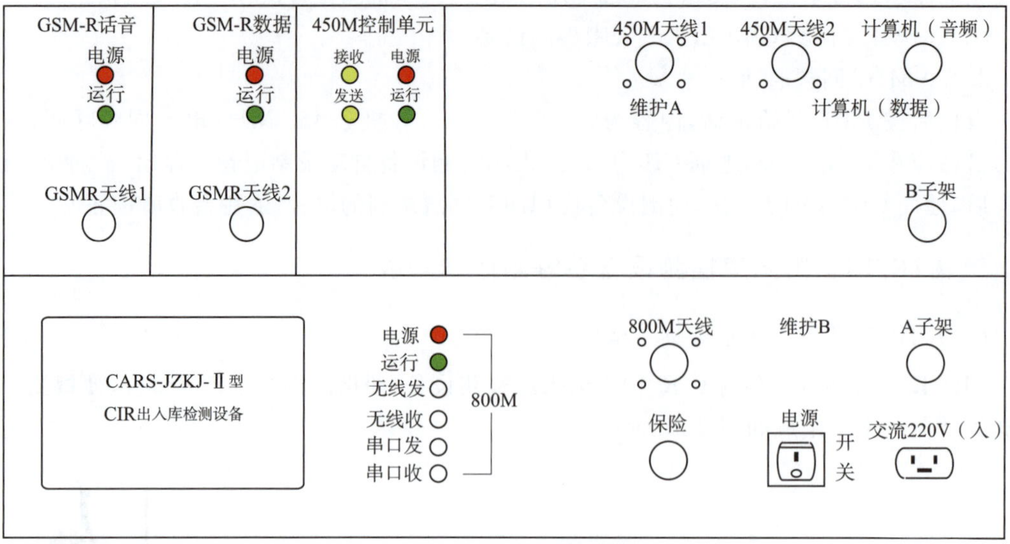

图 2-68　CIR/LBJ 出入库检测设备主机面板图

4. 数据管理器

数据管理器采用 U 盘转存的方式，速度快，便于维护人员携带和操作。采用 LCD 液晶显示，具有背光功能，支持在夜间或黑暗光线下工作。支持内置式 LBJ 和外置式 LBJ 的维护。实物如图 2-71 所示。

图 2-69　便携式机车设备测试仪

图 2-70　便携测试台

图 2-71　数据管理器

（二）CIR/LBJ 出入库检测设备功能

1. CIR/LBJ 出入库检测设备功能

（1）检测机车综合无线通信设备（CIR）

CIR/LBJ 出入库检测设备对出入库的 CIR 进行语音和数据业务的检测，检测项目包括 CIR 自检、GPRS 数据、450 MHz 数据、450 MHz 同频通话、450 MHz 异频通话、GSM-R 通话、记录单元测试。能够按机车号、车次号、时间段、故障类别等条件查询检测记录并打印和导出。

（2）检测无线列调通用机车电台（通用台）

CIR/LBJ 出入库检测设备对出入库的无线列调通用机车电台进行语音和数据的检测，检测项目包括无线列调通用机车电台自检、450 MHz 同频通话。能够按机车号、车次号、时间段、故障类别等条件查询检测记录并打印和导出。

(3)检测车次号数据采集编码器

CIR/LBJ 出入库检测设备自动接收车次号数据采集编码器控发的无线车次号校核信息，在设定的报警周期内自动提示操作人员车次号数据采集编码器的故障。

(4)检测列车防护报警设备(LBJ)

CIR/LBJ 出入库检测设备自动接收 LBJ 单元的自检结果，能够按机车号、车次号、时间段、故障类别等条件查询检测记录并打印和导出。

(5)统计被检设备的故障率

CIR/LBJ 出入库检测设备能够对检测记录按月、季、年进行故障统计。有助于铁路局、通信段、车间掌握 CIR 的故障率。

2. 便携式机车设备测试仪功能

(1)无线车次号信息测试

便携式机车设备测试仪开机自动接收无线车次号校核信息。液晶屏分七页显示车次号信息内容，第一页显示机车号；第二页显示机车类型代码；第三页显示车次号；第四页显示信号机类型，包括进站、出站、预告、通过、编组站、始发车、容许和未定义；第五页显示公里标；第六页显示速度，单位：km/h；第七页显示辆数。

(2)调度命令测试

便携式机车设备测试仪可以向 CIR 等调度命令机车设备发送模拟调度命令(调度命令类型为“出入库检测”)，接收机车设备发送的自动确认和手动签收信息，测试前需设置被测机车设备的机车号和测试仪的发射频率。

(3)通话测试

便携式机车设备测试仪可以呼叫机车设备进行同频单工或异频单工通话测试。

(4)电池欠压告警

便携式机车设备测试仪电池电压下降到规定值时，测试仪会发出“嘀嘀”的声音予以告警提示。

3. 便携测试台功能

(1)启动 LBJ 库检，接收 LBJ 自检结果

便携测试台首先设置被检 LBJ 的机车号，按“启动”键启动 LBJ 进行自检，LBJ 自检完成后自动发送自检结果，便携测试台自动接收 LBJ 返回的自检结果并显示。

(2)接收道口事故报警信息

便携测试台自动接收道口设备发送的事故报警信息，通过液晶显示屏分页显示给操作人员。

(3)接收道口事故报警解除信息

便携测试台自动接收道口设备发送的事故报警解除信息，通过液晶显示屏分页显示给操作人员。

(4)接收施工防护报警信息

便携测试台自动接收施工防护设备发送的施工防护报警信息，通过液晶显示屏分页显示给操作人员。

(5)接收施工防护报警解除信息

便携测试台自动接收施工防护设备发送的施工防护报警解除信息，通过液晶显示屏分页显示给操作人员。

(6)电池欠压告警

便携测试台电池电压下降到规定值时，测试仪会发出“嘀嘀”的声音予以告警提示。

4. 数据管理器功能

(1)设置 LBJ 主机的列车接近预警功能

数据管理器能够打开和关闭 LBJ 的列车接近预警功能。

(2)设置和读取 LBJ 主机的机车号

当 LBJ 单独使用时，由于其无法获得机车号信息，需要手动用数据管理器对 LBJ 主机机车号进行设置。

(3)下载和保存 LBJ 主机存储的信息记录

下载 LBJ 存储的历史记录必须使用数据管理器进行下载，操作人员可以下载全部或者某个类型的历史记录。下载完成后，LBJ 报警按键的电子铅封状态自动清除。

操作人员可以用 CIR/LBJ 出入库检测软件来详细分析 LBJ 的历史记录。

(4)查询 LBJ 主机软件版本

数据管理器能够查询 LBJ 主机的软件版本。

思考题

1. 简述“450 MHz 数据”检测的简单原理。
2. 简述“450 MHz 同频通话”、“450 MHz 异频通话”和“GSM-R 通话”的检测原理。
3. 简述 CIR/LBJ 出入库检测设备的功能。
4. 简述便携式机车设备测试仪的功能。
5. 简述数据管理器的功能。

第六节 技术规章

本节重点讲述铁路技术规章体系，规章条文内容可从铁道部办公网下载。由于技术规章实行动态管理，且部分规章还在修订完善当中，受篇幅等所限，本节未列出相关技术规章的主要条款。在教学和学习中，应结合岗位需要对主要规章进行系统学习。

一、铁路技术规章制度概述

铁路技术规章制度(以下简称技术规章)，是铁路技术设备(固定设备和移动设备)完成施工或制造且交付运营后，涉及行车组织(包括行车安全措施、非正常行车及故障应急处理办法等)和信号显示及技术设备的运用、管理、维修等方面的规章制度。

技术规章不包括以下规章制度文件：

(1)铁路建设的勘察、设计、施工、验收，铁路产品的设计、制造、准入等。

(2)铁路机构设置和人员资质、考核、培训等。

(3)铁路交通事故及突发事件的应急预案、调查处理、处罚及赔偿等。

(4)技术标准(包括标准性技术文件)，以及行政许可、行政管理类的规章制度等。

二、技术规章的分类及相互关系

铁路技术规章分为铁道部、铁路局和站段 3 个层面。铁道部、铁路局技术规章分为基本技术规章和专业技术规章，专业技术规章分为专业系统技术规章（以下简称系统规章）、专业单项技术规章（以下简称单项规章）和专业临时技术规章（以下简称临时规章）。站段技术规章不分类。

（1）基本技术规章是铁路技术规章体系的核心。在专业技术规章范围内，比较综合的技术规章为系统规章，比较单一的技术规章为单项规章；针对技术管理某一方面急需解决的突出问题，在规定时间内、特定条件下制定的技术规章为临时规章。

（2）下级技术规章必须服从上级技术规章，同一层面专业技术规章必须服从基本技术规章，专业技术规章之间必须协调一致。

（3）铁道部基本技术规章是《铁路技术管理规程》（以下简称《技规》），以及对《技规》的补充、修改。铁路局基本技术规章是《行车组织规则》（以下简称《行规》），以及对《行规》的补充、修改。

（4）铁路技术管理基本要求及需要在全路统一的技术管理规定等，由铁道部技术规章规定。

（5）铁道部未做规定且需要在铁路局范围内统一的技术管理要求，根据本局技术设备具体情况对铁道部技术规章的补充、细化，由铁路局技术规章规定。涉及跨局行车组织等内容，应与相关铁路局进行协调。

（6）站段技术规章是将上级技术规章转化为本单位具体操作的规章制度。

三、技术规章的目录及编号管理

技术规章管理实行铁道部、铁路局和站段逐级负责，按归口管理和专业负责相结合的方式，形成职责分明、相互协调的管理体制。

铁道部、铁路局和相关站段应明确管理机构和职责，各级归口部门和专业部门应指定专人负责技术规章管理工作。并由归口部门负责技术规章统一编号和目录管理。

（1）凡属于技术规章管理范围的文件须纳入各层面技术规章目录（以下简称《目录》），实行目录管理。未纳入《目录》的，不作为技术管理的依据。

（2）铁道部、铁路局技术规章经主管领导签发后，由归口部门统一进行技术规章编号。站段是否进行技术规章编号由铁路局规定。技术规章编号由技术规章代号、专业代号、顺序代号、发布年号等组成。

以 TG/DW 107—2010《铁路有线通信维护暂行规则》为例：

（1）TG 为铁道部技术规章代号，T 代表铁道部，G 代表技术规章；对全路各铁路局也规定了相应的技术规章代号，比如上海局 SHG，北京局 BJG。

（2）DW 为专业代号，代表电务专业，类似的有车务 CW；基本技术规章因其涉及多个专业，故不设专业代号。

（3）107 为顺序代号，由类别代号＋顺序号组成。

类别代号用 1 位阿拉伯数字表示。0—基本技术规章；1—系统规章；2—单项规章；3—临时规章。

顺序号在类别代号后按技术规章发布时间顺序编排。顺序号的位数根据技术规章的数量确定。

（4）2010 为发布年号，用 4 位阿拉伯数字表示。技术规章修订重新发布时，技术规章编号沿用原技术规章的编号，仅更改发布年号。特殊情况修订当年印发的技术规章重新发布时，发布年号后增加 1 个大写英文字母(A、B、…，分别表示第 1 次修订、第 2 次修订、…)。

在顺序代号和发布年号之间，必要时可增加修改代号，修改代号为选择项。对现行技术规章的部分内容修改、补充时，技术规章编号沿用被修改技术规章的编号，只在其编号中增加修改代号。在顺序代号后用 1 个大写英文字母表示(A、B、…，分别表示第 1 次修改、第 2 次修改、…)，按文件发布时间顺序编排。例如：《铁路营业线施工及安全管理办法》技术规章编号为 TG/QT 101－2008，《铁路营业线施工安全管理补充办法》技术规章编号为 TG/QT 101A－2010。

四、应了解和掌握的主要技术规章

(一)基本技术规章

铁道部《铁路技术管理规程》(以下简称《技规》)、铁路局《行车组织规则》。

(二)专业技术规章

分为专业系统规章、专业单项规章和临时规定 3 类。

(1)专业系统规章。包括《铁路有线通信维护暂行规则》、《铁路无线通信维护暂行规则》(以下统称《维规》)、《应急通信管理办法》等，《维规》是指导通信维护工作的基础和核心，通信专业维护工作必须遵循《维规》的相关规定。

(2)专业单项规章。包括《动车组列车调度命令无线传送和 CTC 区段无线列调使用管理办法》、《铁路行车语音记录装置使用管理办法》等。

(3)临时规定。如《关于旅客列车广播设备使用管理的补充规定》等。

按照《铁路技术规章制度管理办法》相关规定，铁道部、铁路局每年都要公布现行有效的规章目录，同时在铁路办公信息系统网上建立技术规章管理信息系统，公布技术规章目录及电子文件文本。高铁通信有关人员可根据岗位选择学习。

五、技术规章学习和运用中需要把握的要点

(1)技术规章具有特定范围内的权威性，下一层级技术规章不得简化、删节上一层级规章的实质性内容或降低标准，更不得与其抵触、违背；在执行过程中，不得简化、丢漏内容或降低标准。

(2)技术规章具有特定范围内的普适性，现行有效的规章不仅适用于通信专业，也适用于其他专业；同样，其他专业的规章与通信有关的部分，也适用于通信专业。

(3)技术规章实行动态管理，要及时了解新近发布的技术规章和既有规章条款变化情况，及时转发、执行新的规章或修订后的条款。

(4)在技术规章执行的过程中，发现与既有规章或其他专业规章有矛盾时，应及时向规章制定部门反映。

思考题

1. 什么是铁路技术规章？
2. 你所在单位现行的技术规章有多少项？
3. 铁路技术规章分哪三个层面？铁道部、铁路局技术规章分为几类？

4.《铁路有线通信维护暂行规则》的规章编号是什么？属于哪个层面哪一类规章？

5.《技规》行车组织中与通信专业有关的内容包括多少条？都是哪些？

第七节 电工电子技术

本节主要对电工电子的一些基础知识进行简要介绍，帮助大家对日常工作中所要涉及的一些基本概念以及简单计算和换算等形成正确的理解，主要内容包括电路的基本概念、基本定律及分析方法；半导体器件的基础知识；晶体管放大电路原理及应用；数字逻辑的基础知识；常用数字集成电路及应用等。

一、电路基本元件、物理量及简单计算

（一）电　　路

电路是由元器件按一定方式连接起来的整体，它提供电流流通的路径。图 2-72 所示是一个简单的电路，由电池、电阻、开关及连接导线组成。

（二）电路模型

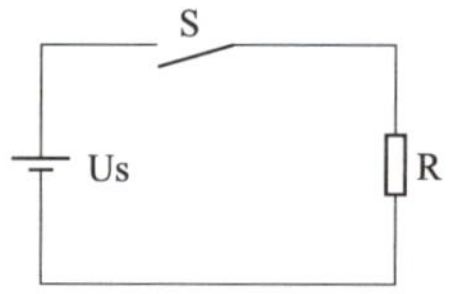

图 2-72　简单电路示意图

实际电路中存在着各种各样的电器元件，如电阻器、电容器、电感器、灯泡、电池、晶体管、变压器等。实际的电路部件虽然种类繁多，但在电磁现象方面却有许多共同的地方，进行电路分析计算时，如果要考虑一个器件的所有电磁性质是十分困难的，因此，对于实际电路的各种器件，通常用有限的几个理想化的电路元件来表示。例如，电阻器、灯泡、扬声器等，它们都是消耗电能的，可以用理想电阻来反映其消耗电能的特征；各种电容器主要是储存电能的，用一个理想的二端电容来反映储存电能的特征；同样，用一个理想的二端电感来反映储存磁场的特征。这种由一个或几个具有单一电磁特性的理想电路元件所组成的电路就是实际的电路模型。

理想电路元件简称电路元件，通常包括电阻元件、电容元件、电感元件、理想电压源和理想电流源。前三种元件均不产生能量，称为无源元件，后两种元件是电路中提供能量的元件，称为有源元件。

（三）基本物理量

1. 电流

(1)导体中的自由电子在电场力的作用下作有规则的定向运动就形成电流。

(2)电流具备的条件：是有电位差，电路一定是闭合回路。

(3)电流强度：电流的大小用电流强度来表示，基数值等于单位时间内通过导体截面的电荷量，计算公式为：

$$I=\frac{Q}{t}$$

其中 Q 为电荷量(库仑)；t 为时间(s)；I 为电流强度(A)。

2. 电压

物体带电后具有一定的电位，在电路中任意两点之间的电位差，称为该两点的电压。

（四）欧姆定律

（1）欧姆定律是表示电压、电流、电阻三者关系的基本定律。

（2）部分电路欧姆定律：电路中通过电阻的电流，与电阻两端所加的电压成正比，与电阻成反比，称为部分欧姆定律。计算公式为：

$$I=\frac{U}{R}$$

（3）全电路欧姆定律：在闭合电路中（包括电源），电路中的电流与电源的电动势成正比，与电路中负载电阻及电源内阻之和成反比，称全电路欧姆定律。计算公式为：

$$I=\frac{E}{R+r_0}$$

其中 R 为外电阻，r_0 为内电阻，E 为电动势。

（五）基尔霍夫定律

基尔霍夫定律是电路理论的核心，是分析电路的依据。它阐述了电路中各支路电流和回路中各部分电压间所遵循的规律。

1. 基尔霍夫电流定律（KCL）

基尔霍夫电流定律反映了连接于任一节点上各支路电流的约束关系，其内容为：流出（或流入）任一节点的各支路电流的代数和为零，其数学表达式为：

$$\sum I=0$$

其中规定：流出节点的电流取正号，流入节点的电流取负号。

2. 基尔霍夫电压定律（KVL）

基尔霍夫电压定律反映了任一回路中各电压的约束关系，其内容为：在电路的任一闭合回路中，各支路电压的代数和为零，其数学表达式为：

$$\sum U=0$$

式中电压的正负号根据支路电压和回路绕向而定。在列写 KVL 方程时，首先要对所分析的回路选择一个绕行方向，顺时针或逆时针。当支路电压的参考方向与回路绕行方向一致时，在该电压前面取正号；反之，取负号。

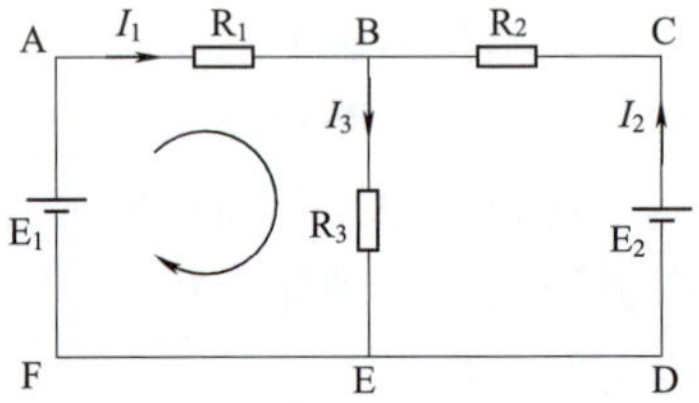

图 2-73 KVL 电路举例

图 2-73 中，对于回路 ABEFA，各支路电压和电流的参考方向如图所示，选择顺时针方向作为该回路的绕行方向，则有：

$$U_{AB}+U_{BE}+U_{EA}=0$$

$$I_1R_1+I_3R_3-E_1=0$$

$$E_1=I_1R_1+I_3R_3$$

二、电阻的串联、并联和混联

（一）电阻的串联

将两个或多个电阻一个一个地首尾相接，中间没有分支的连接方式叫做电阻的串联。串联电路有以下特点：

（1）电流处处相同，且为同一电流，即 $I=I_1=I_2=I_3\cdots$

（2）总电压等于各电阻上电压之和，即 $U=U_1+U_2+U_3\cdots$

(3)总电阻等于各电阻之和,即 $R=R_1+R_2+R_3\cdots$

串联电路的等效电阻比每个电阻都大,在端口电压一定时,串联电阻越多,电流则越小,因此串联电阻有"限流"作用。

(4)各电阻上电压降之比等于其电阻比,即

$$\frac{U_1}{U_2}=\frac{R_1}{R_2},\frac{U_1}{U_2}=\frac{R_1}{R_3},\cdots$$

(二)电阻的并联

将两个或多个电阻连接在两个公共的节点之间的连接方式叫做电阻的并联。并联电路有以下特点:

(1)各电阻两端的电压均相等,即 $U_1=U_2=U_3=\cdots=U_n$

(2)电路的总电流等于电路中各支路电流之总和,即 $I=I_1+I_2+I_3+\cdots+I_n$

(3)电路总电阻 R 的倒数等于各支路电阻倒数之和,即

$$\frac{1}{R}=\frac{1}{R_1}+\frac{1}{R_2}+\frac{1}{R_3}+\cdots+\frac{1}{R_n}$$

并联电路的等效电阻比每个电阻都小,负载愈多,总电阻愈小,供应电流愈大,负荷愈重。

(4)并联电路具有分流作用,且各电阻的电流与各自电阻成反比,即

$$\frac{I_1}{I_2}=\frac{R_2}{R_1}$$

(三)电阻的混联

在实际应用中,电路里包含的常常不是单纯的串联或并联,而是既有串联又有并联,电阻的这种连接方式称为电阻的混联。

对于混联电路,最重要的是要分析清楚各电阻之间的串、并联关系。

混联电路的计算:先求出各元件串联和并联的电阻值,再计算电路的等效电阻值,由电路总电阻值和电路的端电压,根据欧姆定律计算出电路的总电流,再根据元件串联的分压关系和元件并联的分流关系,逐步推算出各部分的电流和电压。

三、正弦交流电的基本概念

正弦交流电是人们在日常生活和科技领域中最常见、应用最广泛的一种电的形式。直流电路中的电动势、电压和电流是不随时间改变的;正弦交流电的电动势、电压、电流是随时间按正弦规律变化的。

(一)正弦交流电的三要素

正弦量的瞬时值表达式一般为:

$$e=E_{\mathrm{m}}\sin(\omega t+\varphi)$$

1. 幅值

瞬时值:用来描述交流电在变化过程中任一时刻的值。

幅值:瞬时值中的最大值。幅值规定用大写字母加下标 m 表示,例如 I_{m},E_{m},U_{m} 等。

有效值:交变电流的有效值是根据热效应确定的。即在相同的电阻中,分别通入直流电和交流电,在经过一个交流周期的时间内,如果它们在电阻上产生的热量相等,则用此直流电的数值表示交流电的有效值。常用有效值来衡量交流电的大小。有效值规定用大写字母表示,如 E、I、U。

2. 频率

角频率：单位时间内交流电变化的角度称为正弦量的角频率。

周期：正弦交流电变化一周所需的时间称为周期。

频率：每秒钟内交流电变化的次数，称为交流电的频率。

中国和大多数国家都采用 50 Hz 作为电力工业的标准频率，称为工频。

3. 初相位

相位：正弦交流电随时间变化，电角度 φ 称作正弦交流电的相位角，简称相位。

初相：$t=0$ 时的相位角称作初相角或初相位，简称初相。

相位差：两个同频率的正弦交流电的相位之差叫相位差。相位差表示两正弦量到达最大值的先后差距。

（二）正弦交流电路的分析

交流电在实际使用中，如果用最大值来计算交流电的电功或电功率并不合适，因为毕竟在一个周期中只有两个瞬间达到这个最大值。为此人们通常用有效值来计算交流电的实际效应。

理论和实验都证明，正弦交流电的有效值等于最大值的 $1/\sqrt{2}$（即有效值是最大值的 0.707 倍）。

瞬时功率：任一瞬间，电阻上的电压和电流的瞬时值的乘积，称为瞬时功率。

平均功率（有功功率）：由于瞬时功率是随时间变化的，为便于计算，常用平均功率来计算交流电路中的功率。

1. 纯电阻正弦交流电路

纯电阻正弦交流电路的平均功率等于电压、电流有效值的乘积，即：

$$P = U_R I_R = I_R{}^2 R$$

2. 纯电感正弦交流电

(1)电压与电流的关系

数值上，电压和电流的幅值关系为：

$$U_L = \omega L I_L$$

$$X_L = \omega L = 2\pi f L$$

相位上，电压与电流的相位间的关系为：

$$\varphi_u = \varphi_i + \frac{\pi}{2}$$

(2)纯电感电路的功率

①纯电感电路的瞬时功率

$$\begin{aligned} p = u_L i_L &= U_{Lm}\sin(\omega t + \varphi_i + 90°) \cdot I_{Lm}\sin(\omega t + \varphi_i) \\ &= U_{Lm} I_{Lm}\sin(\omega t + \varphi_i)\cos(\omega t + \varphi_i) \\ &= \frac{1}{2} U_{Lm} I_{Lm}\sin 2(\omega t + \varphi_i) \\ &= U_L I_L \sin 2(\omega t + \varphi_i) \end{aligned}$$

②平均功率（有功功率）

瞬时功率表明，在电流的一个周期内，电感与电源进行两次能量交换，交换功率的平均值为零，即纯电感电路的平均功率为零。

$$P = \frac{1}{T}\int_0^T p\,dt = 0$$

③无功功率

纯电感线圈和电源之间进行能量交换的最大速率，称为纯电感电路的无功功率。用 Q 表示，无功功率的单位是乏耳(var)。

$$Q_L = U_L I_L = I^2 X_L$$

3. 纯电容正弦交流电路

(1)电压与电流的关系

数值上，电压和电流的关系为：

$$I_C = \omega C U_C$$

$$X_C = \frac{1}{\omega C} = \frac{1}{2\pi f C}$$

相位上，电压、电流的相位间关系为：

$$\varphi_i = \varphi_u + \frac{\pi}{2}$$

(2)纯电容电路的功率

①纯电容电路的瞬时功率

$$\begin{aligned} p = u_C i_C &= U_{Cm}\sin(\omega t + \varphi_u) \cdot I_{Cm}\sin(\omega t + \varphi_u + 90^\circ) \\ &= U_{Cm} I_{Cm}\sin(\omega t + \varphi_u)\cos(\omega t + \varphi_u) \\ &= \frac{1}{2}U_{Cm} I_{Cm}\sin 2(\omega t + \varphi_u) \\ &= U_C I_C \sin 2(\omega t + \varphi_u) \end{aligned}$$

②平均功率

电容元件的平均功率为零，说明电容元件是储能元件，不消耗电能，仅与电源进行能量交换。

$$P = \frac{1}{T}\int_0^T p\mathrm{d}t = 0$$

③无功功率

电容元件瞬时功率的最大值称为无功功率，它表示电源能量与电场能量交换的最大速率，用 Q 表示。

$$Q_C = U_C I_C = I^2 X_C = \frac{U_C^2}{X_C} = \omega C U_C^2$$

4. RLC 串联正弦交流电路

(1)RLC 串联电路中，电压与电流的关系为：

$$\dot{U} = \dot{U}_R + \dot{U}_L + \dot{U}_C \qquad \dot{U} = Z\dot{I}$$

Z 为电路的复阻抗：

$$Z = R + \mathrm{j}(X_L - X_C) = (R + \mathrm{j}X) = |Z| \angle\varphi$$

其中 $X = X_L - X_C$ 称为电路的电抗。

当 $X_L > X_C$ 时，电路的电抗大于 0，总电压超前于电流，电路呈感性；

当 $X_L < X_C$ 时，电路的电抗小于 0，总电压滞后于电流，电路呈容性；

当 $X_L = X_C$ 时，电路的电抗等于 0，总电压与电流同相，电路呈阻性，此时电路的状态称为串联谐振。

电路发生谐振时有：

$$\omega_0 L = \frac{1}{\omega_0 C} \qquad \omega_0 = \frac{1}{\sqrt{LC}} \text{或} f_0 = \frac{1}{2\pi\sqrt{LC}}$$

当 L、C 固定时，可以改变电源频率达到谐振。当电源频率一定时，可以通过改变元件参数使电路达到谐振。

(2)RLC 串联电路的功率

①有功功率：$P = U_R I = I^2 R = UI\cos\varphi$

②无功功率：$Q = Q_L - Q_C = (U_L - U_C)I = U_X I = I^2(X_L - X_C) = I^2 X = UI\sin\varphi$

四、半导体器件的基础知识

(一)二极管及其应用

1. 二极管的结构和类型

晶体二极管的基本结构是由一块 P 型半导体和一块 N 型半导体结合在一起形成一个 PN 结。在 PN 结的交界面，由于 P 型半导体中的空穴和 N 型半导体中的电子要相互向对方扩散而形成一个具有空间电荷的偶极层。这偶极层阻止了空穴和电子的继续扩散而使 PN 结达到平衡状态。当 PN 结的 P 端接电源的正极而 N 端接负极时，空穴和电子都向偶极层流动而使偶极层变薄，电流很快上升。如果将电源反向连接，则空穴和电子都背离偶极层流动而使偶极层变厚，同时电流被限制在一个很小的饱和值内(称反向饱和电流)。因此，PN 结具有单向导电性。此外，PN 结的偶极层还起一个电容的作用，这电容随着外加电压的变化而变化。在偶极层内部电场很强，当外加反向电压达到一定阈值时，偶极层内部会发生雪崩击穿而使电流突然增加几个数量级。

二极管有许多类型。按用途分，有整流二极管、检波二极管、稳压二极管、光电二极管和开关二极管等；从所使用的材料分，主要有硅二极管和锗二极管；从工艺分，有点接触型和面接触型。

在使用二极管时，必须注意外加电压的极性，不能接错。否则非但不能正常工作，还可能损坏二极管及其他电路元件。为此，一般在二极管的外壳上标有图形符号或色点、色带，以便于区分二极管的阳极和阴极。

2. 二极管的应用

二极管是电路中最常用的半导体器件。利用其单向导电性及导通时正向压降很小的特点，可以进行整流、检波、限幅、开关以及元件保护等各项工作。

(1)整流

整流就是将交流电变为单方向脉动的直流电。利用二极管的单向导电性可组成单相、三相等各种形式的整流电路，然后再经过滤波、稳压，便可获得平稳的直流电。

(2)限幅

利用二极管正向导通后其两端电压很小且基本保持不变的特性，可以构成各种限幅电路，使输出电压的幅度限制在某一电压值以内。

(二)三极管及其应用

半导体三极管由两个 PN 结、三个电极组成。两个 PN 结之间的一薄层半导体材料称为基区。接在发射结一端和集电结一端的两个电极分别称为发射极和集电极。接在基区上的电极称为基极。这两个 PN 结靠得很近，工作相互联系、相互影响，表现出与两个单独的 PN 结完全不同的特性。与二极管相比，三极管的功能有质的飞跃，因此在电子线路中得到广泛的应用。

1. 三极管的结构和类型

三极管是由两个 PN 结、三个杂质半导体区域组成,因杂质半导体有 P、N 两种类型,所以三极管的组成形式有 NPN 型和 PNP 型两种。

2. 三极管的放大特性

(1)三极管的工作状态

为使三极管正常工作,必须给三极管的两个 PN 结加上合适的直流电压,或者说,两个 PN 结必须有合适的偏置。三极管两个 PN 结的偏置方式(正偏和反偏),决定了三极管的工作状态。当发射结正偏,集电结反偏时,三极管工作在放大状态;当发射结正偏,集电结也正偏时,三极管工作在饱和状态;当发射结反偏,集电结反偏时,三极管工作在截止状态。

(2)三极管的电流分配关系

在放大电路中,三极管的三个极电流 I_E、I_C、I_B 间满足关系:$I_E=I_C+I_B$。三个电流之间的关系符合基尔霍夫电流定律。I_B 最小,I_E、I_C 比 I_B 大得多,所以 $I_C \approx I_E$。I_B 虽然很小,但对 I_C 有控制作用,I_C 随 I_B 的改变而改变。三极管三个电极电流分配关系如图 2-74 所示。

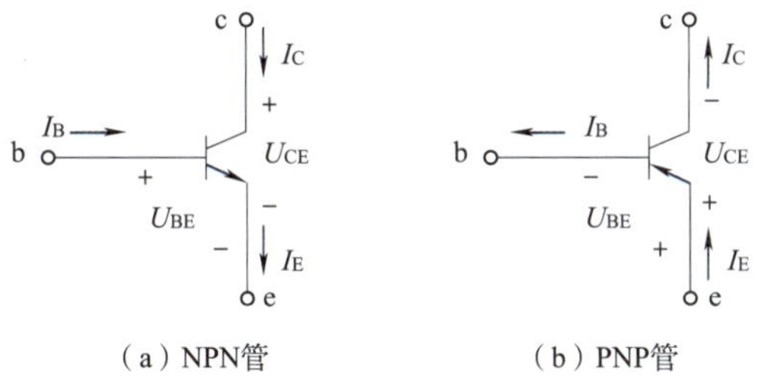

图 2-74　三极管的电流分配关系

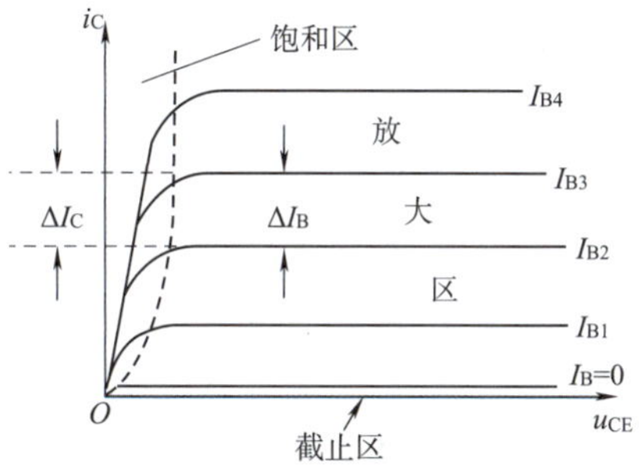

图 2-75　NPN 型三极管共发射极电路的输出特性曲线

3. 三极管的输出特性曲线

三极管的输出曲线如图 2-75 所示。

根据三极管输出特性曲线的特点,将三极管的工作范围划分为截止区、放大区和饱和区三个区域。三极管工作在放大区,具有电流放大作用,常用来构成各种放大电路;三极管工作在截止区和饱和区,相当于电子开关的断开和闭合,常用于开关控制和数字电路中。

(三)其他半导体器件

常用的其他半导体器件还有:场效应晶体管、光电探测器、发光二极管、半导体激光器、光电池等。

此外,利用半导体的其他特性做成的器件还有热敏电阻、霍耳器件、压敏元件、气敏晶体管和表面波器件等。

五、晶体管放大电路原理及应用

放大电路是电子技术中应用十分广泛的一种单元电路。放大电路的核心元件是晶体管,因此,放大电路若要实现对输入小信号的放大作用,必须首先保证晶体管工作在放大区。晶体管工作在放大区的外部偏置条件是:发射结正向偏置、集电结反向偏置。此条件是通过外接直流电源,并配以合适的偏置电路来实现的。

(一)共集电极放大电路

共集电极放大电路是一种应用非常广泛的单元电路之一。一般来说,它可用来作为多级放大器的输入级、输出级和中间级。共集电极放大电路还可用作缓冲级,在电路中起阻抗匹配的作用。

1. 电路组成及各元件的作用

图 2-76 是共集电极放大电路的典型电路。V 是放大管,R_B 是基极偏置电阻,R_E 是发射极电阻,C_1、C_2 是耦合电容,R_L 是放大电路的负载,其中 R_E 的存在起到了稳定静态工作点的作用。

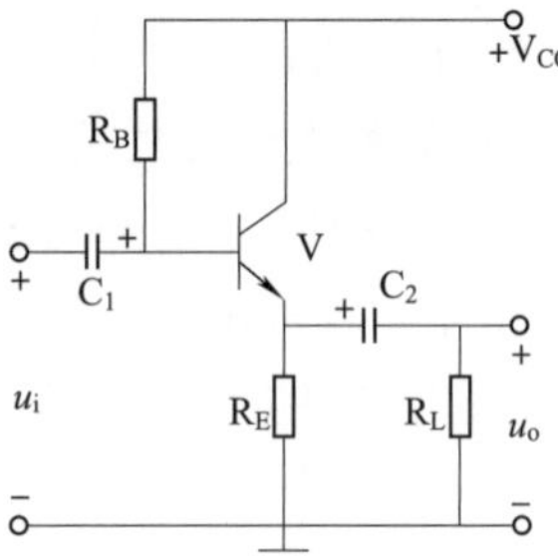

图 2-76 共集电极放大电路的典型电路

放大电路工作,当无输入信号时,电路中只有直流电流;当有输入信号时,电路中既有直流电流又有交流电流。直流电流流过的路径称为放大电路的直流通路;交流电流流过的路径称为放大电路的交流通路。由于电路中存在着电抗元件,所以直流通路和交流通路不相同。在计算、分析具体的放大电路时,一定要分清交、直流通路。

(1)直流通路

直流通路的简化方法是将电抗元件中的电容看作开路,电感看作短路,其他元件不变。

(2)交流通路

交流通路的简化方法是将电抗元件中的电容看作短路,电感看作开路,其他元件不变。直流电源只能产生直流激励,在交流电路中不起作用,而其内阻很小忽略不计,作为短路处理。

图 2-77(a)是其交流通路,图 2-77(b)是其直流通路。从交流通路可看出输入信号 u_i 加在基极与集电极之间,输出信号 u_o 由发射极和集电极之间取出,集电极是输入回路与输出回路的公共端,故称为共集电极放大电路。又因为输出信号是从发射极与"地"之间取出,所以此电路又称为射极输出器。

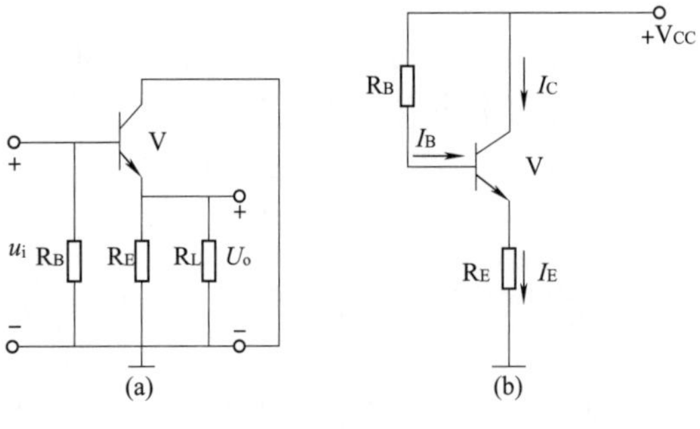

图 2-77 共集电极放大电路的交流和直流通路

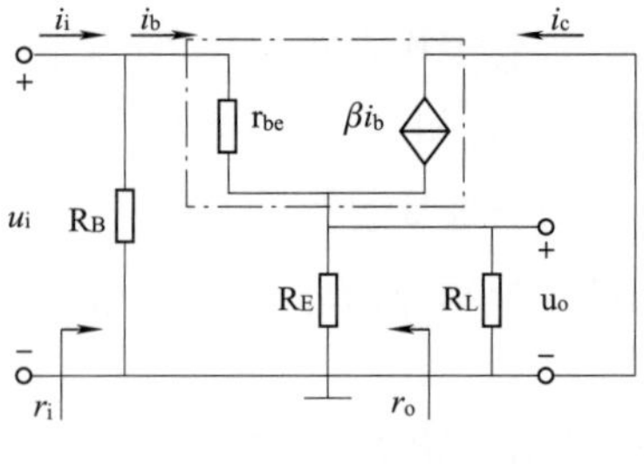

图 2-78 共集电极放大电路的微变等效电路

2. 静态分析

根据 KVL 定理可列出图 2-77(b)的输入回路方程

$$U_{CC} = I_B R_B + U_{BE} + I_E R_E$$

基极电流

$$I_{BQ} = \frac{U_{CC} - U_{BE}}{R_B + (1+\beta) R_E}$$

集电极电流

$$I_{CQ}=\beta I_{BQ}$$

则集—射极间电压

$$U_{CEQ}=U_{CC}-I_E R_E$$

3. 动态分析

由图 2-77(a)可得共集电极放大电路的微变等效电路如图 2-78 所示。

(1)电压放大倍数 A_u

$$u_i=i_i r_i=i_b r_{be}+i_e(R_E /\!/ R_L)=i_b[r_{be}+(1+\beta)(R_E /\!/ R_L)]$$

$$u_o=i_e R_E /\!/ R_L=(1+\beta)i_b R_E /\!/ R_L$$

$$A_u=\frac{u_o}{u_i}=\frac{(1+\beta)i_b R'_L}{i_b[r_{be}+(1+\beta)R'_L]}=\frac{(1+\beta)R'_L}{r_{be}+(1+\beta)R'_L}$$

通常条件下 $r_{be}\ll(1+\beta)R'_L$，所以 A_u 近似等于 1，且略小于 1。A_u 是正值，表明输出电压与输入电压同相，也说明了射极跟随器的特性之一。

(2)输入电阻 r_i

由微变等效电路可得

$$r_i=R_B /\!/ [r_{be}+(1+\beta)R'_L]$$

(3)输出电阻 r_o

$$r_o=R_E /\!/ \frac{r_{be}+R_S /\!/ R_B}{1+\beta}$$

可见共集电极放大电路的输出电阻很小，一般为几欧到几十欧，表明其带动负载的能力很强。

从以上的分析中可知共集电极放大电路具有以下特点：

(1)电压放大倍数 A_u 近似等于 1，且略小于 1，输出电压与输入电压同相。

(2)电流放大倍数 $A_i=1+\beta$。

(3)输入电阻 r_i 很高，信号源的利用率高。

(4)输出电阻 r_o 很低，带动负载能力强。

(二)多级放大电路

在实际应用时，放大电路的输入信号很小，而负载却要求有较大的输入信号，这就要求放大电路必须有足够的放大能力。单管放大电路的放大倍数有限，一般只有几十倍，不能满足要求，为了得到较高的放大倍数，一个放大电路往往由多级基本放大电路组成。

多级放大电路的总电压放大倍数 A_u 等于各级放大电路电压放大倍数的乘积，即

$$A_u=A_{u1}\cdot A_{u2}\cdot A_{u3}\cdot\cdots$$

在计算各级的 A_{u1}、A_{u2}、A_{u3} 时要注意，各级放大电路的动态特性是互相影响的。第一级的输出是第二级的输入，也就是说第二级的输入电阻是第一级的负载，同时第一级的输出电阻也是第二级输入电阻的一部分。所以，在计算时要考虑级与级之间的影响。

多级放大电路级与级之间的连接方式称为耦合方式，多级放大电路的耦合方式主要有直接耦合、阻容耦合、变压器耦合。直接耦合放大电路可放大交、直流信号，频率特性好，电路简单便于集成；阻容耦合放大电路只能放大交流信号，各级静态工作点相对独立，便于设计调试和维修；变压器耦合放大电路能放大交流信号，并有阻抗匹配的作用，从而实现最大功率输出。在要求不同的电路中，选用合适的级间耦合方式。

（三）功率放大电路

在实践中，常常要求放大电路的末级能带一定的负载，如使扬声器的音圈振动发出声音、推动电动机旋转、让仪器仪表动作等，这些都需要放大电路能够输出足够的信号功率，该末级电路称为功率放大电路，简称功放。前面所讲的放大电路均为小信号放大电路，其主要任务在于不失真地提高输入信号的电压或电流的幅度，以驱动后面的功率放大电路，而功率放大电路的任务则是在信号不失真或轻度失真的条件下提高输出功率，属于大信号放大电路。

放大电路的实质都是能量转换。从能量控制观点看，电压放大电路与功率放大电路没有本质的区别，但是功率放大电路与电压放大电路所承担的任务是不同的，要求也就不同，主要指标就不同。功率放大器按其工作的状态分类也有多种。其中甲乙类互补对称功率放大电路能够很有效地消除交越失真，波形失真小，效率高，是应用最广的功率放大电路之一。

六、数字逻辑的基础知识

（一）电子电路中的电信号

1. 模拟信号和数字信号

客观世界中存在的各种物理信号可分为模拟信号和数字信号两类。大部分的模拟信号不但幅值是连续的，而且时间上也是连续的，还有一些模拟信号幅值是连续的，但时间上是离散的。自然界中大部分物理量表现为模拟信号，如电压、温度、声音、视频等信号就是典型的模拟信号。

数字信号指幅度的取值是离散的，幅值被限制在有限个数值之内。在数字电路中，最常见的是高、低逻辑电平描述的数字信号，它只有两种不同的电平，高电平表示逻辑 1，低电平表示逻辑 0。这种只有两个取值的数字信号又称二值信号。虽然只有两个取值，但可以表示各种各样的信息。从波形上看，数字信号具有“保持”和“突变”的特点，就是说数字信号在一段时间内保持低电平或高电平，低电平和高电平之间的转换是瞬时完成的。

2. 模拟电路和数字电路

用以传递和处理模拟信号的电路称为模拟电路。常见的模拟电路有放大电路、振荡电路、运算电路、有源滤波电路、整流稳压电路，以及混频、调制和解调等非线性电路。

用以传递和加工处理数字信号的电路称为数字电路。它注重的是输入、输出信号之间的因果关系，在数字电路中，晶体管一般工作在截止区和饱和区，起开关作用。

（二）数制和码制

1. 数制转换

(1)二进制与十进制的转换

①二进制转换为十进制

将二进制数转换为十进制数的方法比较简单，将二进制数按位权展开，用十进制运算法则求和，即可得到相应的十进制数。

②十进制转换为二进制

将十进制数转换为二进制数则比较复杂。常用方法是先把十进制数的整数部分和小数部分分别转换，然后合并结果。十进制数整数部分的转换采用“除 2 取余、余数倒级连”的方法：即把十进制整数反复除 2 直到商为 0，并取出各次相除的余数；将余数倒向级连（即最后出现的置于最高位，最先出现的置于最低位），即得到相应的二进制数。小数部分的转换采用“乘 2 取整法”：即将十进制小数乘 2，所得的积中取出整数部分（0 或 1）作为二进制数的最高位；去掉整数部分后留下的小数部分继续乘 2 取整，依次得到二进制数的第二位、第三位……直到积为 0 或满足精度要求。

(2)二进制与十六进制的转换

由于十六进制的 16 个数码正好对应 4 位二进制数的 16 种不同取值组合，所以十六进制和二进制之间有如下对应关系，见表 2-18。

将二进制数转化为十六进制数的方法是：以小数点为基准，将二进制数的整数和小数部分每 4 位分为一组，不足 4 位的分别在整数的最高位前和小数的最低位后加 0 补足，然后每组用等值的十六进制码替代，即得十六进制数。

表 2-18 十六进制与二进制对应关系

二进制	0000	0001	0010	0011	0100	0101	0110	0111
十六进制	0	1	2	3	4	5	6	7
二进制	1000	1001	1010	1011	1100	1101	1110	1111
十六进制	8	9	A	B	C	D	E	F

十六进制数转换为二进制数的过程正好与上述过程相反，将每位十六进制数用 4 位二进制数代替即可。

(3)二进制与八进制的转换

由于八进制的 7 个数码正好对应 3 位二进制数的 8 种不同取值组合，所以八进制和二进制之间有如下对应关系，见表 2-19。

表 2-19 八进制与二进制对应关系

二进制	000	001	010	011	100	101	110	111
八进制	0	1	2	3	4	5	6	7

将二进制转化为八进制数的方法是：以小数点为基准，将二进制数的整数和小数部分每 3 位分为一组，不足 3 位的分别在整数的最高位前和小数的最低位后加"0"补足，然后每组用等值的八进制码替代，即得八进制数。

八进制数转换为二进制数的过程正好与上述过程相反，将每位八进制数用 3 位二进制数代替即可。

例如：$(123.456)_8=(001010011.100101110)_2=(1010011.10010111)_2$

2. 码制

由于数字系统是以二值数字逻辑为基础的，因此其中数值、文字、符号、控制命令等信息都采用二进制形式的代码来表示。所谓编码就是用一串二进制数表示某种信息的过程。实际上，编码是为不同的信息人为规定一种二进制形式的代号，因此，编码过程是比较灵活的，对同一信息，可采用多种编码方案。常见的二进制编码方式包括二—十进制码(即 BCD 码，Binary Coded Decimal)、可靠性编码(格雷码、奇偶校验码等)、字符编码(ASCII 码)等。

(三)基本逻辑运算和逻辑门

1. 三种基本逻辑运算

基本逻辑关系为"与"、"或"、"非"三种：

(1)只有条件同时满足时，结果才发生。这种因果关系叫做逻辑与，或者叫逻辑乘。

(2)只要条件之一满足时，结果就发生。这种因果关系叫做逻辑或，或者叫逻辑加。

(3)只要条件满足，结果就不发生；而条件不满足，结果一定发生。这种因果关系叫做逻辑非，或者叫逻辑反。

以“·”表示与运算，以“+”表示或运算，以变量上的“$\overline{\ }$”表示非运算。即可得到三种基本逻辑运算的表达式及运算。

与：$Y=A\cdot B$ 或写成：$Y=AB$　　$0\cdot 0=0;0\cdot 1=0;1\cdot 0=0;1\cdot 1=1$

或：$Y=A+B$　　$0+0=0;0+1=1;1+0=1;1+1=1$

非：$Y=\overline{A}$　　$\overline{0}=1;\overline{1}=0$

能实现与、或、非三种基本逻辑运算的单元电路分别叫做与门、或门、非门(也叫反相器)，逻辑门电路是数字电路中最基本的逻辑元件。

2. 复合逻辑运算

实际的逻辑问题往往比与、或、非复杂的多，不过它们都可以用与、或、非的组合来实现。最常见的复合逻辑运算有与非、或非、与或非、异或、同或等。

与非门：$Y=\overline{AB}$

或非门：$Y=\overline{A+B}$

异或门：$Y=A\oplus B=\overline{A}B+A\overline{B}$

同或门：$Y=A\odot B=AB+\overline{A}\,\overline{B}$

与或非门：$Y=\overline{AB+CD}$

3. 逻辑代数的基本公式和常用公式(见表 2-20)

表 2-20　逻辑代数的基本公式和常用公式

序号	公　式	序号	公　式
1	$0\cdot A=0$	10	$\overline{1}=0;\overline{0}=1$
2	$1\cdot A=A$	11	$1+A=1$
3	$A\cdot A=A$	12	$0+A=A$
4	$A\cdot\overline{A}=0$	13	$A+A=A$
5	$A\cdot B=B\cdot A$	14	$A+\overline{A}=1$
6	$A\cdot(B\cdot C)=(A\cdot B)\cdot C$	15	$A+B=B+A$
7	$A\cdot(B+C)=A\cdot B+A\cdot C$	16	$A+(B+C)=(A+B)+C$
8	$\overline{A\cdot B}=\overline{A}+\overline{B}$	17	$A+B\cdot C=(A+B)\cdot(A+C)$
9	$\overline{\overline{A}}=A$	18	$\overline{A+B}=\overline{A}\cdot\overline{B}$

(四)逻辑代数的基本定理

1. 代入定理

用一个变量或一个逻辑表达式代入到同一个等式两边同一个变量的位置，该等式仍然成立。这就是代入定理，有时也称为代入规则。

例：用 AC 取代 A 代入到等式：

$$\overline{AB}=\overline{A}+\overline{B}$$

得：$\overline{ACB}=\overline{AC}+\overline{B}=\overline{A}+\overline{C}+\overline{B}$ 仍然成立。

2. 反演定理

将一个逻辑表达式(或叫逻辑函数)Y 中的“·”换成“+”，“+”换成“·”，原变量换成反变量，反变量换成原变量，就得到 $\overline{Y}$(或反函数)，这就是反演定理，反演定理也称为摩根定理。

上面的叙述也可以简单地描述为："·"换成"+"，"+"换成"·"，变量各自求反。

例：$Y=\overline{A}\,\overline{B}+CD$；$\overline{Y}=(A+B)(\overline{C}+\overline{D})$

注意：要保持原式中各个变量之间的运算顺序，如果 Y 是一个与或式（先与运算再或运算），而 $\overline{Y}$ 则变成或与式。

例：$Y=A+\overline{B+\overline{C}}$；$\overline{Y}=\overline{A}(B+\overline{C})$

3. 对偶定理

将一个等式两边的"·"换成"+"，"+"换成"·"，保持变量不变，得到一个新的等式，这两个等式互为对偶式，这就是对偶定理。

例：$A(B+C)=AB+AC$ 和 $A+BC=(A+B)(A+C)$ 互为对偶式。

思考题

1. 把一根标准的馈线剪为两段，其中一段的长度是另一段的 4 倍，再把它们的两端分别并在一起，其电阻值是原来的多少？
2. 正弦交流电的三要素是什么？
3. RLC 串联电路发生谐振的条件是什么？
4. 二极管导通的条件是什么？
5. 已知某三极管的发射极电流等于 3.4 mA，基极电流等于 400 μA，则其集电极电流等于多少？β 等于多少？
6. 将十进制数 35 转化为二进制数。
7. 将二进制数 10110110 转化为十进制数。

第八节　无线通信基本知识

随着公网移动通信的快速发展，铁路无线通信专网已经从话音为主的调度电话发展到综合话音和数据业务的移动通信网络，铁路综合无线通信系统已成为现代铁路的重要支柱。本节将介绍无线通信系统的基本原理。

一、无线通信系统概述

（一）无线通信的概念和特点

根据传递信息的媒介不同，现代通信可以分为有线通信和无线通信两大类。有线通信是利用导线（如电缆、光缆等）作为传输媒质的通信方式；无线通信是利用电磁波在空间的传播进行信息传递的通信方式。常见的无线通信方式有移动通信、微波通信和卫星通信等。近些年，在信息通信领域中发展最快、应用最广的是无线通信。

无线通信具有以下一些明显的优点：

（1）跨越空间的能力很强，短则百米，长则数千、数万公里，甚至更远。

（2）信息传输速度快，无线电波传播速度可达 3×10^5 km/s。所以地球上任何两点之间的无线电信息传递基本上都是实时的。

（3）在较高的频率上具有很大的信息容量。

（二）无线通信系统的组成

无线通信系统一般由发射机、接收机及与其相连接的天线（含馈线）构成，如图 2-79 所示。

图 2-79 无线通信系统的组成

1. 发射机

发射机的主要作用是用载波信号调制所要传送的信号，形成已调信号；已调信号经过变频（有的发射机不经过这一步骤）成为射频信号，送至功率放大器，经功率放大器放大后送至天线（含馈线）。

2. 天线

天线是无线通信系统的重要组成部分，其主要作用是将射频信号变成电磁波或者将电磁波变成射频信号。馈线的主要作用是把发射机输出的射频信号高效地送至天线。

3. 接收机

接收机的主要作用是把天线接收下来的射频信号首先进行低噪声放大，然后经过变频（一次、两次甚至三次变频）、中频放大和解调后还原出原始信号，最后经低频放大器放大输出。

（三）调制与解调

在无线通信系统中，对信号变换起重要作用的是调制和解调。

1. 调制

由无线通信理论可知，当天线的几何尺寸和要传递的电信号波长相近时，电信号才能有效地从天线以电磁波的形式辐射出去。以语音信号为例，语音信号变换为电信号后其频率范围从几十赫兹到几千赫兹，一般将 300～3 000 Hz 的频率发送出去即可取得较满意的话音传输效果，但 300～3 000 Hz 电信号所对应的波长为 1 000～100 km，要建立起这样长的天线系统显然是不能的。再者，即使能将该频率范围的语音信号发送出去，不同电台发送的音频信号电磁波将在空中混杂在一起，相互干扰，使接收机无法选择接收，即无法实现多路传输的问题。

要解决上述问题，就要采取调制的方法。用所要传送的基带信号控制高频振荡信号的某一个参数（如幅度、频率或相位），即把基带信号“附加”到高频振荡信号上，使基带信号变换为适合传输的高频带通信号，这一过程就是调制。

通常将待传输的基带信号称为调制信号；将高频振荡信号称为载波信号，而将加载了基带信号的高频信号称为已调信号。

调制的种类很多，分类方法也不一致。按调制信号的形式可分为模拟调制和数字调制。模拟调制包括幅度调度（AM）、频率调制（FM）和相位调制（PM）；数字调制有幅移键控（ASK）、频移键控（FSK）、相移键控（PSK）以及快速频移键控（FFSK）、高斯最小频移键控（GMSK）等。

在 450 MHz 列车无线调度通信系统中，语音信息采用 FM 调制，而调度命令、车次号校核数据信息采用 FFSK 调制；在铁路数字移动通信系统 GSM-R 中，则采用 GMSK 调制。

2. 解调

解调是调制的逆过程，其作用是从接收的已调信号中恢复原调制信号，即基带信号。常用的解调方式有两种：相干解调和非相干解调（包络检波、鉴频器）。

（四）无线通信的工作方式

无线通信的工作方式主要有单工通信、双工通信和半双工通信三种。

1. 单工通信方式

单工通信方式，是指通信双方只能交替地进行发信和收信。根据通信双方是否使用相同的频率，单工制又分为同频单工和异频单工。

单工通信方式的收、发信机可使用同一副天线，而不需天线共用器，设备简单，功耗小，但操作不方便。在使用过程中，往往会出现通话断续现象。

2. 双工通信方式

双工通信方式是指通信双方收发信机可同时工作。这种工作方式虽然耗电量大，但使用方便。双工通信方式主要用于公用移动通信网和铁路数字移动通信系统 GSM-R 中。

3. 半双工通信方式

半双工通信方式是指通信双方中有一方使用双工通信方式，而另一方则采用单工通信方式。这种方式的特点是设备简单、功耗小，克服了通话断断续续的现象，但操作仍不太方便。半双工通信方式主要用于汽车调度系统、列车无线调度等系统中。

二、无线电波传播基础

一般将频率低于 3×10^{12} Hz 的电磁波统称为无线电波。无线电波最早应用于航海中，使用摩尔斯电码在船与陆地间传递信息。现在，无线电波有着多种应用形式，包括无线数据网、各种移动通信系统以及无线电广播等。

（一）无线电波段的划分

无线电波按波长不同可分为长波、中波、短波、超短波、微波等波段，广播电台使用的频率在中波波段；电视台使用的频率在超短波段；公用移动通信以及铁路无线通信使用的频率在微波段。

表 2-21 列出了按照波长划分的波段名称和相应的波长、频率范围。不同波段无线电波的产生、发送和接收方法等各有不同，特别是无线电波的传播特性有很大的区别。

表 2-21　无线通信使用的电磁波频率范围和波段

频段名称	频率范围	波段名称		波长范围
极低频(ELF)	3～30 Hz	极长波		100～10 Mm(10^8～10^7 m)
超低频(SLF)	30～300 Hz	超长波		10～1 Mm(10^7～10^6 m)
特低频(ULF)	300～3 000 Hz	特长波		1 000～100 km(10^6～10^5 m)
甚低频(VLF)	3～30 kHz	甚长波		100～10 km(10^5～10^4 m)
低频(LF)	30～300 kHz	长波		10～1 km(10^4～10^3 m)
中频(MF)	300～3 000 kHz	中波		1 000～100 m(10^3～10^2 m)
高频(HF)	3～30 MHz	短波		100～10 m(10^2～10 m)
甚高频(VHF)	30～300 MHz	超短波(米波)		10～1 m
特高频(UHF)	300～3 000 MHz	微波	分米波	1～0.1 m(1～10^{-1}m)
超高频(SHF)	3～30 GHz		厘米波	10～1 cm(10^{-1}～10^{-2}m)
极高频(EHF)	30～300 GHz		毫米波	10～1 mm(10^{-2}～10^{-3}m)
至高频(THF)	300～3 000 GHz		亚毫米波	1～0.1 mm(10^{-3}～10^{-4}m)

无线电波的波长、频率和传播速度的关系可表示为：$\lambda = v/f$。

式中，v 为速度，单位为 m/s；f 为频率，单位为 Hz；λ 为波长，单位为 m。

（二）无线电波的传播

无线电波的波长不同，传播特点也不完全相同。目前铁路无线通信（列车无线调度和GSM-R）使用的频段属于微波段。该波段无线电波传播的主要特性有以下几点：

1. 电波的视距传播

微波段的无线电波以空间波传播为主，是视距的直线传播。由于地球表面是弯曲的，为了增大空间波的传播距离，应将天线架得高一些。

2. 电波的多径传播

无线电波在传播过程中会遇到各种各样的建筑物、树木、植被以及起伏的地形，会引起电波的反射、散射和绕射等。因此，到达接收天线的超短波不仅有直射波，还有反射波，这种现象称为多径传播。

由于多径传播使得接收信号的幅度和相位产生快速的起伏变化，这就是快衰落或多径衰落。快衰落是叠加在慢衰落的信号上的，这个衰落的速度很快，每秒钟可达到几十次，除与地形地物有关，还与移动台的速度和信号的波长有关，并且幅度可达几十分贝，信号的变化呈瑞利分布，也称瑞利衰落。

克服快衰落的方法主要有各种形式的分集方式，如时间分集、频率分集、空间分集、极化分集等。

3. 电波的绕射传播

电波在传播途径上遇到障碍物时，总是力图绕过障碍物，再向前传播。这种现象称为电波的绕射。微波的绕射能力较弱，在高大建筑物后面会形成所谓的“阴影区”。这就会造成接收信号场强中值的缓慢变化，由此引起的衰落称为慢衰落。如图 2-80 所示。

克服慢衰落的主要方法是加大发射功率、提高接收灵敏度、宏观分集等。

4. 电波的损耗

无线电波在传播过程中，由于能量的扩散和媒质的吸收，电波的能量将逐渐减小，场强将逐渐减弱。电波在自由空间中传播时，场强的减弱只是由于传播距离增大，能量扩散而引起的。但在其他媒质中传播时，除了扩散以外，媒质对电波的吸收也会使场强减弱。

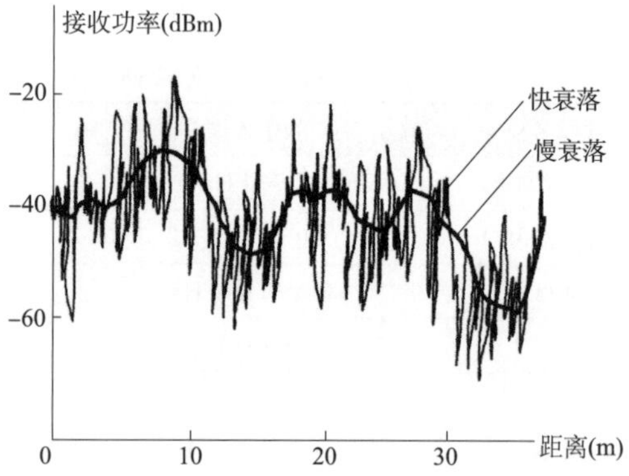

图 2-80　快衰落与慢衰落引起的接收功率变化

电波在自由空间中的传播损耗可由下式计算：

$$P_L(\text{dB}) = 32.4 + 20\ \lg d + \lg f$$

式中，d 为收发天线之间的距离，单位为 km；f 为发射频率，单位为 MHz。

5. 多普勒频移

当发射源与接收体之间存在相对运动时，接收体接收到的信息频率与发射源的信息频率不相同，这种现象称为多普勒效应，接收频率与发射频率之差称为多普勒频移。

铁路的无线传播环境多为乡村开放环境，反射体较少，直射路径占优，多普勒效应比较严重，对移动终端和基站的性能有较大影响。多普勒频移会给基站解调信号造成较大困难，导致误码率的上升，对通信的可靠性造成不利影响。对于 900 MHz 频段，当列车速率为 300 km/h 时，最大多普勒频移可达 250 Hz。

在 GSM-R 系统中，可以通过使用高性能均衡器和相应的频率校正算法来消除多普勒频移对系统性能的影响。

(三)无线电波的干扰

在无线通信中，由于众多电台之间的相互作用，相互影响，可产生互调干扰、邻道干扰和同频干扰等，应格外注意。

1. 互调干扰

互调干扰是指两个或多个信号作用在设备(发射机或接收机)的非线性器件上，产生与有用信号频率相近的组合频率(互调产物)，从而对系统造成的干扰。由于发射机和接收机中均有非线性元件，因而互调干扰分为接收机的互调干扰和发射机的互调干扰。

在互调干扰中，影响最大的是三阶互调干扰。选择无三阶互调信道组可有效地克服系统的三阶互调干扰。

2. 同频干扰

同频干扰是指相同频率的无用信号对有用信号所造成的干扰。同频干扰又称同信道干扰或共道干扰。在列车无线调度通信系统中，当采用同频单工方式时，相邻车站电台之间会存在同频干扰。减小同频干扰的措施之一是增大同频电台之间的传输距离，使其不小于同频复用的最小安全距离。

3. 邻道干扰

邻道干扰是指相邻的或邻近频道信号的相互干扰。减小邻道干扰主要措施有：提高发射机工作频率的稳定性；尽量减小发射机的输出功率；使用定向天线等。

三、天线的基本知识

(一)天线的基本知识

1. 天线的概念

在无线通信系统中，发射机输出的射频信号功率，通过馈线(电缆)输送到天线，由天线以电磁波形式辐射出去。电磁波到达接收地点后，由天线接收并通过馈线送到无线电接收机。因此，天线是能够有效辐射和接收电磁波的装置，没有天线就没有无线通信。

发射天线能够有效地将高频电流能量转换为电磁波能量并辐射出去；接收天线能够有效地将电磁波能量转换为高频电流能量并送入接收机。因此从能量观点来看，天线是一种能量变换器。

天线具有互易性，天线的输入阻抗、方向性等不论在发射状态或接收状态均相同，这样同一副天线既可用于发射又可用于接收，其性能完全相同。对天线的基本要求有：

(1)具有一定的方向特性(定向接收或辐射)；

(2)较高的转换效率；

(3)能满足系统正常工作的频带宽度；

(4)结构可靠，架设方便，价格便宜，并能承受相应的功率。

2. 天线的分类

天线根据工作波段、方向性、频带宽度、用途等有不同的分类方法。

按照工作频段，可分为长波天线、中波天线、短波天线、超短波天线以及微波天线等。

按方向性分类，可分为全向天线和定向天线。全向天线在水平方向图上无方向性，而在垂直方向图上表现为有一定宽度的波束；定向天线在水平方向图上表现为一定角度范围辐射，也就是平常所说的有方向性，在垂直方向图上表现为有一定宽度的波束。

按照结构形式来分类，可分为线天线和面天线。线天线的辐射体由截面半径远小于波长的金属导线构成，面天线的辐射体由金属面或介质面构成。

连接天线和发射机或接收机的系统称为馈线系统。馈线的形式因频率的不同而分为双导线传输线、同轴线传输线、波导或微带线等。由于馈线系统和天线的联系十分紧密，有时将天线和馈线系统看成是一个部件，统称为天线馈线系统，简称天馈系统。

3. 天线辐射的基本原理

由物理学可知，变化的电场产生变化的磁场，变化的磁场又产生变化的电场。变化的电场和变化的磁场构成了一个不可分离的统一的场，这就是电磁场，而变化的电磁场在空间的传播形成了电磁波。电磁波在传播过程中，其电场和磁场在空间是相互垂直的，且两者又都垂直于传播方向，如图 2-81 所示。

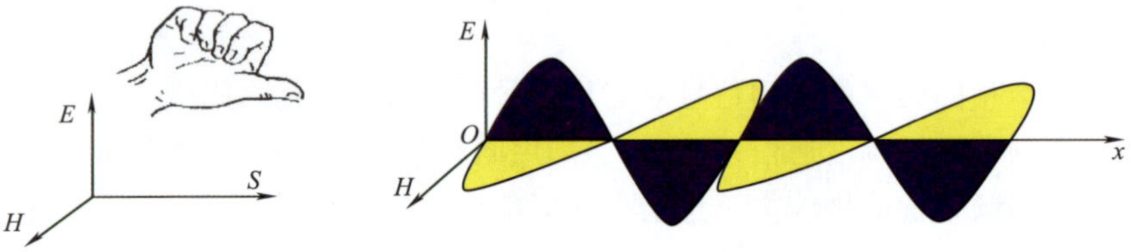

图 2-81 电磁波传播方向

当传输线上有交变电流流动时，就可以产生电磁波的辐射，辐射的能力与导线的长度和形状有关。如图 2-82 所示，如果两传输线距离很近而且电流方向相反，变化的电场局限于传输线之间及其周围，辐射到远处的场已相互抵消，导致辐射很弱。当平行传输线张开时，变化的电场就会分散到周围空间，且两根传输线上的电流方向相同，辐射到远处的场相互增强。因此，从传输线的观点来看，天线就是张开的、终端开路的平行传输线。

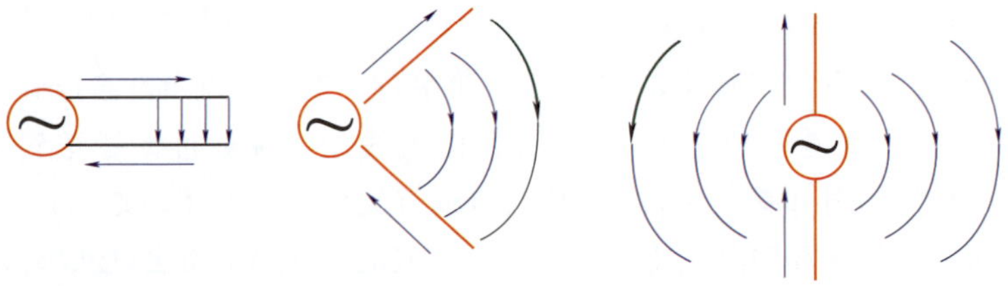

图 2-82 振荡回路电磁辐射示意图

要提高电磁波的辐射强度，辐射体必须是一个开放的系统；信号源的频率要高；辐射体上传导电流的幅值要高且分布要合理。

4. 对称振子天线

对称振子天线是最常用的天线之一，它可看成终端开路的平行传输线张开而成。如图 2-83所示，两根导线称为对称振子的两臂，臂长用 l 表示，两臂应粗细相同、长度相等。为了减少高频工作损耗，一般采用空芯铝管或铜管做成，振子的全长为 $2l$。

对称振子的辐射与其电长度 l/λ 密切相关。并遵循以下规律：

(1)当 l/λ 接近 0.25 或 0.5 时，输入阻抗均为纯电阻，且 l/λ 的微小改变所引起的输入阻抗变化很小，有利于天线和馈线的匹配，这就是实际应用中振子臂长常取 $l=0.25\lambda(\lambda/4)$ 的原因。若是对称振子，全长为 0.5λ，称半波对称振子。由于其输入阻抗为 73.1 Ω 纯电阻，可以和特性阻抗为 75 Ω 的同轴电缆直接匹配(需要平衡不平衡变换器)，加之工作频带宽，所以半波对称振子是最常用的天线之一。

(2)当振子越粗时，半径 a 越大，输入阻抗随 l/λ 变化越缓慢，可以使天线在较宽的频率范围内满足匹配。所以在振子的长度确定后，可以增大振子的直径来加宽天线的工作频带。

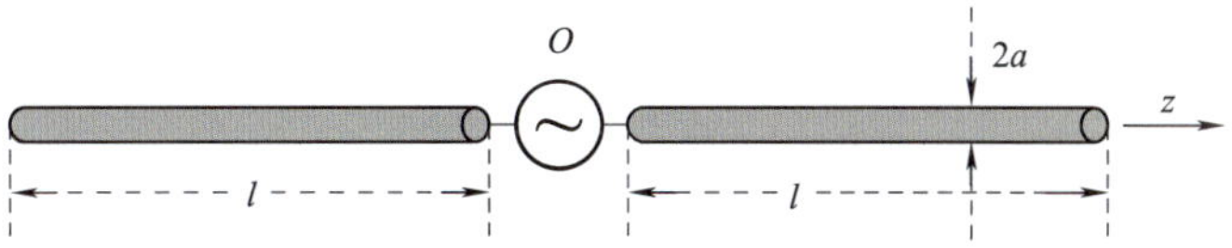

图 2-83 两臂由两段等长导线构成的振子天线

(二)天线的基本特性

天线的基本特性有天线的方向性、输入阻抗、工作频段、增益和极化等。

1. 天线的方向性

天线的方向性是指天线向一定方向辐射电磁波的能力。对于接收天线而言，方向性表示天线对不同方向传来的电波所具有的接收能力。天线有了方向性，就能在某种程度上相当于提高发射机或接收机的效率，并使之具有一定的保密性和抗干扰性。

天线的方向性通常用方向图来表示。天线方向图是天线辐射出的电磁波在自由空间存在的范围，是表示天线方向性的特性曲线，即天线在各个方向上所具有的发射或接收电磁波能力的图形。

方向图通常都有两个或多个瓣，其中辐射强度最大的瓣称为主瓣，其余的瓣称为副瓣或旁瓣。通常将主瓣的两个半功率密度点之间的夹角称为主瓣宽度，用 $2\theta_{0.5}$ 表示，如图 2-84 所示。显然主瓣宽度越小，说明天线辐射能量越集中，其定向辐射性能越好，天线的方向性越强，所以主瓣宽度是天线的一个很重要的电参数和电指标。

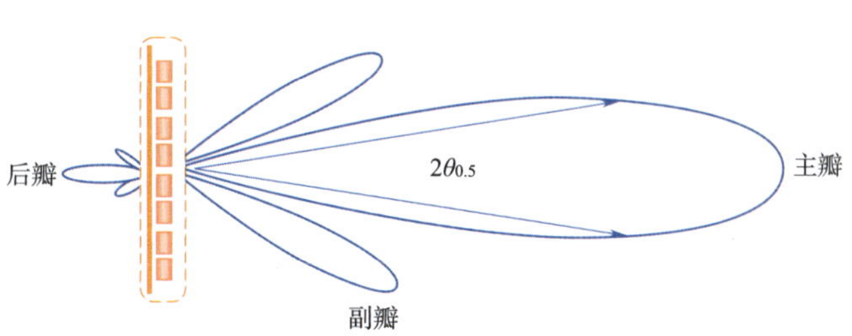

图 2-84 天线的波瓣图

2. 输入阻抗

天线和馈线的连接端，即馈电点两端感应的信号电压与信号电流之比，称为天线的输入阻抗。输入阻抗中既有电阻分量，又有电抗分量，即 $Z_{in}=R_{in}+jX_{in}$ 。

天线与馈线的连接，最佳情形是天线输入阻抗是纯电阻且等于馈线的特性阻抗，这时馈线终端没有功率反射，馈线上只有反射波，即行波。天线的输入阻抗随频率的变化比较平缓。天线的匹配工作就是消除天线输入阻抗中的电抗分量，使电阻分量尽可能地接近馈线的特性阻抗。匹配的优劣一般用四个参数来衡量，即反射系数、行波系数、驻波比和回波损耗，四个参数之间有固定的数值关系。在日常维护中，用的较多的是驻波比和回波损耗。

当天线和馈线不匹配时，即天线阻抗不等于馈线特性阻抗时，负载就只能吸收馈线上传输的部分高频能量，而不能全部吸收，未被吸收的那部分能量将反射回去形成反射波。此时馈线上既有入射波，又有反射波，行波与驻波并存。在入射波和反射波相位相同的地方，电压振幅相加为最大电压振幅，形成波腹；而在入射波和反射波相位相反的地方，电压振幅相减为最小电压振幅，形成波节；其他各点的振幅介于波腹与波节之间。

驻波比（VSWR）定义为波腹电压与波节电压之比。其值在 1 到无穷大之间，驻波比为 1，表示天线与馈线完全匹配；驻波比为无穷大表示全反射，完全失配。在移动通信系统中，一般要求驻波比小于 1.5，但实际应用中 VSWR 应小于 1.2。过大的驻波比会减小基站的覆盖，并造成系统内干扰加大，影响基站的服务性能。

反射系数定义为反射电压和入射波电压之比。

回波损耗定义为反射系数绝对值的倒数，以分贝值表示。回波损耗的值在 0 dB 到无穷大之间，回波损耗越小表示匹配越差，回波损耗越大表示匹配越好。回波损耗为 0 dB 表示全反射，无穷大表示完全匹配。在移动通信系统中，一般要求回波损耗大于 14 dB。

3. 频带宽度

无论是发射天线还是接收天线，它们总是在一定的频率范围内工作的，通常工作在中心频率时天线所能输送的功率最大，偏离中心频率时它所输送的功率都将减小，据此可定义天线的频带宽度。

天线的频带宽通常定义为：天线增益下降 3 dB 时的频带宽度，或在规定驻波比下天线的工作频带宽度。在移动通信系统中是按后一种定义的，具体地说，就是当天线的输入驻波比小于或等于 1.5 时天线的工作带宽。天线的工作频带宽度是实际应用中选择天线的重要指标之一。

4. 增益

天线增益是用来衡量天线在某一特定方向收发信号的能力，它是选择天线最重要的参数之一。天线增益有两种定义，即 dBi 和 dBd。dBi 是天线相对于点源天线（全向天线）的增益；dBd 是天线相对于半波对称振子天线的增益。两者之间的关系是：dBi＝dBd＋2.15。例如：3 dBd＝5.17 dBi。

一般说来，天线的主瓣波束宽度越窄，天线增益越高。天线增益对移动通信系统的运行质量极为重要。相同的条件下，增益越高，电波传播的距离越远。GSM 定向基站的天线增益一般为 18 dBi，全向天线的增益为 11 dBi。

5. 极化

天线向周围空间辐射的电磁波由电场和磁场构成。通常将电场的方向规定为天线的极化方向。如果电波的电场方向垂直于地面，就称垂直极化波；如果电波的电场方向与地面平行，则称水平极化波，如图 2-85 所示。

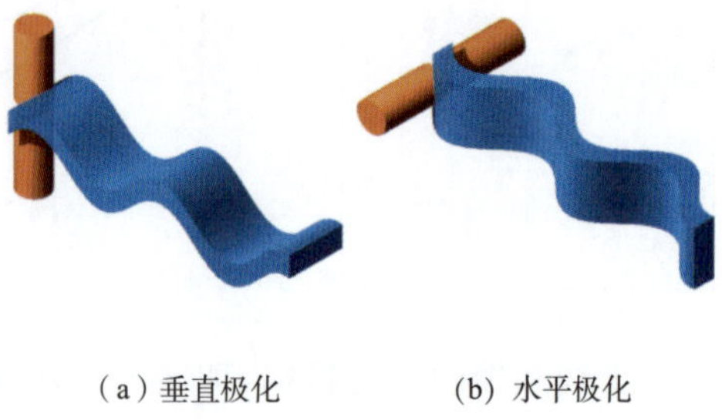

（a）垂直极化　　（b）水平极化

图 2-85　天线极化示意图

当来波的极化方向与接收天线的极化方向不一致时，在接收过程中通常都要产生极化损失。当接收天线的极化方向（例如水平极化）与来波的极化方向（相应为垂直极化）完全正交时，接收天线也就完全接收不到来波的能量，这时称来波与接收天线极化是隔离的。因此，在实际应用中一定要注意收发天线要极化匹配，即垂直极化波要用具有垂直极化特性的天线来接收，水平极化波要用具有水平极化特性的天线来接收。

（三）馈　　线

馈线的主要任务是有效地传输信号能量，它应能将天线接收的信号以最小的损耗传送到接收机输入端，或将发射机发出的信号以最小的损耗传送到发射天线的输入端，同时它本身不应拾取或产生杂散干扰信号，这就要求馈线必须屏蔽或平衡。

在实际应用中，由于平行双线传输的损耗大，很少采用平行双线传输作为馈线，都采用同轴电缆作为馈线，同轴电缆特性阻抗规格多（50 Ω、75 Ω、120 Ω），较易与实际阻抗匹配，由于同轴电缆两根导体对地不对称，因此称为不对称式或不平衡式传输线。

馈电系统主要涉及两个问题：一是天线与馈线的阻抗匹配问题；二是天线与同轴线连接时的平衡与不平衡的变换问题。

1. 馈线的阻抗匹配

当馈线终端所接负载阻抗 Z 等于馈线特性阻抗 Zc 时，称为馈线终端是匹配连接的。在实际工作中，为了使馈线与天线严格匹配，在架设天线时还需要通过测量，适当地调整天线的结构，或加装匹配装置。

2. 不平衡—平衡装置

同轴电缆馈线是不平衡的，而对称振子天线本身是一个平衡系统，当两者相连接时，会产生不平衡，因此需解决从不平衡到平衡的转换问题。

（1）二分之一波长平衡变换器

二分之一波长平衡变换器又称“U”形平衡变换器，它用于不平衡馈线与平衡负载连接时的平衡变换，并有阻抗变换作用。如用于不平衡馈线同轴电缆与平衡负载半波对称振子之间的连接。

（2）四分之一波长平衡—不平衡变换器

利用四分之一波长短路传输线终端为高频开路的性质实现天线平衡输入端口与同轴馈线不平衡输出端口之间的平衡—不平衡变换。

思考题

1. 简述无线电波的概念，无线电波的波长、频率和传播速度的关系。
2. 简述无线通信系统的组成和作用。
3. 简述单工通信、半双工通信和双工通信的概念。
4. 简述多径传播和绕射传播的概念。
5. 简述天线的概念以及提高天线电磁波辐射强度的措施。
6. 简述输入阻抗的定义。
7. 简述增益的概念，dBd 与 dBi 的区别。
8. 简述水平极化波和垂直极化波的区别。
9. 简述馈线的概念和作用。

复 习 题

1. 简单描述GSMK的调频方式。

2. 调度通信系统业务包括哪些主要通信方式?

3. 无线测量的作用是什么?

4. 简述IMSI作用及其构成。

5. 简单描述机车综合无线通信设备(CIR)数据单元模块的设备组成、功能及对外接口。

6. 简单描述CIR设备正常开/关机时调度通信(GSM-R语音单元)的GSM-R网络注册/注销流程。

7. 简单描述B制式450 MHz电台工作原理。

8. 简单描述LBJ各部分组成及功能。

9. 通信设备的维修方式包括几种?各指的是什么?

10. 三极管具有放大作用的外部条件是什么?

11. 驻波比(VSWR)是如何定义的?

12. 无线通信系统由哪几部分组成?

13. 信道组合有哪几种?

14. 简述无线测量的流程。

15. 控制信道有哪几种?简述它们的作用。

16. 简述BSS中最基本的组成部分。

17. 简述TBF、TFI、USF等概念。

18. 状态查询中GSM-R语音接收电平为-71 dBm,而GSM-R数据接收电平为-113 dBm。通过将语音模块和数据模块的天线互换,状态查询中显示GSM-R语音接收电平为-113 dBm,而GSM-R数据接收电平为-71 dBm。请判断可能出现的故障位置。

19. 调度命令信息查询界面中可以查询的信息包括哪些?

20. 当MMI上出现:机车号变为红字闪烁,并语音提示"注意机车号"的现象时,说明什么?

21. 维修的基本任务是什么?

第三章　相关知识

动车组车载通信设备维修岗位不仅要掌握本岗位的专业知识，还要了解与其岗位相关的列车运行控制系统(CTCS)、调度集中(CTC)系统、一体化检修作业的基本知识。本章主要介绍 CTCS、CTC 系统的基本功能、组网结构、与通信系统的关系以及一体化检修作业等内容。

第一节　列车运行控制系统(CTCS)

列车运行控制系统是我国铁路提速线路和高速铁路保证列车行车安全、提高列车运行效率的重要技术装备，以有效的技术手段对列车运行速度、运行间隔进行实时监控和超速防护，同时能够减轻司机劳动强度、改善工作条件，提高乘客舒适度。

CTCS 是中国列车运行控制系统(Chinese Train Control System)的英文缩写。CTCS 根据功能要求和配置划分应用等级，分为 CTCS-0～CTCS-4 级。本节重点讲述 CTCS-3 级列控系统。

CTCS-3 级列控系统是基于 GSM-R 无线通信实现车—地信息双向传输，无线闭塞中心(RBC)生成行车许可，轨道电路实现列车占用检查，应答器实现列车定位，并具备 CTCS-2 级功能的列车运行控制系统。

CTCS-3 级列控系统系统适应于列车最高允许运行速度 350 km/h 及以上，正向运行最小追踪间隔 3min。采用目标距离模式曲线监控列车安全运行，生成监控曲线所需的行车许可、线路参数、限速等信息由 RBC 提供，由应答器提供列车位置信息。

CTCS-3 级列控系统能监控列车及调车运行；满足跨线运行的运营要求；系统设备的安全完善度等级(SIL)应达到 IEC61508 规定的 4 级。

一、CTCS-3 级列控系统构成

CTCS-3 级列控系统由车载设备和地面设备组成。CTCS-3 级列控系统总体结构如图 3-1 所示。

(一)车载设备

车载设备包括：安全计算机(VC)、轨道电路信息接收单元、应答器信息传输模块及应答器天线、无线传输模块、人机界面、列车接口单元、测速测距单元、记录单元，如图 3-2 所示。

(1)安全计算机(VC)：根据与地面设备交换的信息来监控列车安全运行。

(2)轨道电路信息接收单元：接收轨道电路的信息。

(3)应答器信息传输模块及应答器天线：应答器信息传输模块通过与应答器天线连接，接收地面应答器的信息。

(4)无线传输模块：与 GSM-R 车载电台连接，实现车—地双向信息传输。

(5)人机界面：实现司机与车载设备之间的信息交互。

(6)列车接口单元：提供安全计算机与列车相关设备之间的接口。

(7)测速测距单元：接收测速传感器等设备的信号，测量列车运行速度和运行距离。

(8)记录单元：用于记录与列车运行安全有关的数据，并在需要时下载进行数据分析。

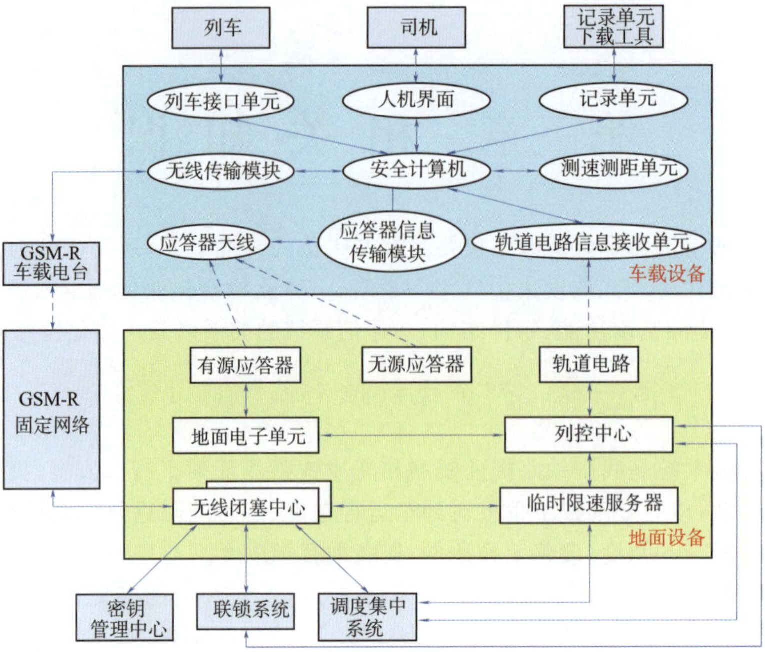

图 3-1 CTCS-3 级列控系统总体结构框图

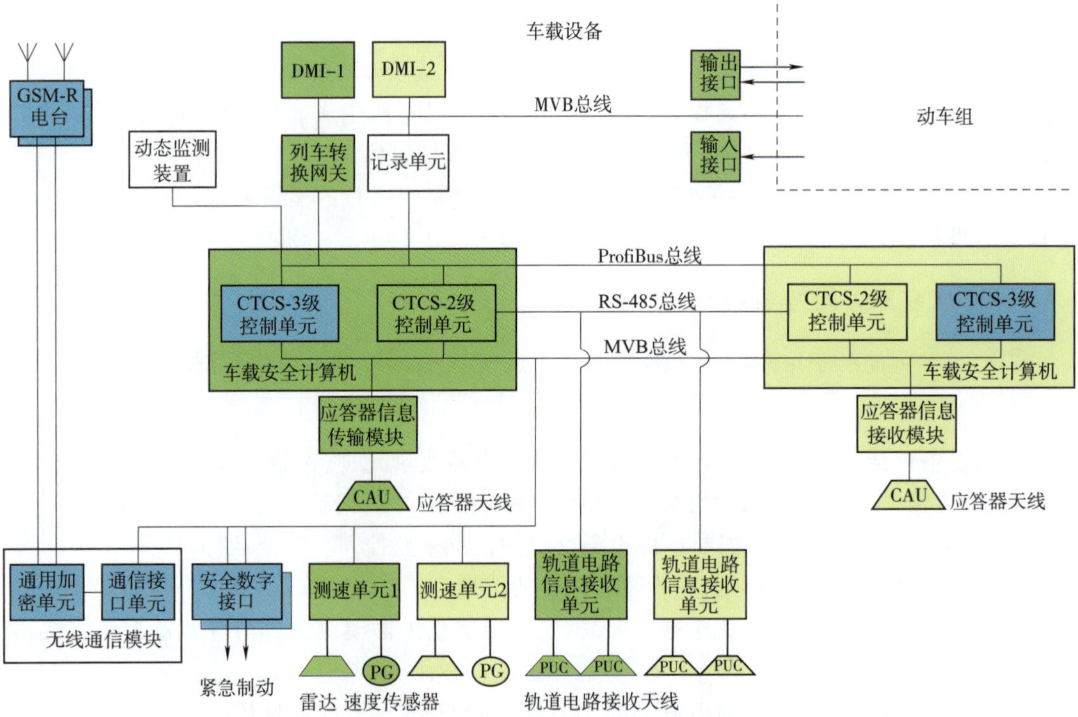

图 3-2 CTCS-3 级列控车载设备结构

（二）地面设备

地面设备包括：无线闭塞中心（RBC）、应答器、地面电子单元（LEU）、ZPW-2000 轨道电路、车站列控中心（TCC）、临时限速服务器，如图 3-3 所示。

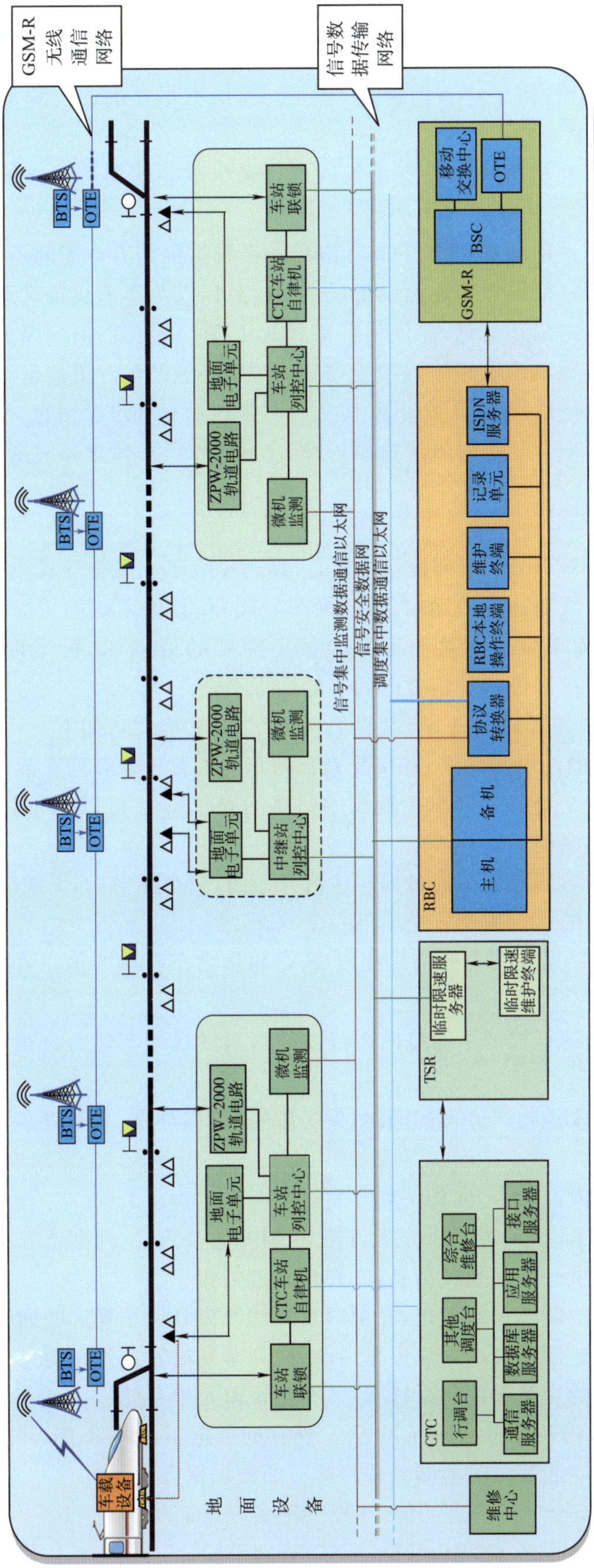

缩写对照表

BSC：基站控制器　　BTS：基站　　DMI：人机界面　　TSR：临时限速服务器

OTE：光传输设备　　RBC：无线闭塞中心

图例

停车标志牌　△无源应答器　▲有源应答器

图 3-3　CTCS-3 地面设备结构图

(1)应答器:向车载设备传送报文的点式传输设备;提供上行传输链路,也就是由地面向车载设备传送消息;提供固定消息,或当与地面电子单元(LEU)连接时能提供可变消息。

应答器可按组的形式使用,每个应答器传送一个报文,所有报文的组合构成应答器组的消息。

(2)轨旁电子单元(LEU):根据地面设备提供的信息来生成应答器所要传输报文的电子设备。

(3)轨道电路:实现列车占用检查;为 CTCS-3 级后备系统提供前方空闲间隔信息。

(4)无线闭塞中心(RBC):根据外部地面设备提供的信息以及与车载设备交互的信息生成发送给列车的行车许可及线路描述信息,保证列车在 RBC 的管辖范围内的线路上安全运行。

(5)列控中心(TCC):实现轨道电路编码功能,并向 RBC 传送列车占用信息;通过 LEU 及有源应答器向 CTCS-3 级后备系统(CTCS-2 级)传送临时限速信息和进路信息。

(6)临时限速服务器:集中管理临时限速命令;分别向 RBC、TCC 传递临时限速信息。

二、无线闭塞中心(RBC)

无线闭塞中心(RBC)是 CTCS-3 级列控系统核心,是基于故障—安全计算机的控制系统,负责根据线路特性(如坡度、线路速度)、运输条件(列车间隔)和其他系统的情况(如轨道占用信息、联锁进路状态等)向列车发送速度一距离监控所需要的信息(如行车许可),并通过 GSM-R 系统传输给车载设备,保证其管辖之内列车的运行安全。

RBC 的主要功能是控制和管理 CTCS-3 级运行的列车,其功能要求如下:

(1)RBC 系统实现列车的注册与注销,并接受来自列车的位置报告和列车数据。

列车的注册与注销机制主要解决列车控制权的归属问题。RBC 可以同时管理多辆列车运行控制,实施列车的注册、注销。

无线闭塞中心对列车运行的控制是通过列车注册开始的,列车注销后,无线闭塞中心终止对列车的运行控制或将列车的运行控制权交给下一个 RBC。

(2)RBC 系统根据从联锁系统获得的信号授权(SA)和从列车获得的信息,向列车发送行车许可(MA)。

无线闭塞中心对列车的运行控制是通过向运行中的列车发送列车运行许可实现的,运行许可 MA 是列车运行的依据。

(3)RBC 系统在向列车发送行车许可的同时,发送限速、线路坡度、轨道条件、进路适宜性等信息。

(4)RBC 系统根据临时限速命令,向相关列车发送临时限速信息。

(5)RBC 系统保证通过 RBC-RBC 边界的列车获得 MA 的一致性,列车不减速通过 RBC。

(6)RBC 系统向列车提供分相区相关信息,实现自动过分相。

(7)RBC 系统接受列车的调车模式请求,并可以重新注册离开调车模式的列车。

(8)RBC 系统根据联锁或调度员的紧急停车命令,向列车发送紧急停车消息。

(9)RBC 系统记录所有的交互事件和系统状态,在记录单元中存储。

记录单元记录完整的数据包信息并保存 30 天。保存的数据不能因 R-JRU 电源掉电而丢失。当有事件发生时,R-JRU 能够及时检测到并将相应的数据保存。

(10) RBC 系统应提供安全密钥管理功能,并提供密钥管理工具。

(11) RBC 系统应具备完整的自诊断、维护、测试、管理手段。

三、信号安全数据网

客运专线信号系统安全数据网用于传输 CTCS-2 级和 CTCS-3 级列控系统、CTC 系统和联锁系统的数据，因而需要保证很高的安全性及可靠性。在数据网的组网结构上，由工业级以太网交换机设备(后简称交换机设备)构成冗余双环网，双环网间物理隔离，交换机设备间采用专用单模光纤连接。网络中包括工业级以太网交换机、路由器、光纤、ODF 架、专用的网管系统以及列控系统的通信设备。信号系统安全数据网连接，如图 3-4 所示。

双冗余环网由车站、线路所、中继站以及 RBC 机房中的交换机构成，列控中心、联锁、RBC 和 TSR 服务器接入到以太网中，设备间的通信采用以太网通信。全线所有车站的以太网交换机作为网络数据通信接入点，为信号安全设备提供网络接入。

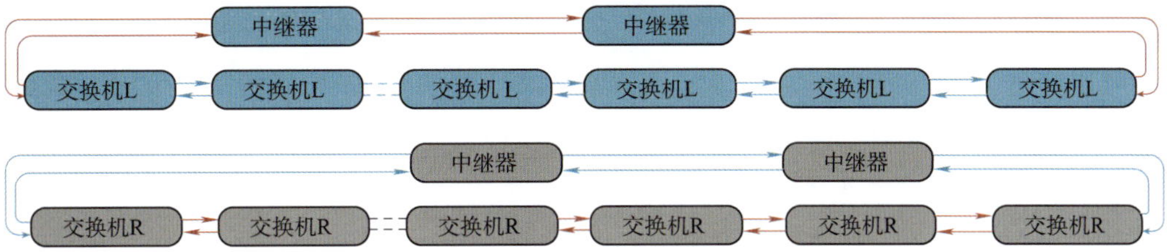

图 3-4 信号系统安全数据网连接示意图

各站交换机 L 串接采用左侧干线通道光缆，迂回通道中继器采用右侧干线通道光缆。各站交换机 R 串接采用右侧干线通道光缆，迂回通道中继器采用左侧干线通道光缆。

每一独立环网中接入的网络设备(交换机、中继器)超过 60 个时，宜将网络环路分割成不同子网，各相邻子网间应采用三层工业以太网交换机进行连接。

为了有效提高冗余双环网络结构的双路由保护，信号系统安全数据网中双环网的互联光纤(设备端一设备端)应采用不同物理路径，同一环网中交换机设备间互联光纤与迂回通道使用的光纤也应采用不同物理路径。对于组网光纤的要求包括：

(1)连接相邻交换机设备的光纤长度最长不宜超过 70 km，通信距离大于交换机设备通信距离时，应增加中继设备。

(2)采用 8 芯光纤构成信号系统安全数据网，其中 4 芯光纤由线路一侧光缆提供，另 4 芯光纤由线路另一侧光缆提供，每侧光缆中应另增加 2 芯以上光纤作为信号安全数据网的备用光纤。

作为最主要组网设备的交换机的数据业务接口宜为 100 M 电接口，环网接口应为 100 M 或 1 000 M 光接口，用于组网的光通信接口为 GBIC 或 SFP 接口，可以通过配置不同传输距离的通信模块以适应组网的需求。

综上所述，信号安全数据网的主要特点包括：

(1)采用独立的通道和设备，分左右网，双网独立运行。

(2)每个环网上容许单点故障(传输路径切换时间小于 50 ms)。

(3)双网同时在线运行，数据在哪个网上传输的选择取决于系统设备，从一个网络切换到另一个网络的切换过程也取决于系统设备。

(4)采用跳接方式构成环网，单一列控中心设备全部故障不影响网络通信。

四、CTCS-3 级列控系统与通信系统之间的关系

(1)CTCS-3 级列控业务的信号安全数据网由通信光缆承载,站与站之间、站与中心之间的网络利用通信光纤或数字传输电路。

(2)CTCS-3 级列控系统的核心设备 RBC 与通信 GSM-R 交换机以 PRI 方式直连,由列控车载设备主动发起呼叫连接,车地列控消息通过电路域 CSD 业务进行交互;当列控车载设备、交换网、无线网或者互联电路出现问题时,通信中断超过一定时限(一般为 18s)会导致 CTCS-3级切换至 CTCS-2 级。对此类问题,通信专业设置了接口监测设备以记录、分析相关问题,统计运用质量。当发生 CTCS-3 级列控系统降级时,通信信号应密切配合、查明原因、及时处理。

思考题

1. 简述 CTCS-3 级列控系统的定义。
2. 简述 CTCS 的级别划分。
3. 简述 CTCS-3 级列控系统的构成。
4. 简述 RBC 的功能。
5. 简述信号安全数据网对组网光纤的要求。

第二节 调度集中(CTC)系统

调度集中(CTC)系统是我国铁路保证行车安全、提高运输效率的基础装备。调度集中系统的主要功能是控制中心(调度员)对所辖区段内的信号设备进行集中控制,对列车运行进行直接指挥、管理。

CTC 系统采用计算机分布式网络控制技术、信息处理技术,车站自律机故障—安全技术;采用双通信网冗余结构和数据库服务器、应用服务器、通信前置服务器双机热备结构。CTC 系统将列车运行调整计划由调度指挥中心下传到各个车站自律机中自主自动执行;在列车运行调整计划的基础上,能解决列车作业与调车作业在时间与空间上的冲突,实现列车和调车作业的统一控制。

CTC 系统设有分散自律控制和非常站控两种模式,适用于不同牵引动力、运行速度、运量、线路类型的区段与枢纽地区。

一、CTC 系统的设备构成

CTC 系统由 CTC 中心子系统、车站子系统和网络子系统组成,基本结构如图 3-5 所示。

(一)CTC 中心子系统

CTC 中心子系统结构如图 3-6 所示。

CTC 中心一般设在铁路局调度所,负责控制整个调度区段列车的运行。CTC 中心主要由数据库服务器、应用服务器、通信前置服务器、大屏显示系统、行调工作站、助理调度员工作站、综合维修工作站、CTC 维护工作站、网管工作站、打印设备、远程维护接入、TMIS 接口计算机以及局域网等设备组成。

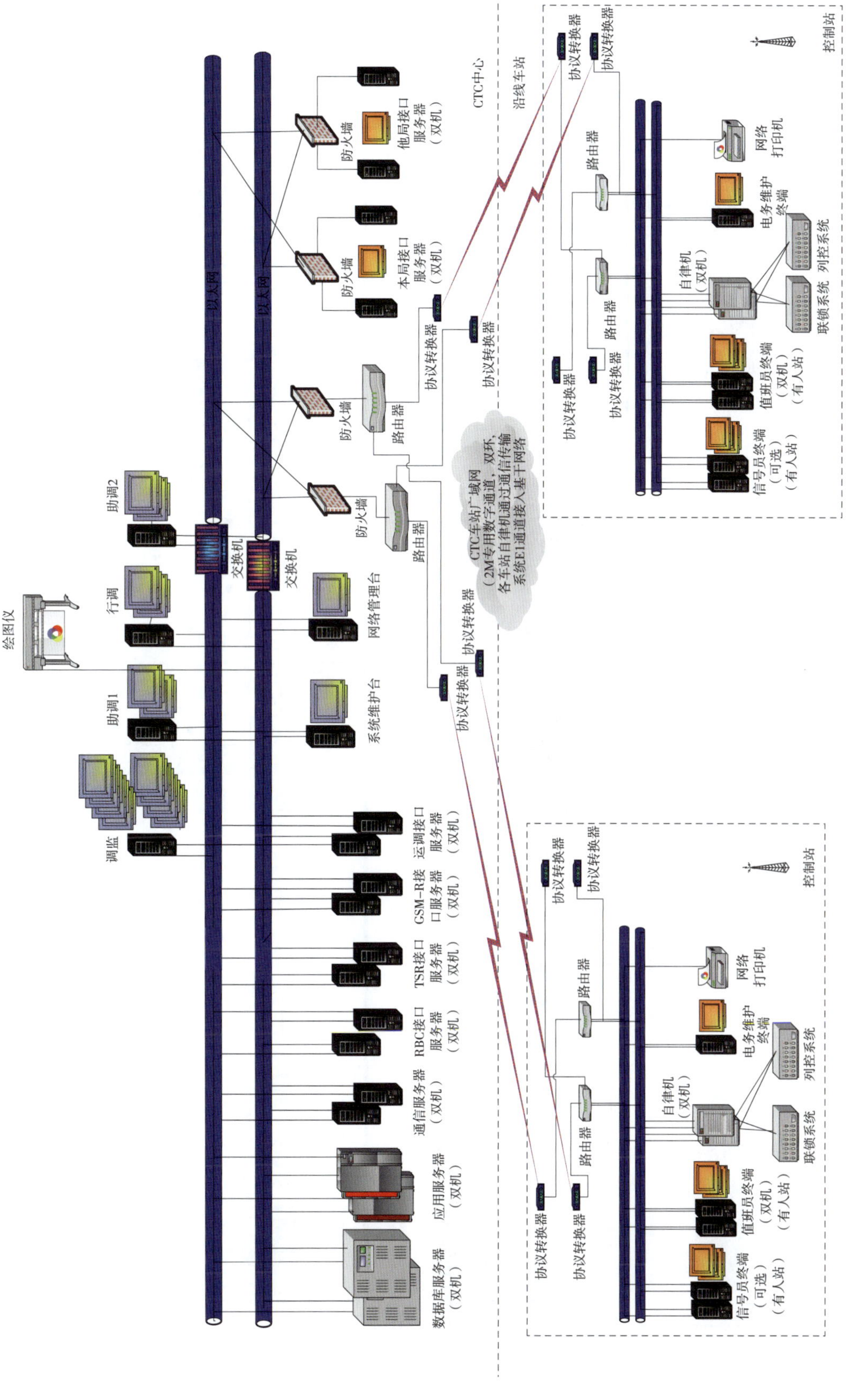

图 3-5 CTC 系统基本结构示意图

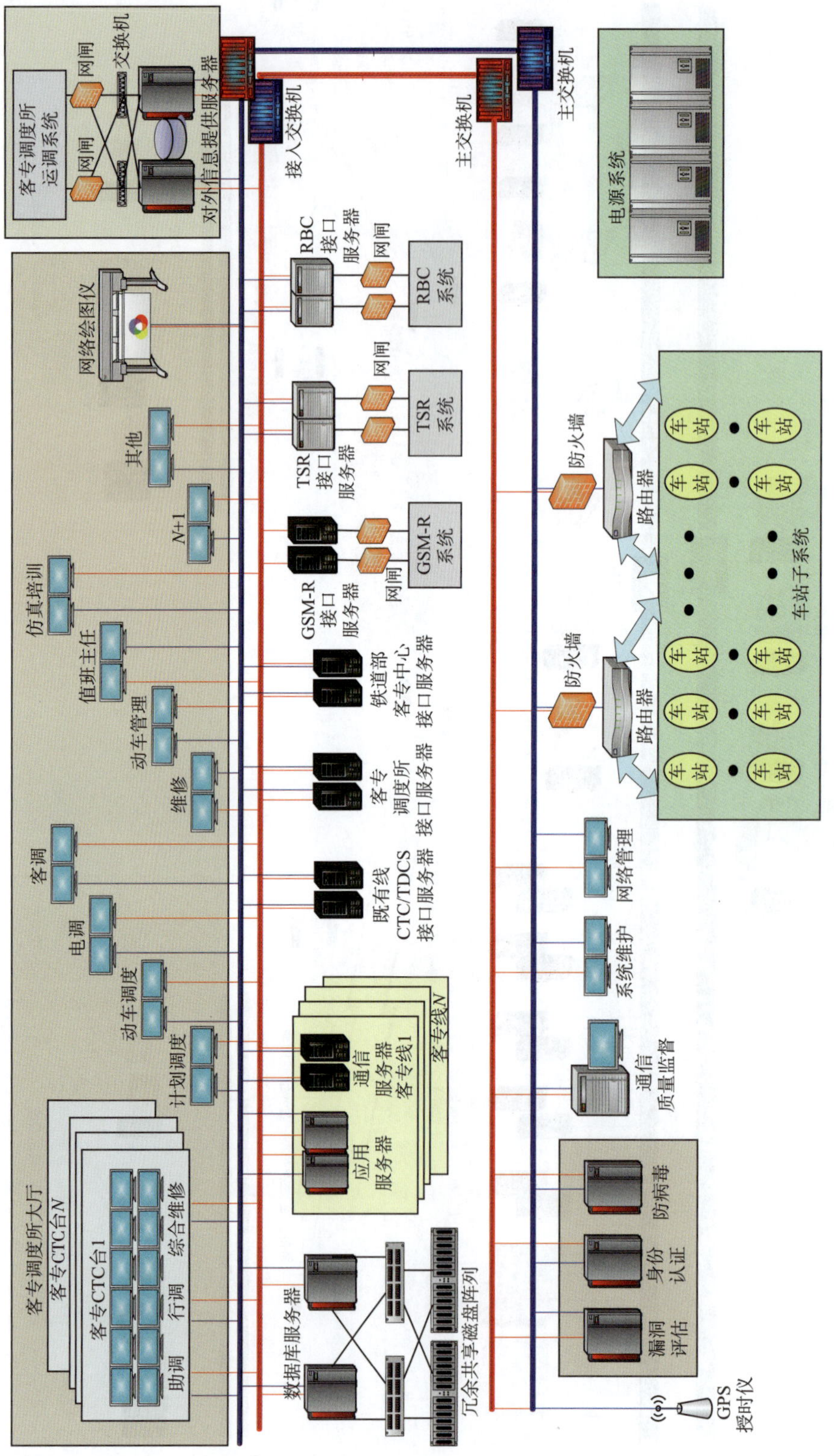

图 3-6 CTC 中心子系统结构图

数据库服务端一般由2台高性能的64位RISC服务器和磁盘阵列构成,并安装有集群软件和商业数据库。所有数据全部写在共享磁盘阵列中,保证双机切换时的数据完整和一致。

应用服务器一般由2台高性能PC服务器构成,2台服务器互为热备,为系统的稳定运行提供保障。应用服务器是整个CTC系统的核心,负责整个系统的数据收发、数据处理以及数据储存等工作。

通信前置服务器一般由2台高性能PC服务器构成,2台服务器互为热备。用于CTC中心和车站子系统之间的数据交换。

行调工作站一般由2台安装了多屏卡的工作站构成。主要完成显现监控管辖区段范围内列车运行位置、指挥列车运行的功能(人工编制和调整列车运行计划、调度命令的下达、与相邻区段行调台交换信息),为CTC系统提供详细的列车会让方案,是分散自律调度集中系统完成自动控制功能的主要依据。

助理调度员工作站一般由高性能PC工作站构成,主要实现调度所人工进路操作控制、闭塞办理、区段解锁、非常处理等功能。同时还可实现无人车站调车作业计划的编制、调整、指挥以及在自律约束条件下的调车进路人工办理等调车相关功能。

CTC维护台一般是由高性能PC工作站构成,主要用于系统设置、调试和技术支持。在授权的情况下,具有远程维护与技术支持功能。同时具有监视系统运行状况的功能,对系统、现场设备运用情况,操作命令,报警信息进行记录、分析、回放、输出和打印。

综合维修工作站由高性能PC工作站构成,主要用于设备日常维护、"天窗"修、施工以及故障处理方面的登、销记手续办理,并具有设置临时限速,区间、股道封锁等功能。

大屏显示系统由高性能工业控制计算机、多串口卡、驱动卡、驱动分机构成,用于显示车站站场作业情况和区间列车运行情况等信息。通过观察大屏,行车调度指挥人员可以清晰地掌握各自负责的调度区段内列车或车列的运行情况。

TMIS接口计算机是由PC工作站构成,通过USB接口与机房中的TMIS终端交换数据。

网络设备主要包括2台高性能路由器、2台高性能交换机、网络协议转换器和网络防火墙。

电源设备主要包括可以转换2路电源的电源屏和2台构成双机热备的10 kVA不间断电源。

(二)车站子系统

CTC车站子系统是CTC系统的重要组成部分,它是整个网络系统的基本功能节点。车站子系统根据列车运行调整计划完成进路选排、冲突检测、控制输出和状态显示等核心功能。

车站子系统主要包括车务终端(值班员工作站、信号员工作站)、CTC电务维护机、车站自律机、网络设备、电源设备和防雷设备等。车务终端设备,用于线路状态的显示和排列进路等,设置在车站运转室。电源、交换机、自律机、路由器、协议转换器、CTC电务维护机等设备设置在车站机械室。如图3-7所示。

客运专线根据车站大小及控制方式的不同设置为两种类型。一种是车站规模较大,作业量较大的车站,设置的车务终端包括值班员终端及信号员终端,如图3-7所示。另一种车站规模较小,且有可能控制方式为无人站,只保留车站值班员终端,不再设置车站信号员终端。

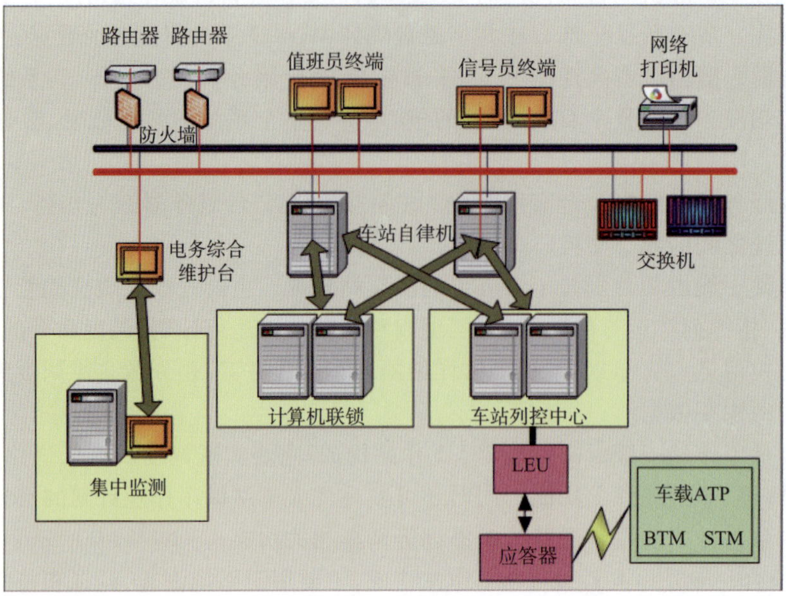

图 3-7 CTC 车站结构图

（三）CTC 数据网

CTC 系统独立组网，采用双网结构。CTC 数据通信以太网采用 E1 专用数字通道，用于 CTC 中心与车站子系统之间的信息传输。

CTC 系统独立组网，设计为双层网，包括 CTC 中心的双局域网、车站的双局域网及相互间的双 E1 专用数字通道网络等，如图 3-8、图 3-9 所示。

CTC 中心的所有服务器和工作站都配有两块网卡，分别连接到两台交换机上，组成两个局域网。CTC 中心的两台交换机通过网络防火墙，分别连接到两台路由器上，再与车站的广域网相接。

每两个车站之间都有两条通道连通，每个车站都有两台路由器，再组成两套由几个环构成的网络，中间没有任何的物理接口，是两个完全独立的网络。车站设备与调度所设备通过广域网进行数据交换时，根据两个广域网的通信质量选择路径，保持广域网中的传输负载平衡。

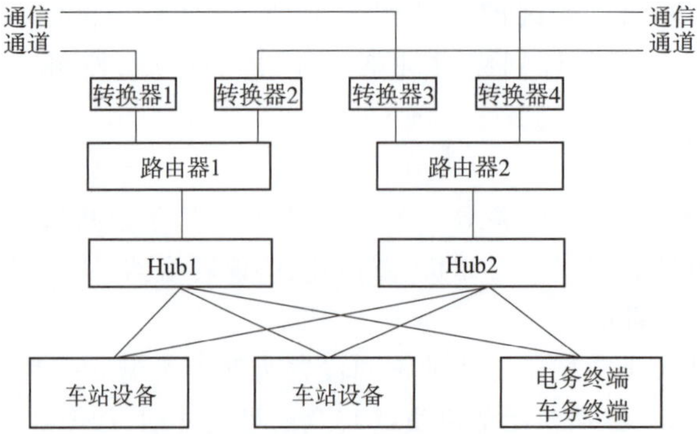

图 3-8 车站网络系统拓扑图

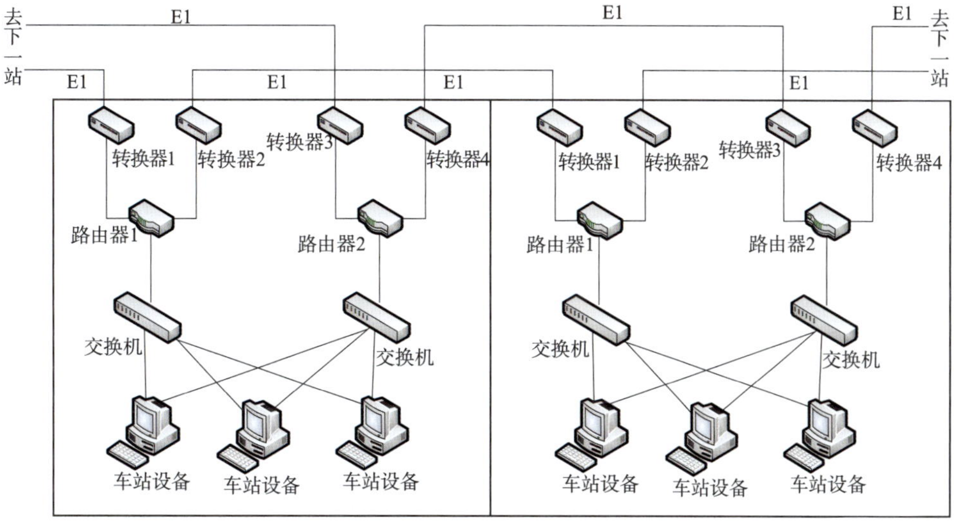

图 3-9 两个相邻车站 CTC 组网关系

二、CTC 系统基本功能

1. 实时监视站场信号设备和列车运行状态，实现站间和区段透明显示。

2. 追踪列车运行位置和到发时刻，自动描绘列车实迹运行图。

3. 利用计算机辅助编制和调整列车运行计划，实现调度指挥计算机化。

4. 通过系统网络向车站下达计划和调度命令。

5. 通过系统网络和无线通信向机车下达调度命令、调车作业单、行车凭证和接车进路预告等信息。

6. 自动编制车站行车日志，生成运统 2 和 3 报表。

7. 追踪列车编组状态。

8. 远程控制所有联锁设备按钮，具备列车、调车和非正常作业人工遥控功能。

9. 按照列车运行计划和车站《站细》，由自律机自动自主控制列车进路。

10. 按照调车作业计划，由自律机根据机车请求和列车运行状况，自动自主控制调车进路并对调车状况进行监控和报警。

11. 实现维修作业的综合管理和远程登、销记。

12. 具有完备的网络安全防护功能。

13. 实现 TMIS 和 TDCS 的结合和信息交换。

三、GSM-R 区段 CTC 系统与通信专业相关的业务功能

1. CTC 系统广域网，站与站之间、站与中心之间的传输通道利用通信专业的 E1 数字电路，如图 3-10 所示。当 CTC 网络物理电路出现单层网或单 E1 传输电路（或光纤）中断的时候，原则上不影响业务，通信与信号专业应密切配合、及时处理；当 CTC 网络物理电路出现双层网 E1 传输电路（或光纤）全部中断的时候，将影响 CTC 业务，通信应配合信号专业立即进行故障处理。

2. CTC系统三个业务功能——无线调度命令、无线进路预告和无线车次校核，依托GSM-R系统提供车地通信的传输。

(1)无线调度命令：实现调度命令的自动回执和人工签收。

(2)无线进路预告：当列车接车进路已办理，该列车驶入后方站区间内，并且该列车至本车站的区间内无其他列车就可自动发送接车进路排列情况至机车。

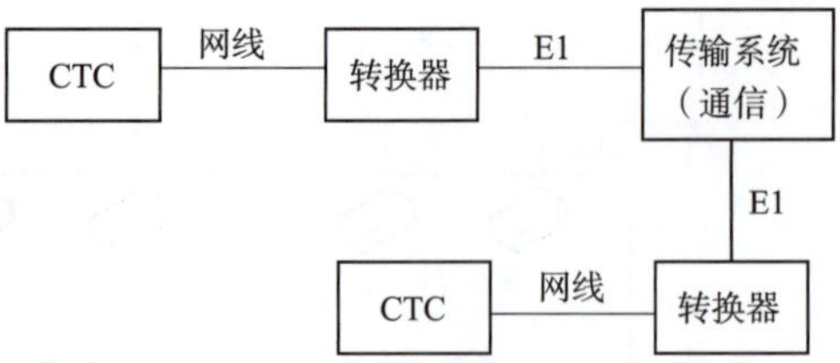

图3-10 CTC与通信系统连接结构图

(3)无线车次校核：列车运行过程中，GSM-R系统周期地（如列车运行速度大于5 km/h时每隔30 s发送两次，两次间隔3～5 s）向CTC系统主动发送无线车次信息；CTC系统收到无线车次信息后，根据其中的公里标检索列车位置，然后发送到相应的车站自律机，车站自律机比较两种车次号信息（GSM-R车次号和自动跟踪车次号），完成车次号校核功能。

通信专业通过CTC专用接口服务器(GRIS)与信号专业CTC中心通信服务器连接，相互间传递调度命令信息和无线车次校核信息。通信GRIS可以对相关消息的收发过程和内容进行记录，并统计指定时间段内的成功率。通信专业应密切关注业务运用情况，定时统计分析相关数据，发生问题时，配合信号专业处理。

思考题

1. 简述调度集中(CTC)系统的概念。
2. 简述CTC中心通信前置服务器的功能。
3. 简述CTC车站通信网络系统的设备组成。
4. 简述GSM-R区段CTC系统与通信相关的业务功能。
5. 简述CTC系统与通信专业的关系。

第三节　一体化检修作业

一体化检修作业是在相关单位的统一组织和管理下联合实施的检修作业。通信一体化作业内容涵盖日常检修和季度检修，作业标准分为车内作业标准和车外作业标准。确立安全无小事的意识，树立安全第一的指导思想，对涉及的相关作业安全事项应严格遵守。

一、动车一体化检修作业相关知识

（一）一体化检修作业的定义

根据铁道部《关于全面加强动车组检修运用工作的指导意见》（铁运〔2009〕34号）和《关于印发〈加强动车组运用检修一体化管理的指导意见〉的通知》（运装客车〔2010〕860号）要求，动车组运用检修实行一体化管理。在动车所或动车检修基地内进行动车组运用检修作业时，各作业单位要在动车客车段的统一组织与管理下，按照规定的作业计划、作业流程、作业范围、作业标准和作业节拍，联合实施动车组检修作业，又称动车组一体化作业。

（二）一体化检修作业分工

1. 车辆部门负责按规定的修程、修制完成动车组的运用检修工作，确保出库动车组达到技术状态标准；负责制定包括各专业作业内容的检修作业计划并下发至各作业单位，明确作业时间节点并加强卡控，保证整体作业计划兑现；负责动车所内各类作业的牵头组织工作。

2. 车务部门负责动车组的调车作业组织。车站在动车所派驻车站值班员，负责调车作业计划的编制、控制调车信号、车机联控、办理接发列车等工作并督促相关人员按计划执行调车任务。车站设置调车组，负责动车组的无动力调车作业。

3. 机务部门负责动车组出入所及调车的驾驶作业。机务段在动车所派驻机务派班员，负责本务司机的出退勤工作、地勤司机的调车作业及本务与地勤司机的交接管理、出库联检、地勤司机与电务检修人员的交接等工作。

4. 电务部门负责动车组的 ATP、LKJ、CIR 设备的检修和管理。电务段、通信段在动车所派驻检修人员，条件具备的动车所根据需要设置电务调度员，负责制定动车组电务设备的月度检修计划并纳入动车所的整体作业计划；负责与地勤司机进行动车组行车安全装备的交接工作。

5. 客运部门负责动车组客运整备、车内保洁工作。客运段在动车所内派驻客运质检员，负责动车组车内保洁、整备作业的检查、监督及上部设施的交接工作。客运整备、车内保洁是动车组整体作业计划的一部分。客运段根据需要向动车客车段提供车载广播、影视系统播放内容，动车客车段负责录入广播内容。

6. 多经部门承担的动车组外皮清洗、库内吸污等工作归口由动车客车段管理；车内保洁及客运整备归口由属地客运段管理。

（三）一体化检修作业管理要求

1. 作业计划。动车客车段以动车所为作业单元，负责统一编制涵盖各单位作业内容的一体化动车组检修计划。

一般情况下各单位需延长正常作业时间、提供作业条件、实施技术改造或软件升级时，原则上须提前至少 1 天向动车所申报作业计划，由动车所根据检修能力、检修条件等情况合理安排计划并实施。电务检修人员须及时与动车所沟通动车组配属运用情况，在每月前向所在动车所上报电务月检计划，动车所结合动车组二级修计划进行安排，根据要求每月将检修计划抄送给相关电务段、通信段。动车组检修过程中出现较大故障无法处理需延长作业时间或替换车组时，各作业单位需及时向动车所调度报告。

动车所每天组织客运、机务、电务、车站、多经、动车组售后服务厂家等单位早、晚两次召开生产交班会。书面下达检修作业计划，布置检修中重点事项；核对当日计划，通报计划兑现情况；协调、总结作业中存在问题。

2. 作业流程。动车客车段依据相关铁路局下发的《动车组检修基本流程》，结合各动车运用现场生产实际，不断摸索、细化编制各动车运用所的《动车所检修作业基本流程》，并以段文形式抄送各一体化作业相关部门，进一步明确各自作业时间节点。各作业单位按照检修流程在动车所调度的统一指挥下，在时间节点内安全、有序、协调一致组织作业。对不按流程作业的情况由动车客车段牵头组织分析，提高协同作业能力。

3. 作业指挥。动车所推行专业联合指挥、合署办公制度。在动车所调度室内逐步配置与动车组检修生产相关的专业调车台。

动车所调度实行统一管理。动车所具体负责动车所调度室的管理、组织、协调、指挥工作。

在动车组运用检修作业中，所有作业单位检修人员必须服从动车所的统一安排，按计划、按流程、按节点实施运用检修作业。由动车客车段牵头制定动车所调度的点名制度、定置管理制度、台账管理制度、调度室环境管理制度等基本制度，经站段联劳协作会议通过后再报路局核备。动车所调度实行统一着装、持牌上岗。各专业调度的专业管理制度由相关站段制定，报铁路局业务主管部门核备，各专业管理制度须与动车所调度基本制度相符合。

动车所调度室实行定置管理。由动车客车段牵头对动车所调度室进行统一布局、定置管理，做到各专业调度台的监控装置、办公设施整体统一、布置协调，规格、大小、色调保持一致。

4. 安全管理。动车组检修作业一体化相关的机务、电务、车站、客运、多经等作业单位必须与动车客车段签订安全协议，明确安全责任主体及相关安全注意事项。动车客车段负责制定统一的安全管理规定，报一体化联劳协作会议审议通过，报相关路局备案，各作业单位要严格按规定执行。

5. 站场管理。动车客车段将相关站场管理制度编入动车所所细，并以段文形式抄送相关一体化检修作业单位。动车组运用检修相关作业人员应遵守动车客车段站场基本管理制度，包括安保管理、环卫管理、行为规范管理、车辆管理等内容。

6. 故障分析。动车组故障分析实行资源共享，站段根据故障情况按专业组织分析会，必要时组织联合分析会。进行行车设备故障联合分析时，机务、电务、通信、动车客车段均应相互提供相关数据及资料。动车客车段应制定故障分析会制度，将签到、会议制定措施的整改情况等纳入一体化考评。

二、通信专业一体化检修作业内容、流程及标准

（一）一体化检修作业内容

1. 一体化检修日常作业内容

（1）访问动车所调度，查看《动车组运行技术状态交接单》，及时掌握动车 CIR/LBJ 车载设备运用情况。如有 CIR/LBJ 不良反映，需详细询问故障现象、发生区段，填写《无线通信设备故障障碍处理记录》。如需动车组一体化作业相关单位配合作业，需及时上报动车所调度。

（2）巡视 CIR 语音天线、CIR 数据天线、GPS 天线、450 MHz 单元天线、800 MHz 单元天线，天线无撞坏、外壳无脱落、反射板无异常；若需进行天线更换，必须和动车所调度联系，并按照动车所相关规定办理相关手续。

（3）外观强度检查，检查 CIR/LBJ 主机、天线合路器、MMI 操作显示终端、送受话器、扬声器、打印机等外观强度，表面清扫，各部连接缆线绑扎牢固、设备配件及接头紧固、螺丝固定良好。

（4）检查 CIR/LBJ 设备供电电源电压（确认电源指示灯正常），对 LBJ 电子铅封状态检查（启动状态下需读取记录）。

（5）检查 CIR 与 TAX 箱连接电缆，检查机车数据采集编码器（DMIS 板）工作状态，试验机车号、车次号传送功能。检查打印机色带及打印纸数量，试验打印机功能。

（6）用库检设备对 CIR 各项功能进行检测，包括自检、GPRS 数据、450 MHz 数据、450 MHz 同频通话、450 MHz 异频通话、GSM-R 通话、记录单元语音回放以及 LBJ 列车防护报警等，检测完毕后对库检台进行调听试验。检查 MMI 模式设置，应为自动，线路名称与频率显示正确。

（7）检修中发现问题时，根据情况向相关单位提出配合查找故障的要求及处理时间，并按照故障查找处理程序进行处理，恢复设备正常状态。故障及处理概况必须在《无线通信设备故障障碍处理记录》簿中登记，及时修改设备台账。

（8）出库检查作业（动车组出所时，应对 CIR/LBJ 设备进行逐台检查试验），复查 CIR/LBJ

主机、MMI操作显示终端、送受话器、扬声器及打印机等各单元设备运用良好，复查MMI模式设置显示为自动状态。

(9)检修完毕，检修人员在《三项设备合格证》上签字。

(10)认真填写《机车综合无线通信设备装置入库检查记录》及各类规定台账。

2. 一体化检修季度作业内容

(1)了解将要检修的动车组无线通信设备从上次定期检修以来的设备使用情况，制定本次检修的重点内容。

(2)主机与各部附属配件连接线缆和接头、天线、合路器、MMI、送话器、扬声器、打印机等外观强度检查、清扫、整修或更换。

(3)添加打印纸，打印机检查、试验。

(4)记录单元记录检查，测量天线驻波比。

(5)检查机车录音输出功能检查、试验。

(6)用库检设备对CIR/LBJ各项功能进行检测，包括自检、GPRS数据、450 MHz数据、450 MHz同频通话、450 MHz异频通话、GSM-R通话、记录单元语音回放以及LBJ列车防护报警等，检测完毕后对库检台进行调听试验。

(7)检查MMI模式设置，应为自动，线路名称与频率显示正确。

(8)检查CIR线路数据库和通信录。

(9)巡视CIR/LBJ天线，天线无撞坏、外壳无脱落、反射板无异常；若需进行天线更换，必须和动车所联系，并按照动车所相关规定办理相关手续。

(二)一体化检修作业流程

(1)一体化检修作业前的准备如下：

①接班人员更换工作服和工作鞋。

②接班人员对公用工具、仪表进行检查，对备品进行清点和试验。

③交班人员对当班期间需求交代的事情进行交接，交接班双方进行签字确认。

④当班人员对当日需要检修事项进行梳理。

⑤参加动车所每日生产任务布置会，根据生产任务布置会安排当天工作内容。

a. 听取当日动车组的检修计划安排，领取作业计划单。

b. 根据作业组长(电务车载人员)组织召开的作业准备会及作业计划单，获悉当日动车所作业计划单所布置的作业地点和任务，对于重连后解编的动车应分别按单组动车进行作业。

⑥准备安全帽、常用工具、GSM-R手机、打印纸、便携式测试台、数据管理器、通过式功率计或天线驻波比测试仪(按需要)等专用仪表。

(2)根据作业计划单和当日检修计划进行标准化作业。如有CIR/LBJ不良反映，反复试验设备，确认故障现象，填写《无线通信设备故障障碍处理记录》并处理。

(3)检修完毕，在《三项设备合格证》通信设备栏内填写“合格”并签名。

(4)填写《机车综合无线通信设备装置入库检查记录》及各类规定的书面和相关电子台账。

(5)对更换下来的主机等不合格部件，需入检修所(无线检修工区)检修的，送修前按规定做好标识，以防误用；送修时办理入所修交接手续。

(6)根据段、车间的工作布置，做好备品试验、跨局(段)备品的回访和其他工作并书面记录。

(三)一体化检修作业标准

1. 车外作业标准

(1)天线外观无撞坏、无变形,外壳无脱落、无破损。

(2)天线固定支架、端子板无断裂、无变形,安装牢固,天线固定螺母齐全、无锈蚀。

(3)接头紧固、接触良好、不松动、防水良好。

(4)馈线无破损,无老化,无龟裂、污垢。

(5)天馈线电压驻波比不大于1.5。

2. 车内作业标准

(1)CIR/LBJ主机、天线合路器、MMI操作显示终端、送受话器、扬声器、打印机等外观清洁整齐、无污垢、无明显脱漆,色泽光亮、面板字迹清晰,把手牢固。

(2)CIR/LBJ主机、天线合路器、MMI操作显示终端、送受话器、扬声器、打印机等安装牢固,机壳、面板、盖板无变形或破损,各部螺丝和螺母齐全、牢固。

(3)各部电缆连接正确、紧固,无明显破损,连接部分无错位。

(4)MMI按键接触良好,动作灵活,按键标字和MMI界面显示清晰明了。

(5)打印机针头动作灵活、色带不干,打印纸数量充裕,打印机功能良好。

(6)CIR/LBJ设备供电电源电压符合要求(确认电源指示灯正常)。

(7)检查LBJ电子铅封状态(启动状态下,需数据管理器下载数据并分析保存,下载的数据保存时间不能小于60天),机车数据采集编码器(TDCS板)工作状态正常。

(8)用库检设备对CIR各项功能进行检测,包括自检、GPRS数据、450 MHz数据、450 MHz同频通话、450 MHz异频通话、GSM-R通话、记录单元语音回放以及LBJ列车防护报警等,检测完毕后库检台调听试验良好。若本库检台无法检测而启用备用库检台检测时,库检人员应电话沟通检测结果并做好记录。

(9)对有TAX箱的动车作业时应确保录音输出音量清晰,无TAX箱的动车作业时CIR的录音回放音量清晰。

(10)设备检测完毕后,MMI模式设置为自动,线路名称与频率显示正常。

三、通信专业一体化检修作业安全事项

(一)一体化检修日常作业安全控制措施

(1)必须认真贯彻执行“安全第一,预防为主”的方针,将安全生产纳入重要日程,加强安全教育,建立健全各项安全管理制度。牢固树立“安全第一”的思想,严格遵守劳动纪律、作业纪律和有关规章制度,保证人身和行车安全。

(2)应对员工进行人身安全教育,组织学习安全规章制度及CIR日常作业安全操作规程。对新工、新职人员必须参加三级安全教育及其他安全技术教育及培训,经考试合格后,方准上岗作业。

(3)严格执行“三不动、三不离、三不放过”、“班前安全预想”等基本安全制度。

(4)站场作业时随时注意来往车辆、按规定线路行走,禁止横越线路、跨越地沟。

(5)作业人员必须穿好防护服、工作鞋、安全帽,作业中落实各项安全卡控制度。

(6)严禁擅动与作业无关的设备。

(7)登车顶作业时必须确保动车停靠在无电区方能进行作业,登车顶作业须有车间人员(或由车间指定人员)到场,设立专人防护。车间人员或防护人员要确认登顶作业防高空坠落、防触电伤害、防机车移动等安全防护措施得到落实。作业期间,防护人员须在能目视到作业者并能在一定距离内不间断的监护,发现异常立即提醒,必要时令其下车终止作业。

(8)工区应在段、车间应急预案的基础上制定适合本工区、本岗位的应急预案。每月对工

区的应急预案进行演练并总结。

（二）一体化检修季检作业安全控制措施

（1）必须认真贯彻执行“安全第一，预防为主”的方针，将安全生产纳入重要日程，加强安全教育，建立健全各项安全管理制度。牢固树立“安全第一”的思想，严格遵守劳动纪律、作业纪律和有关规章制度，保证人身和行车安全。

（2）应对员工进行人身安全教育，组织学习安全规章制度及 CIR 季检作业安全操作规程。对新工、新职人员必须参加三级安全教育及其他安全技术教育及培训，经考试合格后，方准上岗作业。

（3）工区应制定详细、操作性较强的季度检修计划并报动车所调度，在每日动车所生产任务布置会中反映当日季检计划。需要其他单位配合时应在动车所生产任务布置会中及时反映。

（4）严格执行“三不动、三不离、三不放过”、“班前安全预想”等基本安全制度。

（5）站场作业时随时注意来往车辆、按规定线路行走，禁止横越线路、跨越地沟。

（6）作业人员必须穿好防护服、工作鞋、安全帽，作业中落实各项安全卡控制度。

（7）严禁擅动与作业无关的设备。

（8）登车顶作业时必须确保动车停靠在无电区方能进行作业，登车顶作业须有车间人员（或由车间指定人员）到场，设立专人防护。车间人员或防护人员要确认登顶作业防高空坠落、防触电伤害、防机车移动等安全防护措施得到落实。作业期间，防护人员须在能目视到作业者并在一定距离内不间断的监护，发现异常立即提醒，必要时令其下车终止作业。

（9）工区应在段、车间应急预案的基础上制定适合本工区、本岗位的应急预案。每月对工区的应急预案进行演练并总结。

思考题

1. 简述一体化作业的定义、一体化作业的分工和一体化作业的管理要求。
2. 简述通信一体化作业的日常作业和季度作业内容。
3. 简述通信一体化作业的流程。
4. 简述通信一体化作业的车内和车外的作业标准。
5. 简述通信一体化作业的安全事项。

复 习 题

1. CTCS-3 级列车运行控制系统与通信有哪些关系？
2. 简述 CTC 系统的技术结构和主要功能。
3. CTC 系统控制中心主要有哪些设备组成？
4. 简述 CTC 数据网的结构。
5. 为什么说无线车次号校核信息准确及时是无线调度命令和无线进路预告发送成功的先决条件？
6. 简述列控车载设备中无线传输模块的作用。
7. CTCS-3 级列车运行控制系统有哪些地面设备？
8. 简述列控中心（TCC）的作用。
9. 信号安全数据网有哪些主要特点？

ShiZuo JiNeng

实作技能

第四章　基 本 技 能

安全防护用具使用及紧急救护、仪器仪表及工具使用是动车组车载通信设备维修岗位应具备的基本技能。本章主要介绍了安全防护用具的使用方法和紧急救护知识，常用仪器仪表、工具的使用等内容。

第一节　安全防护用具使用及紧急救护

本节主要讲述高处作业、带电检修作业安全防护用品使用和防毒、消防、紧急救护等方面的基本知识。

一、高处作业安全防护用品的使用和操作

（一）安全带

（1）安全带使用期一般为3～5年，发现异常应提前报废。

（2）安全带的腰带和保险带、绳应有足够的机械强度，材质应有耐磨性，卡环（钩）应具有保险装置。保险带、绳使用长度在3 m以上的应加缓冲器。

（3）使用安全带前应进行外观检查：组件完整、无短缺、无伤残破损，绳索、编带无脆裂、断股或扭结，金属配件无裂纹、焊接无缺陷、无严重锈蚀，挂钩的钩舌咬口平整不错位，保险装置完整可靠。

（4）安全带应系在牢固的物体上，禁止系挂在移动或不牢固的物件上。不得系在棱角锋利处。安全带要高挂和平行拴挂，严禁低挂高用。

（二）安全帽

（1）戴安全帽前应将帽后调整带按自己头型调整到适合的位置，然后将帽内弹性带系牢。

（2）安全帽的下颌带必须扣在颌下，并系牢，松紧要适度。

（3）定期检查安全帽有没有龟裂、下凹、裂痕和磨损等情况，发现异常现象要立即更换，不准再继续使用。

（4）严禁使用只有下颌带与帽壳连接的安全帽，也就是帽内无缓冲层的安全帽。

（5）施工人员在现场作业中，不得将安全帽脱下，搁置一旁，或当坐垫使用。

二、带电检修作业安全防护用品的使用和操作

对低压交流电、UPS蓄电池组和通信用高频开关电源、电池组等电压超出安全电压（36 V）的端子进行测量、紧固作业时，应注意：

（1）使用有绝缘柄的工具。

（2）工作时，站在干燥的绝缘物体上进行，并戴绝缘手套。必须穿长袖衣衫工作，严禁使用锉刀、金属尺和带有金属物的毛刷等工具。

（3）绝缘鞋（靴）的使用不可有破损。使用时不得直接用手接触电气设备；穿用绝缘靴时，

应将裤管套入靴筒内。穿用绝缘鞋时，裤管不宜长及鞋底外沿条高度，更不能长及地面，保持布帮干燥。

三、防毒安全防护用品的使用和操作

（一）过滤式防毒面具

过滤式防毒面具是防毒面具最为常见的一种，主要由面罩主体和滤毒件两部分组成。面罩起到密封并隔绝外部空气和保护口鼻面部的作用。滤毒件内部填充以活性炭为主要成分的活性炭，由于活性炭里有许多形状不同、大小不一的孔隙，可以吸附粉尘，在活性炭的孔隙表面，浸渍了铜、银、铬金属氧化物等化学药剂，以达到吸附毒气后与其反应，使毒气丧失毒性的作用。面具使用方法如图 4-1 所示。

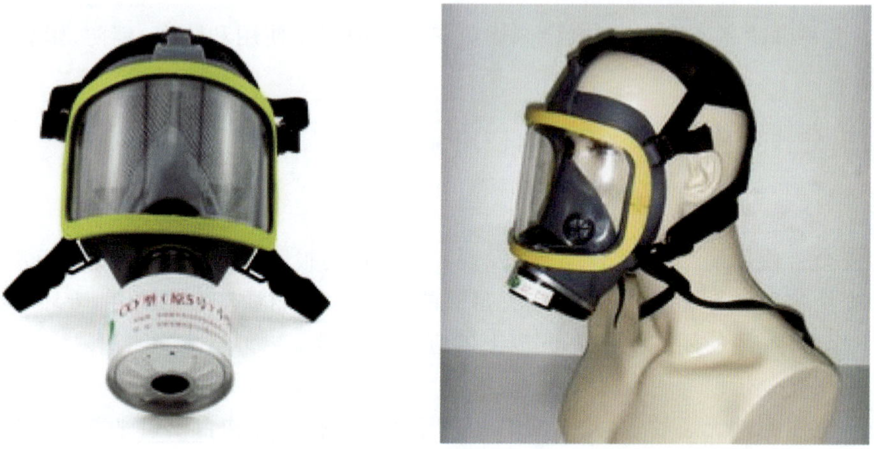

图 4-1　过滤式防毒面具及使用方法

1. 使用方法

（1）使用面具时，由下巴处向上佩戴，再适当调整头带，戴好面具后用手掌堵住滤毒盒进气口用力吸气，面罩与面部紧贴不产生漏气，则表明面具已经佩戴气密，可以进入危险涉毒区域工作。

（2）面具使用完后，应擦尽各部位汗水及脏物，尤其是镜片、呼气活门、吸气活门要保持清洁，必要时可以用水冲洗面罩部位，滤毒盒部分也要擦干净。

（3）如在具有传染性质的病毒环境使用后，面罩及滤毒盒可用 1% 过氧乙酸消毒液擦拭，清洗消毒，必要时面罩可浸泡在 1% 过氧乙酸消毒液中，但滤毒盒不可浸泡，也不可进水以防失效。经消毒液消毒后，应用清水擦拭，晾干后再用。

2. 注意事项

（1）防毒面具属有毒、有害环境使用产品，未经过专业培训过的人员不得随意拆卸，减少其零部件及维修产品。

（2）防毒面具不得在 65℃以上环境中使用及高温环境中存放。

（3）滤毒盒吸湿后会降低防毒能力，平时注意严防进水。

（4）面具应储存在阴凉干燥的地方，并不得接触有机溶剂。

（二）自救式防毒面具

自救式防毒面具是发生火灾时或进入有限空间时个人使用的防护呼吸装置。可以在一定时间内阻止一氧化碳(CO)、毒烟、毒雾等通过呼吸侵入人体，起到保护作用。使用方法：

(1)打开盒盖，取出真空包装袋。

(2)撕开真空包装袋，拔掉前后两个罐塞。

(3)戴上头罩，拉紧系带。

(4)选择路径，果断逃生。

自救式防毒面具使用方法如图4-2所示。

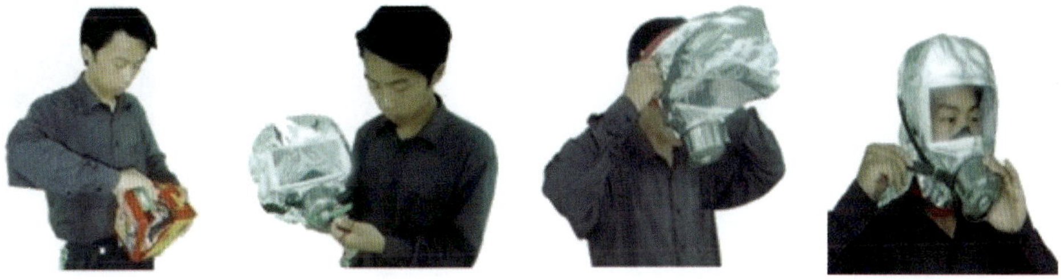

步骤1：开盒取出呼吸器　步骤2：拔掉前后两个塞子　步骤3：将呼吸器戴于头上　步骤4：从侧面拉紧系带

图4-2　自救式防毒面具使用方法

该类产品仅供一次性使用，不能用于工作保护，只供个人逃生自救；产品备用状态时环境温度应为0℃～40℃，周边无热源，易燃、易爆及腐蚀性物品，通风应良好，无雨淋及潮气侵蚀，不能随意搬动、敲击、拆装，以免引起意外失效。

四、消防设备的使用和操作

（一）手提式灭火器

以二氧化碳灭火器的使用为例：

(1)用右手握着压把。

(2)用右手提着灭火器到现场。

(3)除掉铅封。

(4)拔掉保险销。

(5)站在距火源2 m的地方，左手拿着喇叭筒，右手用力压下压把。

(6)对着火源根部喷射，并不断推前，直至扑灭火焰。

手提式灭火器使用方法如图4-3所示。

（二）气体消防装置的使用

通信人员在日常工作中，应掌握疏散路径、保持室内疏散标志良好、掌握防火分区分布和控制开关位置，并确知通信相关机房气体消防是手动控制是还是自动控制。配备气体消防的保护分区，应处于良好的有限密闭状态。下面说明较为常用的七氟丙烷气体灭火系统的控制过程和使用方法。

1. 自动控制方式

保护区域发生火情，火灾探测器发出火灾信号，报警控制器立即发出报警信号，控制盘接收到两个独立的火灾报警信号后，发出联动指令，关闭联动设备，经过 30 s 延时，发出灭火指令，灭火剂容器阀受控打开释放灭火剂，实施灭火。

气体消防系统在收到两个独立的火灾报警信号后，会给出火灾声光报警信号，室内人员听到火灾报警信号（或广播）后，应以最快速度沿疏散径路撤离，撤离后务必关好门。

图 4-3 手提式灭火器使用方法

2. 手动（电气）控制方式

当某保护区域发生火情，可按下手动控制盒或控制器上的启动按钮，即可按规定程序启动灭火系统释放灭火剂，实施灭火。在自动控制状态下，手动（电气）控制仍然有效。

在按下手动（电气）控制前，必须保证保护分区内没有其他人员，门窗已经全部关闭。

3. 发出火情报警，在延时时间内却发现情况变化不需要启动灭火系统进行灭火时，可按下手动控制盒或控制盘上的紧急停止按钮，即可停止控制器灭火指令的发出。

五、紧急救护常用知识

急救现场处理的首要任务是抢救生命、减少伤员痛苦、减少和预防伤情加重及发生并发症，正确而迅速地把伤病员转送到医院。

（一）急救步骤

（1）报警。一旦发生人员伤亡，不要惊慌失措，马上拨打 120 急救电话报警。

（2）对伤病员进行必要的现场处理。

①迅速排除致命和致伤因素。如搬开压在身上的重物，撤离中毒现场，如果是意外触电，

应立即切断电源；清除伤病员口鼻内的泥沙、呕吐物、血块或其他异物，保持呼吸道通畅等。

②检查伤员的生命特征。检查伤病员呼吸、心跳、脉搏情况。如无呼吸或心跳停止，应就地立刻开展心肺复苏。

③止血。有创伤出血者，应迅速包扎止血。止血材料宜就地取材，可用加压包扎、上止血带或指压止血等，然后将伤病员尽快送往医院。

④如有腹腔脏器脱出或颅脑组织膨出，可用干净毛巾、软布料或搪瓷碗等加以保护。

⑤有骨折者用木板等临时固定。

⑥神志昏迷者，未明了病因前，注意心跳、呼吸、两侧瞳孔大小。有舌后坠者，应将舌头拉出或用别针穿刺固定在口外，防止窒息。

(3)迅速而正确地转运伤病员。按不同的伤情和病情，按病情的轻重缓急选择适当的工具进行转运。运送途中应随时关注伤病员的病情变化。

（二）受伤简易处理办法

(1)出血：可以把身上的衣服撕成布片，对出血的伤口进行局部加压止血。

(2)骨折：现场可以找块小夹板、树枝等物，对患肢进行包扎固定。

(3)头部创伤：把伤者的头偏向一边，不要仰着，防止引起呕吐，造成伤者窒息。

(4)腹部创伤：将干净容器扣在腹壁伤处，防止发生腹腔感染。

(5)呼吸心跳停止：及时对伤者进行人工呼吸，并进行简单的胸外按压。

人工呼吸法适用于有心跳但无呼吸的触电者。其要领是：病人仰卧平地上，鼻孔朝天颈后仰。首先清理口鼻腔，然后松扣解衣裳。捏鼻吹气要适量，排气应让口鼻畅。吹 2 s 来停 3 s，5 s 一次最恰当。

胸外挤压法适用有呼吸但无心跳的触电者。其要领是：病人仰卧硬地上，松开领扣解衣裳。当胸放掌不鲁莽，中指应该对凹膛。掌根用力向下按，压下一寸至半寸。压力轻重要适当，过分用力会压伤。慢慢压下突然放，1 s 一次最恰当。

当触电者既无呼吸又无心跳时，可同时采用人工呼吸法和胸外挤压法进行急救。其中单人操作时，应先口对口（鼻）吹气两次（约 5 s 内完成），再作胸外挤压 15 次（约 10 s 内完成），以后交替进行。双人操作时，按前述要领进行。

思考题

1. 简述使用安全带的注意事项。
2. 简述带电检修作业时的注意事项。
3. 如何使用防毒面具（自救呼吸器）？
4. 如何正确使用手提式二氧化碳灭火器？
5. 如何使用七氟丙烷气体消防系统？

第二节　仪器仪表及工具使用

正确地使用仪表及工具是日常维护工作和故障处理的基础，针对车载通信设备维修岗位，本节主要对万用表、兆欧表、功率计、作业手持台（Operational Purpose Handset，OPH）等常用仪表及工具进行简要介绍。

一、万 用 表

(一)万用表的用途

万用表又叫复用电表,它是一种可以测量多种电量的多量程便携式仪表,由于它具有测量种类多、测量范围宽、价格低以及使用和携带方便等优点,广泛应用于日常通信设备维护工作中。

一般的万用表可以测量直流电流、直流电压、交流电压、直流电阻和音频电平等电量,还可以测量电容、电感以及晶体管的β值等。

(二)相关名词和指标解释

万用表可以分为指针式和数字式两种。指针式万用表具有指示直观,测量速度快等优点,但输入电阻小,误差较大,所以一般用于测量可变的电压、电流值,通过观察表头指针的摆动来判断电压、电流的变化范围。数字表读数直观,但数字变化的过程看起来很杂乱,不太容易观看。数字表电压挡的内阻很大,至少在兆欧级,对被测电路影响很小。但极高的输出阻抗使其易受感应电压的影响,在一些电磁干扰比较强的场合测出的数据可能不准确。在实际工作中,应根据现场情况选用指针表和数字表。

(三)操作过程

1. 电阻的测量

用万用表测量电阻时,首先应该将表笔短接,拧动调零电位器调零,使指针在欧姆零位上。每次换挡之后也需重新调整调零电位器调零。如果被测电阻在电路板上,则应焊开其中一脚方可测试,否则被测电阻有其他分流器件,导致读数不准确。测量时,注意手指不要碰到表笔与电阻的引脚,以保证安全及测量精确。

2. 晶体管的测量

将万用表的量程转换到欧姆挡R×100或R×1k挡来测量二极管。不能用R×1、R×10k挡。前者因为电阻太小,通过二极管的电流太大,易损坏二极管;后者则因为内部电压较高,容易击穿耐压较低的二极管。根据二极管的单向导电特性,通过测量正反向电阻值,可以检查二极管的好坏,一般要求反向电阻是正向电阻的几百倍。也就是说,正向电阻越小越好,反向电阻则是越大越好。

(1)正向特性测试

用万用表的黑表笔(表内正极)搭触二极管的正极,红表笔(表内负极)搭触二极管的负极。若表针不摆到0值而是停在标度盘的中间,这时的阻值就是二极管的正向电阻,一般正向电阻越小越好。若正向电阻为0值,说明管芯短路,若正向电阻接近无穷大值,说明管芯断路。短路和断路的管子都不能使用。

(2)反向特性测试

用万用表的红表笔搭触二极管的正极,黑表笔搭触二极管的负极,若表针指在无穷大值或接近无穷大值,二极管就是合格的。

3. 电压的测量

万用表的直流电压挡和交流电压挡可以分别用来测量直流和交流电的电压值,测试的时候将万用表与被测电路以并联的形式连上。要选择表头指针接近满刻度偏转2/3的量程,当不知道所要测量电压的大概数值时,应尽量先选用大的量程,如果指针偏转很小,再逐步换用最合适的量程,这样可以防止由于电压过高而损坏万用表。在测量直流电压时,要用万用表的红表笔接触被测电路的正极，黑表笔接触被测电路的负极。注意千万不能用直流电压挡测量交流电压，以免损坏万用表。

4. 直流电流的测量

测量电路中的电流时，需将原有接线断开，再串接入电流表，正极表笔接于电源正极。特别要注意，绝对不可将两个表笔直接接在电源上，否则，万用表立刻通过大电流而烧毁。测量时，应先选用比被测电流大几倍的量程，以免因电路不正常，电流过大而烧毁万用表。

(四)注意事项

1. 万用表应水平放置在平稳的位置使用，以免造成误差。同时，还要注意到避免外界磁场对万用表的影响。

2. 在使用万用表之前，应先看电表的表针是否正确的停止在刻度盘最左端的"0"位处，否则要用小螺丝刀旋转表盘下方中心的调零螺丝，使表针指于"0"处。

3. 测量之前应先检查表笔所接位置，红色表笔应接在红色或有"＋"符号的插口内，黑色表笔应接在黑色或有"－"符号的插口内。这样，测量直流电压或直流电流时，用红色表笔接正极，黑色表笔接负极，就可以避免因极性接反烧毁线圈或撞坏表针。

4. 在使用万用表过程中，不能用手去接触表笔的金属部分，这样一方面可以保证测量的准确，另一方面也可以保证人身安全。

5. 在选择测量范围时应尽可能使表针移动至满刻度的 2/3 附近，读数比较精确。例如用 500 型万用表测量 20 V 左右的电压，应选用 30 V 的量程，这样就能准确读出 19 V 和 20 V 的差别，如选用 200 V 的量程，就会很难分辨 19 V 和 20 V。

6. 在测量某一电量时，不能在测量的同时换挡，尤其是在测量高电压或大电流时更应注意。否则会毁坏万用表。如需换挡，应先断开表笔，换挡后再去测量。

7. 万用表使用完毕，应将转换开关置于交流电压的最高挡。如果长期不使用，还应将万用表内部的电池取出来，以免电池腐蚀表内其他器件。

二、兆 欧 表

(一)兆欧表的作用

兆欧表是用来测量被测设备的绝缘电阻和高值电阻的仪表，由一个手摇发电机、表头和三个接线柱(L—线路端、E—接地端、G—屏蔽端)组成。

(二)相关名词和指标解释

1. 额定电压等级的选择。一般情况下，额定电压在 500 V 以下的设备，应选用 500 V 或 1 000 V的兆欧表；额定电压在 500 V 以上的设备，选用 1 000～2 500 V 的兆欧表。

2. 电阻量程范围的选择。兆欧表的表盘刻度线上有两个小黑点，小黑点之间的区域为准确测量区域。所以在选表时应使被测设备的绝缘电阻值在准确测量区域内。

(三)操作过程

1. 校表。测量前应将兆欧表进行一次开路和短路试验，检查兆欧表是否良好。将两连接线开路，摇动手柄，指针应指在"∞"处，再短接两连接线，指针应指在"0"处，符合上述条件者即良好，否则不能使用。

2. 被测设备与线路断开，对于大电容设备还要进行放电，绝不允许用兆欧表测量带电设备的绝缘电阻，以防止影响人身和设备安全的事故发生。

3. 选用电压等级符合的兆欧表。

4. 测量方法。测量绝缘电阻时，一般只用“L”和“E”端，但在测量电缆对地绝缘电阻或被测设备的漏电流较严重时，就要使用“G”端，并将“G”端接屏蔽层或外壳。线路接好后，可按顺时针方向转动摇把，摇动的速度应由慢而快，当转速达到每分钟 120 转左右时(ZC-25 型)，保持匀速转动，1 min 后读数，并且要边摇边读数，不能停下来读数。

5. 拆线放电。读数完毕，一边慢摇，一边拆线，然后将被测设备放电。放电方法是将测量时使用的地线从兆欧表上取下来与被测设备短接一下即可。

(四)注意事项

1. 禁止在雷电时或高压设备附近测绝缘电阻，只能在设备不带电，也没有感应电的情况下测量。

2. 摇测过程中，被测设备上不能有人工作。

3. 兆欧表线不能绞在一起，要分开。

4. 兆欧表未停止转动之前或被测设备未放电之前，严禁用手触及。拆线时，也不要触及引线的金属部分。

5. 测量结束时，对于大电容设备要放电。

6. 要定期校验其准确度。

三、通过式功率计

(一)通过式功率计的作用

通过式功率计是测量发射机功率和天线系统驻波比(SWR)最常用的仪表之一，在 CIR 日常维护，特别是天线系统的故障处理中，发挥着很大的作用。

(二)相关名词和指标解释

载波功率是指在无调制的情况下，发射机在一个射频周期内供给标准输出负荷的平均功率。《铁路无线通信维护暂行规则》规定机车综合无线通信设备(CIR)的载波功率为同频 $5^{+1}_{-0.75}$ W，异频 $10^{+2}_{-1.5}$ W。

反射功率是指当负载与设备不处于理想匹配状态时，入射功率中的一部分不能被负载吸收，而是消耗在设备的输出电路中，称为反射功率。反射功率对设备有较大损害。

驻波比全称为电压驻波比(Voltage Standing Wave Ratio，VSWR)用来表示天线和发射机是否匹配。如果 SWR 的值等于 1，则表示发射机传输给天线的电波没有任何反射，全部辐射出去，这是最理想的情况。实际上总存在反射，所以 SWR 值总是大于 1 的。天线系统的 SWR 的大小，对发射效率有很大影响，SWR 大，意味着有大的功率被反射回发射机，使电台效率变低，甚至损坏发射机末级。

《铁路无线通信维护暂行规则》规定机车综合无线通信设备(CIR)天馈系统的电压驻波比不大于 1.5(应在合路器输出口测试)。

(三)操作介绍

常用的通过式功率计有很多，其测试的基本原理相同，一般都是由功率传感器加功率指示器组成。下面以鸟牌 5000-XT 数字功率计加 5010B 型传感器为例，介绍通过式功率计的简单使用方法和注意事项。鸟牌 5000-XT 数字功率计和 5010B 型功率传感器的外观如图 4-4 和图 4-5 所示，5000-XT 数字功率计主机按键说明见表 4-1。

5010B型功率传感器由一个50 Ω腔体、一个正向功率探头和一个反向功率探头组成（正常配置中，正向功率探头功率值是反向功率探头的10倍），可测量正向和逆向功率，因此可计算并显示电压驻波比（VSWR）和其他匹配测量值。

表4-1 5000-XT数字功率计主机按键说明

序号	按键	说明
1	OK/电源键	打开或关闭主机
2	+/-键	在正负数字之间进行切换
3	记录键	调出记录菜单
4	菜单键	调出主菜单
5	箭头键	滚动浏览菜单项
6	数字键	输入数值
7	USB传感器端口	连接功率传感器
8	COM传感器端口	连接功率传感器
9	USB端口	连接电脑
10	LCD显示屏	背光液晶显示屏
11	外置DC连接器	连接AC电源适配器或点烟器适配器 外置电源可为设备供电，并为电池充电

1. 功率计的连接

图4-6为通过式功率计的测试连接图，具体连接如下所述：

（1）鸟牌功率计主机和传感器通过标配的传感器电缆连接。

（2）将发射机的射频输出通过标准测试线连接至传感器的“Input”口，将天馈线连接至传感器的“Output”口。

（3）正向功率探头和反向功率探头必须按照图4-5箭头指示方向安装。

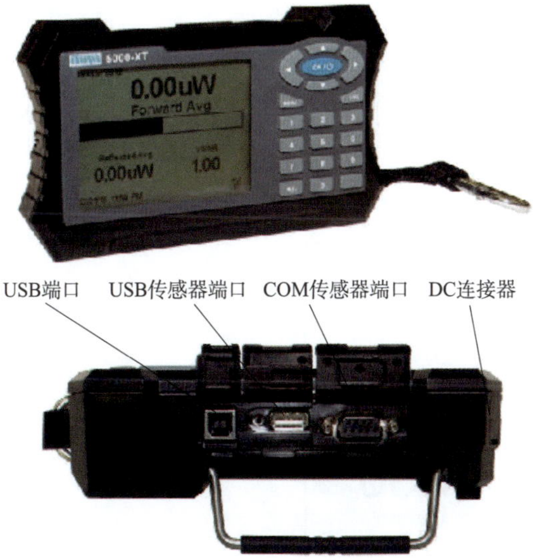

图4-4 5000-XT数字功率计主机外观图

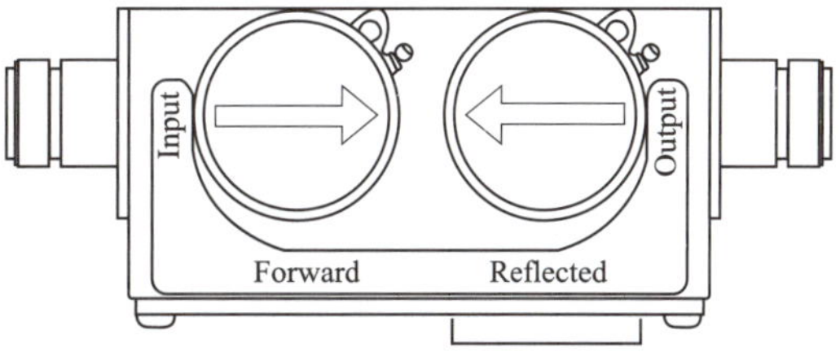

图4-5 5010B型功率传感器外观图

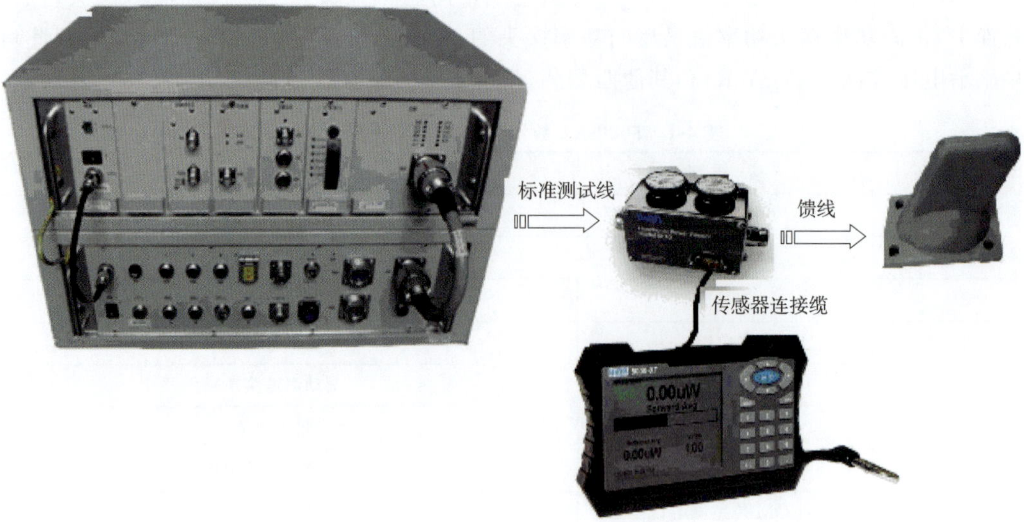

图 4-6　功率计测试连接图

2. 测量及读数

(1)开机:按“OK/电源”键开机。

(2)设定标度:根据正向功率探头元件上标注的最大功率和频率范围设置标度。发射机频率应在探头元件频率范围之内。

①按下标度。

②使用向上和向下箭头键选择功率单位(W、mW 或 kW)。

③使用数字键盘和<、>键,输入正向元件插座中的元件最大功率。

④按下“Enter”键。

(3)设定元件型号:

①按下元件型号。

②根据功率探头元件上标注的型号设置元件型号为 APM/DPM 元件或 43 元件。

(4)开启射频源并读数:按下主机控发键,即可读到正反向功率数值和电压驻波比 VSWR 值。图 4-7 为测量读数显示界面之一,通过箭头键可以改变功率单位和主显示区域。在实际测量中,驻波比值应不大于 1.5,功率值也应符合规范要求,反向功率值越小越好。

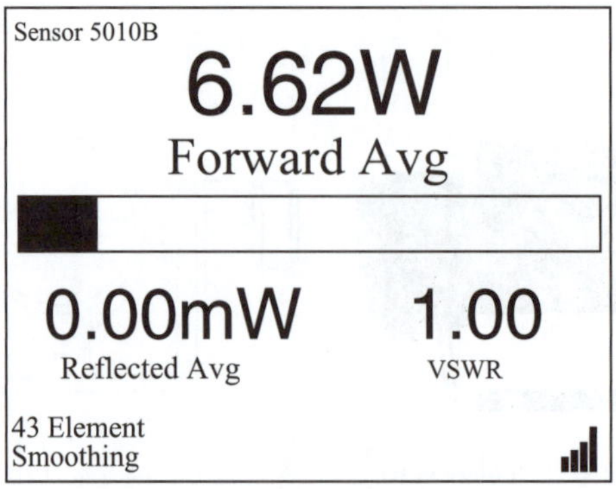

图 4-7　正向功率主显示界面

(5)关机：按住“OK”键 2 s，此时设备将进入睡眠模式。在此模式中，设备将停止记录。按住“OK”键，直至“OK”键亮起，此过程需大约 8 s。按键亮起后松开按键。此时设备将完全关闭。

(四)注意事项

(1)设置的功率范围不得小于实际功率值。

(2)腔体与被测对象的连接要注意输入/输出口。

(3)正、反向探头必须安装，不可装反，不可空置。两个元件必须都是 APM/DPM 或 43 型，不得混用元件。

(4)通过式功率计通过在线测量，测量系统在实际工作时的发射功率不会影响被测设备的实际工作。

(5)如果需要测量被测设备的额定功率，可将功率计的输出端接 50 Ω 的标准假负载。

四、GSM-R 作业手持台(OPH)

(一)GSM-R 作业手持台的作用

作业手持台是 GSM-R 系统移动终端的一种，根据所注册的不同身份，可支持系统内的各种呼叫功能，包括发起和接收点对点语音呼叫、语音组呼、语音广播等。支持各种功能号呼叫；支持增强多优先级(eMLPP)呼叫业务；支持 GPRS 数据传输。在 CIR 维护作业中，它可作为测试工具对 CIR 的 G 网功能进行测试验证。

(二)相关名词和指标解释

1. 点对点呼叫：直接呼叫对方的用户号码。

(1)呼手机：直接拨对方的 11 位手机号码(如湖北段号码为 149851＋5 位号码)。

(2)呼铁路自动电话：901＋铁路区号＋路电 5 位号码。

(3)呼调度台 FAS 号码：直接拨调度 8 位号码。

2. 功能号(码)：在功能寻址中使用的完整号码，通过功能或角色，而不是设备或用户注册的特定内容来识别终端用户或系统。功能号码组成为：IC＋CT＋UIN＋FC，其中 IC 为国际代码：中国为 086；CT 为呼叫类型：车次功能号为 2，机车功能号为 3；UIN 为用户识别码：车次功能号为车次代码，机车功能号为机车代码；FC 为功能码。

3. 车次号：标识特定旅程的列车车次号码，一般情况下在行程中该号码应唯一。运行超过 24 h 的车次，其车次号允许重复。

4. 机车号：永久标识牵引机车的号码(含机车类型代码和编号)，在 GSM-R 网络内，机车号功能号在全路管辖范围内管理是唯一的。

5. 语音组呼：在一个地理范围内，对预定义的组成员发起的呼叫，在任何时刻，组内只能有一个成员讲话，其他成员接收。在呼叫建立期间，给主叫用户和调度员提供标准的双向信道，给所有的被叫业务用户分配同一业务信道的下行链路接听。在整个呼叫过程中调度员一直占用一对业务信道，其他业务用户要通过抢占上行链路来实现讲者和听者身份之间的转变。一个 VGCS 通信过程中，某一时刻只能有一个“非调度身份”的移动用户讲话，调度员可以随时讲话。

(1)组 ID：标示该组的功能，即由哪些身份的成员参加；一个用户可以同时签约多个组 ID，并给它们设置不同的优先级。

(2)组呼区域：是指 VGCS 通信所覆盖的地理范围，以无线蜂窝小区为基本单位，可以由一个或几个蜂窝小区组成。

(3)紧急呼叫:一种优先级别较高的组呼,用于在列车行驶过程中出现紧急情况时,及时通知相关成员。

6. 语音广播:在一个地理范围内,对预定义的组成员发起的呼叫,在任何时刻,组内只有发起者能够讲话,其他成员接收。广播的讲话者是发起广播的业务用户,业务用户之间不能实现讲话者与聆听者之间的切换。调度员如果不是广播的发起者也有讲话的权利,还可以终止该广播。

(三)操作介绍

目前铁路常用 OPH 手持台的操作使用方法大致相同。常用 OPH 外观如图 4-8 所示。

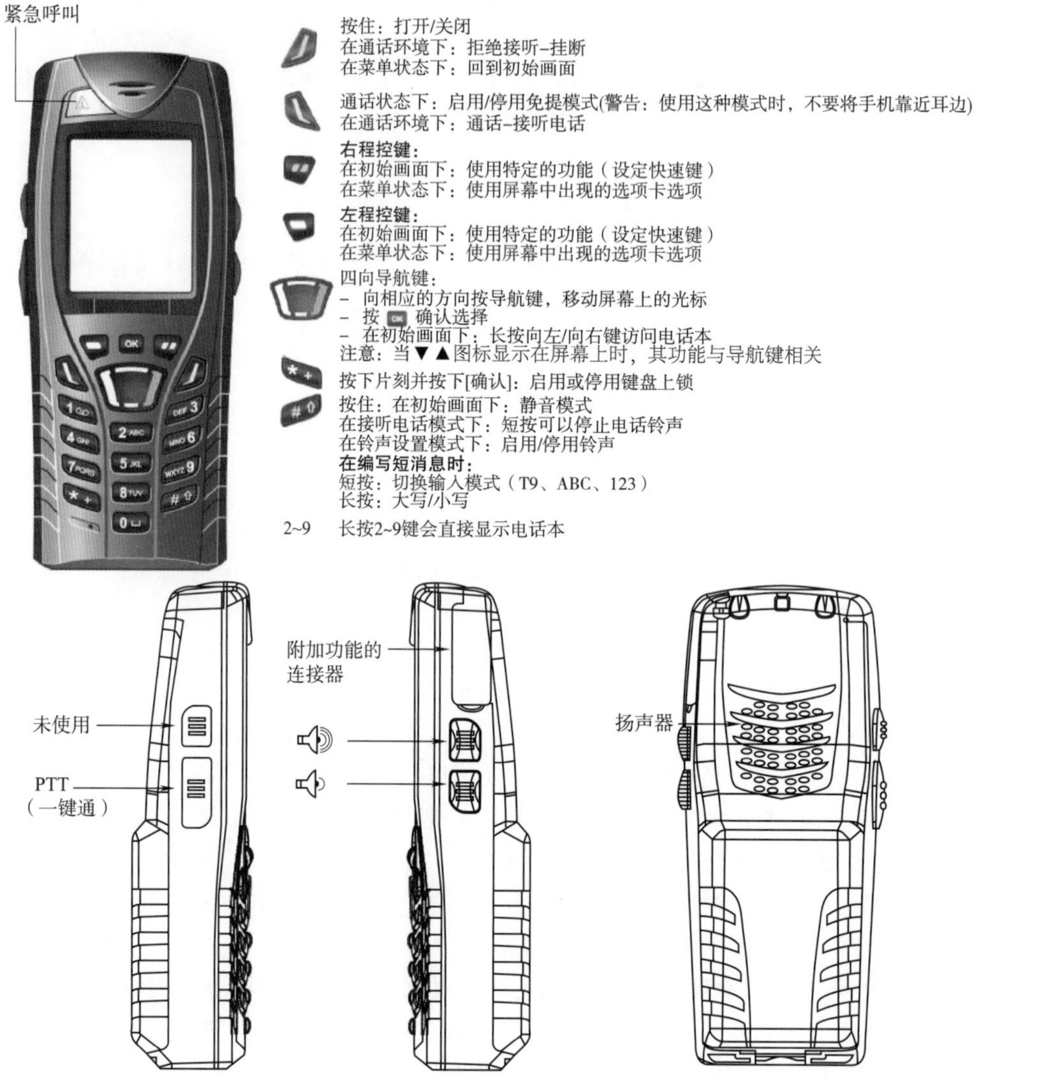

图 4-8　作业手持台外观图

图 4-8 为作业手持台(OHP)的外观图,GSM-R 手机开关机方式与普通手机开关机方式一致,SIM 卡的插卡位置在手机的电池下面。

1. OPH 的语言版本、日期与时间设置

(1)语言版本设置:如果是英文版本,依次选择菜单进行设置即可转换为中文界面。

(2)日期与时间的设置：在“日期与时间”菜单上，请选择“设置时间与日期”，然后“选择”日期：直接以数字方式输入日期，或使用导航键设置日期，使用导航访问下一个(或上一个)输入项。

设置时间与设置日期的过程相同。

2. 点对点呼叫

(1)直接呼叫对方的用户号码。

(2)使用功能号呼叫。

①车次号功能号呼出：输入“2 CCCC ××××× FF”

CCCC：车次号 0～2 位字母转换的 4 位数字。无字母时 CCCC=0000，1 位字母时 CCCC=00CC。字母与数字对应见表 4-2。

×××××：车次号中的数字位，1～5 位可变长。

FF：2 位数字功能码 FC，常见数字功能码 FC 功能描述见表 4-3。

例如呼叫 Z38 次的司机，输入“2 0090 00038 01”：

CCCC：有一个字母 Z 时，CCCC=0090。

车次号中的数字位：00038。

FF：01(01 代表司机)。

表 4-2 车次号字母代码表

字母	十进制数字	字母	十进制数字
A	65	O	79
B	66	P	80
C	67	Q	81
D	68	R	82
E	69	S	83
F	70	T	84
G	71	U	85
H	72	V	86
I	73	W	87
J	74	X	88
K	75	Y	89
L	76	Z	90
M	77		
N	78		

表 4-3 常用数字功能码

功能码(FC)	功能描述
00	为告警保留
01	本务机司机
02～05	补机司机
07	车上内部通信
08	车内广播
10	列车长 1
11	列车长 2
20	餐车主任
28	乘检人员
29	列检人员
30	铁路安全服务领导
31	乘警长
40	ETCS/CTCS 使用
86	运转车长

②机车功能号呼出：输入“3 TTT ××××× FF”

TTT：3 位数字机车类型代码，常见机车类型代码见表 4-4。

×××××：机车编号，1～5 位数字可变长，分别为×、××、×××、××××。特殊情况末位数字×表示机车 A、B 端代码，0：A 端，1：B 端。

FF：2 位数字功能码 FC。

例如呼叫 CRH_2-061 的司机，输入“3 302 00610 01”：

TTT：302 表示 CRH_2 型车。

机车编号:0061。末位数字 0 表示机车 A 端。

FF:01(01 代表司机)。

表 4-4 常见机车类型代码表

序号	车型名称	车型符号	车型代码	序号	车型名称	车型符号	车型代码
1	和谐电力机车	HXD_{1}	231	20	韶山 6B	SS_{6B}	215
2	和谐电力机车	HXD_{2}	232	21	韶山 9	SS_{9}	216
3	和谐电力机车	HXD_{3}	233	22	韶山 7D	SS_{7D}	217
4	和谐电力机车	HXD_{1B}	234	23	东风 11	DF_{11}	138
5	和谐电力机车	HXD_{2B}	235	24	东风 4D	DF_{4D}	141
6	和谐电力机车	HXD_{3B}	236	25	东风 4B	DF_{4B}	105
7	和谐电力机车	HXD_{1C}	237	26	东风 4C	DF_{4C}	106
8	和谐电力机车	HXD_{2C}	238	27	东风 4	DF_{4}	104
9	和谐电力机车	HXD_{3C}	239	28	东风 8B	DF_{8B}	142
10	韶山 1	SS_{1}	205	29	韶山 4	SS_{4}	207
11	韶山 3	SS_{3}	206	30	韶山 7E	SS_{7E}	224
12	韶山 4	SS_{4}	207	31	Ⅰ型动车组(北车庞巴迪)	CRH_{1}	301
13	韶山 5	SS_{5}	208	32	Ⅱ型动车组(南车四方川崎重工)	CRH_{2}	302
14	韶山 6	SS_{6}	209	33	Ⅲ型动车组(北车唐山西门子)	CRH_{3}	303
15	韶山 3(G)	SS_{3G}	210	34	Ⅴ型动车组(北车长春阿尔斯通)	CRH_{5}	305
16	韶山 7	SS_{7}	211	35	380 动车组(南车四方)	CRH_{380A}	306
17	韶山 8	SS_{8}	212	36	380 动车组(北车长春)	CRH_{380B}	307
18	韶山 7B	SS_{7B}	213	37	380 动车组	CRH_{380C}	308
19	韶山 7C	SS_{7C}	214	38	380 动车组	CRH_{380D}	309

③使用短号码呼叫:

1200:呼叫当前位置下列车调度员。

1300:呼叫当前位置下车站值班员。当上下行线不同径路时,1300 呼叫下行车站的值班员;1320 呼叫上行车站的值班员。

1400:呼叫当前位置下供电调度员。

1612:呼叫网络确认中心。

3. 分组通话

根据用户的身份和权限不同,OPH 可以发起和加入分组通话或广播通话。

(1)发起广播通话

在分组通话菜单中,选择“拨号”菜单并确认,选择“广播”选项,OPH 将显示可以设置的广播通话号(GID)。选择一个 GID,然后按“通话”,作为广播通话的发起人,只有发起人可以讲话,该通话组的其他用户不能讲话。

(2)发起分组通话

在分组通话菜单中,选择“拨号”菜单并确认,选择“群组”选项,OPH 将显示发起人可以设置的分组通话号(GID),选择一个 GID,然后按“呼叫”,当前用户必须按下“PTT”键以请求许可,然后才可以讲话。网络只能将许可一次授予一个用户,如果获得了许可,则 OPH 将显示“嘴巴”图标,表示可以讲话,如果没有获得讲话的许可,则用户将成为该通话组的收听者,并且用户的手机将显示“耳朵”图标。

(3)发起紧急呼叫

发起紧急呼叫有两种方法，一种是在任何菜单下操作时，按住 OPH 左上角的红色紧急呼叫按键；另一种是在分组通话菜单中，选择拨号菜单并确认选择紧急呼叫选项。

在这两种情况下，OPH 都会要求确认，以便发起紧急呼叫，按“是”进行确认，紧急呼叫一旦发起，就会像分组通话那样工作。

紧急呼叫必须要由发起人撤销，具体方法首先按“挂机”键，然后按照屏幕提示执行。

常用组呼/广播的区域及功能说明如下：

201 列车调度辖区组呼(3 级优先级)；

202 列车调度辖区组呼(3 级优先级)；

203 列车调度辖区组呼(2 级优先级)；

210 车站基站区组呼(3 级优先级)；

211 车站基站区组呼(3 级优先级)；

220 相邻三车站及站间区间组呼(2 级优先级)(范围较大)；

221 相邻三车站及站间区间组呼(3 级优先级)(范围较大)；

299 相邻三小区组呼(铁路紧急呼叫组呼，0 级优先级)(优先级最高)。

4. 手持台功能号的注册与注销

(1)功能号注册格式：输入＊＊214＊086＋2CCCC＋车次＋功能号＊＊＊＃，按“呼叫”键。

如注册 41038 次本务司机手持台：＊＊214＊086200004103881＊＊＊＃ 按“呼叫”键，屏幕上显示激活功能后，显示 41038 次本务机司机手持台后表示注册成功。

岗位功能号如下所示：

本务机司机手持台 81；运转车长 86；列车长 10、11；乘检人员 28；列检人员 29；乘警长 31；补机司机 02、03、04、05……

本务机司机 CIR 与本务机司机手持台 81 不是同一个含义，01 指的是 CIR，81 指的是司机所配的手持电台。

(2)功能号注销格式：输入＃＃214＊086＋车次功能号＊＊＊＃，按“呼叫”键，屏幕上显示去激活功能，完成注销。

如注销 41038 次本务司机手持台：输入＃＃214＊086＋20000＋41038＋81＊＊＊＃(方法与注册相同，不同的是按键不同)

此外，从“身份”菜单中，选择“管理 FID”菜单，再选择“全部注销”选项，然后选择“输入”。按下 OK 确认删除，可以注销所有功能号。

(3)查询功能号注册情况：输入＊＃214＊086＋车次功能号＊＊＊＃，按呼叫键。

(4)注意事项：

①注册时，如果手机屏幕提示“已被拒绝”或“未知的功能标识”，此时需要重新注册该功能号；如果手机屏幕提示“标识已注册”，表示该功能号已被别的用户注册，需联系 GSM-R 网管中心维护人员，由调度员对已注册功能号的用户进行强制注销，注销后需重新注册功能号；如果不能注册成功，需及时与 GSM-R 网管中心维护人员联系。

②关机可以自动注销，但如果因手机没电非正常关机，不能完成功能号注销，需要在手机有电状态下进行注销操作。

5. 电池保养

(1)使用原装充电器,确保能提供持续稳定的电压/电流输出,避免损坏电池或手机硬件。

(2)不应过度充放电。手机电池在出厂前已做过特殊处理,不需要“满充满放”3次操作处理。

(3)长时间不用的电池应该保持一定的电量在常温干燥环境中保存。

(4)不要在低于5 ℃(41°F)或高于40 ℃(104 °F)的环境下保存手机电池。

(5)室温(18 ℃~28 ℃)为电池最佳之保存温度,温度过高或者过低将降低电池的性能缩短使用寿命。

(6)电池长时间不用时应保持30%~40%的电能为最佳保存状态。

思考题

1. 简述用万用表测量电压时的注意事项。
2. 如何正确选择兆欧表测量馈线的绝缘电阻?
3. 简述测量馈线绝缘电阻的方法和注意事项。
4. 通过式功率计与被测设备如何连接?
5. 如何使用OPH手持台发起紧急呼叫?如何撤销紧急呼叫?

复 习 题

1. 急救现场处理的首要任务是什么?
2. 简述使用通过式功率计的注意事项。
3. 简述兆欧表的操作过程。
4. 如何使用OPH手持台注册、注销车次号功能号?
5. 如何使用OPH手持台发起分组通话?

第五章　动车组车载通信设备维护

动车组车载通信设备是关系列车安全、正点运行的重要装置，保障动车组车载通信设备在运用中的安全性和可靠性是至关重要的，所以其维护与检修工作举足轻重。本章就车载通信设备 CIR/LBJ 检测仪表的使用、检测方法和设备的维修做详细的阐述。

第一节　CIR/LBJ 出入库检测设备的使用

CIR/LBJ 出入库检测设备的正确连接和数据配置是实现 CIR/LBJ 出入库检测设备功能的基本保证，通过对 CIR/LBJ 出入库检测设备相关模块指示灯观察可初步判断库检台的工作状态。便携式机车设备测试仪、便携测试台、数据管理器是检测机车无线设备的车次号、调度命令、LBJ 功能和数据读取的重要工具。

一、CIR/LBJ 出入库检测设备安装调试

（一）CIR/LBJ 出入库检测设备连接

按照如图 5-1 所示设备连接图组装设备。因计算机的声卡出空具有前出空和后出空两种方式，音频线连接时需要注意不要把音箱音频线和回放音频线（标记 SP）分开接到计算机的前出空和后出空，应同时接到前出空或者后出空。

（二）CIR/LBJ 出入库检测设备连接后模块指示灯定义

1. GSM-R 话音模块指示灯的定义

GSM-R 话音单元完成 GSM-R 话音通话。前面板包含电源灯和运行灯。电源灯亮表示 GSM-R 话音单元电源系统正常，电源灯灭表示 GSM-R 话音单元电源系统故障。运行灯慢闪（约 800 ms 闪烁一次）表示 GSM-R 话音单元已登录网络，快闪（约 300 ms 闪烁一次）表示 GSM-R 话音单元未能登录网络。

2. GSM-R 数据单元指示灯的定义

GSM-R 数据单元承担库检的所有 GPRS 数据业务（调度命令、自检结果）。前面板包含电源灯和运行灯。电源灯亮表示 GSM-R 数据单元电源系统正常，电源灯灭表示 GSM-R 数据单元电源系统故障。运行灯慢闪（约 800 ms 闪烁一次）表示 GSM-R 数据单元未登录网络，快闪（约 300 ms 闪烁一次）表示 GSM-R 数据单元已能登录网络并获取本机 IP 地址。

3. 450 MHz 单元模块指示灯的定义

450 MHz 单元承担 450 MHz 亚音频的编解码、调度命令和车次号的编解码功能。前面板包含电源灯和运行灯。电源灯亮表示 450 MHz 单元电源系统正常，电源灯灭表示450 MHz 单元电源系统故障。运行灯闪烁表示 450 MHz 控制板运行正常，未闪烁表示故障。接收灯黄色点亮表示无线接收到数据。发送灯黄色点亮表示无线发送。

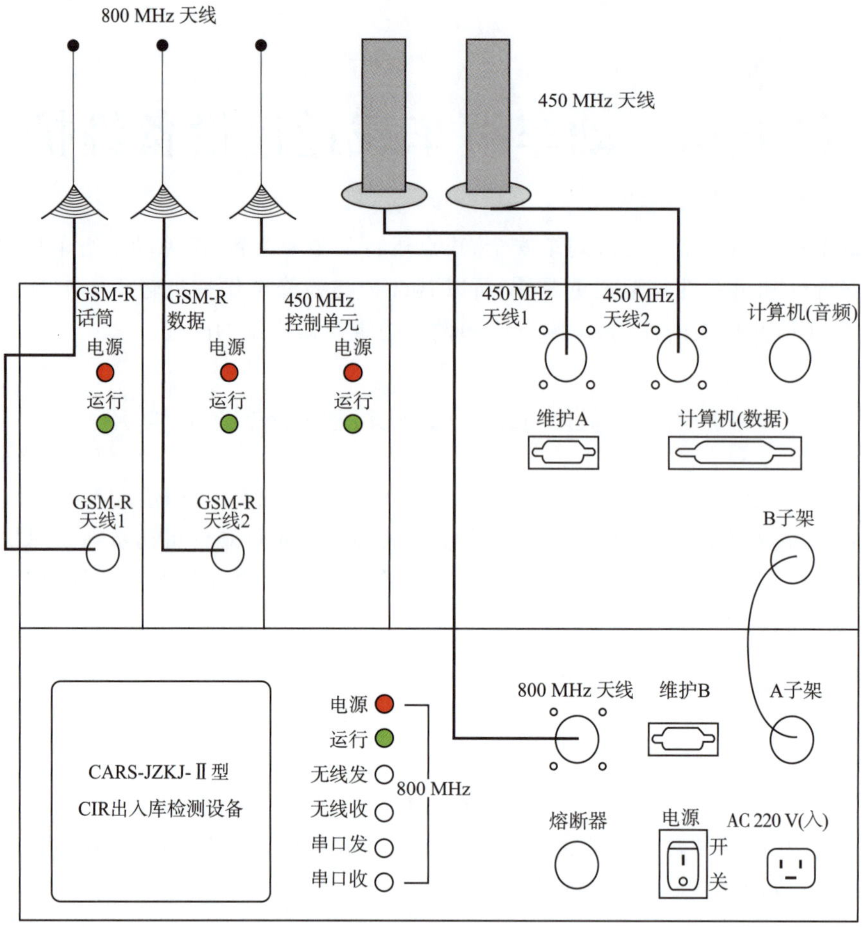

(a)与天线连接图

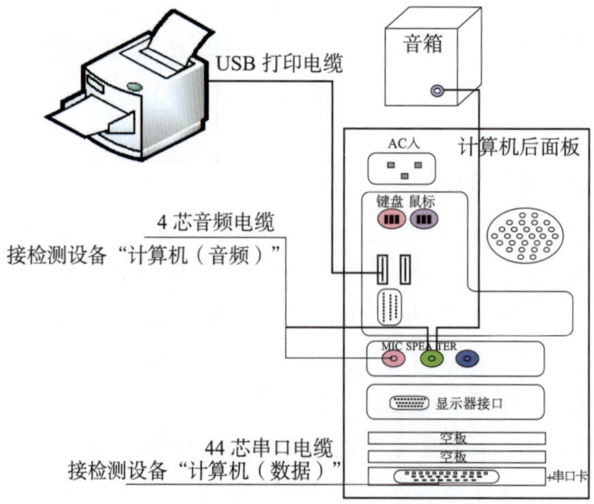

(b)与计算机连接图

图 5-1 出入库检测设备连接图

4.800 MHz 单元模块指示灯的定义

800 MHz 控制单元承担 POCSAGE 的解码和遥测命令的编码功能。运行灯闪烁表示 800 MHz 控制板运行正常，未闪烁表示故障。无线收灯黄色点亮表示无线接收到数据。无线发灯黄色点亮表示无线发送。串口发灯点亮表示向计算机发送数据，串口收灯点亮表示接收到计算机发送的数据。

二、CIR/LBJ 出入库检测设备数据的配置

设备基础数据是 CIR/LBJ 出入库检测设备正常运行的前提条件，调试过程中必须按照实际情况设置。设备基础数据包括选项（库检参数）、用户数据和设备台账。

（一）库检参数设置

单击工具栏按钮，弹出验证界面，按提示输入正确的用户名和密码，进入选项设置界面，如图 5-2 所示。

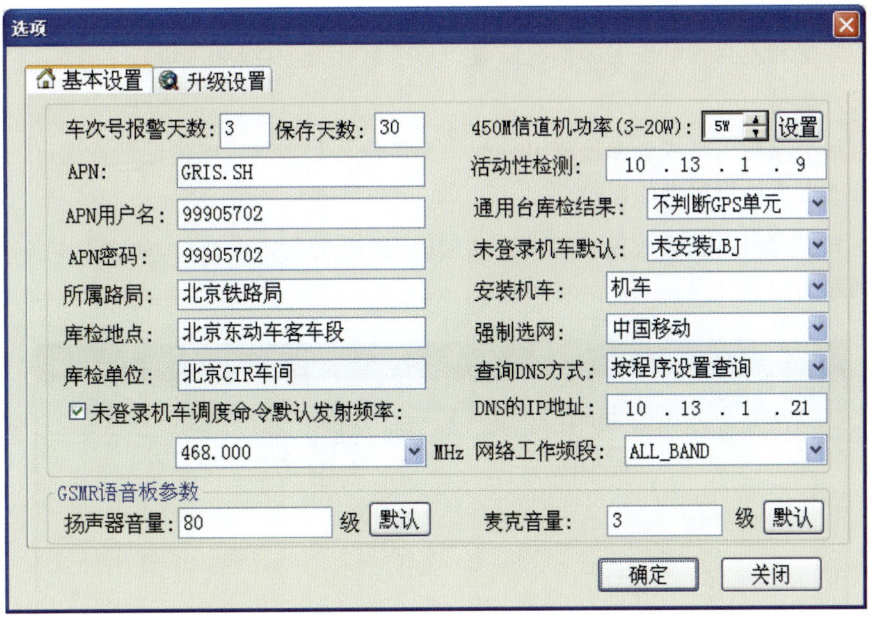

图 5-2　库检参数设置界面

车次号报警天数是针对单独的车次号采集单元设计的。如果 CIR/LBJ 出入库检测设备在设定的报警天数内未收到车次号信息，软件就会自动把相应的机车号提取到维护窗口中，提示库检人员应注意此机车的车次号采集单元。设备台账中的车次号选项如果未打钩，此选项就变为无效。APN 设置参照各铁路局 CIR 中 APN 设置名，APN 用户名为分配给库检台的 8 位机车号，APN 密码为分配给库检台的 8 位机车号，所属铁路局、库检地点、库检单位按实际情况设置。

未登录机车调度命令默认发射频点选项用于设备台账中未添加的机车，但又需要进行调度命令的检测，此时就按此项设置的频点向 CIR 发送调度命令。

450 MHz 信道机功率选项用于调整 450 MHz 信道机的发射功率，可调范围 3～20 W。

活动性检测选项在有 GSM-R 网络的状况下有效。因为平常没有库检的情况下，GPRS 通道是无流量的。目前网络会把一段时间内无流量的设备剔除出网络，所以库检设备就会出

现隔一段时间出现 GPRS 网络掉网的现象。为了解决这个问题,在活动性检测的 IP 有效的情况下,库检设备会每隔 3 min 向该 IP 发送一帧数据包,让网络不会出现一段时间内无流量的情况,也就解决了每隔一段时间 GPRS 掉网的现象。一般建议活动性检测设置为 10.13.1.9。

通用台库检结果选项包含判断 GPS 单元和不判断 GPS 单元两种配置。只有在通用台库检的时候才需要判断 GPS 单元。如果已经是 CIR 设备,此项选择不判断 GPS 单元。

未登录机车默认选项包含安装 LBJ 和未安装 LBJ 两种配置。选择安装 LBJ 选项,检测结果的综合判断就会判断 LBJ 的自检结果,如果没有 LBJ 的自检结果,综合判断的自检结果就会出现一致故障的情况。选择未安装 LBJ 选项,检测结果的综合判断就不会判断 LBJ 的自检结果。

安装机车选项包含动车组和机车两种配置。动车所选择动车组选项,其余选择机车选项。

强制选网选项应选择"中国铁路"。

查询 DNS 方式选项包含按计算机设置查询和按程序设置查询两种配置。一般建议选择按程序设置查询。

DNS 的 IP 地址应设置为 10.13.1.21。

网络工作频段建议选择 ALL_BAND。

扬声器音量和麦克音量按实际情况设置。一般默认为 80 级和 3 级。

(二)用户数据

用来给每个库检人员或者库检班组分配一个用户名和密码。库检记录查询可以知道是哪个库检人员或者库检班组做的库检。

单击工具栏按钮,输入正确用户名和密码,弹出用户管理窗口,如图 5-3 所示,可以添加、修改、删除用户。

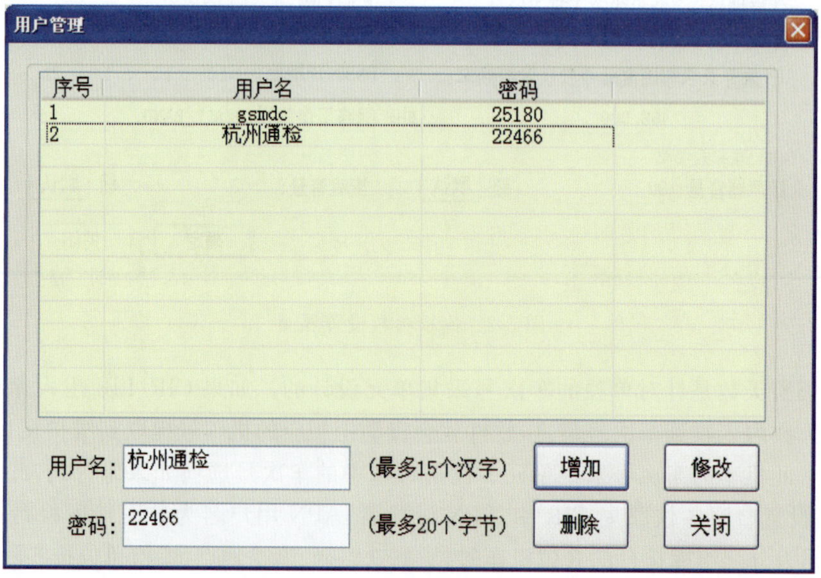

图 5-3 用户管理窗口

(三)设备台账

车载设备分 CIR、通用台和未装 GSM-R 模块的 CIR、LBJ 三种设备。有 GSM-R 网络的库检点应把 CIR 设备添加到 CIR 设备栏目中。没有 GSM-R 网络的库检点应把 CIR 添加到通用台和未装 GSM-R 模块的 CIR 栏目中。单独使用的 LBJ 设备应添加到 LBJ 栏目中。

单击工具栏按钮，输入正确的用户名和密码，弹出机车电台配置窗口，如图 5-4 所示，可以添加、修改、删除机车电台配置。

机车类型和机车号按实际填入。

IP 地址选项为 CIR 的本机 IP 地址。单击"DNS 查询"能够查询 CIR 的本机 IP 地址，不需上车逐个查询 CIR。

450 MHz 电台项中发射频率选择与 CIR 的工作频段一致。生产厂家按实际选择。电台 ID 号也按实际输入。一般北京世纪东方、北京华铁生产的 CIR 电台 ID 与机车号后 5 位一致。上海新干通生产的 CIR 电台 ID 号需要查询得到。天津七一二厂生产的 CIR 电台 ID 默认为 00000 或者 FFFFF，实际使用时需要维护人员按实际的机车号后 5 位输入。

LBJ 单元选项：如果 CIR 中已安装了 LBJ 单元，则选中该项并选中生产厂家，否则不需要选中该项。

车次号选项：如果有车次号采集单元，则选中该项，否则不需要选中该项。

调度命令选项：如果需要检测调度命令业务，则选中该项并选中发射频点(一般是 CIR 工作频点的异频，如 CIR 工作频点为 457.700 MHz，异频则为 467.700 MHz)，否则不需要选中该项。一般建议选中该项。

MMI 选项按实际情况选择。

归属地选项按实际情况输入。

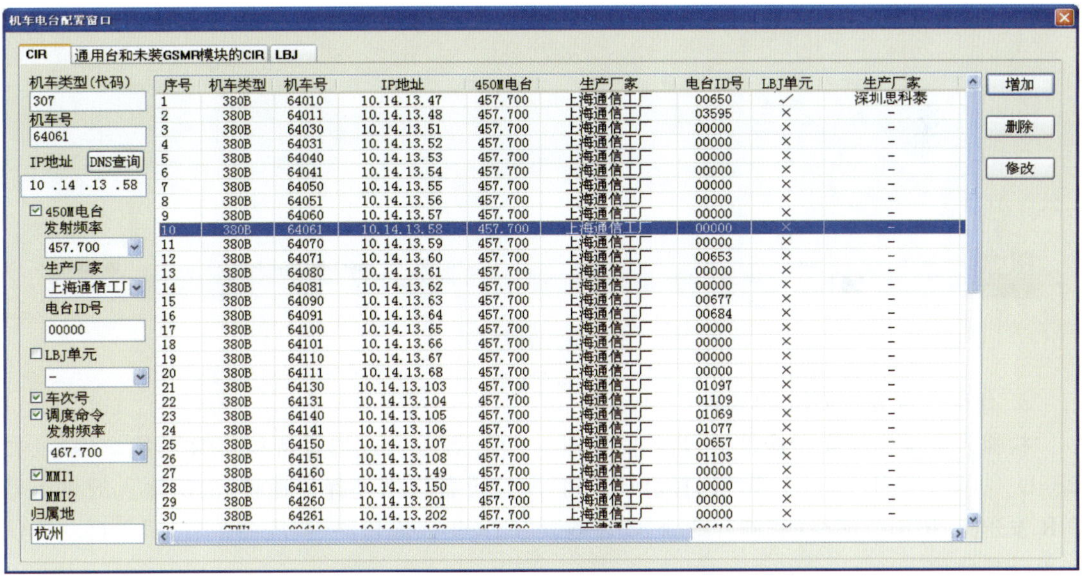

图 5-4 机车电台配置窗口

二、CIR/LBJ 出入库检测设备操作使用方法

(一)库检台的检测功能

1. 切换用户

在库检人员或者库检班组换班时，需要切换用户。

单击工具栏按钮，弹出切换用户窗体，如图 5-5 所示，输入分配的用户名和密码，单击“确认”。

2. 地面遥测

检修人员操作地面库检设备，软件界面如图 5-6 所示，输入或选择待检 CIR 的机车编号（如 DF4_04096、SS7E_00033 等），选择启动通道，库检设备根据选择的通道，向所输入的机车号 CIR 发送库检命令，CIR 收到库检命令后，自动回送确认信息，并启动 CIR 自检功能，自检完成后，将检测结果发回地面库检设备，地面库检设备保存检测结果。

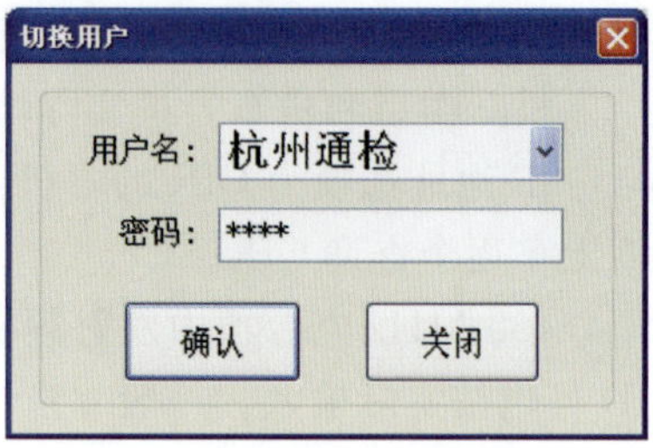

图 5-5　切换用户界面

绿色表示单元正常，红色表示单元故障，灰色单元未配置。

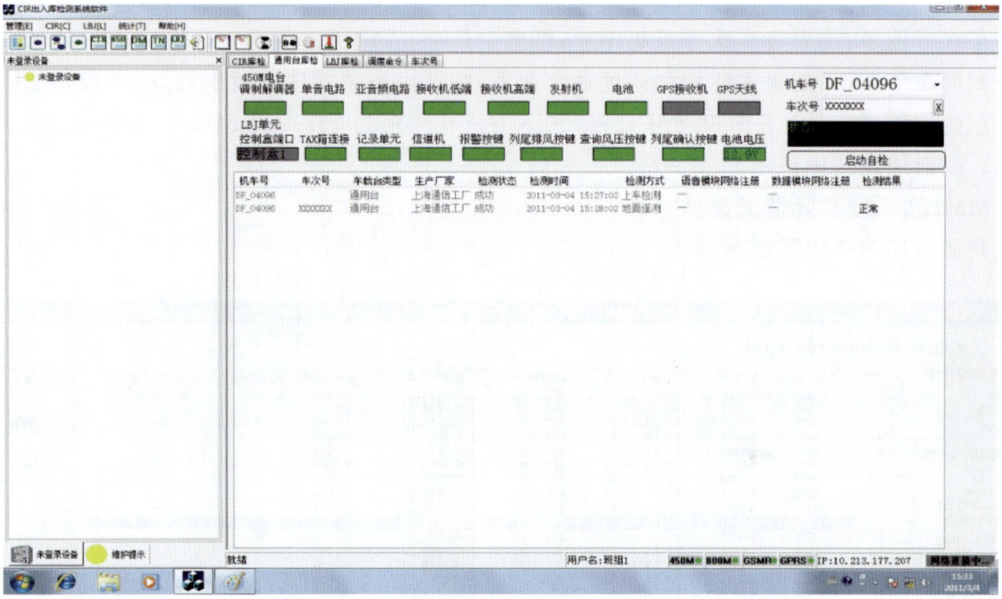

图 5-6　遥测界面

3. 地面远程发送 CIR 出入库检测命令

检修人员操作地面库检设备，当界面如图 5-7 所示，输入或选择待检 CIR 的机车编号（如 DF4D_00022、SS7E_00033 等），选择启动通道，库检设备根据选择的通道，向所输入的机车号 CIR 发送“CIR 出入库检测”调度命令，CIR 收到“CIR 出入库检测”调度命令后，回送自动确认和手动签收信息。

（二）库检台检测结果查询

1. CIR 检测结果

单击工具栏按钮，弹出 CIR 自检查询窗口，如图 5-8 所示。选择时间范围，例如：要查询 2004 年 3 月份记录情况，应将时间选择为从“2004-3-1”到“2004-3-31”；如要查询 2004 年 3 月 17 日的记录情况，应将时间选择为从“2004-3-17”到“2004-3-17”。然后，输入机车号、车次号、归属地、检测方式、检测结果选项，如果选项为空，则查询全部的历史记录。

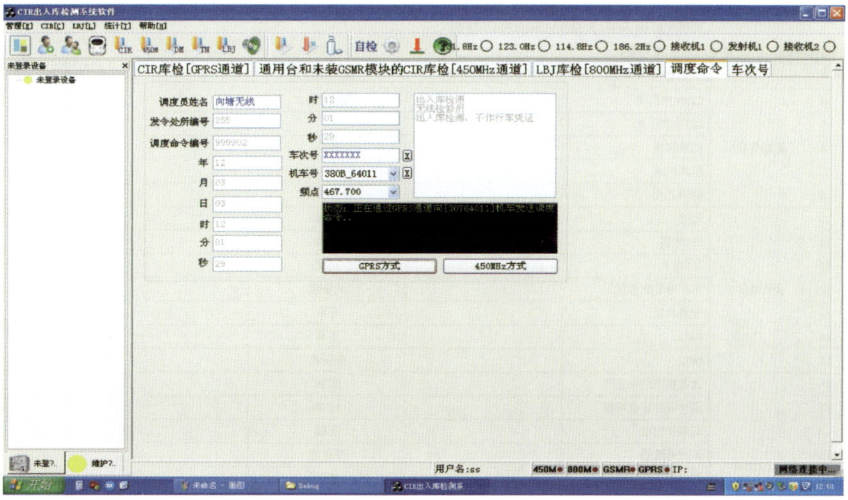

图 5-7　遥测出入库检测命令界面

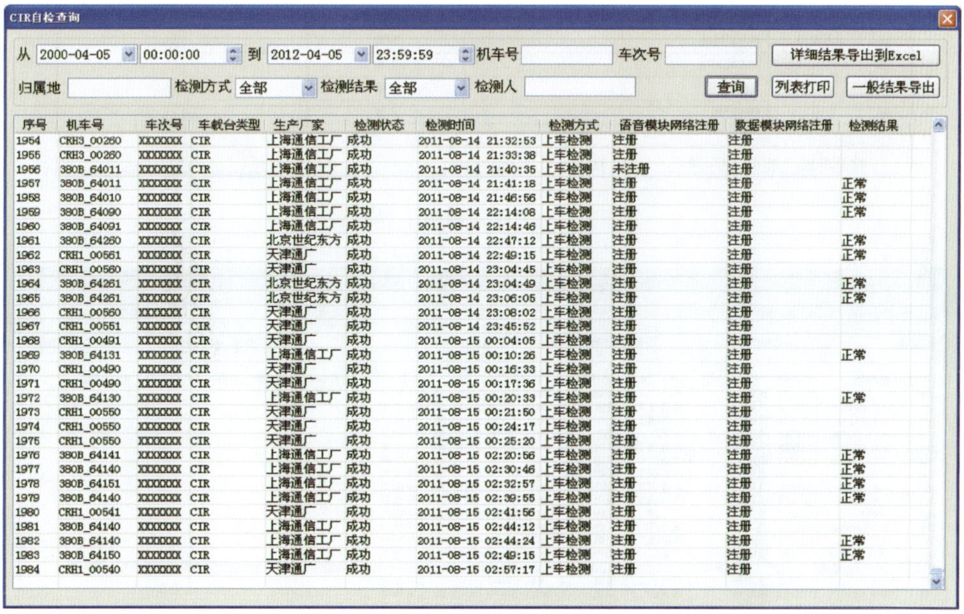

图 5-8　CIR 检测结果查询界面

单击“查询”，符合选项的历史记录将按照时间顺序显示在列表中。

单击“列表打印”按钮即可打印查询的历史记录列表。

双击列表，详细显示库检结果，如图 5-9 所示。

单击“一般结果导出”和“详细结果导出”，即可将自检结果导出到 Excel 文件。

2. 450 MHz 自检结果

单击工具栏按钮，弹出通用台自检查询窗口，如图 5-10 所示。选择时间范围，输入机车号、车次号、归属地、检测方式、检测结果选项，如果选项为空，则查询全部的历史记录。

单击“查询”，符合选项的历史记录将按照时间顺序显示在列表中。

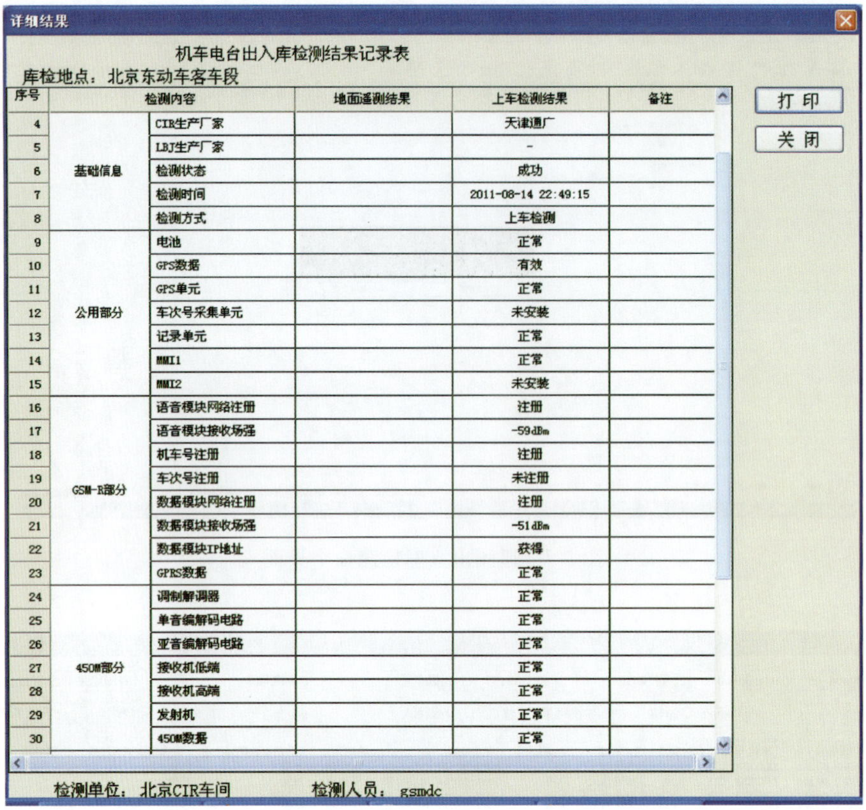

序号	检测内容		地面遥测结果	上车检测结果	备注
4	基础信息	CIR生产厂家		天津通广	
5		LBJ生产厂家		-	
6		检测状态		成功	
7		检测时间		2011-08-14 22:49:15	
8		检测方式		上车检测	
9	公用部分	电池		正常	
10		GPS数据		有效	
11		GPS单元		正常	
12		车次号采集单元		未安装	
13		记录单元		正常	
14		MMI1		正常	
15		MMI2		未安装	
16	GSM-R部分	语音模块网络注册		注册	
17		语音模块接收场强		-59dBm	
18		机车号注册		注册	
19		车次号注册		未注册	
20		数据模块网络注册		注册	
21		数据模块接收场强		-51dBm	
22		数据模块IP地址		获得	
23		GPRS数据		正常	
24	450M部分	调制解调器		正常	
25		单音编解码电路		正常	
26		亚音编解码电路		正常	
27		接收机低端		正常	
28		接收机高端		正常	
29		发射机		正常	
30		450M数据		正常	

图 5-9　库检详细结果界面

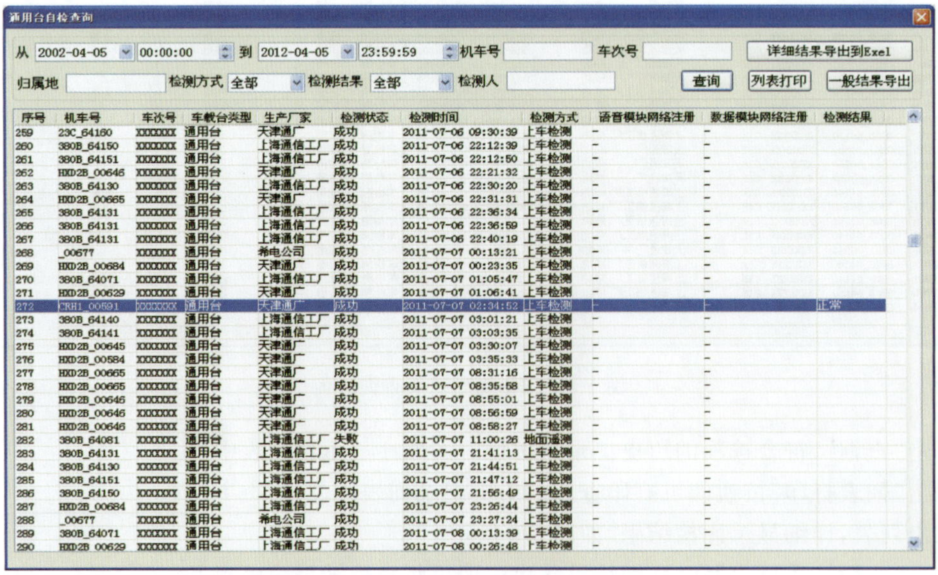

序号	机车号	车次号	车载台类型	生产厂家	检测状态	检测时间	检测方式	语音模块网络注册	数据模块网络注册	检测结果
259	23C_64160	XXXXXXX	通用台	天津通广	成功	2011-07-06 09:30:39	上车检测	-	-	
260	380B_64150	XXXXXXX	通用台	上海通信工厂	成功	2011-07-06 22:12:39	上车检测	-	-	
261	380B_64151	XXXXXXX	通用台	上海通信工厂	成功	2011-07-06 22:12:50	上车检测	-	-	
262	HXD2B_00646	XXXXXXX	通用台	天津通广	成功	2011-07-06 22:21:32	上车检测	-	-	
263	380B_64130	XXXXXXX	通用台	上海通信工厂	成功	2011-07-06 22:30:20	上车检测	-	-	
264	HXD2B_00665	XXXXXXX	通用台	天津通广	成功	2011-07-06 22:31:31	上车检测	-	-	
265	380B_64131	XXXXXXX	通用台	上海通信工厂	成功	2011-07-06 22:36:34	上车检测	-	-	
266	380B_64131	XXXXXXX	通用台	上海通信工厂	成功	2011-07-06 22:36:59	上车检测	-	-	
267	380B_64131	XXXXXXX	通用台	上海通信工厂	成功	2011-07-06 22:40:19	上车检测	-	-	
268	_00677	XXXXXXX	通用台	希电公司	成功	2011-07-07 00:13:21	上车检测	-	-	
269	HXD2B_00684	XXXXXXX	通用台	天津通广	成功	2011-07-07 00:23:35	上车检测	-	-	
270	380B_64071	XXXXXXX	通用台	上海通信工厂	成功	2011-07-07 01:05:47	上车检测	-	-	
271	HXD2B_00629	XXXXXXX	通用台	天津通广	成功	2011-07-07 01:06:41	上车检测	-	-	
272	CRH1_00591	XXXXXXX	通用台	天津通广	成功	2011-07-07 02:34:52	上车检测	-	-	正常
273	380B_64140	XXXXXXX	通用台	上海通信工厂	成功	2011-07-07 03:01:21	上车检测	-	-	
274	380B_64141	XXXXXXX	通用台	上海通信工厂	成功	2011-07-07 03:03:35	上车检测	-	-	
275	HXD2B_00645	XXXXXXX	通用台	天津通广	成功	2011-07-07 03:30:07	上车检测	-	-	
276	HXD2B_00584	XXXXXXX	通用台	天津通广	成功	2011-07-07 03:35:33	上车检测	-	-	
277	HXD2B_00665	XXXXXXX	通用台	天津通广	成功	2011-07-07 08:31:16	上车检测	-	-	
278	HXD2B_00665	XXXXXXX	通用台	天津通广	成功	2011-07-07 08:35:58	上车检测	-	-	
279	HXD2B_00646	XXXXXXX	通用台	天津通广	成功	2011-07-07 08:55:01	上车检测	-	-	
280	HXD2B_00646	XXXXXXX	通用台	天津通广	成功	2011-07-07 08:56:59	上车检测	-	-	
281	HXD2B_00646	XXXXXXX	通用台	天津通广	成功	2011-07-07 08:58:27	上车检测	-	-	
282	380B_64081	XXXXXXX	通用台	上海通信工厂	失败	2011-07-07 11:00:26	地面遥测	-	-	
283	380B_64131	XXXXXXX	通用台	上海通信工厂	成功	2011-07-07 21:41:13	上车检测	-	-	
284	380B_64130	XXXXXXX	通用台	上海通信工厂	成功	2011-07-07 21:44:51	上车检测	-	-	
285	380B_64151	XXXXXXX	通用台	上海通信工厂	成功	2011-07-07 21:47:12	上车检测	-	-	
286	380B_64150	XXXXXXX	通用台	上海通信工厂	成功	2011-07-07 21:56:49	上车检测	-	-	
287	HXD2B_00684	XXXXXXX	通用台	上海通信工厂	成功	2011-07-07 23:26:44	上车检测	-	-	
288	_00677	XXXXXXX	通用台	希电公司	成功	2011-07-07 23:27:24	上车检测	-	-	
289	380B_64071	XXXXXXX	通用台	上海通信工厂	成功	2011-07-08 00:13:39	上车检测	-	-	
290	HXD2B_00629	XXXXXXX	通用台	上海通信工厂	成功	2011-07-08 00:26:48	上车检测	-	-	

图 5-10　450 MHz 检测结果查询界面

单击“列表打印”按钮即可打印查询的历史记录列表。

双击列表，详细显示库检结果，单击“一般结果导出”和“详细结果导出”即可将自检结果导出到 Excel 文件。

3. 录音回放查询

单击工具栏按钮，弹出录音回放窗体，如图 5-11 所示。选择查询时间，单击“同频呼叫车站”可查询 CIR 同频呼叫库检台模拟的车站所有录音。单击“异频呼叫车站”可查询 CIR 异频呼叫库检台模拟的车站所有录音。单击“同频呼叫机车”可查询 CIR 同频呼叫库检台模拟的机车所有录音。单击“异频呼叫机车”可查询 CIR 异频呼叫库检台模拟的机车所有录音。单击“搜索 GSMR 语音”可查询 CIR 与库检台的 GSM-R 通话。

双击录音文件或者单击“播放”按钮都可播放选中的录音。

单击“删除”按钮删除选中的录音。

图 5-11　录音查询界面

4. 调度命令查询

单击工具栏按钮，弹出调度命令出入库记录查询窗口，如图 5-12 所示。

调度命令查询能够单独查询上车请求和地面遥测调度命令的历史记录。详细内容包括机车号、检测通道、请求时间、发送库检时间、自动应答时间、手动签收时间。

库检台只要收到 GPRS 通道调度命令的自动应答或者手动签收，在自检详细结果中的“GPRS 数据”项则为正常，否则为故障；收到 450 MHz 通道调度命令的自动应答或者手动签收，在自检详细结果中的“450 MHz 数据”项则为正常，否则为故障。

5. LBJ 数据分析

单击工具栏按钮，弹出读取数据管理器数据界面，如图 5-13 所示。

将数据管理器中的 U 盘插至计算机的 U 口，在“U 盘”栏中选择需要分析的 U 盘，在文件列表中选择需要分析的文件，选择时间、机车号、车次号、报警类型。单击“读取”按钮，即可读取数据管理器的数据。

分析数据按报警信息类、出入库检测命令类、报警试验记录信息类、客列尾信息类、故障信息类、维护记录信息类进行分类。

单击“导出”，可以将读取出来的数据转存到 Excel 文件中。

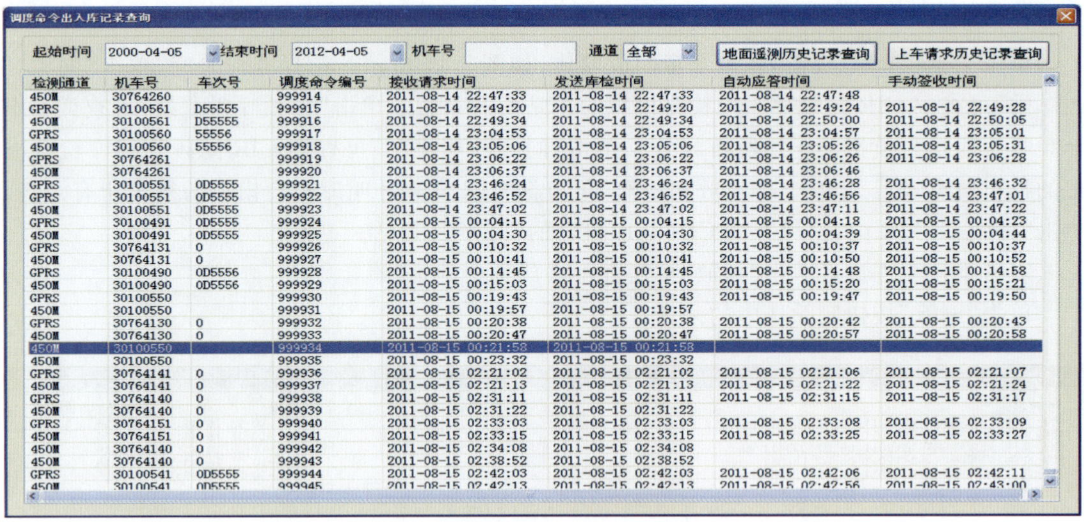

图 5-12 调度命令查询界面

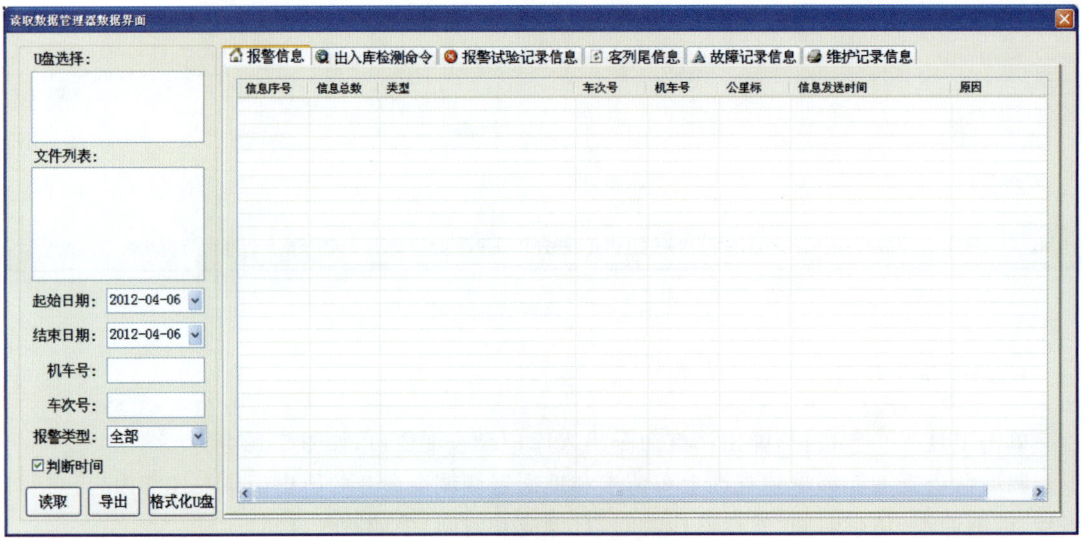

图 5-13 读取数据管理器数据界面

(三)便携式机车设备测试仪操作

便携式机车设备测试仪在添乘、库检台损坏、离库检台较远等情况下,可对机车设备进行 450 MHz 试验。

1. 开机

测试仪开机后必须进入测试机车设备状态,才能对 CIR 等机车设备进行测试。顺时针旋转测试仪电源开关旋钮,测试仪开机应发出"嘀嘟、嘀嘀嘀"的提示音,液晶屏依此显示版本号(如"B0512V5.0")、测试机车设备状态("CEJICHE")和接收频率("Rx 457.550"),自动进入测试机车设备状态,可接收 450 MHz 无线车次号信息。

当测试仪开机进入测试车站设备状态后,按下面板按钮"A"键,液晶屏右上角显示"A",

再输入“88888888”(必须输入八位)，再次按下“A”键，液晶屏显示“A SET OK”，表示设置成功(如果输入少于8位，测试仪显示“NO 8 BIT”，提示输入错误)，测试仪此后开机将默认进入测试机车设备状态。逆时针旋转测试仪电源开关旋钮使其关机后，再次顺时针旋转测试仪电源开关旋钮，将听到测试仪开机发出“嘀嘟、嘀嘀嘀”的提示音，进入测试机车设备状态。

2. 无线车次号信息测试

当测试仪开机进入机车设备测试状态，显示接收频率为“Rx 457.550”或“JIE　MA”时，可接收无线车次号信息。测试仪收到机车设备发送的无线车次号信息时，扬声器发出“呱”的提示音，液晶屏显示相应的信息内容。液晶屏分7页显示车次号信息内容，第1页显示机车号；第2页显示机车类型代码；第3页显示车次号；第4页显示信号机类型，包括进站、出站、预告、通过、编组站、始发车、容许和未定义；第5页显示公里标；第6页显示速度，单位：km/h；第7页显示辆数。液晶屏用数字和字母显示无线车次号信息，信号机类型的表示方法见表5-1。

通过按动“▶”、“◀”键，液晶屏翻页，按“▶”键显示下一页信息，按“◀”键，液晶屏显示上一页信息，循环显示。

测试仪新接收到一帧无线车次号信息时，显示的信息内容闪烁3次，以提示测试人员。若希望保持原车次号信息显示内容，而不需要显示新的车次号信息内容时，按下“●”键，液晶屏左上角将出现一个特殊的标志。当再次收到新的车次号信息时，测试仪仅会发出“呱”的提示音，但显示内容仍为原信息内容。再次按下“●”键，测试仪将恢复显示内容刷新，液晶屏左上角显示的特殊标志也同时消失，测试仪新接收到无线车次号信息时将刷新显示内容。

表5-1　信号机类型表示方法

信号机类型	显示代码
进站	J　ZH
出站	CH　ZH
预告	Y　G
通过	T　G
编组站	B　Z
始发车	SH　F
容许	R　X
未定义	W D Y

3. 调度命令测试

测试仪可以向CIR等调度命令机车设备发送模拟调度命令(调度命令类型为“出入库检测”)，接收机车设备发送的自动确认和手动签收信息，测试前需设置被测机车设备的机车号和测试仪的发射频率。

当测试开机进入机车设备测试状态，显示接收频率为“Rx 457.550”或“JIE　MA”时，按下述流程对CIR等调度命令机车设备进行调度命令测试。

(1)机车号设置

按下面板按钮“A”：显示“A　××××××××”，“××××　××××”为当前机车号，输入待检设备的8位机车号后(必须输入8位，其中前3位是机车类型代码，后5位是机车号，输入错误时按“C”键可删除)，再次按下“A”键，液晶屏显示“A SET OK”，表示机车号设置成功，如果输入少于8位，测试仪显示“NO 8 BIT”提示输入错误。

(2)频率设置

机车号设置完成后，将测试仪发射频率设置为待检设备的工作频率(如CIR工作在三频组时，设置为457.7 MHz或467.7 MHz)，设置方法如下：

按下“●”键，液晶屏停止刷新数据，同时液晶屏左上角出现一个特殊的标志，同时显示测试仪的发射频率(如“Tx457.550”)。

按下“○”键，测试仪转换信道，同时在液晶屏显示相应发射频率。逐次按下“○”键，选择相应频率的信道。

再次按下“●”键，测试仪锁定频率，液晶屏左上角的特殊标志消失，同时显示“JIE

MA”。

(3)发送调度命令

机车号和发射频率设置完毕后，按下测试仪侧面上键(PTT 键下面的小按钮)，即可发送模拟调度命令。发送调度命令时，液晶屏幕上显示“TX CMD”表示正在发送调度命令，调度命令发送完成后，液晶屏幕上会显示“WAIT”，提示测试仪正在等候接收调度命令，机车设备发送自动确认和手动签收信息。

如果开机后没有输入机车号就按键发送调度命令，测试仪会显示“NO LOCO”，同时会发出“嘟”声告警，提示用户只有输入机车号，输入机车号后，方可发送调度命令。

(4)接收回执

显示“WAIT”时，如测试仪接收到机车设备的自动确认信息，将显示“AUTO ACK”；如接收到机车设备的手动签收信息，将显示“MANU ACK”；如接收到错误应答则显示“ERROR”，自动确认和手动签收信息内容显示如下：

第 1 页显示调度命令编号；第 2 页显示车次号；第 3 页显示机车类型代码；第 4 页显示机车号；第 5 页显示日期；第 6 页显示时间；第 7 页显示功能码、包号和自动确认/手动签收标志；(“A”表示自动确认，“M”表示手动签收)通过按动“▶”、“◀”键，液晶屏翻页，按“▶”键显示下一页信息，按“◀”键，液晶屏显示上一页信息，循环显示。

4. 通话测试

(1)进入通话测试状态

当测试开机进入测试机车设备状态，显示接收频率为“Rx 457.550”或“JIE MA”时，按下“○”按钮，测试仪进入通话测试状态，液晶屏显示“TONG HUA”，按照下述流程，测试仪可以呼叫机车设备进行同频单工或异频单工通话测试。

(2)通话频率设置

按下“●”键，测试仪液晶屏左上角出现一个特殊的标志和“CALL”，同时显示测试仪的通话频率(如“F 457.500”)。

按下“○”键，测试仪转换信道，同时在液晶屏显示相应通话发射频率。逐次按下“○”键可在无线列调八频组之间切换信道。

再次按下“●”键，测试仪锁定通话发射频率，液晶屏左上角的特殊标志也同时消失，显示“CALL”和“TONG HUA”。

注：通话发射频率选定后，测试仪通话接收频率自动设置为发射频率所对应八频组的 F4。当选择低端发射频率(450 MHz 频段)时，测试仪工作于同频单工通话状态；当选择高端发射频率(460 MHz 频段)时，测试仪工作于异频单工通话状态。

(3)呼叫机车电台

按下测试仪侧面下键，测试仪发送呼叫机车的亚音频信令，液晶屏幕上同时提示“CALL CHE”，表示正在发送亚音频信令呼叫机车，呼叫信令发送完毕，按下“PTT”键，测试仪进入发射状态，显示“CALL”和发射频率(如“Tx 457.500”)，此时可以讲话；松开“PTT”键，测试仪进入接收状态，显示“CALL”和接收频率(如“Rx 457.500”)，此时可收听话音。

测试仪上的指示灯表示当前的工作状态：无有效接收载频时指示灯熄灭；接收载频有效时指示灯为绿色；处于发射状态时指示灯为红色。

(4)退出同频单工状态

再次按下“○”按钮，测试仪退出通话状态，显示“JIE MA”，回到接收 450 MHz 无线车次号信息工作状态和调度命令机车设备测试状态。

（四）便携测试台

1. 开机

便携测试台开机后发出“嘀嘟”提示音，显示屏显示软件版本信息（如“110616 V3.0”）后进入工作状态，显示当前接收频率（“RX:866.2375”）。

2. 出入库检测

便携测试台开机进入工作状态后，可对LBJ（或CIR的LBJ单元，以下同）进行出入库检测，操作流程如下：

按下便携测试台的“S”键，显示屏显示“No:”和当前的机车号（未输入机车号时显示为空）。输入待检LBJ的8位机车号后再次按下“S”键，显示屏将显示“No:SET OK”，表示机车号设置成功。输入机车号不足8位时，便携测试台将显示错误信息提示“No:！ <8”。

输入机车号成功后，按下便携测试台侧面上键，即可向LBJ发送出入库检测启动命令，便携测试台的显示屏上显示“TX CMD”，指示灯变红，表示正在发送出入库检测启动命令，发送完毕后指示灯熄灭。未输入机车号或机车号输入错误时，若按下便携测试台侧面上键，便携测试台会显示“NO LOCO”，同时会发出“嘟”的告警提示音，提示用户应输入机车号后，才能发送检测启动命令。

LBJ收到便携测试台发出的出入库检测启动命令后，CIR的MMI（或LBJ的控制盒）发出“请按键试验”的提示音，检测人员应按下MMI的报警键、列尾排风键、风压查询键和确认键，LBJ将进行自检并返回包含自检结果的报警试验信息。（注意：当检测人员未按下上述所有按键时，LBJ将在1 min后自动返回报警试验信息，相应的按键自检结果为故障。）

便携测试台接收到LBJ返回的报警试验信息后，显示屏将首先显示“＊＊！TEST！＊＊”，以提示收到的信息类别为报警试验信息，按方向键可循环显示报警试验信息内容，具体内容有：

第1页显示八位机车号，如“＊1＊ ××××××××”；第2页显示进行出入库检测所用的控制盒或MMI端口，如“＊2＊KZH1/MMI1”；第3页显示TAX状态和记录单元状态，如“＊3＊ TAX！REC-”，其中“TAX！”表示TAX故障，而“REC-”表示记录单元正常；第4页显示信道机和报警键状态，如“＊4＊ XDJ-BJJ！”，其中“XDJ-”表示信道机正常，“BJJ！”表示报警键故障；第5页显示列尾排风键和查询风压键状态，如“＊5＊PFJ！ FYJ-”，其中“PFJ！”表示排风键故障，而“FYJ-”表示查询风压键正常；第6页显示列尾确认键状态和LBJ备用电池电压“＊6＊QRJ-13.4”，其中“QRJ-”表示确认键正常，“13.4”表示LBJ备用电池电压为13.4 V。

3. 接收列车防护报警和解除信息

便携测试台接收到列车防护报警信息后，显示屏将首先显示“＊＊！LCSG！＊＊”，以提示收到的信息类别，随后显示如下详细信息：

第1页显示车次号；第2页显示机车号；第3页显示公里标；第4页显示信息发送日期：年月日；第5页显示信息发送时间：时分秒；第6页显示触发报警的终端，其中1表示控制盒1或MMI1，2表示控制盒2或MMI2，3表示LBJ主机面板报警按键。按方向键可循环显示以上内容。

4. 接收出入库检测信息

便携测试台接收到其他库检设备发出的LBJ出入库检测启动命令后，将首先显示“In/Out test！”，随后显示启动命令中包含的机车号。

5. 错误告警

便携测试台以无线方式接收到其他系统的信息或错误信息时，将显示“ERR FUNC”。

（五）数据管理器

1. 电缆连接

LBJ 安装分内置式和外置式两种。内置式是内嵌到标准 CIR 的 B 子架内。外置式是接到小型化 CIR，LBJ 具有单独使用的接口。

（1）连接 LBJ 主机（外置式）

选用 LBJ 主机连接电缆（标有“LBJ 主机连接电缆”），标有“LBJ 主机”的一端连接至 LBJ 主机“维护”接口上，标有“管理器”的一端连接至管理器“LBJ 接口”上。

（2）连接 CIR（内置式）

选用 CIR 连接电缆（标有“CIR 连接电缆”），标有“CIR”的一端连接至 CIR 的 B 子架“数据 4”接口上，标有“管理器”的一端连接至管理器“LBJ 接口”上。

注：管理器使用外部电源，连接电缆之前，请关闭管理器电源开关（电源开关按到“0”的位置）。

2. 数据管理器操作方法

打开管理器电源开关（电源开关按到“|”的位置），管理器首先显示欢迎界面，其中包含管理器软件版本和日期，然后自动进入主菜单。在显示欢迎界面时，也可按“确认”键快速进入主菜单。

（1）下载 LBJ 主机记录信息

主菜单下按方向键选择“1. 信息记录下载”后按“确认”键，或直接按数字“1”键，进入“记录下载”菜单，“记录下载”菜单设置为 8 个可选项，分两页显示，按“翻页”键可切换菜单页。其中“所有记录信息”是指所有类别的信息记录，其他 7 个可选项对应 LBJ 主机存储的 7 大类信息记录，8 个可选项的子菜单和下载的数据内容见表 5-2。

表 5-2 数据管理器菜单和下载内容参照表

菜单可选项	子菜单	下载的数据内容
所有记录信息	无	所有信息记录
发送列车报警	此类所有记录	此类信息所包含的所有信息记录
	报警记录	LBJ 发送的列车防护报警记录信息
	报警解除记录	LBJ 发送的列车防护报警解除记录信息
接收列车报警	此类所有记录	此类信息所包含的所有信息记录
	报警记录	LBJ 接收的列车防护报警记录信息
	报警解除记录	LBJ 接收的列车防护报警解除记录信息
	确认按键记录	LBJ 接收报警信息后的确认按键记录信息
接收道口报警	此类所有记录	此类信息所包含的所有信息记录
	报警记录	LBJ 接收的道口事故报警记录信息
	报警解除记录	LBJ 接收的道口事故报警解除记录信息
接收施工报警	此类所有记录	此类信息所包含的所有信息记录
	报警记录	LBJ 接收的施工防护报警记录信息
	报警解除记录	LBJ 接收的施工防护报警解除记录信息
列尾信息记录	此类所有记录	此类信息所包含的所有信息记录
	发送列尾信息	LBJ 发送的列尾信息
	接收列尾信息	LBJ 接收的列尾信息

续上表

菜单可选项	子菜单	下载的数据内容
检测信息记录	此类所有记录	此类信息所包含的所有信息记录
	检测命令记录	LBJ 接收的出入库检测命令记录信息
	报警试验记录	LBJ 发送的报警试验记录信息
故障维护记录	此类所有记录	此类信息所包含的所有信息记录
	故障信息记录	LBJ 故障记录信息
	维护信息记录	LBJ 维护记录信息

“记录下载”菜单中按方向键选取要读取信息的类别，按“确认”键或直接按对应的数字键可进入其子菜单，子菜单中按方向键选取要读取信息的类别，按“确认”键或直接按对应的数字键，管理器便开始下载所选定类别的信息记录。同时，液晶屏上显示“正在下载信息”和下载进度，待信息下载完成后，液晶屏上提示“信息下载完成”。此时，按“返回”键可返回到记录下载菜单。

数据管理器开机后在主菜单下按“0”数字键可直接进入“发送列车报警”下载子菜单，下载此类所有信息后 LBJ 电子铅封指示灯熄灭。

在操作过程中，液晶屏显示“LBJ 无应答”，请关闭管理器后检查管理器与 LBJ 主机的电缆连接状态，或可能此时 LBJ 主机正忙，可稍候再试。

液晶屏显示“U 盘连接失败”、“U 盘查询失败”和“U 盘不可创建文件”任一项时请关闭管理器后取下后盖，检查 U 盘是否插上或取下 U 盘格式化(格式化方法在“查询 U 盘容量”有详细说明)后再试。

液晶屏显示“U 盘容量不足”请关闭管理器后取下后盖取下 U 盘格式化(格式化方法在“查询 U 盘容量”有详细说明)。

注：由于 LBJ 主机记录的信息可能比较多，信息下载可能要花费几分钟的时间，请耐心等候。

(2)读取 LBJ 主机参数

LBJ 主机参数包括：机车号、软件版本日期、软件版本号、和列车接近预警功能状态。

主菜单下按方向键选择“2. 主机参数读取”后按“确认”键或直接按“2”数字键，即可读取 LBJ 主机参数，操作完成后，按“返回”键可返回到主菜单。

在操作过程中，如果液晶屏显示“LBJ 无应答”，请关闭管理器电源开关后检查管理器与 LBJ 主机的电缆连接状态，或可能此时 LBJ 主机正忙可稍候再试。

(3)设置 LBJ 主机参数

主菜单下按方向键选择“3. 主机参数设置”后按“确认”键或直接按“3”数字键，进入参数设置菜单。

①设置 LBJ 主机机车号

按方向键选择“1. 设置机车号”后按“确认”键或直接按“1”数字键，进入机车号设置界面，按数字键输入八位机车号后按“确认”键，设置成功时，液晶屏显示“设置成功”。

在输入机车号的过程中，按“删除”键可删除错误输入的数字，按“返回”键可返回到主菜单。当机车号输入的数字不足 8 位时，按“确认”键无效。

②开启 LBJ 主机列车接近预警功能

按方向键选择“2. 开启接近预警”后按“确认”键或直接按“2”数字键。设置成功时，液晶屏显示“列车接近预警功能已开启”。

③关闭 LBJ 主机列车接近预警功能

按方向键选择“3. 关闭接近预警”后按“确认”键或直接按“3”数字键。设置成功时，液晶屏显示“列车接近预警功能已关闭”。

在操作过程中，如果液晶屏显示“LBJ 无应答”，请关闭管理器后检查管理器与 LBJ 主机的电缆连接状态，或可能此时 LBJ 主机正忙，可稍候再试。

(4)查询 U 盘容量

主菜单下按方向键选择“4. U 盘可用容量”后按“确认”键或直接按“4”数字键。此时，液晶屏显示“×××M/1G”，其中“×××”为剩余容量值，“1G”为总容量，按“返回”键可返回到主菜单。

在操作过程中，如果液晶屏显示“U 盘连接失败”或“U 盘查询失败”，请关闭管理器后取下后盖检查 U 盘是否插上或取下 U 盘格式化后再试，U 盘格式化方法如下：

取下 U 盘后接入计算机，鼠标右击 U 盘识别图标，在菜单中选择“格式化…”，如图 5-14 所示。在弹出的对话框中设置文件系统为 FAT32 后点击“开始”即可完成对 U 盘的格式化，如图 5-15 所示。

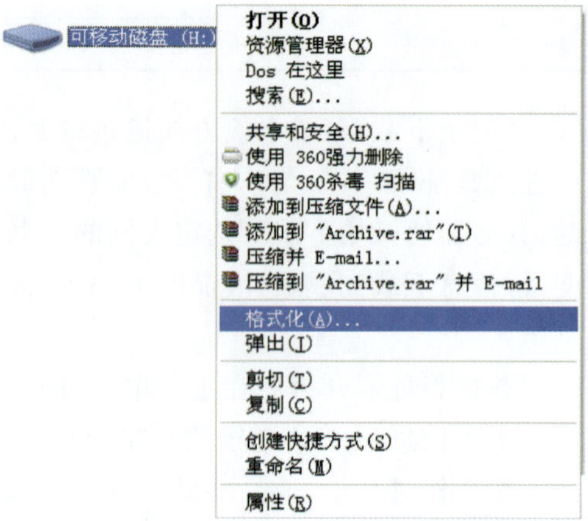

图 5-14 U 盘格式化菜单

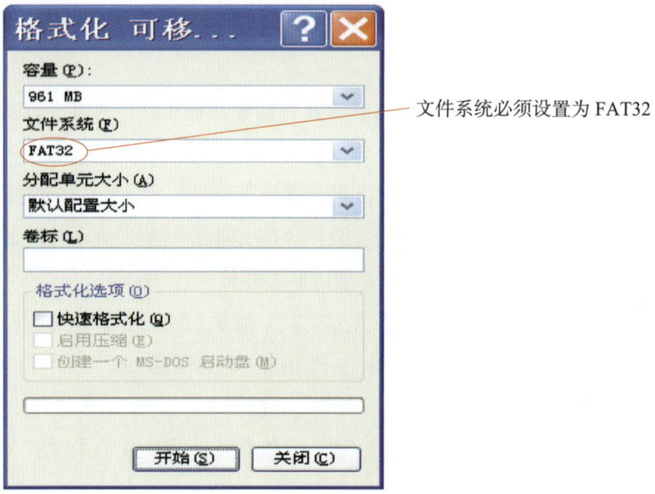

图 5-15 格式化选项对话框

(5)转存信息记录至出入库检设备

关闭管理器电源开关后，打开管理器后盖，从管理器底部方向取下 U 盘。U 盘接入出入库检设备计算机主机，处理软件可对 U 盘保存的记录信息进行分析处理(详见出入库检设备处理软件使用说明)，信息处理完成后可将信息记录转存至出入库检设备并格式化 U 盘。请务必将 U 盘装回管理器并盖好后盖，以防 U 盘丢失。

(6)注意事项

管理器所配U盘为专用设备，不可用于其他用途。管理器操作过程中，如出现U盘读写失败，可格式化U盘后再试。管理器正在下载LBJ主机信息记录的过程中不可断电或拔掉U盘，如果意外情况断电和U盘断开，管理器可能显示“操作错误！”，此种情况发生时可重启LBJ主机或待管理器自动返回到主菜单后才能继续下载。

思考题

1. 简述CIR/LBJ出入库检测台设备的数据配置。
2. 简述CIR/LBJ出入库检测台设备录音回放查询过程。
3. 简述便携式设备测试仪的使用方法。
4. 简述便携式测试台的使用方法。
5. 简述数据管理器的使用方法。

第二节　CIR/LBJ设备检测

本节主要介绍CIR/LBJ设备的操作及使用方法、各部件检查和整修标准、LBJ电子铅封检查的清除以及打印纸、色带的更换方法和记录的填写等，操作界面主要参考机车综合无线通信设备(V2.0)。由于各厂家在界面设计和操作上有差异，本节只对常用的功能操作进行说明，其他请参照各厂家设备说明书。

一、CIR/LBJ设备操作及使用方法

(一)CIR设备操作及使用方法

1. 开机

CIR配置双MMI时，开机后MMI均进入副控状态，按下“主控”键3 s后MMI进入主控状态，按键有效。当一个MMI进入主控状态时，另一个MMI自动进入副控状态。CIR配置单MMI时，开机后MMI可根据设置自动进入主控状态，按键有效。副控状态下MMI上的“呼叫”、“复位”和“主控”键有效，其余按键均无效。副控状态界面如图5-16所示。

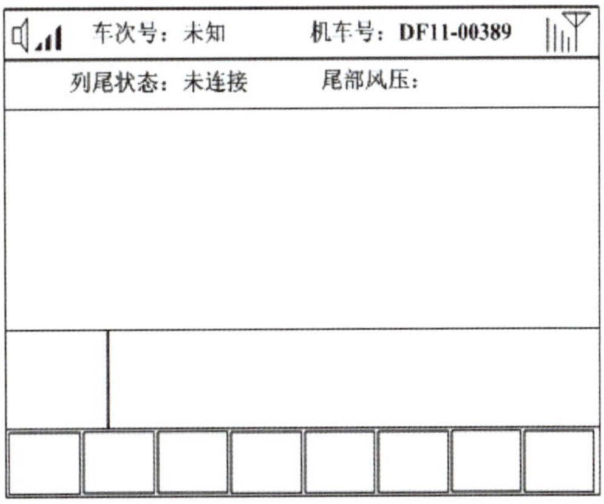

图5-16　副控模式界面示意图

MMI进入主控状态后，根据工作模式进入450 MHz工作模式主界面或GSM-R工作模式主界面，如图5-17和图5-18所示。

2. 工作模式切换

(1)自动切换

在自动切换模式下，CIR将根据GPS信息自动在450 MHz和GSM-R两种工作模式间切换。在450 MHz模式下，可自动转换工作制式和频点；在GSM-R工作模式下，自动进行前后站变换。

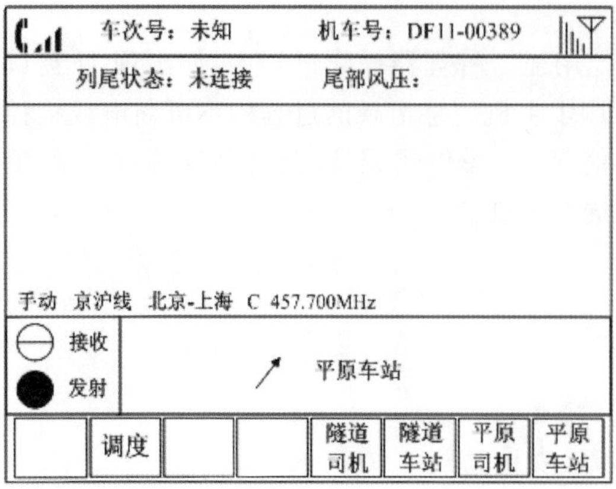

图 5-17 450 MHz 模式通话时的主界面示意图

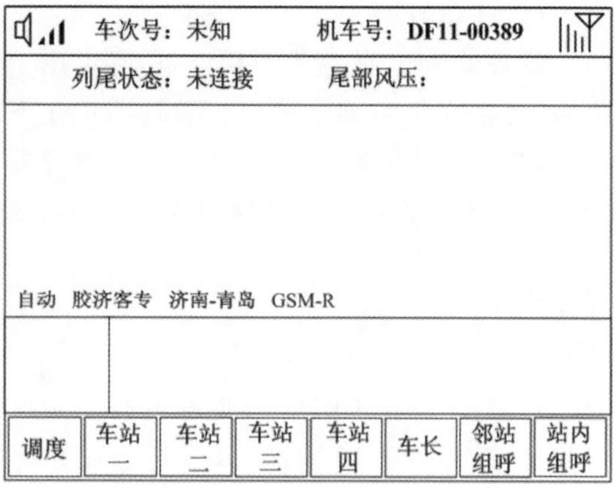

图 5-18 GSM-R 模式主界面示意图

(2)手动切换

按下主界面的“设置”按键，进入设置界面，选择“线路选择”按键并确认，进入工作线路手动选择界面。屏幕上会列出所有铁路局，如图 5-19 所示。

选择铁路局，进入工作线路选择(包括 GSM-R 线路和 450 MHz 线路)。通过上翻和下翻键选中线路后，按下“确认”键，即可转到相应的工作线路，如图 5-20 所示。

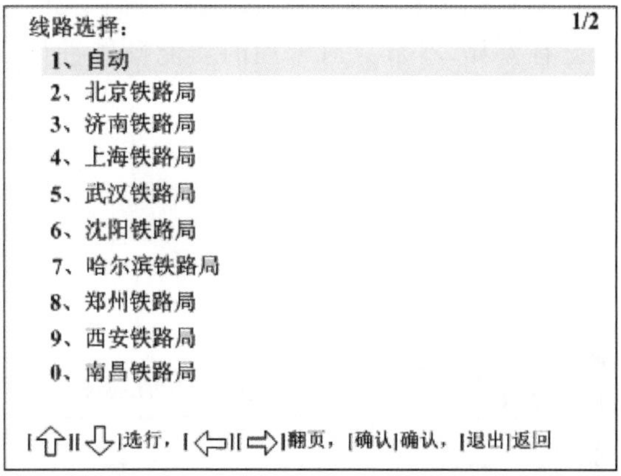

图 5-19 区段选择界面

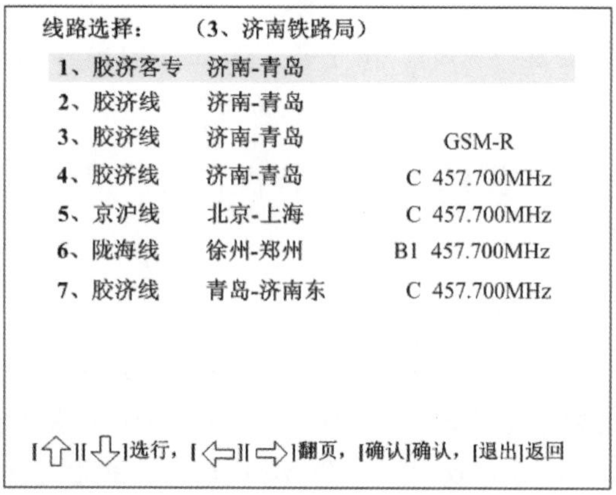

图 5-20 选择相应线路界面

3. GSM-R 工作模式操作方法

(1)守候状态

在守候状态下的主界面图中，分基本信息显示区、列尾状态显示区、安全预警显示区、工作模式及运行线路显示区、调度通信状态显示区、功能按键显示区，守候界面如图 5-21 所示。具体内容如下：

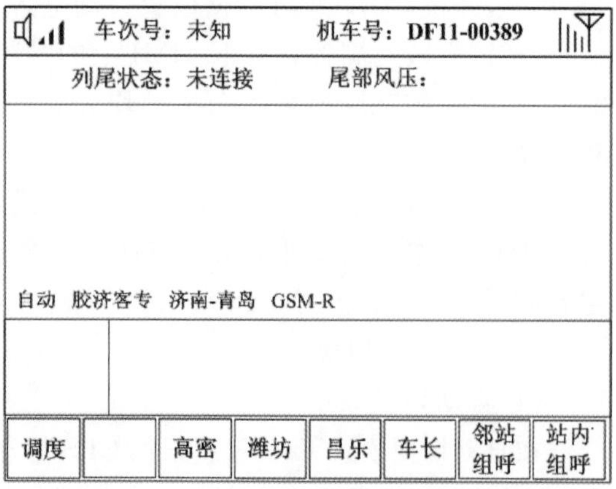

图 5-21 GSM-R 模式下守候界面(站内)

①基本信息显示区显示扬声器音量(挂机状态)或听筒音量(摘机状态)、车次号、机车号、GSM-R 网络信号场强指示。

②列尾状态显示区显示列尾的连接状态、

风压数值等信息。

③安全预警显示区显示安全预警信息。

④工作模式及运行线路显示区显示工作方式、线路名称、运行区段、工作模式等信息。

⑤调度通信状态显示区显示调度通信的呼出、呼入、通话等状态信息，在 450 MHz 工作模式下，应显示 450 MHz 机车电台的收发状态。

⑥在 GSM-R 工作模式下，基本信息显示区显示车次功能号和机车功能号的注册、注销状态。

(2)GSM-R 工作模式主界面

GSM-R 工作模式主界面如图 5-18 所示，图中“车站一”、“车站二”、“车站三”、“车站四”等内容显示见表 5-3 所示。

表 5-3　四个车站功能按键内容显示表

分歧线路数	列车位置	车站一	车站二	车站三	车站四
无	站内	空	前站名称	本站名称	后站名称
	区间	空	前站名称	“车站”	后站名称
一条	站内	前站一名称	前站二名称	本站名称	后站名称
	区间	前站一名称	前站二名称	“车站”	后站名称
两条	站内	前站一名称	前站二名称	前站三名称	本站名称
	区间	前站一名称	前站二名称	前站三名称	“车站”

注：前站一、前站二、前站三指在不同线路上的三个车站。卫星定位信息有效时，“车站一”、“车站二”、“车站三”、“车站四”呼叫按键图标应显示实际的车站名称。卫星定位信息失效时，各车站按键图标继续保留原显示；失效 3 min 后，按键图标变为黄底黑字，“车站三”显示为“车站”，按键图标显示车站名称时，CIR 与车站值班台的通信采用车站值班台 ISDN 号码发起呼叫；按键图标显示“车站”时，使用“1300(或 1310)”短号码发起呼叫。卫星定位信息有效、无效时均采用“1200(或 1210)”短号码发起呼叫。

(3)注册/注销

①自动注册/注销

开机时，主机自动向网络注册机车功能号，并用语音和文字提示注册结果，注册成功时，在设备状态显示区显示当前注册的机车号。当机车综合无线通信设备通过机车运行安全监控记录装置获得的机车号与存储的不一致时，MMI 上显示的机车号变为红字闪烁，并发出“注意机车号”的提示音。

在下列情况下，机车综合无线通信设备进行车次功能号的自动注册/注销：

a. TAX 箱由非监控状态转为监控状态(自动注册)；

b. TAX 箱由监控状态转为非监控状态(自动注销)；

c. TAX 箱输出的车次号改变(自动注销已注册的车次功能号并注册新的车次功能号)；

d. 机车综合无线通信设备由 GSM-R 线路转为 450 MHz 线路(自动注销)；

e. 机车综合无线通信设备由 450 MHz 线路转为 GSM-R 线路(自动注册)；

f. 机车综合无线通信设备关机(自动注销)。

②手动注册/注销

机车综合无线通信设备在 GSM-R 线路的守候状态下，按“设置”按键，进入设置界面后选择“车次号设置、注册”并按下“确认”键，进入手动注册/注销界面。机车综合无线通信设备没有注册车次功能号，则进入的是注册界面，如图 5-22(a)。利用数字(字母)键输入车次号，在车次号输入状态，如果已获得车次号直接显示当前的车次号，按“回格”键可进行删除修改。完成车次号输入后，按“确认”键 MMI 自动进入选择机车牵引任务状态的界面，选择本务机或补机

×，被选择项目高亮显示，按确认键进入车次功能号注册中界面，再按下“确认”键，主机即向网络进行车次功能号的手动注册并语音和文字提示注册结果，如图 5-22(b)所示，注册成功时返回主界面，在设备状态显示区显示注册的车次号。注册失败时，文字提示注册失败。

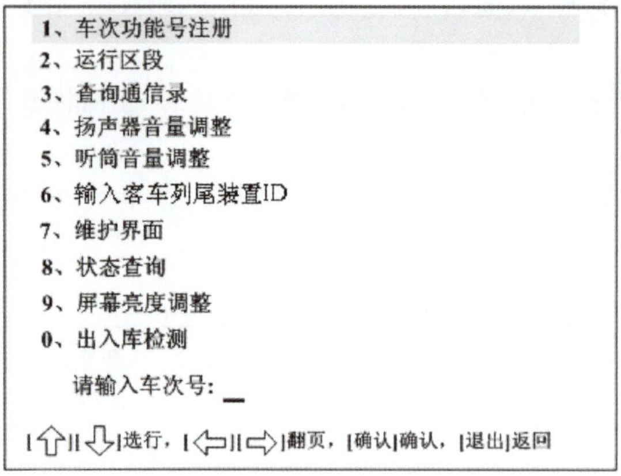

(a)

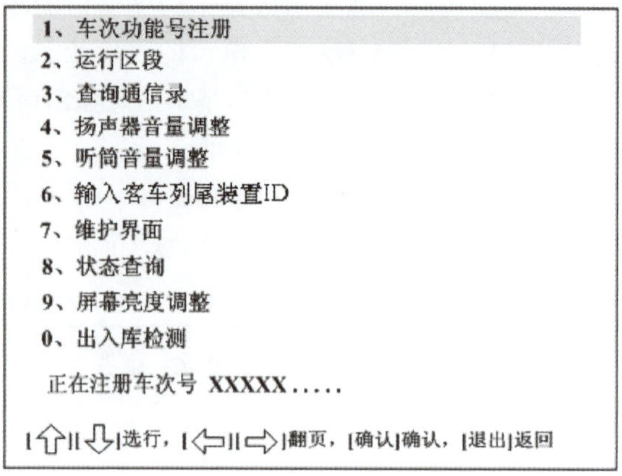

(b)

图 5-22　GSM-R 车次功能号注册界面

若机车综合无线通信设备已经注册车次功能号，则进入注销界面。此时按下“注销”键，主机对已注册的车次号进行手动注销，并用语音和文字提示注销结果，如图 5-23 所示。

机车综合无线通信设备工作在 450 MHz 线路下时，也可进行车次号的手动设置。按“设置”按键，进入设置界面后，选择“车次号设置、注册”按键并按下“确认”按键，屏幕下方显示“请输入车次号”，输入车次号后，按下“确认”按键，显示“正在设置车次号×××”，设置成功后自动返回守候界面，此时，设备状态显示区显示设置成功的车次号。

(4)呼叫

①主呼

a. 单键呼叫

在守候状态下摘机，根据需要呼叫的对象按下屏幕相应的按键，在屏幕下方的通话状态显示区显示“正在呼叫××”。接通时显示“↗××”，其中，“前方调度”、“调度”、“前站”、“本站”、“后站”、“车长”呼叫为个呼，如图 5-24、图 5-25，“邻站组呼”、“站内组呼”为组呼，通话完毕时挂机，则显示“通话结束”，如图 5-26 所示。

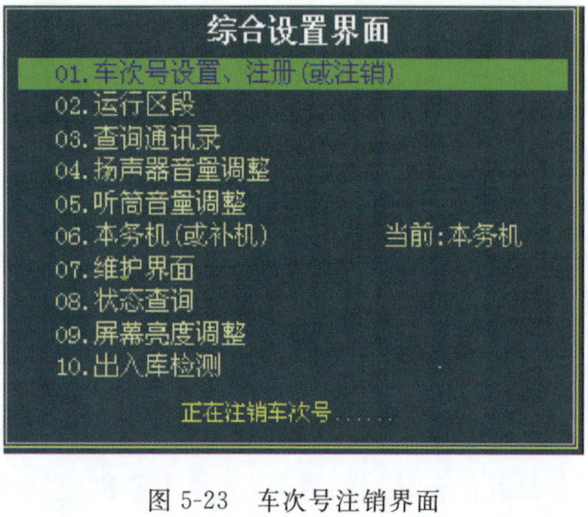

图 5-23　车次号注销界面

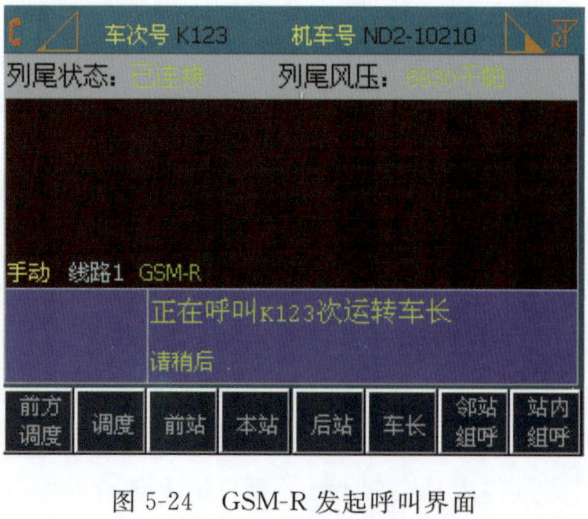

图 5-24　GSM-R 发起呼叫界面

组呼通话时，需要按下手柄上的"PTT"键抢占上行信道，界面显示当前状态（可以讲话，不能讲话等），听到提示音后方可讲话，如图 5-27、图 5-28、图 5-29 所示。

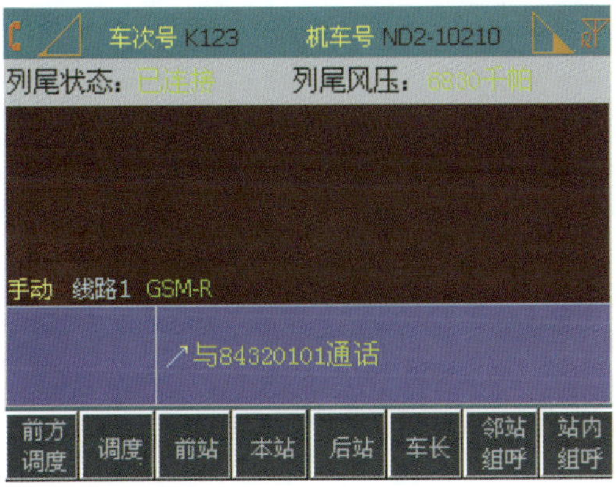

图 5-25　GSM-R 通话界面

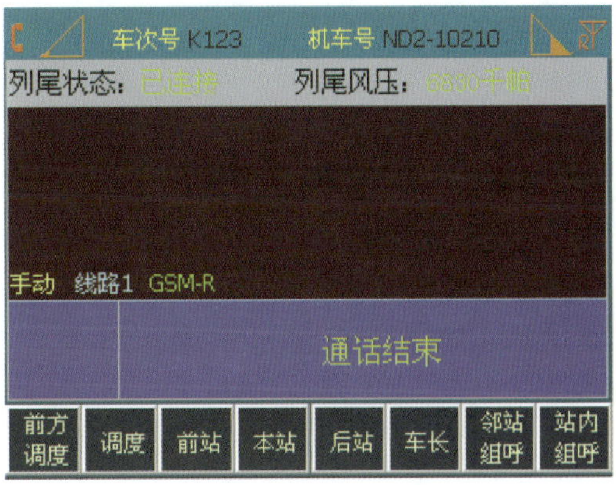

图 5-26　GSM-R 通话结束界面

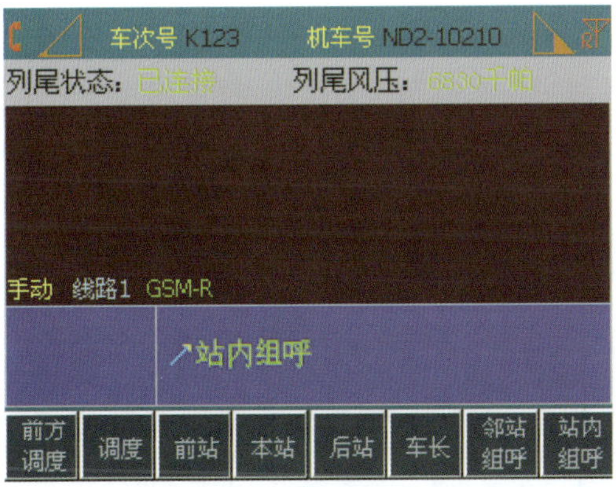

图 5-27　GSM-R 组呼通话界面（按 PTT 前）

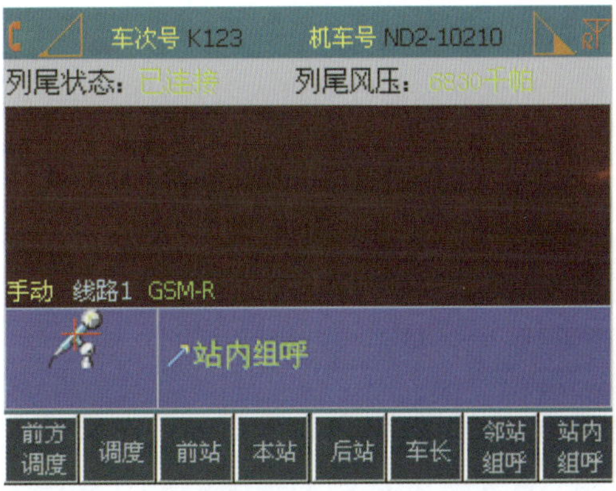

图 5-28　GSM-R 组呼通话界面（不可以讲话）

b. 拨号呼叫

司机也可直接按下数字（字母）键输入对方的 MSISDN（ISDN）或功能号码进行呼叫。

②被呼

被呼时，在通话状态显示区显示"××呼入"并有振铃提示，摘机后显示"↙××"，通话结束时挂机，显示"通话结束"，回到守候状态，如图 5-30所示。

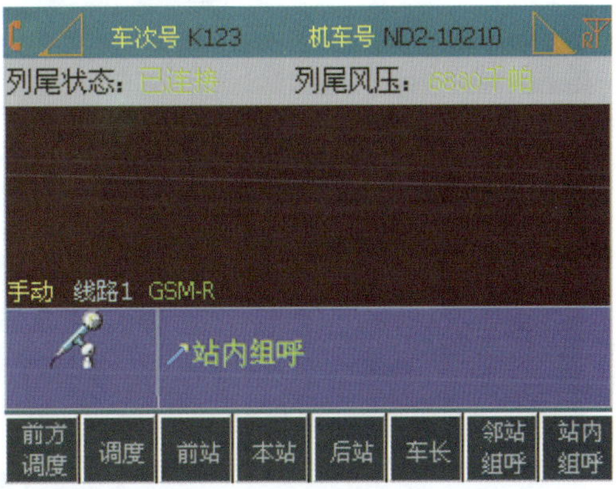

图 5-29　GSM-R 组呼通话界面（可以讲话）

在守候状态下摘机无任何操作 2 min 时，操作显示终端会发出挂机提示音，提示司机挂机。优先级为二级或二级以上的呼叫自动接听，并且二级或二级以上的组呼不能强制退出。守候状态下，三级组呼也可以进行自动接听。

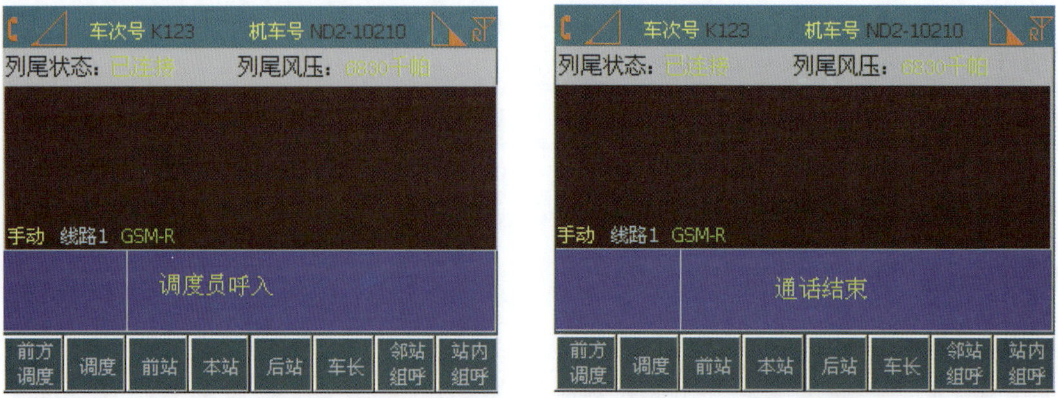

(a)调度员呼入界面　　(b)通话结束界面

图 5-30　GSM-R 被呼界面

③呼叫保持

当有多个呼叫存在时，机车综合无线通信设备会自动进行呼叫保持。当前的呼叫按优先级进行排序（0 优先级最高），同优先级时按时序进行排序。通话状态显示区的第 1 行显示当前通话的状态，第 2 行显示正在保持的呼叫，用序号 1、2…来区分。正在进行低优先级的呼叫时若有高优先级的呼叫进入时，高优先级的呼叫自动切断低优先级的呼叫，将低优先级的呼叫置于保持状态，通话完毕时再自动转入低优先级的呼叫。同优先级的呼叫之间可以先通过屏幕的上下键选择，然后按“切换”键进行切换，如图 5-31 所示。

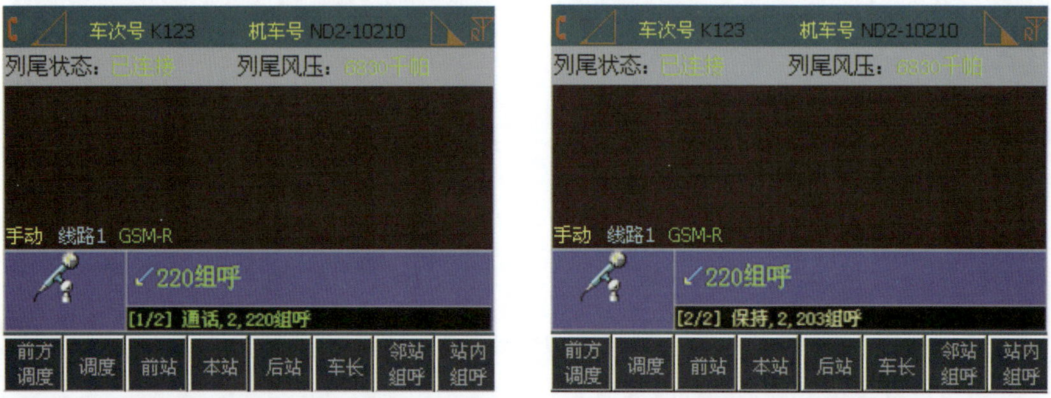

(a)组呼 220 通话（可以讲话）　　(b)按上下键选到 203 组呼

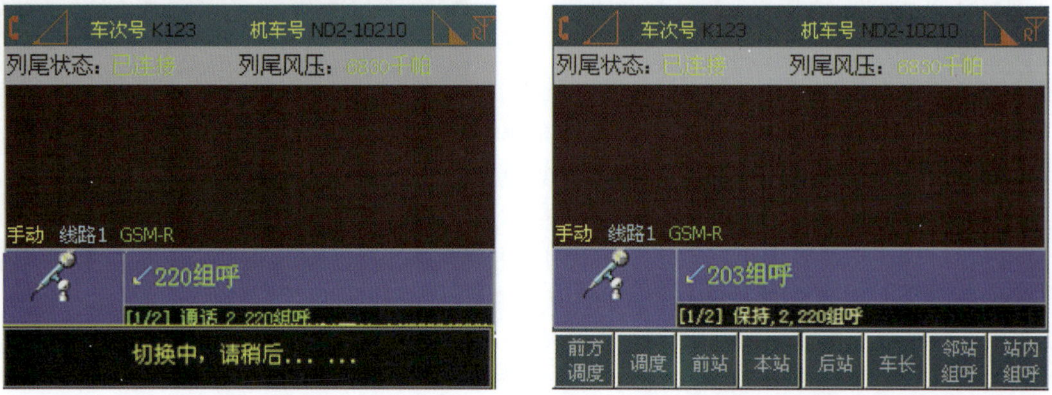

(c)按切换键呼叫切换　　(d)切换成功，组呼 203 通话

图 5-31　呼叫保持界面

a. 当正在进行个呼，需要切换到组呼时，个呼不能保持，将被挂断。

b. 当正在进行优先级为二级或二级以上的呼叫时，三级或三级以下保持的呼叫不进行显示。

c. 当优先级为 0 级的紧急呼叫结束或者根据网络要求对高优先级呼叫结束需要确认时，机车综合无线通信设备自动发起向网络的 AC 确认，并用语音和文字提示 AC 确认的结果，如图 5-32 所示。

④重拨

在 GSM-R 线路下，按下主界面的“呼叫”按键，屏幕上显示的是司机最新拨打的号码，方便快捷。按“回格”键可修改或重新输入号码进行呼叫。

⑤主、副控通话

按住“呼叫”键 3 s 后，在通话界面显示区显示“正在呼叫主(副)MMI”，另一方显示“主(副)MMI 呼入”；摘机后，双方即可进行通话。通话完毕后，挂机退出通话界面。

(5)通讯录查询

CIR 可存储电话号码，在使用过程中可查询存储的电话号码，也可查询号码后直接进行呼叫。按“设置”键进入设置界面，按数字键“3”选择“查询通讯录”，进入通讯录铁路局选择界面，如图 5-33 所示。

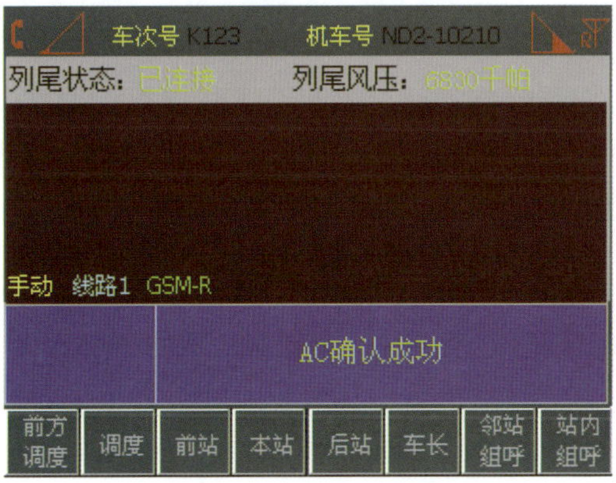

图 5-32　AC 确认成功界面

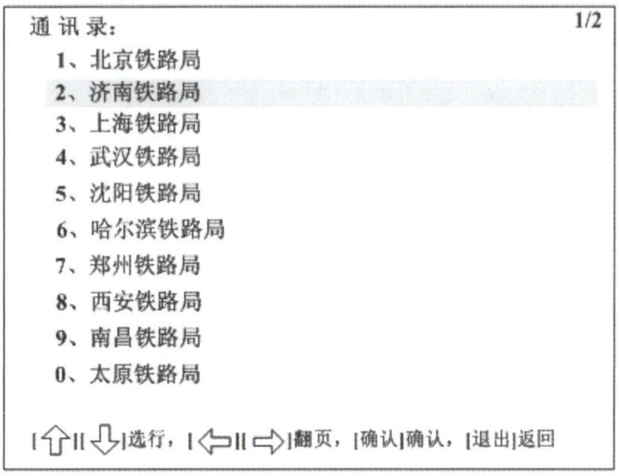

图 5-33　通讯录铁路局选择界面

选择铁路局后进入线路选择界面，如图 5-34 所示。

选择线路后进入本线路通讯录界面，如图 5-35 所示。

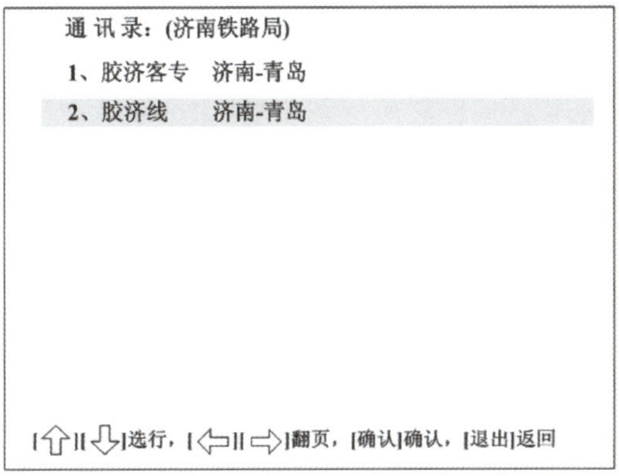

图 5-34　通讯录线路选择界面

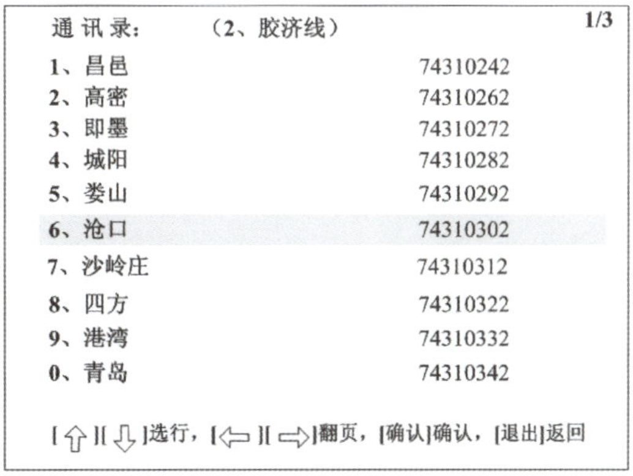

图 5-35　线路通讯录界面

在 GSM-R 工作模式，进入线路通讯录界面后，选中要呼叫的电话，按“呼叫”或“确认”键可发起呼叫，发起呼叫时自动返回主界面。在 450 MHz 工作模式，也可按以上方式查询通讯录。

4. 450 MHz 工作模式操作方法

机车综合无线通信设备工作在 450 MHz 线路时，可实现 450 MHz 无线列调的所有功能。

(1)机车综合无线通信设备通过 450 MHz 无线信道发送车次号信息。

①可接收 TDCS/CTC 发过来的调度命令信息。

②呼叫：司机摘机并分别按下屏幕的“调度”、“隧道司机”、“隧道车站”、“平原司机”、“平原车站”键进行相应的呼叫，通话完毕后挂机。对隧道车站的呼叫过程如图 5-36 所示。

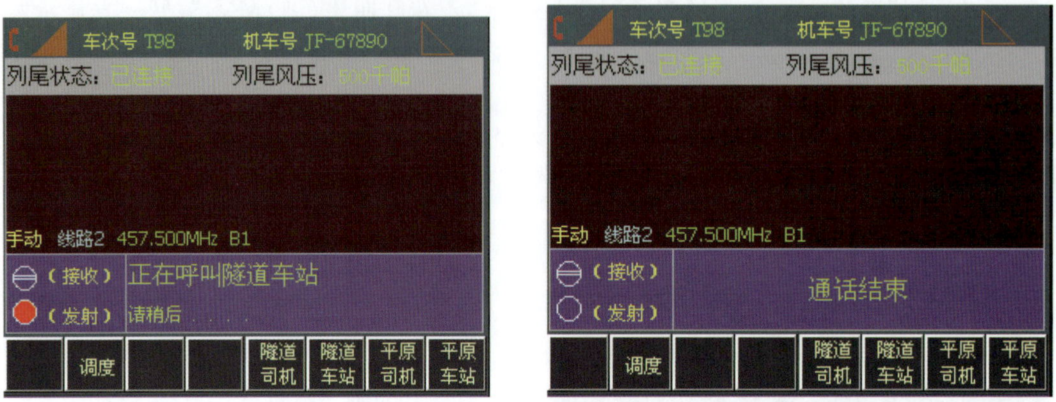

(a)450 MHz 发起呼叫界面 (b)450 MHz 通话结束界面

图 5-36 呼叫界面

5. 调度命令操作

CIR 既支持 450 MHz 模式下的调度命令无线传送，也支持 GSM-R 模式下的调度命令无线传送。在两种模式下，调度命令的传送过程基本相同，只是传输通道即无线信道不同而已。在 450 MHz 模式下，调度命令的发送使用无线列调系统的同频或异频(根据具体线路而定)信道，而对调度命令的自动确认和手动签收则使用无线车次号专用发送信道(457. 550 MHz)。在 GSM-R 模式下，调度命令的发送、自动确认和手动签收都使用 GPRS 传输方式。

(1)CIR 接收调度命令后，判断数据中车次号和机车号与本列车相符(或接收的命令中机车号相同、车次号每位均为“X”或接收的命令中车次号相同、机车号每位均为“X”)时，回送自动确认信息，并储存、显示调度命令，同时向司机发出阅读提示音，调度命令界面如图 5-37 所示。

在阅读调度命令后按“签收”键发送手动签收信息。也可根据需要按“打印”键打印调度命令，MMI 将控制打印终端打印当前显示调度命令的详细内容。CIR 存储签收等操作。为确保 TDCS 可靠接收签收信息，CIR 在通过前方站进站信号机位置时，自动重发在本区间发送的手动签收信息。

(2)CIR 对接收到的调度命令按类型进行存储：调度命令、行车凭证、调车作业、进路预告以及其他。在对调度命令进行查询时，可按先后顺序对所有命令进行查询，也可按类型进行查询。用“↑”和“↓”按键选择某个命令类型后按“确认”按键，MMI 将显示最近 10 条命令的索引，显示这些命令的发送日期、时间、命令类型、命令编号等信息。所有调度命令查询结果如图 5-38 所示。

操作人员可以用"↑"和"↓"按键选择需要查看的命令，然后按"确认"按键，MMI 将显示该调度命令的详细内容。操作人员也可以继续翻页显示更早收到调度命令的索引信息，然后再查看命令的详细内容。

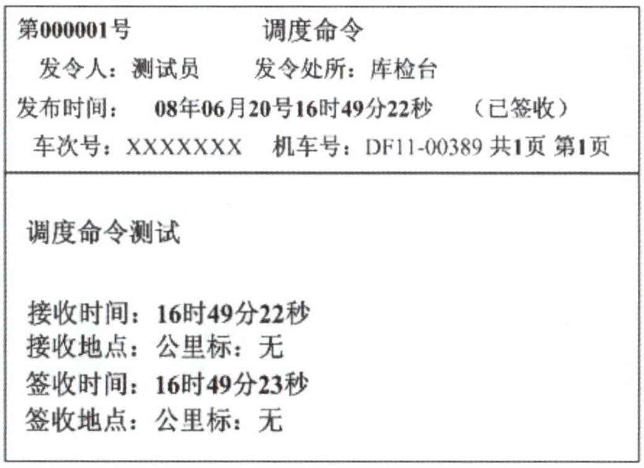

图 5-37　调度命令界面示意图

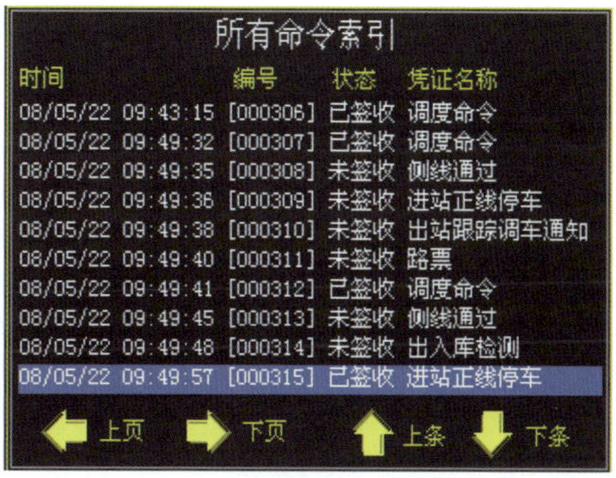

图 5-38　调度命令查询界面

6. 无线车次号数据传输

(1)450 MHz 无线车次号传输

在 450 MHz 模式下，无线车次号的传输完全是单方向的，即机车发送，地面接收。

TDCS 编码器对监控装置运行状态数据进行实时分析，当数据内容符合以下条件之一时，启动发送无线车次号数据。

①列车处于非监控状态，列车速度由 0 km/h 变为 5 km/h 时。

②列车由非监控状态转为监控状态(司机按下"开车"键)时。

③列车处于监控状态，列车进站和出站时。

(2)GSM-R 无线车次号传输

在 GSM-R 模式下，无线车次号数据的传输是双方向的，列车可以向地面发送车次号数据，地面也可以在需要时查询指定列车的当前车次号数据。

TDCS 数据采集处理装置(以下简称 TDCS 采集装置)安装在监控装置内，作为 GSM-R 模式下传输无线车次号的机车终端设备。CIR 只提供数据传输通道，并不参与车次号数据传输的控制过程。

CIR 对机车数据采集编码器发送的信息进行实时分析，数据内容符合以下条件之一时则发送一次车次号信息。

①监控状态下，列车进入新的闭塞分区、进站、出站。

②非监控状态下，列车运行速度由 0 km/h 变为 5 km/h。

③非监控状态转为监控状态时。

④列车停稳时发送一次列车停稳信息，列车启动时发送一次列车启动信息。

7. 参数设置与维护

(1)普通参数调整与查询

在守候界面中按下"设置"键，即可进入设置界面，设置界面分为两部分，一部分是不输入密码就可以进行操作的，如：扬声器和耳机的音量调整、屏幕亮度的调整、查询通讯录、运行区段的手动选择、车次号注册/注销、本务机/补机的设置、状态查询等。一部分是需要输入密码来修改的维护界面。

①音量调整

音量调整分为扬声器和耳机两种音量调整。挂机时，选择“扬声器音量调整”并确认，通过“左”“右”按键可调节扬声器的音量，按下左键调小音量，按下右键调大音量，如图 5-39 所示；摘机时，选择“听筒音量调整”并确认，通过“左”“右”按键可调节听筒的音量，按下左键调小音量，按下右键调大音量，如图 5-40 所示。

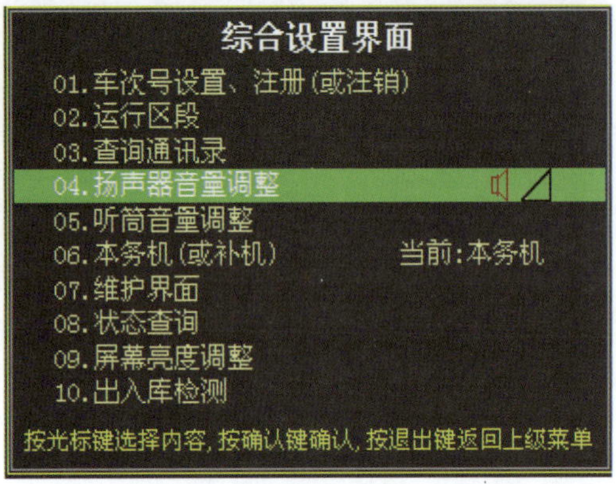

图 5-39　扬声器音量调整界面

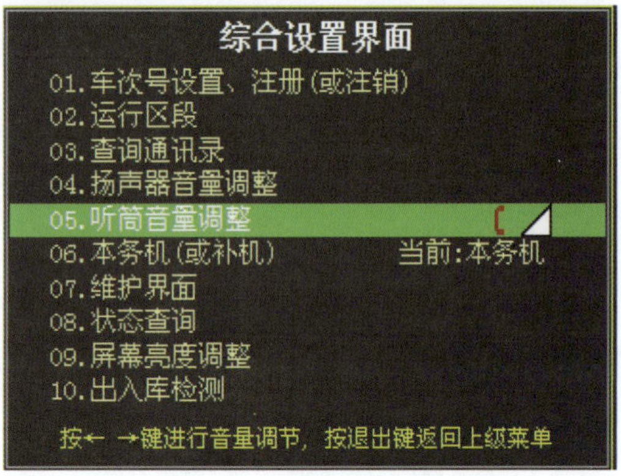

图 5-40　听筒音量调整界面

②亮度调整

在设置界面中，选择“屏幕亮度调整”并确认，通过“左”“右”按键可调节屏幕亮度，按下左键调暗屏幕，按下右键调亮屏幕，如图 5-41 所示。

③状态查询

在设置界面中，选择“状态查询”并确认，即进入状态查询界面。在该界面中可显示当前状态下，GSM-R 语音、GSM-R 数据、GPS、450 MHz 高端以及 450 MHz 低端等单元的登录情况和信号强度。不同厂家界面有所不同，下面分别说明。

a. 天津七一二 CIR 设备(如图 5-42 所示)

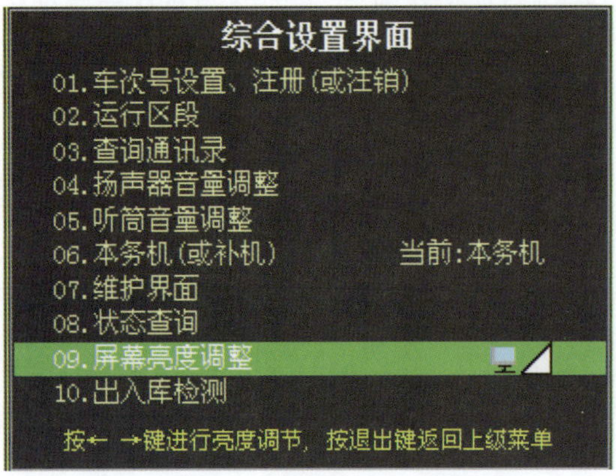

图 5-41　屏幕亮度调整界面

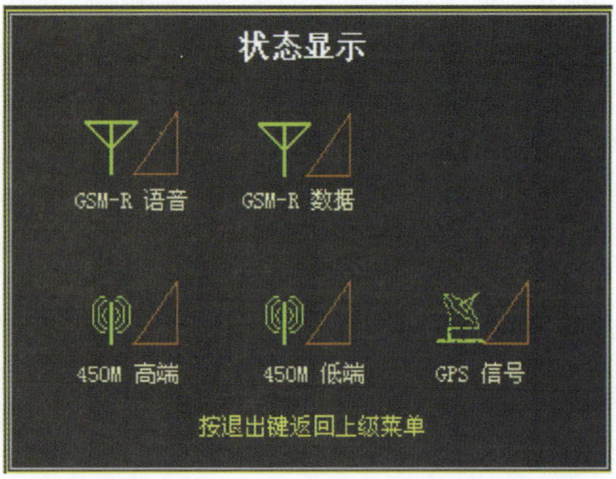

图 5-42　天津七一二 CIR 设备状态查询显示界面

b. 北京世纪东方 CIR 设备(如图 5-43 所示)

c. 上海新干通 CIR 设备(如图 5-44 所示)

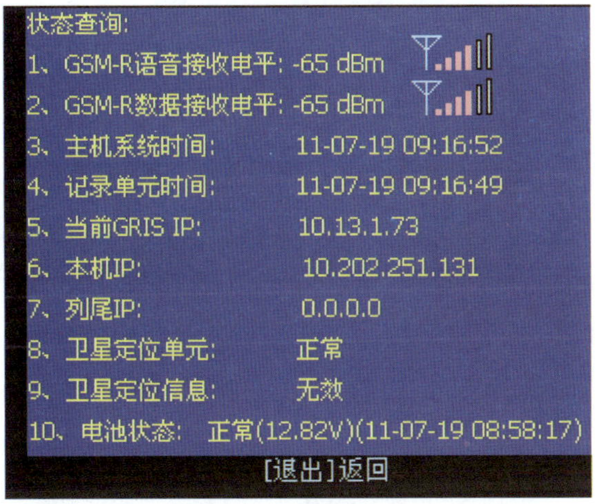

图 5-43　北京世纪东方 CIR 设备状态查询显示界面

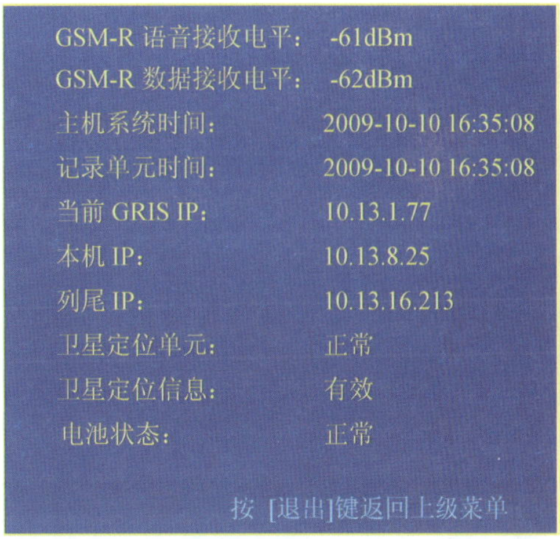

图 5-44　上海新干通 CIR 设备状态查询显示界面

(2)出入库检测

检修人员操作被测 CIR 的 MMI,按"设置"键进入设置界面,移动光标或直接按"0"选择"出入库检测"选项,按下"确认"键,CIR 进入出入库检测界面。

①自检

选择"自检"项,进入自检状态,按"↑"、"↓"键选择要发送的库检设备 IP(若无需库检 IP 可直接输入新 IP)按"确认"键,MMI 显示"正在进行自检…",如图 5-45 所示,自检完成显示自检结果,并发送到地面库检设备保存,地面库检设备将结果标记为"自检"。选择"1、自检",要求选择库检设备 IP 地址。

按"确认"键,系统开始自检,自检结束后,终端显示自检结果,并将结果发送到 IP 地址相应的库检设备,自检结果如图 5-46 所示。

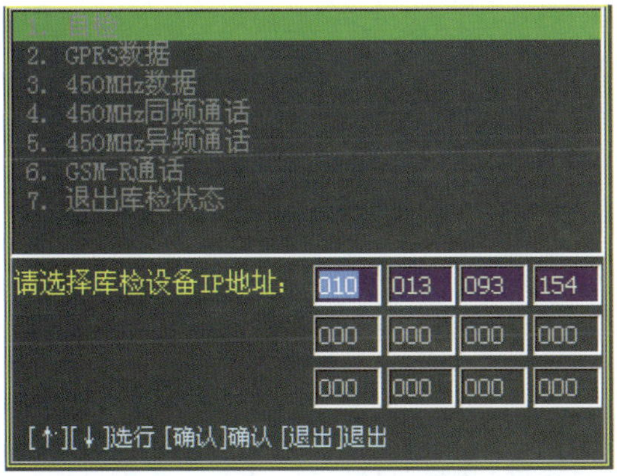

图 5-45　自检界面

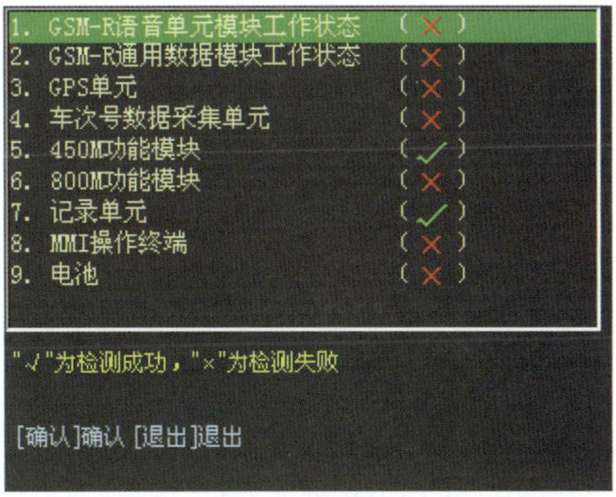

图 5-46　自检完成界面

按"确认"键可查看详细自检结果,如图 5-47 所示。

②GPRS 数据

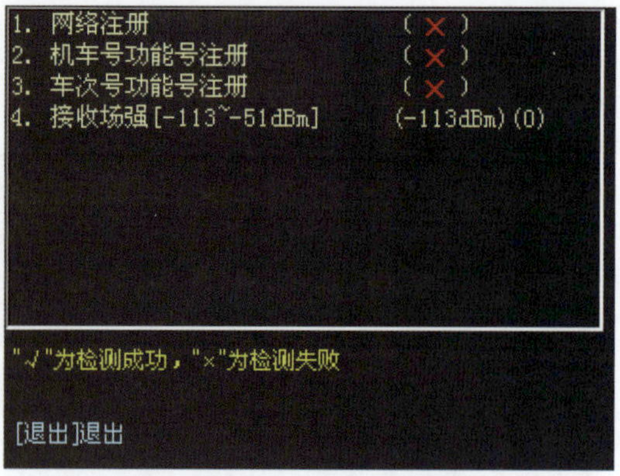

图 5-47 语音模块库检详情界面

选择“GPRS 数据”选项，按“确认”键，CIR 向地面库检设备请求发送“GPRS 数据检测”信息，地面库检设备收到后存储并向 CIR 发送一条正文内容为“GPRS 数据出入库检测”的信息，CIR 收到后在 MMI 上显示该信息并发送自动签收信息，在按“确认”键后发送手动签收信息并返回原界面。地面库检设备存储收到的 CIR 自动和手动签收信息。

15 s 内未收到地面库检设备发来的“GPRS 数据出入库检测”信息，MMI 显示“GPRS 数据测试失败”，如图 5-48 和图 5-49 所示。

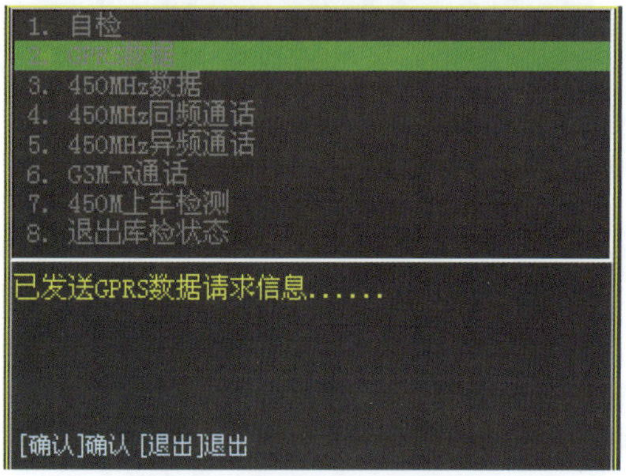

图 5-48 GPRS 数据请求界面

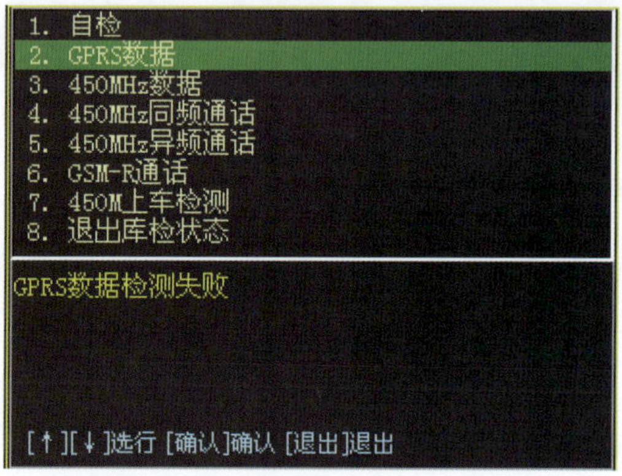

图 5-49 GPRS 数据库检结果界面

③450 MHz 数据

选择“450 MHz 数据”选项，按“确认”键。地面库检设备收到后存储并向 CIR 用工作频率发送一条正文内容为“450 MHz 数据出入库检测”信息，CIR 收到后在 MMI 上显示该信息，并用 457.550 MHz 频率发送自动签收信息，按“确认”键后，用 457.550 MHz 频率发送手动签收信息并返回原界面。15 s 内未收到地面库检设备发来的“450 MHz 数据出入库检测”信息，MMI 显示“450 MHz 数据测试失败”。

④450 MHz 同频通话

选择“450 MHz 同频通话”选项，摘机后按“确认”键，收到回铃后，按“PTT”开始讲话，内容为“××型×××号机车 450 MHz 电台同频呼叫话音试验”，讲话时间应在 7 s 内完成，地面库检设备录制语音并存储，在 CIR 载波结束 1 s 后，地面库检设备使用同频回发录制的语音，CIR 收听。

⑤450 MHz 异频通话

选择“450 MHz 异频通话”选项，摘机后按“确认”键，收到回铃后，按“PTT”开始讲话，内容为“××型×××号机车 450 MHz 电台异频呼叫话音试验”，讲话时间应在 7 s 内完成，地面库检设备录制语音并存储，在 CIR 载波结束 1 s 后，地面库检设备使用 467.925 MHz 频率回发录制的语音，CIR 收听。

⑥GSM-R 通话

选择“GSM-R 通话”选项，按“确认”键，MMI 上显示“请输入或选择库检设备电话号码”，如图 5-50 所示。按“呼叫”键，收到地面库检设备接通提示音后，按“PTT”开始讲话，内容为“××型×××号机车 GSM-R 呼叫话音试验”，讲话时间应在 7 s 内完成，地面库检设备录制语音并存储，8 s 后，地面库检设备回发录制的语音，CIR 收听。

⑦记录单元测试

选择“记录单元测试”，MMI 与录音单元之间建立通话，按“PTT”开始讲话，7 s 后，会听到讲话录音，说明录音单元语音记录功能正常。

(3)维护界面

①进入维护界面。为了防止误操作，维护人员调整的参数需要输入密码才能进入。按下设置界面中的“维护界面”键并确认，提示“请输入密码”，输入正确的密码后，进入维护界面，如图 5-51 所示。

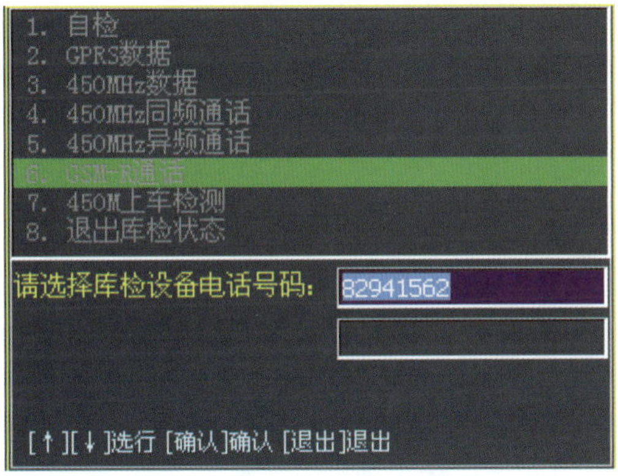

图 5-50 选择库检电话界面

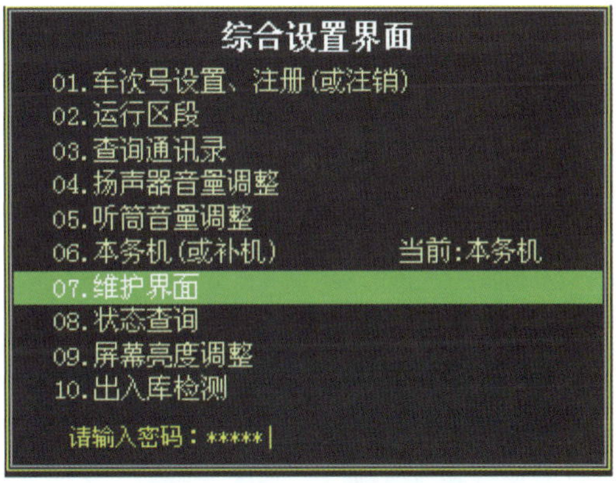

图 5-51 进入维护界面

各 CIR 设备厂家维护界面的初始密码见表 5-4。

②进入综合信息界面后，可用上翻、下翻键选中需要设置的参数进行设置，设置完毕后按“确认”键，有文字提示设置结果(成功或失败)。现有的维护设置内容如图 5-52 所示。

表 5-4 各 CIR 设备厂家维护界面密码

序号	设备厂家	维护界面原始密码
1	上海新干通	无
2	北京世纪东方	123456
3	天津七一二	712
4	北京铁科	1234

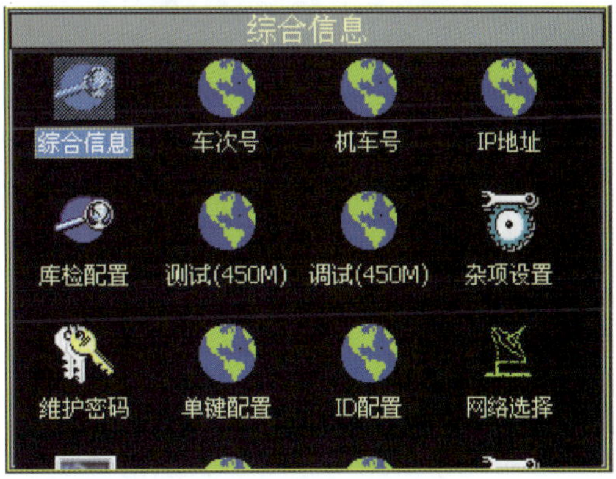

图 5-52 CIR 设备维护界面(天津七一二)

a. 机车功能号设置

(a)上海新干通和北京世纪东方 CIR 设备机车功能号设置(如图 5-53 所示)

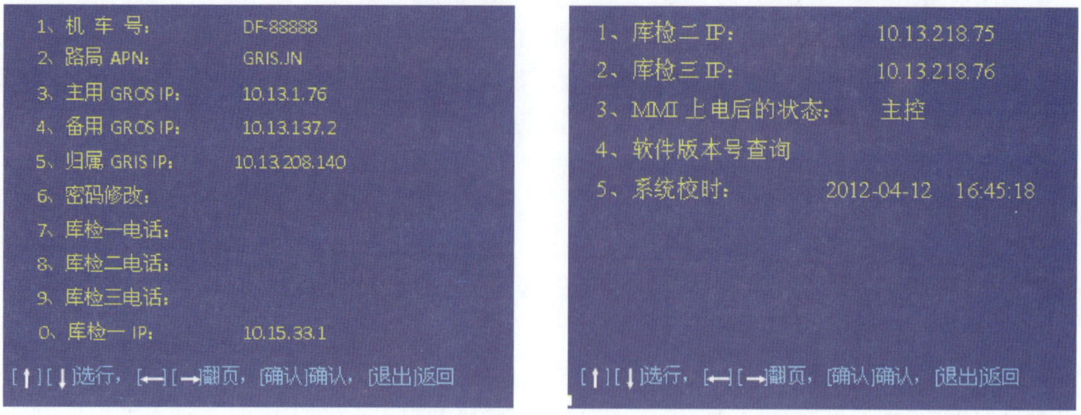

图 5-53 CIR 设备维护界面(上海新干通/北京世纪东方)

安装维护人员在安装 CIR 时应输入对应的机车号，CIR 应存储该机车号，直到下次被修改重新设置"机车号"时，需要输入机车类型代码(3 位)和机车号(5 位)，如输入"2240058"、"22458"均表示"22400058"，翻译的机车号为"SS7E-00058"。

(b)天津七一二 CIR 设备机车号和归属 IP 地址设置(如图 5-54 和图 5-55 所示)

归属 IP 地址是为 TAX 箱刚启动时查找 GRIS 的当前 IP 地址所用。文字提示归属 IP 地址设置成功后，新的归属 IP 地址即可使用。

b. APN 设置

安装维护人员在安装 CIR 时应设置机车所属铁路局的 APN 号，CIR 应存储该 APN 号，直到下次被修改。路局 APN 设置后需要关机重启 CIR 之后才生效。

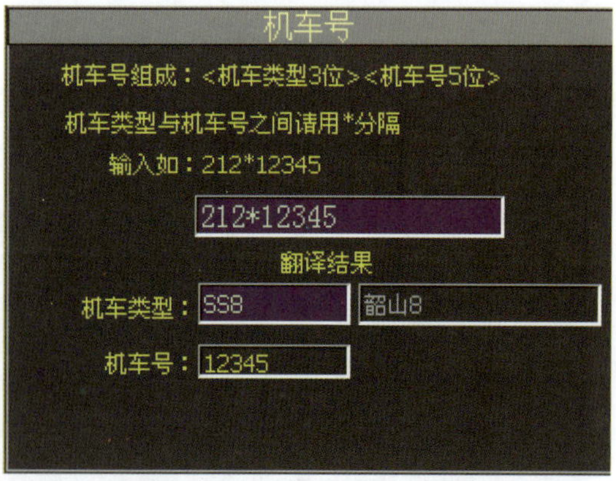

图 5-54 CIR 设备机车号设置界面(天津七一二)

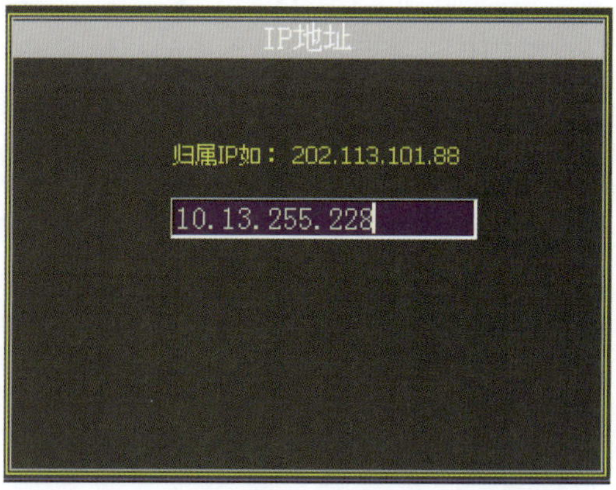

图 5-55 CIR 设备归属 IP 地址设置界面(天津七一二)

c. 主用与备用 GROS

目前北京 GROS 服务器为主用 GROS，武汉 GROS 服务器为备用 GROS，主用 GROS IP 为：10.13.1.76，备用 GROS IP 为：10.13.137.2。

d. 归属 GRIS IP

安装维护人员在安装 CIR 时应设置归属 GRIS IP，CIR 存储归属 GRIS IP。CIR 向备用

GROS 发送“当前 GRIS IP 地址查询”请求失败后，启用 CIR 存储的归属 GRIS IP 作为当前 GRIS 的 IP 地址。

e. 修改密码

设置“修改密码”时，须先输入原密码，按“确认”键，再输入新密码，按“确认”键。

f. 库检电话与 IP 设置

维护人员可根据库检要求设置库检设备的电话号码，最多可设置 3 个电话号码。可根据库检要求设置库检设备的 IP 地址，最多可设置 3 个 IP 地址。

g. 软件版本号查询

维护人员可根据需要查询各单元软件的版本号。

h. 系统校时

CIR 默认 GPS 提供的时间为标准时间，维护人员也可根据需要校准 CIR 系统时间。

8. 复位重启

当设备的功能出现异常且长时间无法恢复，可按“复位”键 3 s 后，设备将复位重新初始化。

9. 关机

关掉 CIR 设备面板上“电源”开关，CIR 自动启动 GSM-R 话音单元，向 GSM-R 网络进行车次号功能号和机车号功能号注销和网络注销。GSM-R 数据单元首先向 GPRS 网络注销 IP 地址，成功后再进行 GSM-R 网络注销。MMI 显示车次号注销成功，机车号注销成功，同时有语音提示。

（二）LBJ 设备操作及使用方法

1. 报警功能

（1）连接界面

若 CIR 连接 LBJ 功能单元后，如果数据通信成功，MMI 界面安全预警显示黄色“报警”字样，圆形区域为电子铅封/工作状态指示灯，点亮时为红色圆形，表示电子铅封已启用；熄灭时为黄色圆环，表示电子铅封未启用；闪烁时表示正在发送列车事故报警信息。相关界面如第二章图 2-62 所示。

（2）发送报警

持续按下 MMI 的“报警”键 3 s 以上（或按“报警”键后 3 s 内松开，随后 5 s 内按下“确认“键），MMI 向 LBJ 发送启动报警命令，MMI 状态指示灯每 1 s 闪亮一次并发出提示音。如果按下“报警”键后在 3 s 内松开，MMI 显示文字提示司机按“确认”键；如果在随后的 5 s 内没有按下“确认”键，MMI 不再文字提示，自动恢复到未按下“报警”键的状态。相关界面如第二章图 2-63 所示。

（3）解除报警

当本车在发送报警时，持续按下 MMI 的“报警”键 3 s 以上，MMI 向 LBJ 发送报警解除命令，MMI 发出提示音 5 s，状态指示灯也继续闪亮 5 s 后，转为红色长亮并停止发出提示音。

（4）接收报警

LBJ 接收到列车防护报警信息、施工防护报警信息、道口报警信息时向 MMI 转发，MMI 显示报警内容和按键确认提示，每隔 5 s 发出一次语音提示，报警信息的显示内容和语音提示一致。在报警状态下，按下 MMI 的“报警”键，MMI 立即停止当前语音提示（语音提示第 1 次播放完整）并向 LBJ 发送确认信息，随后 MMI 接收到相同的报警信息时不再发出语音提示，LBJ 接收到确认信息后进行记录。处于报警状态时，如果 MMI 连续 30 s 未再次收到 LBJ 转发的报警信息，停止声光提示，相关界面如第二章图 2-64 至图 2-66 所示。

LBJ 接收到报警解除信息时向 MMI 转发，MMI 停止报警信息的声光提示，显示报警解除信息内容并连续发出两次语音提示，语音提示结束后不再显示报警解除信息。

2. 出入库检测

用 CARS-LBJCS 便携测试台输入 8 位机车号后，向 LBJ 发送模拟出入库检测命令，CIR 接收到出入库检测命令后，如果机车号与本机一致则进行自检，状态指示灯和所有数码管每1 s闪亮一次并每隔 5 s 发出一次提示语音。LBJ 进入出入库检测状态并向 MMI 发送当前状态信息，MMI 每隔 5 s 发出一次提示音并显示语音内容。先后按下“报警”按键、“排风制动”按键、“查询”按键和“确认”按键，MMI 向 LBJ 发送按键信息，LBJ 收到以上四个按键信息后，发送一次报警试验信息，向出入库检测设备发送一次车次号为 99998、速度为 888 km/h 和公里标为 8 888. 8 m 的列车接近预警试验信息，随后退出检测状态，状态指示灯恢复到检测前的显示状态。如果 LBJ 进入检测状态 60 s 后仍未完成检测，LBJ 将自动发送报警试验信息和列车接近预警试验信息并退出检测状态，如图 5-56 所示。

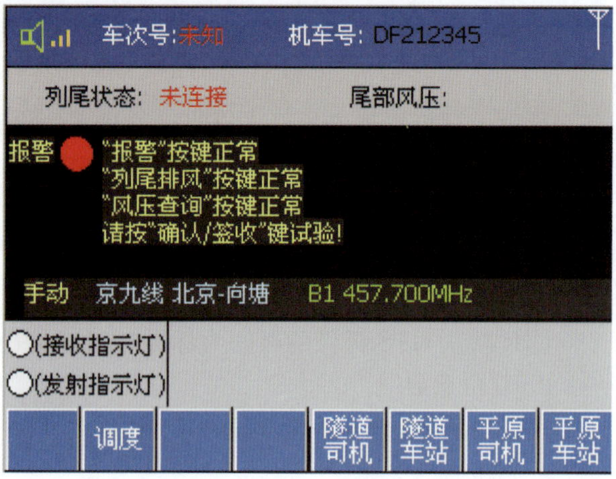

图 5-56 LBJ 出入库检测界面图

二、CIR/LBJ 设备外观清扫检查、机械强度检查、整修

CIR/LBJ 设备外观清扫检查、机械强度检查、整修项目与标准见表 5-5。

表 5-5 CIR/LBJ 设备外观清扫检查、机械强度检查、整修项目与标准

序号	工作项目	工作内容及质量标准
1	主机	(1)各部清洁整齐，无污垢，无明显脱漆，色泽光亮，面板字迹清晰，把手牢固； (2)各部安装牢固，机壳、面板、盖板无变形或破损，各部螺丝和螺母齐全、紧固； (3)各部电缆连接正确、紧固，无明显破损； (4)指示灯(发光管)安装牢固、状态表示正确； (5)减震器件性能良好，安装牢固； (6)合路器安装牢固，紧固件无松动脱落
2	人机界面(MMI)	(1)安装牢固，外观无异状； (2)按键接触良好，动作灵活，按键标字和 MMI 界面显示清晰明了； (3)各部清洁整齐，无污垢，无明显脱漆，色泽光亮，显示屏显示字迹清晰
3	送受话器与扬声器	送(受)话器、扬声器外形完好无破损变形，不松动，按键接触良好，动作灵活
4	打印机	打印机无破损，针头动作灵活，打印纸和色带状态良好

三、天馈线及连接线缆检查、整修

CIR/LBJ 设备天馈线及连接线缆检查、整修项目与标准见表 5-6。

在电气化区段检修机车(动车组)CIR、450 MHz 电台天线，必须严格执行《电气化铁路有关人员电气安全规则》等有关规定。机车检修、更换车顶天线必须联系机务运用部门，将机车牵引到无网(电)区组织更换,更换过程中执行双人作业,其中一人防护,作业中要系好安全带。

表 5-6　CIR/LBJ 设备天馈线及连接线缆检查、整修项目与标准

序号	工作项目	工作内容与质量标准
1	天馈线检查、整修	(1)天线无破损、变形、无污物附着; (2)安装尺寸符合限界要求,固定牢固; (3)接头紧固、接触良好、不松动、防水良好、无氧化锈蚀; (4)馈线无破损、无老化、无龟裂、无污垢; (5)车顶天线配件齐全,安装牢固,密封性能良好,法兰座根部焊接处无裂纹,防水性良好
2	连接线缆检查、整修	(1)电缆两端应具有电缆名称、连接对象和长度等标明该电缆用途的标识; (2)根部有防护,插头无氧化腐蚀、接触良好,缆线固定无松动; (3)缆线排列、绑扎整齐平直,无背扣、线条交叉,接头紧固、接触良好、不松动、防水良好

四、CIR 设备的上车检测、功能测试

(一)准备工作

(1)访问动车调度,了解设备运用情况。

(2)根据访问情况,带齐相应的板卡、打印纸等耗材。

(3)带好必要的工具、仪表(包括 GSM-R 手机、450 MHz 对讲机、CARS-LBJCS 便携测试台、LBJ 专用数据管理器、带驻波比测试功能的通过式功率计、万用表等)。

(二)上车检测、检修与功能测试

(1)CIR/LBJ 设备外观清扫检查、机械强度检查。

(2)CIR/LBJ 设备天线外部巡视,天馈线及连接线缆检查、整修。

(3)CIR 设备自检。

(4)语音通话试验(包括 GSM-R 语音、450 MHz 同频语音、450 MHz 异频语音)。

(5)GPRS 和 450 MHz 数据试验。

(6)车次号、调度命令、列车防护报警设备试验。

车次号设备检查试验方法可在 LKJ 设备输入模拟车次号,查看此车次号是否正常传输到 CIR 并在 MMI 上显示。

其他测试和试验方法参照本章第二、三、四节相关内容。

五、LBJ 设备电子铅封状态的检查和清除

(一)电子铅封检查

LBJ 发送列车防护报警信息后,启用电子铅封,状态指示灯常亮,即使 CIR 重启,状态指示灯仍保持常亮状态,如图 5-57 所示。

(二)电子铅封清除

若电子铅封已开启,可利用 LBJ 数据管理器进行清除。具体方法如下:

1. 连接 LBJ 主机

选用 CIR 电缆,将标有“CIR 电缆”的一端连接至 CIR 设备 B 子架的“数据 4”口上,标有“管理器”的一端连接至管理器。

2. 开机

打开管理器电源开关(电源开关打到“|”位置),管理器液晶屏首先显示欢迎界面。在欢迎界面时,按“确认”键快速进入主界面。

3. 下载 LBJ 主机记录信息

主界面下按方向键选择“1、记录信息下载”后按“确认”键,或直接按数字“1”键,进入信息下载界面。按方向键选取要读取信息的类别,按“确认”键或直接按相对应的数字键,管理器便开始下载所选定类别的记录信息,同时,液晶屏显示“信息下载中”和下载进度,待信息下载完成后,液晶屏上提示“信息下载完成”。此时,按“返回”键可返回到信息下载界面。数据管理器把记录信息读取后,LBJ 的状态显示灯自动熄灭,即电子铅封清除。

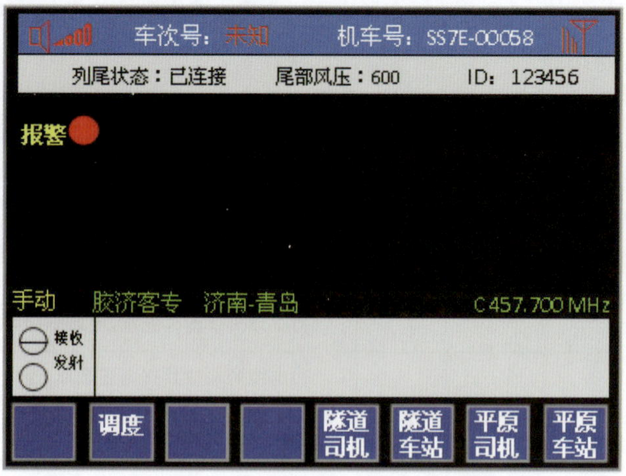

图 5-57 LBJ 电子铅封已开启界面

六、打印纸、色带的更换

面板上有一个绿色在线指示灯,打开前面板后有“SEL”和“LF”两个按钮。绿色指示灯亮表示打印机工作在在线状态,反之为离线状态。操作按钮“SEL”和“LF”可使打印机选择自检测、在线或离线方式、送纸方式。上电或退出自检测方式后,打印机进入在线方式,在线指示灯亮。按下“SEL”键,指示灯灭,进入离线工作方式,再次按下“SEL”键,又重新进入在线方式。

(一)更换纸卷

更换纸卷方法如图 5-58 所示,用手压紧伸缩纸轴的两端,取下纸轴,将新纸卷套在纸轴上,用手指压紧伸缩纸轴的两端,将纸轴放回原位,并确认纸轴已安装牢固,不会掉出。接通电源,打印机开始走纸,打印一行字后进入待命状态,此时指示灯亮。按一下“SEL”键,使“SEL”指示灯灭,再按一下“LF”键,打印机开始走纸。用手将纸头送入机头下面的入纸口处,纸会进入机头,一直到纸从机头上方露出为止,露出应有一定长度,再按一下“LF”或“SEL”键,停止走纸,将纸端从前面板的出纸口中穿出,盖上前盖板。

可将纸端剪成三角形,再按以上步骤细心操作,上纸工作更有效。

(a) (b) (c) (d)

图 5-58 更换纸卷

(二)更换色带

(1)取下前盖板,将打印头固定板向外拉出,直到色带盒全部露在壳体外面。先抬起色带盒的左端,再抬起色带盒的右端(带旋钮的一端),色带盒即被取下。具体过程如图 5-59 所示。

(2)将新色带盒右端轻轻放在机头的齿轮轴上，左端稍微抬起不要放下，用手指按箭头方向转动色带盒上的旋钮，直到色带盒的右端完全落到底后再放下色带盒的左端。

(3)检查色带是否拉直或色带是否露在外面，可再旋转色带盒上的旋钮，直到色带拉入色带盒并拉直为止。

(4)打印头固定板回到原位，盖上前面板。

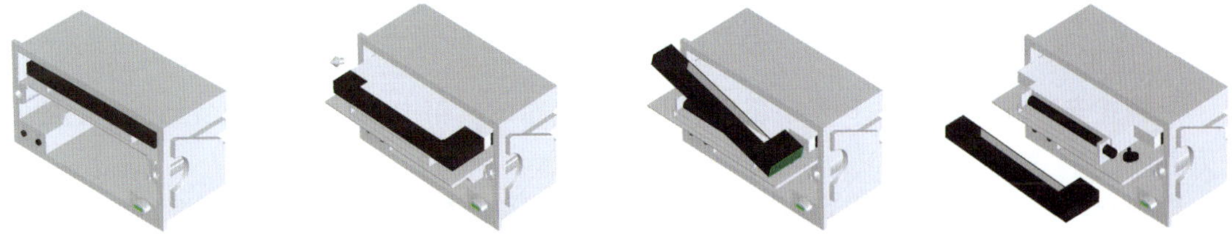

(a)　(b)　(c)　(d)

图 5-59　更换色带

七、CIR、LBJ 设备库检记录的规范填写

检修记录参照《动车组车载通信设备高级检修规程》相关内容，检测合格填“良”，否则按实际状态填写。

思考题

1. 请查看 CIR 设备各模板版本号。
2. 请设置 CRH_{380A} L6001 机车号，手动注册 D6001 号。
3. 请设置本工区库检 IP 和库检电话。
4. 请设置主用和备用 GROS IP 地址。
5. 请更换打印纸和色带。

第三节　CIR/LBJ 设备维修

为确保 CIR 设备良好运用，维护人员在动车组入库(所)时，应对 CIR 设备逐台进行检查试验。当发现 CIR 设备故障、状态不良时，必须及时修复或给予更换，保证 CIR/LBJ 设备出库良好。

一、CIR/LBJ 设备的机械安装图

(一)CIR 设备的机械安装图、设备尺寸和安装要求

CIR 设备的详细结构尺寸符合《GSM-R 数字移动通信网设备技术规范　第二部分：机车综合无线通信设备》，安装要求满足《机车综合无线通信设备安装规范》。

1. 主机

(1)外形尺寸

主机采用一体化机箱式结构，机箱的外形尺寸：540 mm×340 mm×384 mm(宽×高×深)。

机箱内 A、B 子架结构尺寸为 19 英寸标准结构，高度为 3U，深度不大于 360 mm。

(2)安装要求

主机安装方式可采用机柜式、机架式、壁挂式安装方式。采用机柜式和壁挂式,应加装减震器,减震器外形尺寸不大于机箱的外形尺寸,不高于 40 mm。

CIR 采用前出线方式,前部出线空间不小于 150 mm。主机安装位置应便于安装、拆卸以及良好散热。

需加装多频段合路器时,上部预留 300 mm 的空间。

(3)机柜式

机柜式安装方式是指 A、B 子架装入 CIR 厂家自带的机箱中,通过机箱安装到机车上的安装方式。

机柜安装在机车预留的固定板上,承重应满足 CIR 主机安装要求。安装板预留安装孔 ϕ6.5 mm,安装孔尺寸如图 5-60 所示,安装示意图如图 5-61 所示。

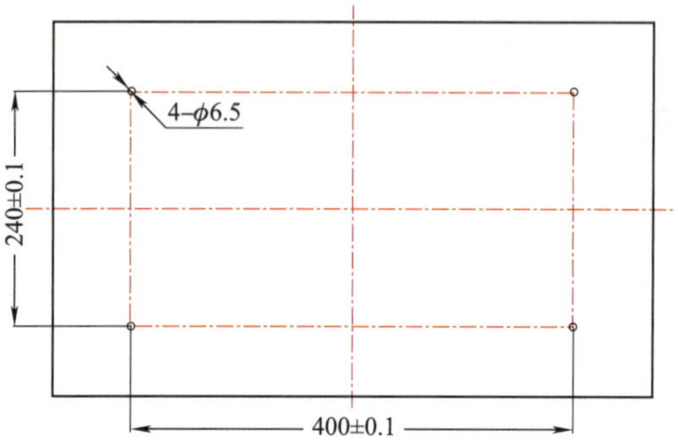

图 5-60 安装孔尺寸图(单位:mm)

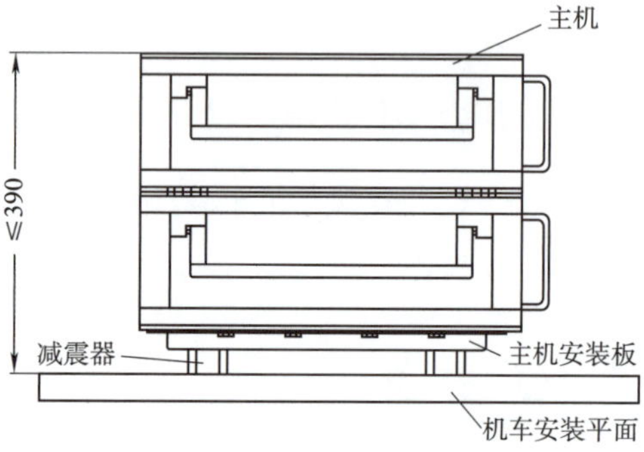

图 5-61 机柜式安装示意图(单位:mm)

(4)机架式

A、B 子架直接安装在标准 19 英寸机架上,A 子架安装在 B 子架上方。机架承重应满足 A、B 子架安装要求。安装要求如图 5-62 所示。

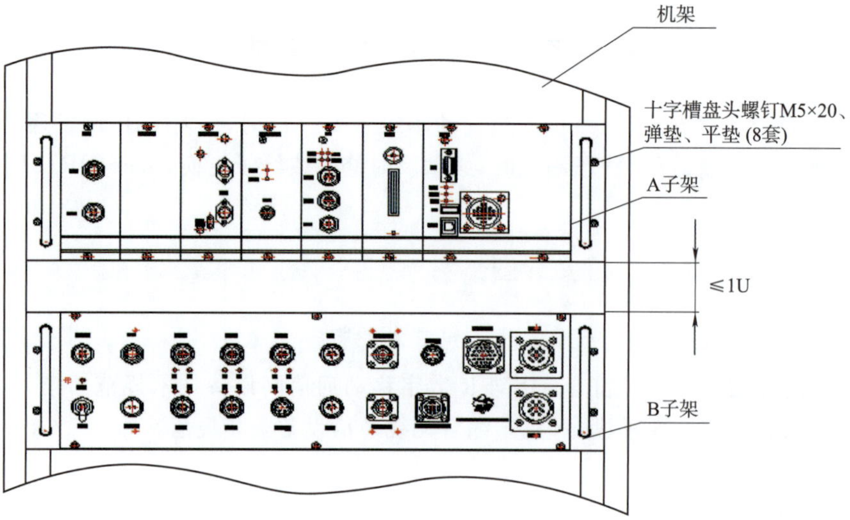

图 5-62 机架式安装方式示意图

2. MMI

MMI 安装方式有竖立式和横向式，一般采用竖立式嵌入安装方式。

竖立式 MMI 整体外形尺寸：宽度 180 mm，高度 250 mm，厚度不大于80 mm。外形尺寸及安装尺寸如图 5-63 所示。

横向式 MMI 整体外形尺寸为：宽度 262 mm，高度 162 mm，厚度不大于80 mm。外形尺寸及安装尺寸如图 5-64 所示。

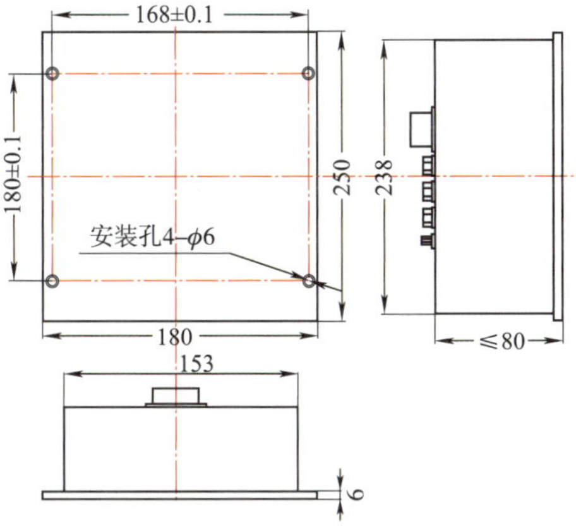

图 5-63　竖立式 MMI 外形尺寸及安装尺寸图(单位：mm)

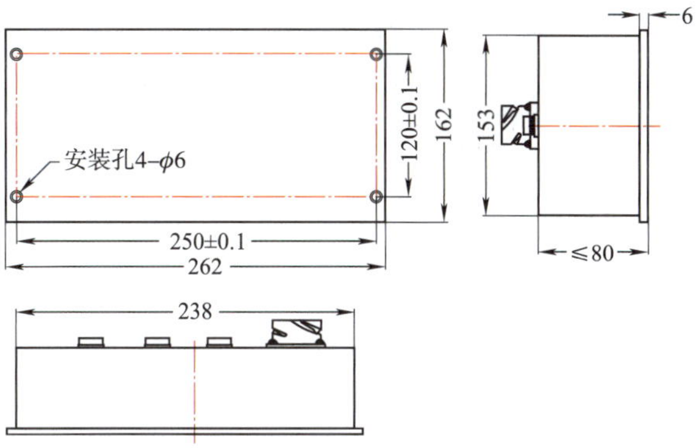

图 5-64　横向式 MMI 外形尺寸及安装尺寸图(单位：mm)

3. 送受话器

送受话器分通用式和紧凑式两种。

通用式送受话器实物如图 5-65 所示。通用式送受话器底座外形尺寸：250 mm(长)×90 mm(宽)，如图 5-66 所示。

紧凑式送受话器实物示意图如图 5-67 所示。紧凑式送受话器底座外形尺寸：72 mm(长)×60 mm(宽)，如图 5-68 所示。

图 5-65　通用式送受话器实物

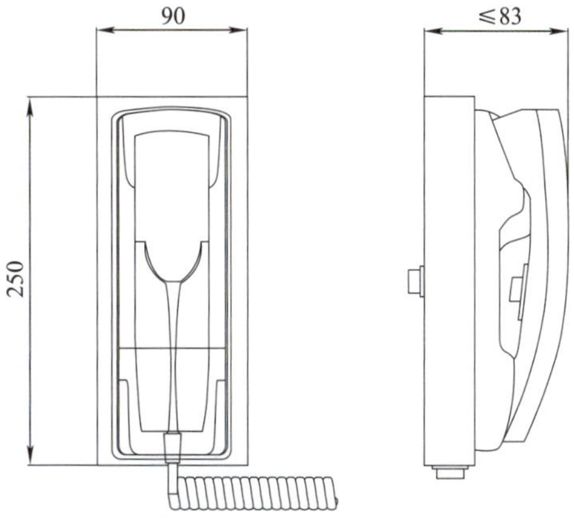

图 5-66　通用式送受话器外形尺寸图(单位：mm)

图 5-67　紧凑式送受话器实物

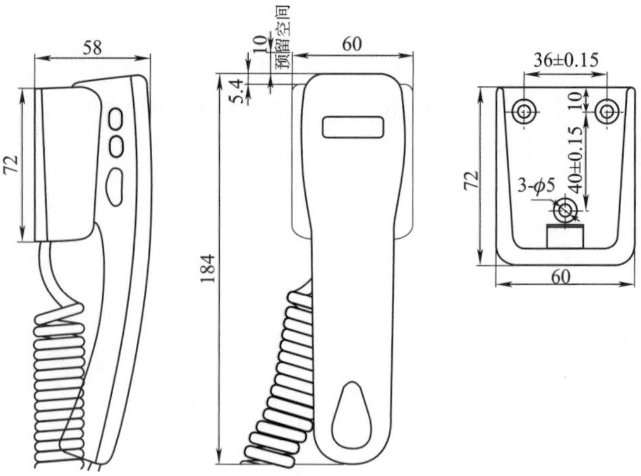

图 5-68　紧凑式送受话器外形尺寸图(单位:mm)

4. 打印机及扬声器

打印机和扬声器安装在同一块安装板上,安装板外形尺寸为 176 mm×172 mm,安装板厚度 2 mm。安装板外形尺寸图如图 5-69 所示,实物示意图如图 5-70 所示。

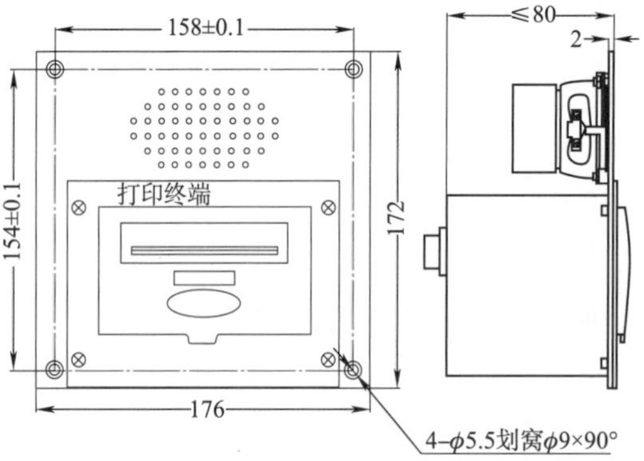

图 5-69　打印机和扬声器安装板尺寸图(单位:mm)

图 5-70　打印机和扬声器一体实物示意图

5. 天线

动车组 CIR 通常采用 DTX-Ⅲ型和 DTX-Ⅳ型天线。

DTX-Ⅲ型天线实物图 5-71 所示。DTX-Ⅲ型天线底座尺寸图如图 5-72 所示。DTX-Ⅲ型天线外形尺寸图如图 5-73 所示。

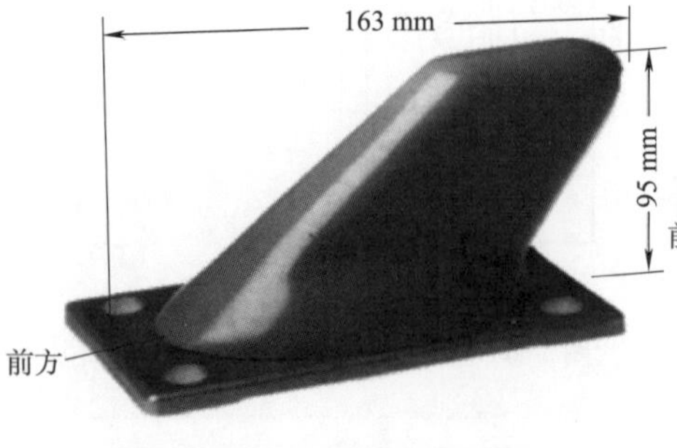

图 5-71　DTX-Ⅲ型天线实物示意图

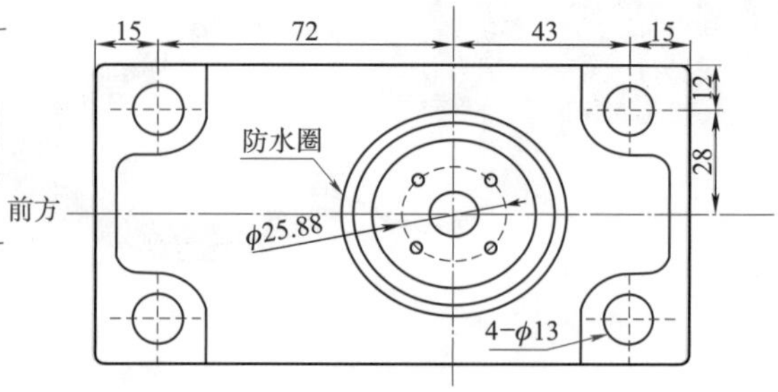

图 5-72　DTX-Ⅲ型天线底座尺寸图(单位:mm)

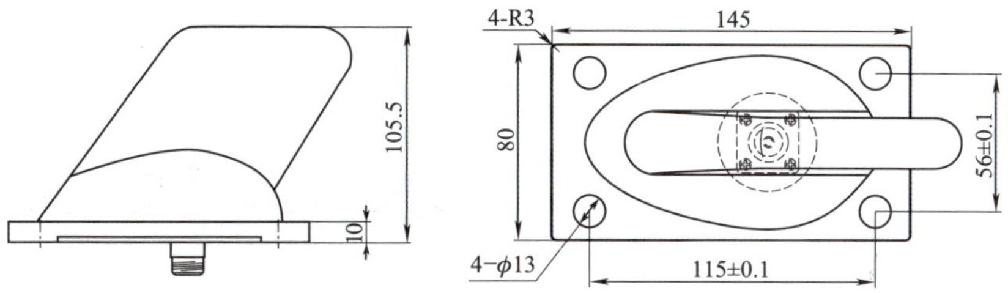

图 5-73　DTX-Ⅲ天线外形尺寸图(单位:mm)

DTX-Ⅳ型天线外形尺寸及安装尺寸如图 5-74 和图 5-75 所示。

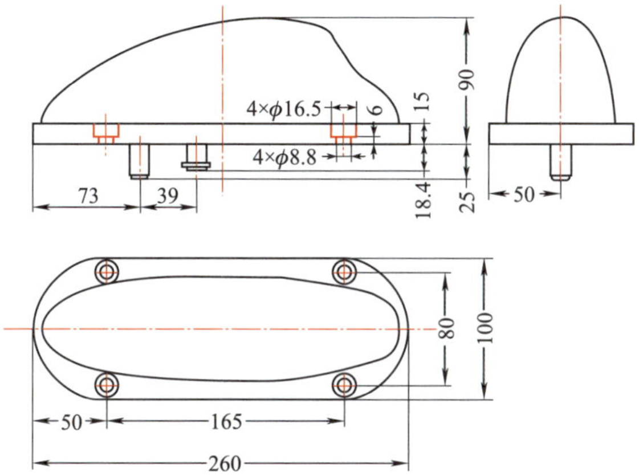

图 5-74　DTX-Ⅳ型天线外形尺寸图(单位:mm)

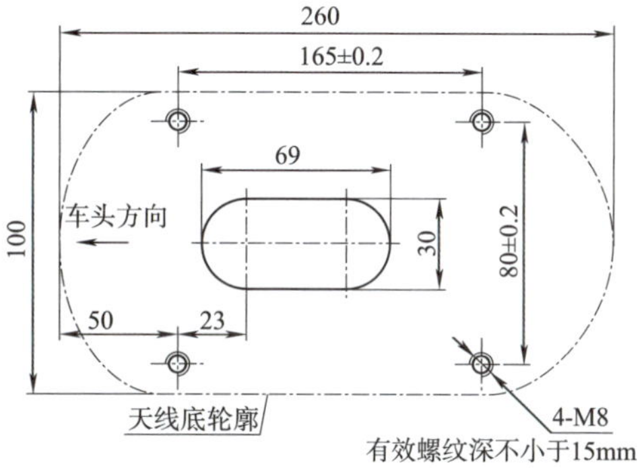

图 5-75　DTX-Ⅳ型天线安装尺寸图(单位:mm)

组合天线(GSM-R 话音、卫星定位)根据动车组要求定制,其实物示意图如图 5-76 所示。组合天线底座外形尺寸如图 5-77 所示,安装孔距:165 mm(长)×80 mm(宽)。

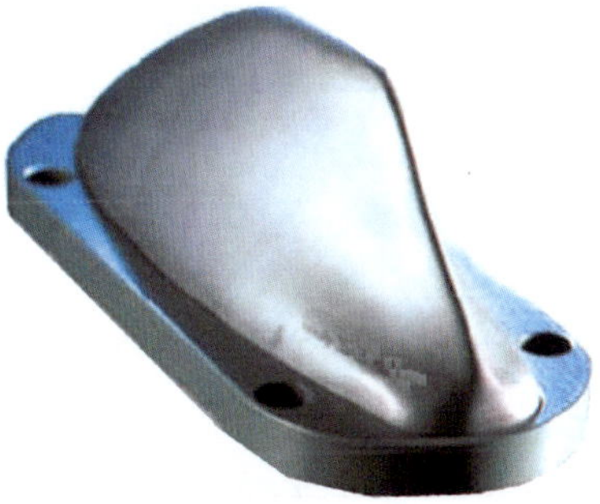

图 5-76　组合天线实物示意图

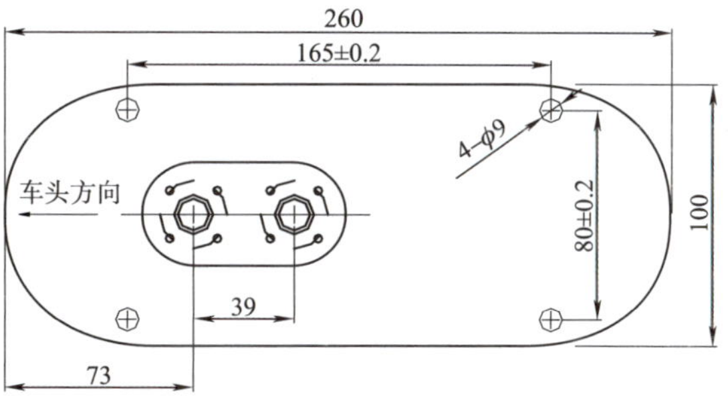

图 5-77　组合天线底座外形尺寸图(单位:mm)

GPS 天线实物示意图如图 5-78 所示。

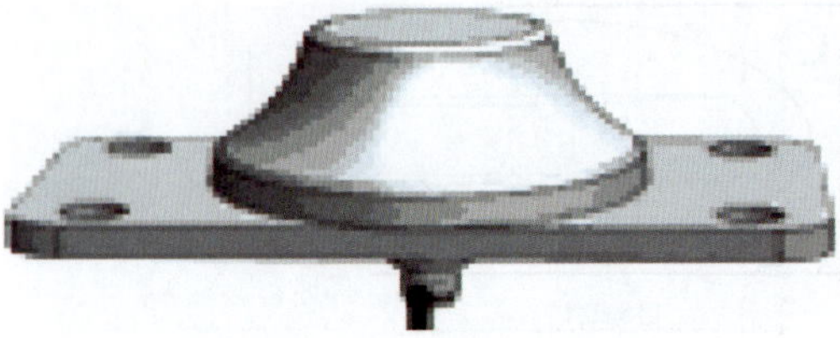

图 5-78 GPS 天线实物示意图

图 5-79 DHL-Ⅳ型合路器外形图

（二）DHL-Ⅳ型合路器

CIR 采用 DHL-Ⅳ型合路器，CIR 需配置的天线为多频段天线 2 根，GPS 天线 1 根。GSM-R 话音和 450 MHz 共用多频段天线Ⅰ；450 M 电台、GSM-R 数据、800 MHz 电台和 2.4 GHz 共用多频段天线Ⅱ；GPS 天线单设，不经过合路器。

1. DHL-Ⅳ型合路器外形尺寸

实物如图 5-79 所示，外形尺寸如图 5-80 所示。

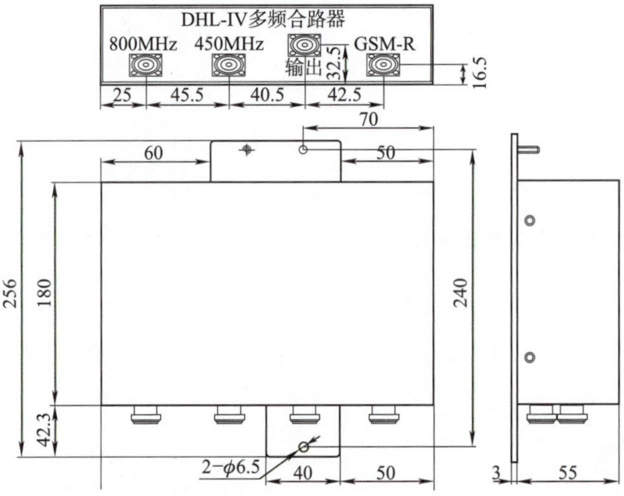

图 5-80 DHL-Ⅳ型合路器外形尺寸图（单位：mm）

2. DHL-Ⅳ型合路器的作用

（1）实现三频段的合路功能，将 1 路 450 MHz、1 路 800 MHz、1 路 GSM-R 频段合成 1 路输出。

（2）可靠性高、波动范围小、插入损耗低、带外抑制高、输入功率大、频率隔离度高。

（3）设计外形美观，结构合理，易于安装。

二、CIR/LBJ 设备各部分连接方法

1. CIR/LBJ 设备构成及连接示意图如图 5-81 所示。

2. CIR/LBJ 设备带合路器连接示意图如图 5-82 所示。

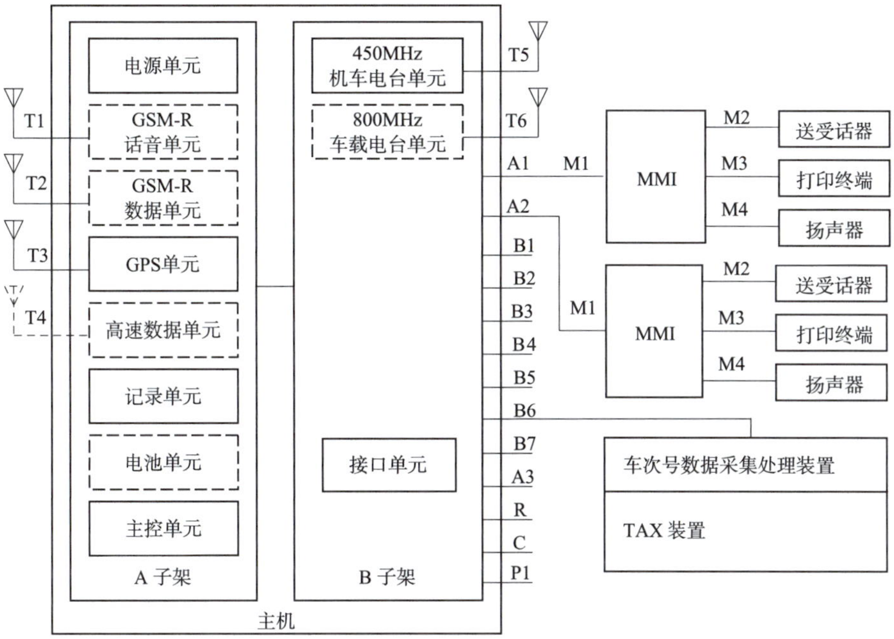

图 5-81　CIR 设备构成原理框图(无多频段合路器时)

3. CIR 与 LBJ 功能单元采用内置方式进行整合时,安装尺寸应符合《GSM-R 数字移动通信网设备技术规范 第二部分:机车综合无线通信设备》相关规定。LBJ 单元通过电源接口、天线接口、TAX 箱/CIR 数据接口、维护数据接口和报警按键接口连接至 CIR B 子架,线位定义和接插件型号应符合《列车防护报警系统和客车列尾系统技术条件》。

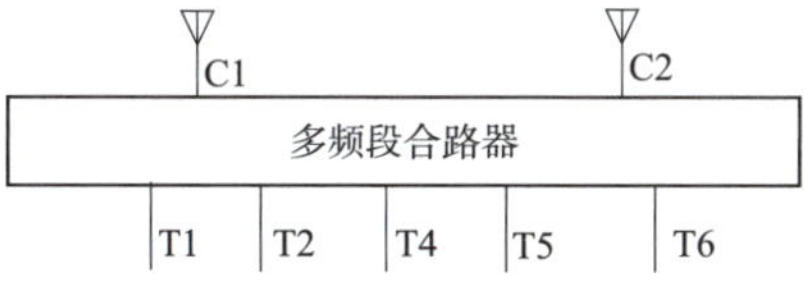

图 5-82　设备构成原理框图
(有多频段合路器时)

采用内置方式连接时,CIR 通过 TAX 箱/CIR 数据接口与 LBJ 功能单元进行数据通信并转发 TAX 箱数据;LBJ 数据管理器通过 CIR B 子架面板的数据 4 接口设置参数和下载记录信息。

4. CIR/LBJ 与 TAX 箱连接时,CIR 主机设备 B 单元数据 B6 口与 TAX 箱连接,完成无线车次号校核。

三、CIR/LBJ 设备各部件安装更换方法

1. A 单元和各单元模块化结构采用抽拉式,更换执行三级修和高级修规程,故障时更换按 CIR 自检结果及模块灯闪状态进行正确判断后再进行更换。

2. MMI 的安装更换,按安装规范进行。

3. 打印机及扬声器的安装执行安装规范,打印纸、色带更换执行《无线维规》规定,缺纸或色带不良时及时更换。

4. 注意事项:

(1)更换单元模块或 A 单元时,必须 CIR 主机断电,将连接电缆取下理顺。

(2)更换 A 单元时,如果 SIM 卡良好,一定将 SIM 卡插入新语音、数据模块,更换完毕上电后,重新输入机车号,进行数据配置及 IP 地址的设置。

(3)更换 B 单元时,检查内部 450 MHz 单元、LBJ 单元电源连接线及配线连接是否良好、牢固。

(4)更换完毕后,检查各连接电缆紧固性,上电开机,查询各模块单元的版本号,进行自检,确认各模块状态良好并进行通话、录音试验。

(5)天线更换必须在无电区或天窗点内,隔离开关接地情况下,由厂家配合进行更换,执行《无线维规》和《电务人身安全作业标准》的相关规定。

四、CIR/LBJ缆线布放工艺要求

(一)电缆安装要求

1. 电缆两端应具有电缆名称、连接对象和长度等标明该电缆用途的标识。对电缆标识有特殊要求的,应在供货合同中规定。

2. 缆线布放工艺要求:

(1)所有电缆均为低烟、无卤、阻燃电缆。

(2)电缆布线时,需避开机车主电路电缆,保护距离应在300 mm以上。

(3)电缆走线应离开高温发热源,保证电缆在工作温度范围内。

(4)电缆转弯时,转弯半径大于电缆的最小转弯半径。

(5)所有电缆与设备连接完成后,两端均预留适当长度后再进行固定,保证设备可方便拆装。

(二)控制电缆要求

1. 电缆结构

控制电缆结构如图5-83所示。

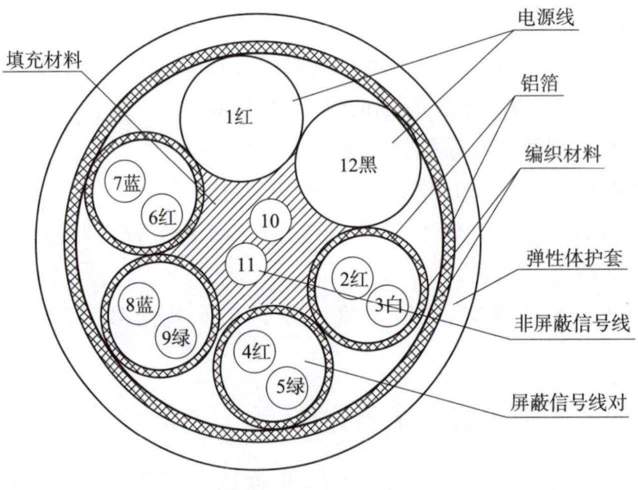

图5-83 电缆结构图

1—红;2—红;3—白;4—红;5—绿;

6—红;7—蓝;8—蓝;9—绿;10—白;11—蓝;12—黑

2. 弯曲半径

电缆最小弯曲半径不大于电缆外径的5倍。

3. 电缆屏蔽

屏蔽层金属编织线可使用镀锡圆铜线或电工圆铜线。金属编织线的直径为0.16～0.20 mm。金属编织屏蔽层应连续,不允许出现断层,编织层中单线断线后的连接应采用焊接,整个编织层不允许接续。

镀锡圆铜线应符合《镀锡圆铜线》GB/T 4910 规范的规定，电工圆铜线应符合《电工圆铜线》GB/T 3953 规范的规定。

(1)屏蔽信号线对：芯线应对绞，屏蔽层由铝箔和镀锡线编织，编织密度大于或等于 75%。铝箔重叠率大于或等于 25%；

(2)缆芯屏蔽：由铝箔和镀锡线编织，编织密度大于或等于 80%。铝箔重叠率大于或等于 25%。

4. 绝缘

电源线：最小绝缘厚度大于或等于 0.55 mm；信号线：最小绝缘厚度大于或等于 0.28 mm。

5. 护套

采用环保型低烟无卤电缆护套料，具有阻燃、低烟、无卤、低毒等特性材料制作。

护套标称厚度大于或等于 1.0 mm，最小厚度大于或等于 0.75 mm，成品外径为 13 mm±0.3 mm。

6. 直流电阻

20℃时：电缆截面积为 2.5 mm^2，直流电阻小于或等于 8 Ω/km；

电缆截面积为 0.5 mm^2，直流电阻小于或等于 40 Ω/km。

7. 绝缘电阻

20℃时，施加 DC250V 电压 1 min，绝缘线芯间、绝缘线芯对屏蔽间，绝缘电阻大于 100 MΩ·km。

(三)送受话器电缆

送受话器电缆结构如图 5-84 所示。

电缆由 8 根 0.12 mm^2 线芯组成，采用编织镀锡屏蔽及低烟无卤护套。

(1)导体：7×0.15 mm^2 镀锡线。

(2)绝缘外径不小于 1.1 mm，颜色为白、橙、兰、黄、绿、粉、灰、黑各 1 根，绝缘为聚乙烯或低烟无卤材料。

(3)电缆总屏蔽：采用镀锡铜线编织，密度不低于 80%。

(4)电缆护套：电缆护套为黑色外径不大于 6.0 mm。护套采用低烟无卤材料。

(四)电源电缆

电源电缆结构如图 5-85 所示。

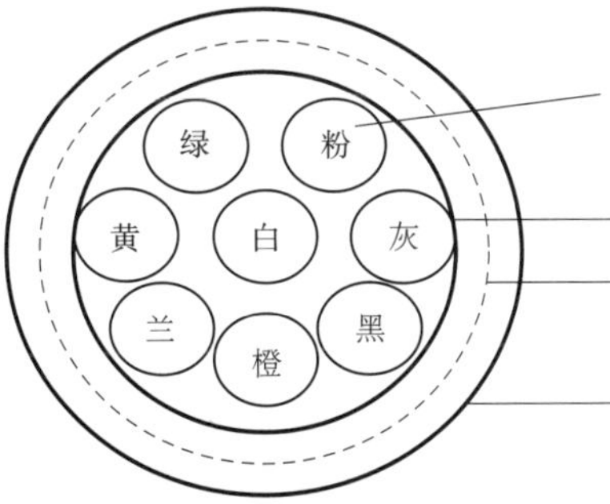

图 5-84　送受话器电缆结构图

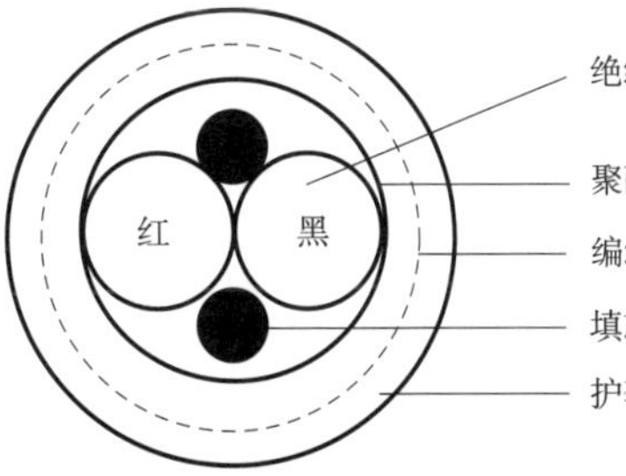

图 5-85　电源电缆结构

电源电缆由 2 根 1.0 mm^2 线芯组成，采用低烟无卤护套。

(1)导体：截面 1.0 mm^2 的 32×0.2 mm^2(或 20×0.25 mm^2)镀锡铜线。

(2)绝缘:标称厚度 0.4 mm,采用低烟无卤材料,颜色分别为红、黑。

(3)电缆总屏蔽:采用镀锡铜线编织,密度不小于 80%。

(4)护套:电缆护套为黑色,成品外径不大于 6.0 mm。采用低烟无卤材料。

(五)射频电缆

1. SYV-50-3-1 型射频电缆

①内导体

材料:软铜线;根数×直径:7×0.32;标称外径:0.96 mm。

②绝缘

最小厚度:0.8 mm;外径:2.95 mm±0.13 mm。

③外导体

单线直径:0.13~0.15 mm;编织角:不大于 45°;填充系数:0.7~0.95。

④护套

最小厚度:0.58 mm;材料:采用低烟无卤材料;外径:5.0 mm±0.2 mm。

2. SYV-50-5-1 型射频电缆

①内导体

材料:软铜线;根数×直径:1×1.4;标称外径:1.4 mm。

②绝缘

最小厚度:1.3 mm;外径:4.8 mm±0.2 mm。

③外导体

单线直径:0.13~0.15 mm;编织角:不大于 45°;填充系数:0.7~0.95。

④护套

最小厚度:0.69 mm;材料:采用低烟无卤材料;外径:7.2 mm±0.2 mm。

五、控制缆、送受话器、电源线、天馈线等接头制作方法

(一)通用天馈线

1. 线缆说明

通用天馈线为两头 N 型 J 接头的天线连接馈线,是 CIR 主机连接天线的主要射频连接馈线,主要用于:合路器与多频段机车天线之间的连接;450 MHz 天线与 CIR 主机之间的连接;800 MHz 天线与 CIR 主机之间的连接。

2. 线缆组件列表(见表 5-7)

表 5-7 通用天馈线组件列表

序号	名 称	数量
1	高频插头 N-JT7	2
2	同轴电缆 SYPFV-50-7	1
3	ϕ19 mm 双壁管	2

3. 线缆制作流程

(1)将外层保护套两端剥去 20 mm,如图 5-86(a)所示,注意不可损坏屏蔽层。

(2)将插头各部件及双壁管按图 5-86(b)所示顺序安装。

(3)将屏蔽层拆散,切除填充介质,露出内导体的长度约为 8 mm,如图 5-86(c)所示,并将屏蔽线拧成两股,穿过衬套上有缺口的两个孔,然后绕在衬套上。

(4)将内导体插入插针,使内导体紧密贴合到插针内空隙顶部,并且插针外无内导体露出,若长度偏长,则将多余部分去除。

(5)焊接时须将插针与内导体轴线重合，并且无毛刺、无虚焊、焊锡须适量。

(6)装配时插头和电缆连接须牢固，无松动，插头与衬套，插头与后座都应拧紧。如图5-86(c)所示。

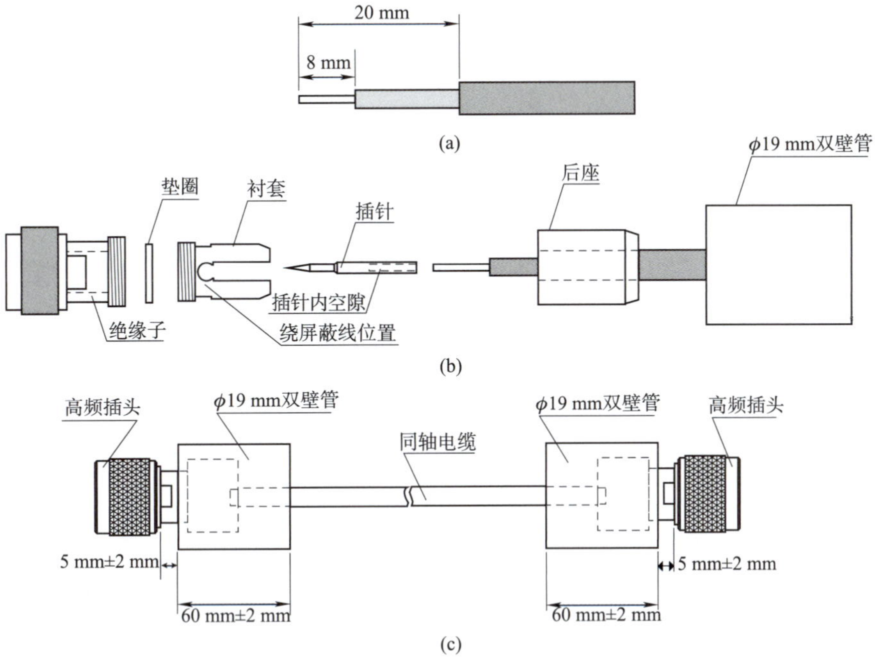

图 5-86　通用天线馈线制作示意图

(二)TNC-N 型天馈线

1. 线缆说明

TNC-N 型天馈线为一端 N 型 J 接头、一端 TNC 型 J 接头的天线连接馈线，是 CIR 主机 TNC 型天馈接头模块连接天线的主要射频连接馈线。

2. 线缆组件列表(见表 5-8)

表 5-8　TNC-N 型天线馈线组件列表

序号	名　称	数量	备注
1	射频插头 TNC-J240	1	
2	射频电缆 RLFC-240-FR	1	
3	射频插头 N-J240	1	
4	ϕ10 mm 双壁管	1	20 mm±2 mm
5	ϕ19 mm 双壁管	1	40 mm±2 mm
6	ϕ15 mm 双壁管	1	35 mm±2 mm

3. 线缆制作流程

(1)将射频电缆 RLFC-240-FR 安装 TNC-J240 接头一端的外层保护套剥去 10 mm，安装 N-J240 接头一端外层保护套剥去 15 mm，如图 5-87(a)所示，注意不可损坏屏蔽层。

(2)将插头各部件及双壁管按图 5-87(b)所示顺序安装。

(3)将屏蔽层拆散，切除填充介质，露出内导体 TNC-J240 头长度约为 6 mm，N-J240 头长度约为 8 mm，如图 5-87(c)所示，并将屏蔽线夹在衬套与垫圈之间，翻折后不得超过橡皮圈侧面中心位置，若有多余则去除。

(4)将内导体插入插针，使内导体紧密贴合到插针内空隙顶部，并且插针外无内导体露出，若长度偏长，则将多余部分去除。

(5)焊接插针时须与内导体轴线重合，并且无毛刺、无虚焊、焊锡须适量。

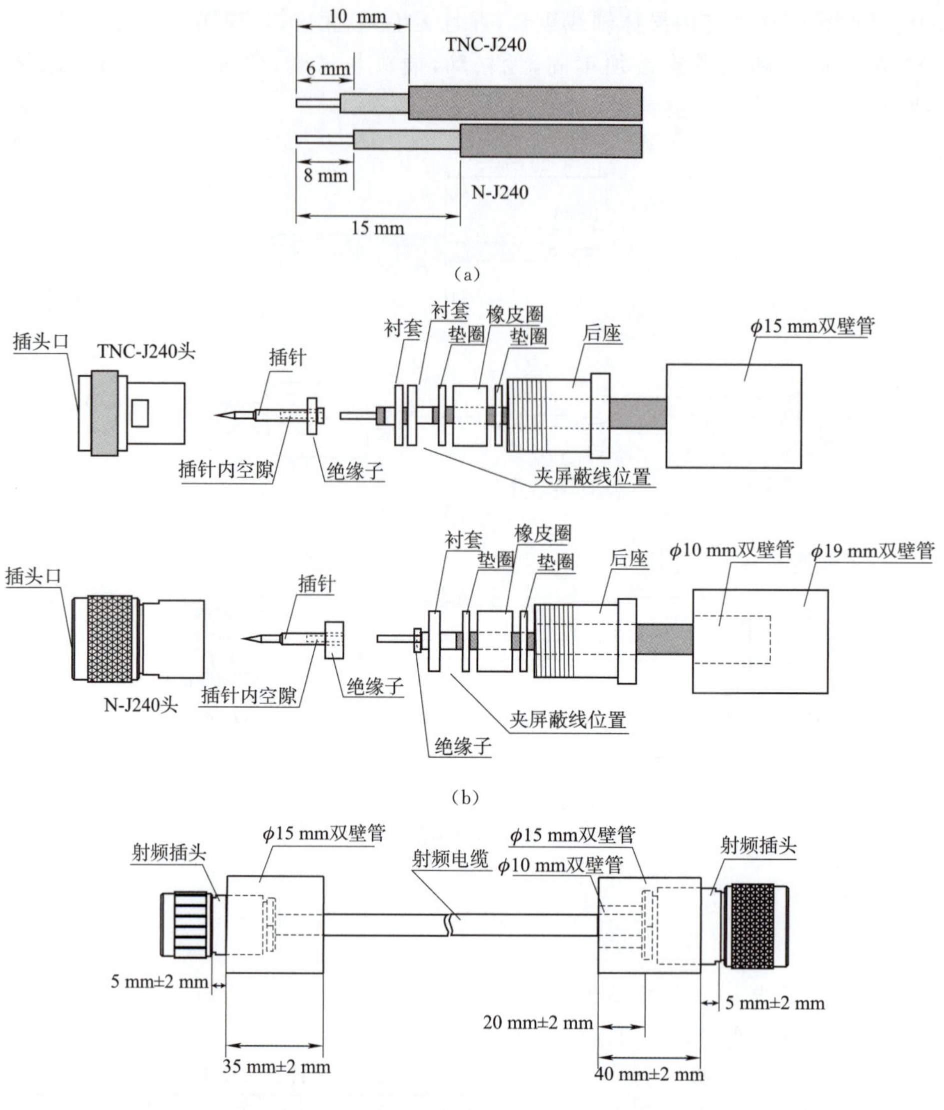

图 5-87 TNC-N 型天线馈线制作示意图

(6)装配时手指顶住插头口,插针插入深度以手指可以刚好触及针尖为宜,插头和电缆连接须牢固,无松动,插头后座应拧紧。

(三)控制电缆

1. 线缆说明

12 芯控制电缆是 CIR 主机连接 MMI 的连接电缆。主机与 MMI 接口(A1、A2 与 MMI 之间)数据通信采用 RS-422 串行接口,双工通信方式。

2. 线缆组件列表(见表 5-9)

表 5-9 控制电缆组件列表

序号	名 称	数量
1	12 芯插头 YP28TK22UQ(Ni)	2
2	14 芯屏蔽线 JC-ZR-P/B-100 $2C\times1.0\ mm^2+12C\times0.2\ mm^2$	1
3	9.8 护套	2
4	黄蜡管 ϕ1.5 mm	20
5	黄蜡管 ϕ3 mm	4
6	M1 标签	1
7	A1/A2 标签	1

3. 线缆制作流程

(1)将件 2 两头剥去总的外皮各 2 cm,内部塑料线两头剥线 4 mm，搪锡加上套管件 4、件 5。

(2)将内外屏蔽网修去 1/3，屏蔽网应无毛刺。

(3)依照表 5-10 及图 5-88 的连接关系，将件 1 与件 2 焊接在一起，焊接时应可靠无毛刺。

表 5-10　线缆接头连接关系列表

序号	线缆连接关系
1	红(外 A1)、橙(外 B10)
2	橙(内 B1)
3	黄(内 B1)
4	绿(内 B2)
5	蓝(内 B2)
6	绿(外 B3)
7	蓝(外 B4)
8	紫(外 B8)
9	灰(外 B7)
10	白(外 B6)
11	棕(外 B5)
12	黑(外 A2)、黄(外 B9)、内外屏蔽网

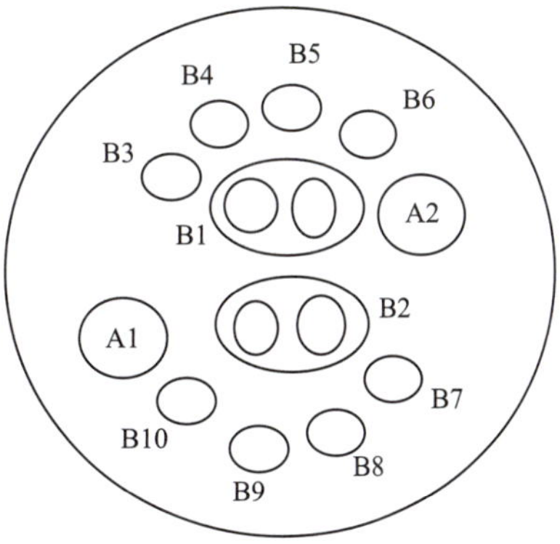

图 5-88　电缆剖面示意图

(4)将件 6 和件 7 分别贴在电缆两头，如图5-89所示。

外屏蔽层须连接到件 1 外壳。外屏蔽层外翻至件 1 压舌螺丝处，剪齐，搪锡，压紧。如果螺丝安装处有油漆，须将油漆刮掉。

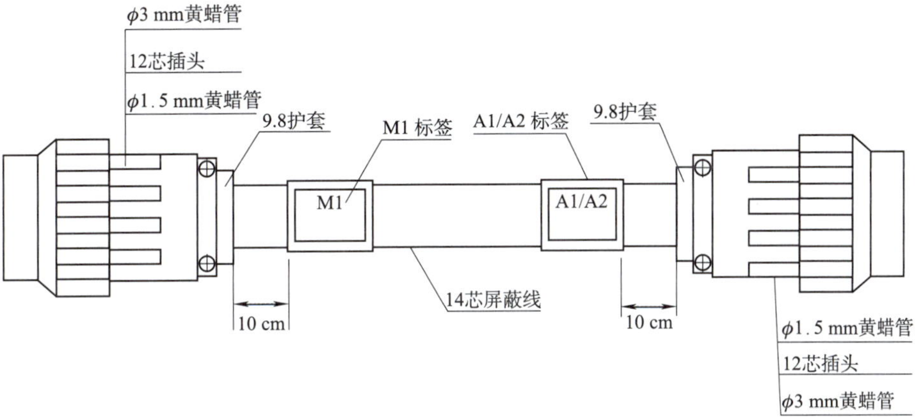

图 5-89　电缆制作示意图

(四)送受话器连接电缆

1. 线缆说明

送受话器连接电缆是送受话器连接 MMI 的连接电缆。

2. 线缆组件列表(见表 5-11)

3. 线缆制作流程(如图 5-90 所示)

(1)将件 4 线缆两端剥外皮：一端剥皮 18 mm，芯线剥皮 3 mm，线芯扭绞并搪锡，套上护套(件 6)；另一端剥皮 32 mm，芯线剥皮 3 mm，纤芯扭绞并搪锡。

表 5-11　送受话器连接电缆组件列表

序号	名　称	数量	备注
1	8 芯圆型插头 AL16-K8T	1	
2	TJC3 型插针	8	
3	TJC3 型直式条形连接器 TJC3-8Y	1	
4	8 芯屏蔽线 JC-ZR-P/B-100 8C×0.12 mm2(7/0.15 B)	1	
5	热缩套管 ϕ6 mm 黑	2	长 15 mm
6	玻璃丝套管(黄蜡管)ϕ1 mm	8	长 8 mm
7	ϕ3 焊片	1	
8	紫铜卡环	1	
9	护线套改制	1	
10	双壁热缩带胶套管 ϕ12 mm	1	长 20 mm
11	热缩套管 ϕ3 mm 黑	1	长 35 mm

表 5-12　部件管脚定义列表

件 1	件 3	件 4 线色	定　义
1	1	红色	13.8 V
2	2	橙色	MIC
3	3	蓝色	PTT
4	4	绿色	挂机
5	5	黑色	GND
6	6	黄色	EAR
7	7	棕色	车站
8	8	白色	调度

(2)将件 1 剥皮 18 mm 端的管脚和件 4 线芯表 5-12 对应焊接，并将套在件 4 上的护套件 6 推置于焊接点，以作焊接点保护。将件 4 屏蔽线拧成图 5-90(a)中形状，末端用焊锡连在一起。用件 4 中的压板组件压住，保证屏蔽线与外壳接触良好，避免屏蔽线接近管脚。

(3)将件 4 另一端的屏蔽线扭绞，顶端搪锡，焊至件 7 并套上 ϕ3 mm 热缩套管件 11。

(4)件 2 和件 4 的线芯采用专用压接工具压接，压接需可靠。压接完成后，将线芯与件 3 管脚一一对应插入，对应关系见表 5-12。

(5)自检，无问题后进行点胶。

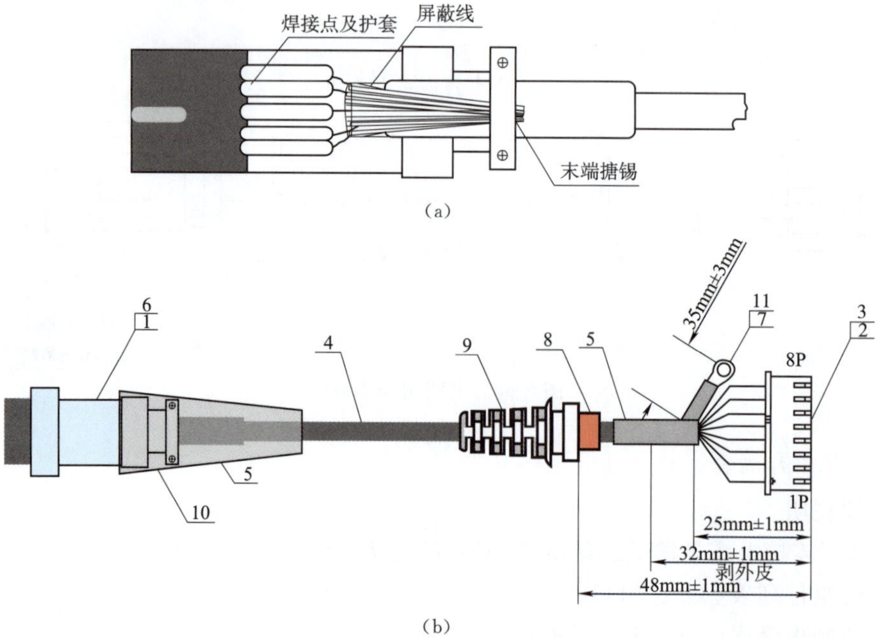

图 5-90　线缆制作示意图

1—8 芯圆型插头；2—TJC3 型插针；3—TJC3 型直式条形连接器；4—8 芯屏蔽线；
5—ϕ6 mm 热缩套管；6—ϕ1 mm 玻璃丝套管；7—ϕ3 mm 焊片；8—紫铜卡环；
9—护套线改制；10—ϕ12 mm 双壁热缩套管；11—ϕ3 mm 热缩管

（五）电 源 线

1. 线缆说明

电源连接电缆是主机接口连接机车电源排的连接电缆。

2. 线缆接口定义列表(见表 5-13)

表 5-13 主机电源接口定义

引脚号	定义	说 明
1	电源＋	DC110 V 或 24 V 输入＋
2	电源－	DC110 V 或 24 V 输入－
3	空	DC110 V 时无此管脚，24 V 时空
4	空	DC110 V 时无此管脚，24 V 时空

六、CIR 设备地理信息数据加载及软件升级方法

由于各厂家 CIR 设备的内部硬件平台不统一，目前使用的 CIR 设备分单片机控制和工控机控制两种方式，软件升级和地理数据信息加载的方法不同。

（一）CIR 设备地理信息数据加载

1. 采用单片机控制加载方法

使用工具：便携式电脑、地理信息数据加载软件、数据加载连接线。

流程及步骤如下：

(1)将地理信息数据加载的电脑与 CIR 设备主机的 GPS 单元“公用”接口连接。GPS 单元模块端口示意图如图 5-91 所示，地理信息数据加载工具连接示意图如图 5-92 所示。

(2)开启电脑及 CIR 电源，使 CIR 设备及电脑处于正常工作状态。

(3)运行电脑中“GPS 数据库下载软件”软件。

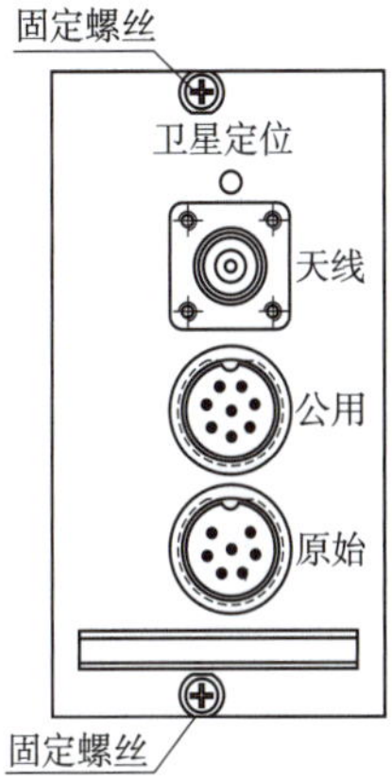

图 5-91 GPS 单元模块端口示意图

图 5-92 地理信息数据加载工具连接示意图

(4)单击右下角“发送所有表”按键，进行数据库写入(所含相关数据库信息文件软件自动生成并写入)，软件界面如图 5-93 所示。

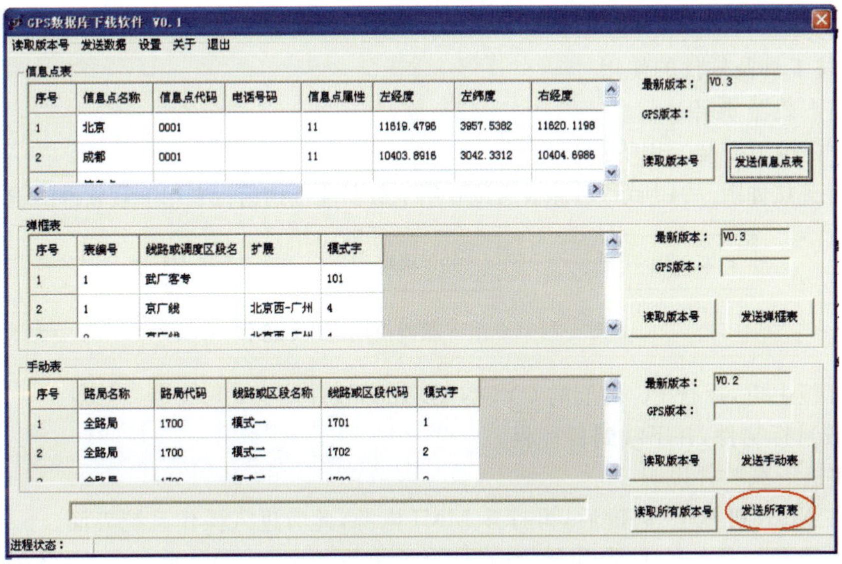

图 5-93 GPS 数据库下载软件界面示意图

(5)所有表写完后,单击右下角“读取所有版本号”按键,核对各表“最新版本”与“GPS 版本”是否保持一致。

2. 采用工控机控制加载方法

GPS 数据存储在主控单元,升级方法参照主控单元升级方法。

(二)CIR 常用单元模块软件升级方法

1. 软件升级工具(以上海新干通设备为例)

(1)端口说明(见表 5-14)

表 5-14 CIR 各单元模块软件升级工具端口列表

单元名称		所需工具	下载端口
控制单元	MMI 模块	专用下载器、专用下载软件	MMI
	GPS_TAX	专用下载器、专用下载软件	GPS_TAX
	语音模块	专用下载器、专用下载软件	GSMR450M
	数据模块	专用下载器、专用下载软件	GPRS
记录单元		记录单元下载器、记录单元专用下载软件	XS6
话音单元		—	—
数据单元		—	—
GPS 单元软件更新		专用下载器、专用下载软件	XS6
电源单元		—	
LBJ 单元		专用下载器、专用下载软件	XS7
450 MHz 单元		专用下载器、专用下载软件	J1
接口单元	调度命令模块	专用下载器、专用下载软件	XS5
	TAX 模块	专用下载器、专用下载软件	XS4
操作终端	辅控板	专用下载器、专用下载软件	XS1
	工控机	U 盘、键盘和 USB 集线器,工控机下载软件	USB 接口
打印机		专用下载器、专用下载软件	XS5

(2)下载工具及软件的使用

①专用下载器使用

a. 在 PC 机上安装专用下载软件。

b. 硬件连接如图 5-94 所示,目标板通过专用下载器连接到运行专用下载软件的 PC 机上。

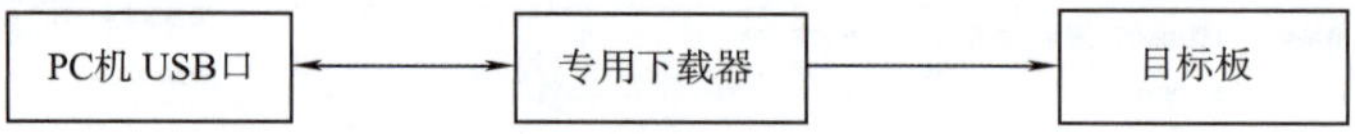

图 5-94 专用下载器使用连接示意图

c. 目标板上电,运行 PC 机上的 CYGNAL IDE 软件。

d. 加载目标文件,并下载到目标板。

②工控机下载软件说明

a. 按住 MMI 键盘上“5”键后,再打开 MMI 电源,此时进入操作系统界面。

b. 将装有目标软件的 U 盘和键盘通过 USB 集线器接到 MMI 面板的 USB 接口上。

c. 选中“我的电脑”后,再选中“Hard Disk”文件夹(此文件夹内为 U 盘中内容),按“Enter”进入，再按“Ctrl＋A”组合键全部选中“JCLX，TXL，WAV，XIANLU，GSMR. exe”，如图5-95所示。全部选中后按“Ctrl＋C”组合键进行复制操作。按回格键“←”返回到上一级菜单。

图 5-95　文件夹内容示意图

d. 在我的电脑中选中“DiskOnChip”，进入此文件夹后按“Ctrl＋V”组合键进行粘贴操作，此时操作系统会自动把复制的内容粘贴到此文件夹中。粘贴完成后选中“GSMR. exe”按“回车”键运行此程序。

e. 取下 USB 集线器。

注：按“Tab”键有一个虚线框出现，再按键盘上的方向键来选中文件夹，选中后图标字体会变成蓝色。

2. 工控机方式升级方法

(1)采用笔记本电脑加网线方式

①配置信息

主控默认 IP：192. 168. 2. 126，掩码：255. 255. 255. 0。

上位机要求配置网卡，并且 IP 地址与主控处于同一网段。如设置 IP：192. 168. 2. 251，掩码：255. 255. 255. 0。

②安装方法

连接网线(交叉线)，打开 IE 浏览器。

在地址栏输入 ftp://192. 168. 2. 126 按回车键登录。

选择 Ftp_setup 目录下的所有文件及子文件夹，复制到当前的 IE 所打开的页面里，如提示是否覆盖目标文件则选择“是”。

复制完成后，请关电源后再开机完成升级。

③验证是否安装成功方法

通过进入 MMI 维护界面里查看版本号，并对照“技术状态 . TXT”，如一致说明安装成功。

(2)采用 U 盘方式

①解压主控程序包。

②使用目录“U_Setup”的全部文件，拷贝到升级 U 盘的根目录下。

③U 盘插到主控的 USB 口。

④等待 5～10 s，会看到主控上的两个指示灯闪烁(200 ms 间隔闪烁)。

⑤看到主控上的两个指示灯都灭时，拔出 U 盘。

⑥等 20～30 s 后，看到主控上的指示灯为正常闪烁表示升级完成。

⑦通过 MMI 查询版本号确认主控是否升级成功。

七、记录单元数据下载方法及基本信息分析

(一)记录单元数据提取

记录单元 V1. 0 版本采用 CF 卡接口，需要将 CF 卡从记录单元中取出，并使用 CF 卡专用读卡器将数据导入 PC 机。

记录单元 V2. 0 版本采用 USB2. 0 接口，可以使用 U 盘插入记录单元面板 USB 口，将数

据直接从记录单元下载。

注：记录单元 V2.0 版本，面板上 USB 指示灯为闪亮，表示数据正在下载中，常亮表示数据读取异常。

（二）CIR 记录单元分析软件说明

1. 运行环境及主要功能

此程序需要运行在 Windows XP 环境下，系统需要安装 Office 软件。此软件不需要安装，可直接运行。主要功能有：

(1)CIR 记录单元的原始数据解析查询及导出。

(2)CIR 记录单元的语音数据回放。

2. 运行、登录系统

运行程序文件夹内的 Log Analysis 2010. exe 可启动程序，启动程序后，进入主界面。

（三）软件操作流程

1. 选择原始文件路径

解析数据之前，首先选择要解析文件的文件夹路径，单击界面左下方的浏览按钮，弹出路径框，在此界面选择要解析的文件路径，然后单击确定框，程序主界面左下的文件路径框会显示要解析的文件路径，如图 5-96 所示，此时代表已选择完成要解析文件的路径。

2. 解析条件设置

当选好路径之后，可以开始设置解析条件，首先为时间范围，时间范围设置在主界面的左下设置框，如图 5-97 所示。

图 5-96　路径选择指示示意图

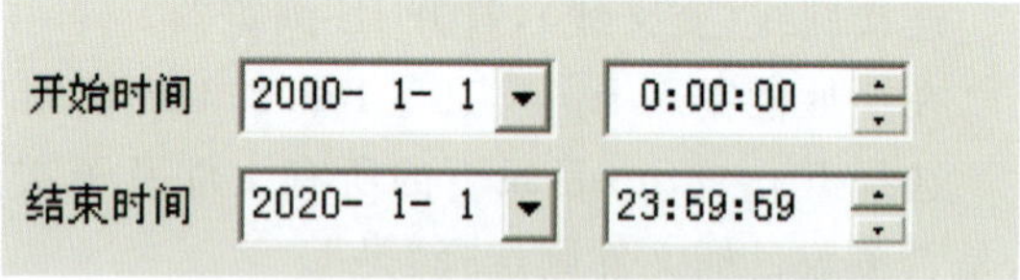

图 5-97　时间范围条件设置示意图

此框内显示的时间即为要解析文件的时间范围，可自行设置开始和结束时间。

设置好时间范围后，可进一步设置搜索范围，共有 3 种方式可供选择，选择框如图 5-98 所示。

图 5-98　搜索范围设置示意图

3. 数据解析

当选好搜索条件后，可以单击“开始解析”按钮进行解析，如图 5-99 所示。

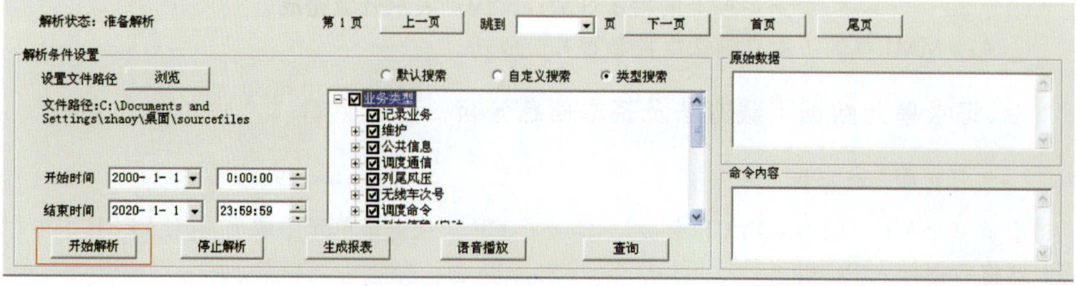

图 5-99　数据解析操作示意图

当开始解析后，主程序上方列表框会实时显示解析数据，如图 5-100 所示。

每次列表会显示四万条解析数据，当解析数据量超过四万之后，则采用翻页查看。

解析过程中，可以按“暂停”按钮暂停解析，再点击此按钮则继续解析。如想停止解析，则可按停止解析按钮。

序号	源端口	目的端口	业务类型	执行时间	命令名称	命令内容
19	主机	两个MMI	维护	2010-07-05 23:56:30	显示主机版本号	GPRS单元版本号：1604B06
20	主机	两个MMI	维护	2010-07-05 23:56:30	显示主机版本号	A单元GPS/TAX CPU版本号：V08.0629
21	主机	两个MMI	维护	2010-07-05 23:56:30	显示主机版本号	GSM-R单元版本号：SAGEM BM3,10
22	主机	两个MMI	维护	2010-07-05 23:56:30	显示主机版本号	B单元TAX CPU版本号：X9.1019A
23	主机	两个MMI	维护	2010-07-05 23:56:30	显示主机版本号	A单元GPRS CPU版本号：V10.0402
24	主机	两个MMI	维护	2010-07-05 23:56:30	显示主机版本号	A单元语音CPU版本号：V10.0402
25	记录单元	主机	维护	2010-07-05 23:56:30	各单元接口应答测试	无内容
26	记录单元	主机	维护	2010-07-05 23:56:30	各单元接口应答测试	无内容
27	MHz机车电	两个MMI	维护	2010-07-05 23:56:30	显示主机版本号	B单元调度命令 CPU版本号：V9.03.16
28	MHz机车电	IR维护端口	维护	2010-07-05 23:56:30	显示主机版本号	450M单元版本号：V902
29	主机	两个MMI	调度通信	2010-07-05 23:56:30	综合信息	车次号：R001，450M，自动，语音：6，数据：6，本机IP地址：10.13.
30	主机	两个MMI	调度通信	2010-07-05 23:56:30	GSM-R场强	GSM-R语音模块场强：23，GSM-R数据模块场强：31
31	记录单元	两个MMI	维护	2010-07-05 23:56:30	显示主机版本号	记录单元版本号：V100331:M-00
32	MMI1	主机	调度通信	2010-07-05 23:56:30	MMI应答主机	主机命令字字节：0x4A；原数据第一字节：0x17
33	MHz机车电	两个MMI	调度通信	2010-07-05 23:56:30	450MHz通话终止	无内容
34	MMI1	MHz机车电	调度通信	2010-07-05 23:56:30		
35	MHz机车电	两个MMI	调度通信	2010-07-05 23:56:30	450MHz场强	450MHz电台低端场强级别：0，450MHz电台高端场强级别：6
36	MHz机车电	两个MMI	调度通信	2010-07-05 23:56:30	450M报告发射状态	450MHz接收
37	MMI1	MHz机车电	调度通信	2010-07-05 23:56:30		
38	MMI1	MHz机车电	调度通信	2010-07-05 23:56:30		
39	定位数据	两个MMI	调度通信	2010-07-05 23:56:30	GPS发布信息	可用，陇海线，450Mhz，经度：108° 56′ 47″，纬度：34° 16′ 46″，
40	主机	TC及相关	无线车次号	2010-07-05 23:56:32	无线车次号	降级，补机，客，车次：R1，机车号：302-3153，进站，信号机编号：
41	主机	车信号接	监控信息1	2010-07-05 23:56:32		
42	MHz机车电	两个MMI	调度通信	2010-07-05 23:56:32	450MHz场强	450MHz电台低端场强级别：0，450MHz电台高端场强级别：0
43	MMI1	MHz机车电	调度通信	2010-07-05 23:56:32		

图 5-100　数据解析界面图

4. 数据查询

当解析完成后，可重新设置时间范围及查询条件。按“查询”按钮，在解析完成的数据中，进行二次查询，但不管如何设置时间范围和查询条件，查询范围都只在已解析完成的数据进行。

5. 生成报表

当解析完成或者查询完成后，都可以点击生成报表按钮，把解析或查询完的数据导出到 EXCEL 表中保存，导出的 EXCEL 表的路径即文件路径，如图 5-101 所示。

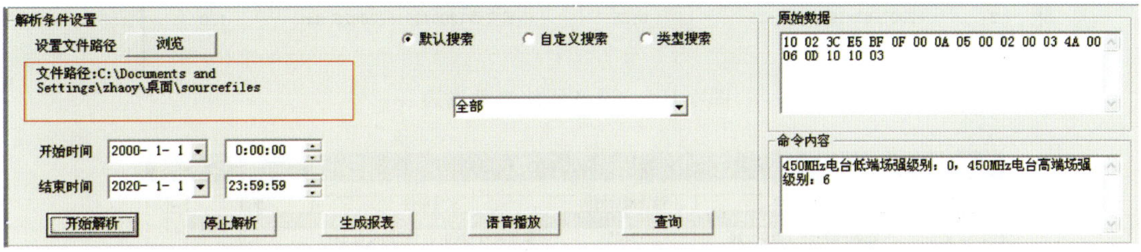

图 5-101　生成报表路径示意图

（四）语音播放（以上海新干通设备为例）

1. 语音回放仪

语音回放仪是用来播放记录单元语音文件的工具。包括：回放盒，电源线，通信线。

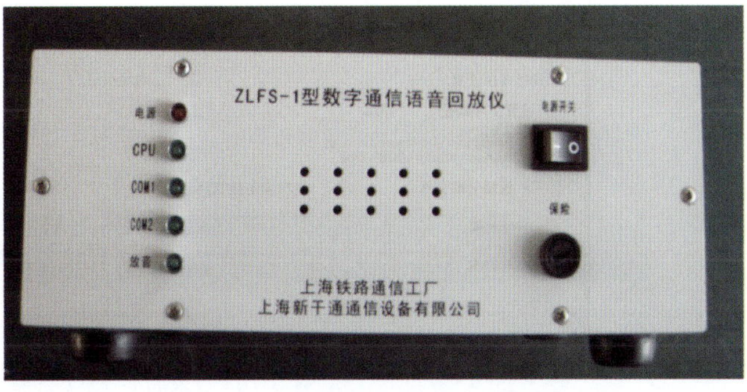

图 5-102　语音回放仪面板示意图

语音回放仪有前后面板。前面板的指示灯有：电源指示灯（红）、CPU（绿）、COM1（绿）、COM2（绿）、放音（绿）。前面板上还有 220 V 电源开关、1 A 的熔断器（用于 24 V 电源保护)。后面板包含 AC220 V 电源入口,通信口 1、2,2 A 熔断器(用于输入电源的保护),如图 5-102 所示。

连接 AC220 V 时,务必确认回放仪电源开关处于断开状态(面板电源开关:“0”压下表示断开;“—”压下表示连接),通信线是 RS-232 标准串口线,一端连接电脑位于后面板的通信口,一端连接回放仪的通信口 1(通信口 2 预留,用于传输数据)。

打开前面板电源,电源指示灯亮(红),回放仪自检,COM1 指示灯、COM2 指示灯、放音指示灯循环显示数次,当自检结束后,CPU 指示灯亮。

注:语音文件 1.0 版本必须使用回放仪,语音文件 2.0 版本不需要使用回放仪。

2. 设置串口

如要进行语音播放,首先要在主界面窗口选择串口(如机器使用的是 1 号串口,则可跳过此步骤)。

3. 录音回放

按主界面下“语音播放”按钮可进入语音播放界面,语音播放也如同数据解析一样,需要先按浏览框设置要播放的语音文件路径。当选好路径后,可以选择“选择全部文件”解析,也可选择“按时间选择文件”解析,如图 5-103 所示。

当选择好后,可按“开始解析”按钮进行解析,解析出的音频文件会显示在列表框中,如图 5-104 所示。

单击任意一条可进行播放,播放控制条会在界面右下方显示,如图 5-105 所示。

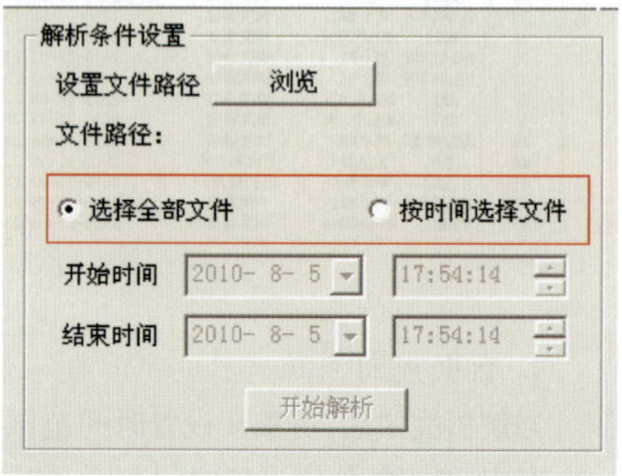

图 5-103 录音回放解析条件设置界面

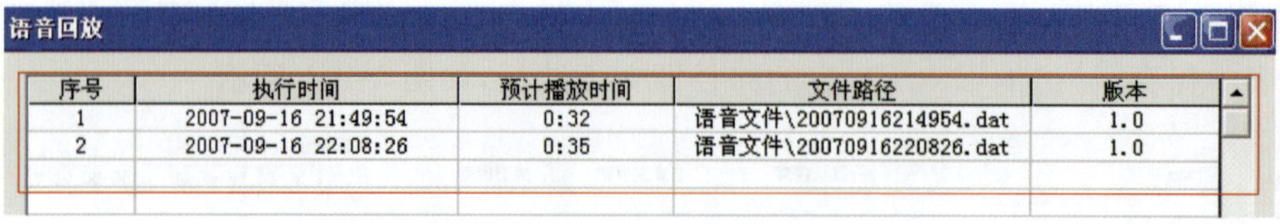

图 5-104 录音回放文件列表

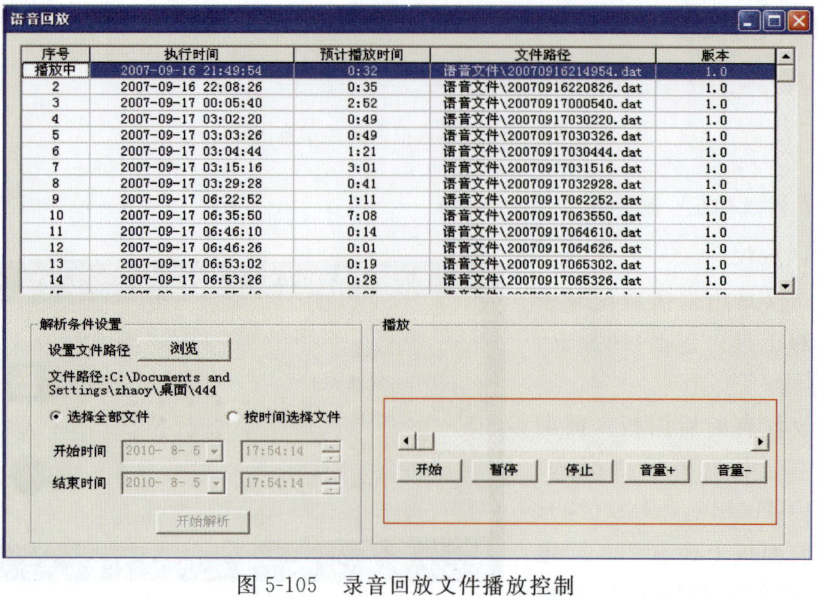

图 5-105 录音回放文件播放控制

八、CIR/LBJ 设备 GRIS 和 GROS 的 IP 地址、机车号、APN 等数据设置

（一）使用前的准备工作

1. 在首次使用机车综合无线通信设备时，应先设置机车号、路局 APN、GROS IP、库检电话、库检 IP。并在 GSM-R 话音模块和 GSM-R 数据模块，分别装入铁路 SIM 卡，注意区分话音 SIM 卡（1498××2××××）和数据 SIM 卡（1498××7××××）。

2. 按“设置”键进入设置界面，再按“↑”“↓”或快捷键数字 7 选择“维护界面”，输入密码才能进入，按“确认/签收”键进入到维护界面。

3. 在维护界面可设置机车号、路局 APN、主用 GROS IP、备用 GROS IP、修改密码、库检电话、库检 IP、MMI 上电后状态、系统校时设置、版本号查询和 450 MHz 列尾通信方式等。

4. 在维护界面的第 2 页中，按“→”键进入单元配置界面。在单元配置界面可进行如下设置：

（1）机车号设置

选中“1、机车号”按“确认/签收”键，在本界面的下方会提示“请输入机车号：00101234”，按“回格”可删除原机车号，重新输入机车号后，按“确认/签收”键，新机车设置完成。CIR 设备存储该机车号，直到下次被修改。

注：当 CIR 通过机车安全信息综合监测装置（TAX 箱）获得机车号不一致时，MMI 上显示的机车号变为红字闪烁，并语音提示“注意机车号”。

（2）路局 APN 设置

选中“2、路局 APN”按“确认/签收”键，在本界面的下方会提示“请输入 APN：”直接输入 GRIS. ××。其中××表示单位域名。CIR 设备存储该 APN，直到下次被修改。

例如：机车 CRH_2-6008C 是属于上海局的，APN 就设成 GRIS. SH。

（3）GROS IP 设置

选中对应选项，按“确认”后，根据提示进行设置。主用 GROS IP 为“10. 13. 1. 76”，备用 GROS IP 为“10. 13. 137. 2”。CIR 设备存储该 GROS IP，直到下次被修改。

（4）库检电话、IP 设置

选中对应选项，按“确认”后，根据提示进行设置。最多可设置三个库检 IP、三个库检电话。CIR 设备存储该库检电话、IP，直到下次被修改。

（二）MMI 上电后状态设置

1. 450 MHz 列尾通信方式设置

根据实际与 450 MHz 列尾的通信方式来设置为“标准”或“增强”（CIR 初始默认为标准）模式。选中后，常按“确认/签收”键 3 s 以上，会自动从标准变为增强或从增强变为标准。CIR 将存储该设置，直到下次被修改。

2. 单元配置（此配置会影响自检结果）

在单元配置界面，可进行以下配置。

（1）选中“1、450 MHz 通用机车电台 ID 号”，按“确认/签收”键在本界面下方将提示“请输入 450 MHz 电台 ID：00001”，按“回格”删除进行修改，确认更改完毕后，按“确认/签收”键。450 MHz 机车电台存储该电台 ID 号，直到下次被修改。

（2）MMI 可根据现场应用，来设置成单配或双配。选中后，常按“确认/签收”键 3 s 以上，

会自动从单配变为双配或从双配变为单配。

(3)其他单元可根据具体配置来选择。选中对应项后，常按“确认/签收”键 3 s 以上，会自动从未配置变为已配置或从已配置变为未配置。

九、各类作业台账、记录、报表资料的规范填写

参照关于印发《动车组车载通信设备高级检修规程》附件相关内容和《无线维规》附件内容，依据实际工作按规定规范填写。

思考题

1. 送受话器有哪两种种类？
2. CIR 主机 A 子架有哪些单元组成？
3. CIR 主机 B 子架有哪些单元组成？
4. CIR 的 MMI 外形结构形式有哪两种？
5. 动车组上 CIR 通常采用哪种天线类型？

复　习　题

1. 请对 CIR 全部功能进行试验并记录试验结果。
2. 请用 LBJ 便携测试仪对 LBJ 设备进行检测。
3. 请启动 LBJ 报警并解除，解除完成后用数据管理器清除电子铅封。
4. 请做一次出入库检测。
5. 请做天馈线及连接线缆检查、整修。
6. CIR 的 MMI 根据出线方向应与哪些设备连接？
7. CIR 采用合路器天线如何配置？
8. CIR 天馈线质量标准是什么？
9. CIR 缆线布放工艺要求是什么？
10. 如何提取记录单元数据(结合使用厂家)？
11. 请查看本机 IP 地址并设置 APN。
12. CIR/LBJ 出入库检测设备结构以及出入库检测设备相关模块的指示灯含义是什么？
13. 简述 GSM-R 语音模块指示灯的定义。
14. 简述 GSM-R 数据模块指示灯的定义。
15. 简述 450 MHz 单元模块指示灯的定义。
16. 简述 CIR/LBJ 设备外观清扫检查、机械强度检查、整修项目与标准内容。
17. 如何设置手动选择运行线路？
18. 如何查询所需通信录？
19. 当 GPS 数据无效时如何呼叫当前线路的车站值班员？
20. 当 GPS 数据无效时如何呼叫当前线路的调度员？

第六章　动车组车载通信设备故障处理

CIR 是保证动车组行车安全的重要设备，必须加强 CIR 设备的运用及维护管理，同时提高故障应急处理，更好地为铁路运输服务，满足铁路运输需求。

第一节　CIR/LBJ 设备故障处理

动车组 CIR 设备是重要的行车设备，维修人员应熟悉设备原理应用，加强设备维护维修，确保设备运用质量，同时要熟悉掌握故障处理流程，压缩故障延时，确保行车安全。

一、故障处理流程及汇报机制

（一）故障处理原则

依据《铁路无线通信维护暂行规则》中故障及障碍管理要求：通信段应制定障碍处理程序，当铁路专用无线通信设备发生障碍时，维护人员应及时准确地作出判断，迅速组织修复，努力缩短障碍时间。对影响行车安全的设备必须采取倒、代等应急措施，减少影响程度。障碍处理必须做到"五清"（时间清、地点清、原因清、影响范围清、处理过程清）。

维修人员在处理 CIR 故障时应遵循一"询问"、二"查看"、三"分析"、四"处理"的基本原则。接到故障通知后，有条件应先联系询问动车组乘务员故障现象，采取的操作，大致判断故障发生范围。上车后应先观察主机各单元灯显状态、MMI 显示是否正常，查看各单元版本号是否正确，不应盲目更换单元器件，应运用自己的知识进行分析，GSM-R 线路区段可以借助库检台设备，对设备进行出入库检测，通过测试结果判断故障点。必要时可以联系 GSM-R 网管中心一同协助进行故障定位，判断故障点和故障原因。

结合部设备故障处理，在确认本部设备良好后应通知相关单位处理并积极配合。

维修人员应及时组织对设备故障情况的分析、统计，制定相应整改措施，提高设备运用质量。

（二）车载通信设备故障处理流程

通信段调度接电务调度通知动车组故障，询问记录清楚动车组机车号、车次号，通知相应维修人员，接收到《铁路事故概况表》应及时转发。

维修人员接到故障通知后，有条件应先联系询问乘务员故障现象，大致判断故障发生范围，在故障处理过程中应及时向通信段调度汇报处理进度，处理完毕向通信段调度报告处理结果。做好故障动车组的 CIR 设备故障原因分析、登记工作及时将分析结果报通信段调度。

跨局修相关动车组 CIR 检测工区及时联系对方跨段修工区抢修更换设备。处理完毕报告通信段调度。运行中的动车组在外局途中故障，必要时由通信段调度和对方通信段调度协调处理。车载通信设备故障处理流程如图 6-1 所示。

（三）故障定位的常用方法

故障定位的常用方法有：观察分析法、分段排除法、替换法、测试法、配置数据分析法等。

1. 观察分析法:主要查看 CIR 各单元状态,特别是灯显状态白天异常。这是故障处理的常用方法。

2. 分段排除法:通过分段试验,逐次缩小故障范围,直到找到故障点。

3. 替换法:通过用好的单元替换怀疑故障的单元,对比故障现象,判定故障点,这也是工作中常用的方法。要注意的是替换的设备必须是好的。

4. 配置数据分析法:CIR 设备由软硬件组成,参数设置错误将影响设备使用,应仔细检查设备参数配置,查询各单元版本号是否正确,运行中出现的故障还需要提取 CIR 运行数据分析设备运行状态。

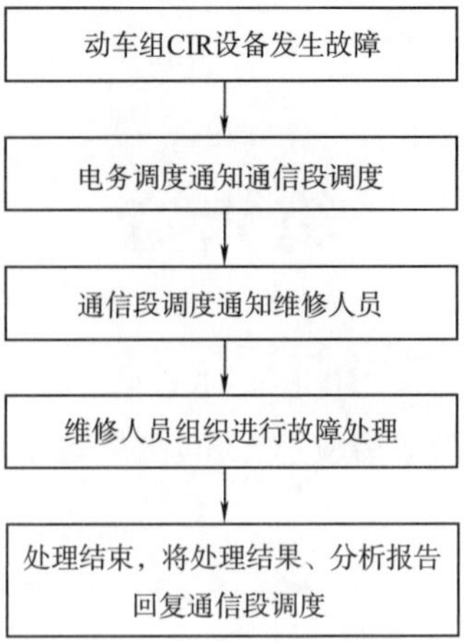

图 6-1 车载通信设备故障处理流程

(四)动车组故障处理作业安全要求

1. 日常故障处理作业安全要求

(1)上下动车组时要抓牢站稳,禁止手持工具、仪表、备件上下动车组。禁止在动车组上下抛掷工具和其他物品。动车组行驶时,禁止爬上、跳下,禁止在动车组行驶中检修通信设备。

(2)动车组 CIR 设备故障处理时应与动车所调度人员申请要点,经同意后方可工作。登车作业前按规定穿戴好防护用品,严禁穿高跟鞋、凉鞋、拖鞋进行作业。在动车组上作业需接交流电时,必须在接电源处悬挂“禁动”牌或设专人防护。动车组上严禁用火。使用移动式梯子或电动工具应严格按照《铁路无线通信维护暂行规则》安全管理相关要求执行。

(3)在电气化区段动车组顶部时,应向动车所调度申请要点,批准并确认停电后方可作业,作业必须严格执行《电气化铁路有关人员电气安全规则》等有关规定。要注意上部有无电力线及其他障碍物,攀登时要注意防滑,双人作业,其中一人防护。带有验电器的安全帽,作业中要系好安全带。

(4)动车组运用中出现的天线故障,应通知动车所调度申请要点,在动车组进库组织维修更换。

2. 登车顶更换天线作业的安全要求

动车组更换车顶天线必须向动车所调度登记要点,在动车所确认接触网停电,批准给点后组织更换,更换过程中执行双人作业,其中一人防护,更换完天线应进行天线紧固性、动车组气密性检查试验,试验良好后向动车所调度销记。作业流程如图 6-2 所示。

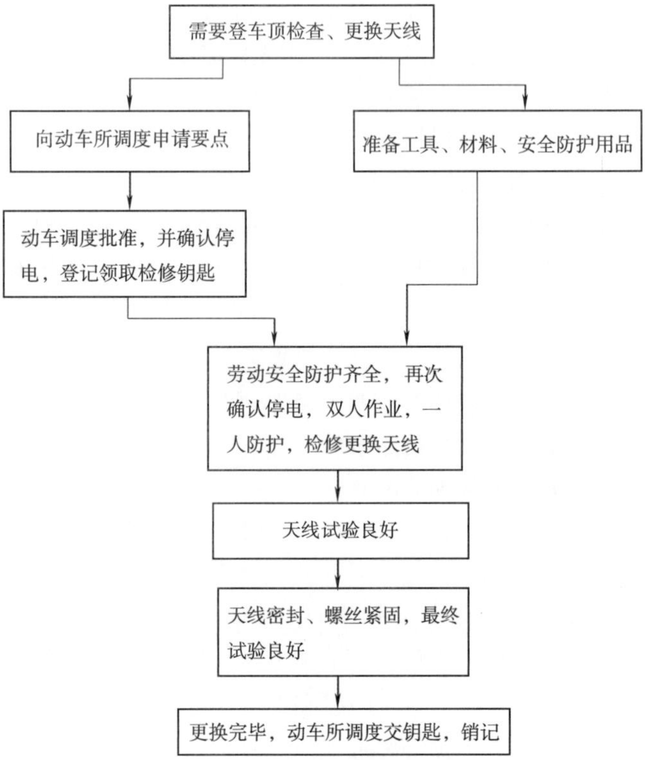

图 6-2 动车组天线更换流程

二、CIR 设备各单元应用及故障处理案例

（一）GSM-R 话音单元

1. 常用话音单元

GSM-R 话音单元面板示意图如图 6-3 所示。该话音单元各类灯显状态见表 6-1。

表 6-1　GSM-R 话音单元指示灯与工作状态

指示灯名称	颜色	状态	意　义
网络信号指示灯	绿/红	常绿	正常
		绿色，闪烁	网络非常微弱
		红绿闪烁	检测到网络但不能注册
		红色	网络不存在
		灭	12 V 无供电
SIM 卡指示灯	绿/红	常绿	正常
		绿色，闪烁	等待 PIN
		常红	正在启动或故障
		红色，闪烁	SIM 卡故障
		灭	5 V 没有供电

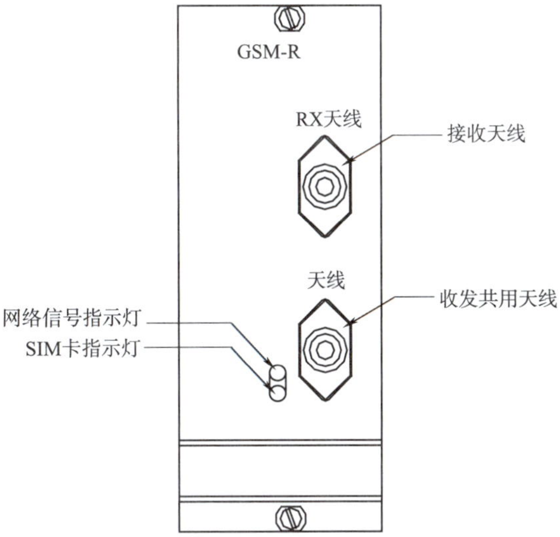

图 6-3　GSM-R 话音单元面板示意图

2. 语音 SIM 卡要求

GSM-R 区段运行，语音模块必须安装 SIM 卡，铁道部规定语音 SIM 卡 MISDN 号码分配模式：1498××2AAAA（149 表示铁路 GSM-R，8 表示无线用户，××对应铁路局长途冠号，2 表示语音卡，AAAA 为随机数字）。

3. 呼叫动车组方法

动车组 CIR 在智能网注册成功后，呼叫动车组有 3 种方式：车次功能号呼叫，车次功能号呼叫方法见表 6-2；机车功能号呼叫，机车功能号呼叫方法见表 6-3；采用 CIR 安装的语音 MISDN 号码呼叫，该方法需要准确掌握 CIR 语音 SIM 卡台账。

表 6-2　车次功能号呼叫方法

序号	客车类型	拨叫方式	举例车次	
1	动车组（D 字头）	20068××××01	D6011	20068601101
2	特快（T 字头）	20084×××01	T26	200842601
3	快速（K 字头）	20075××××01	K70	200757001
4	局内（N 字头）	20078×××01	N128	2007812801
5	普通车	20000××××01	1112	20000111201
6	回送图定客车（0D 字头）	24868×××01	0D35	248683501
7	高铁动车组（G 字头）	20071××××01	G187	2007118701
8	动检车（DJ）	26874×××01	DJ331	2687433101

表 6-3 机车功能号呼叫方法

序号	机车类型	拨叫方式	举例机车	
1	CRH$_1$ 型动车组	3301××××01	CRH$_1$ 0001 0 端	33010001001
2	CRH$_2$ 型动车组	3302××××01	CRH$_2$ 0020 1 端	33020020101
3	CRH$_3$ 型动车组	3303××××01	CRH$_3$ 0105 0 端	33030105001
4	CRH$_5$ 型动车组	3305××××01	CRH$_5$ 0080 1 端	33050080101
5	CRH$_{380A}$ 型动车组	3306××××01	CRH$_{380A}$ 6011 0 端	33066011001
6	CRH$_{380B}$ 型动车组	3307××××01	CRH$_{380B}$ 6211 1 端	33076211101

4. 话音单元故障处理流程

话音单元故障处理的重点是设备、GSM-R 网络、SIM 卡三个方面。话音单元故障处理流程如图 6-4 所示。

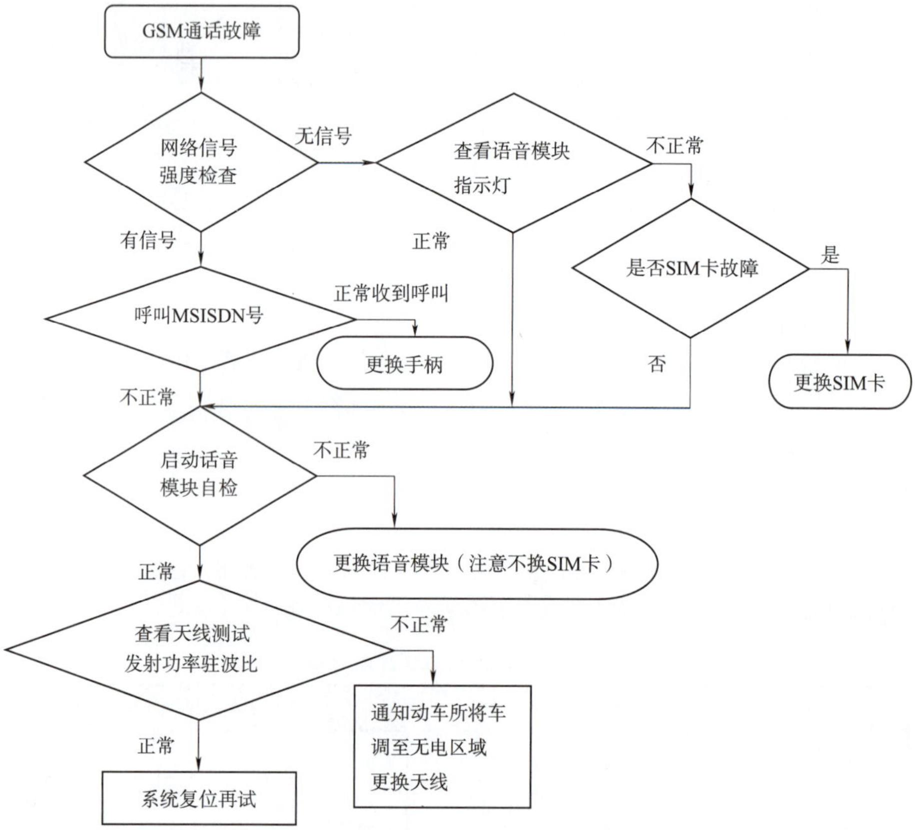

图 6-4 话音单元故障处理流程图

5. 话音单元故障案例

(1)话音单元故障

某运行中的 HXD$_{3C}$ 型机车，GSM-R 网管中心接调度通知呼叫不到该车，经查询该车在智能网未注册，但车次号校核信息上传正常，进路预告接收正常。通过 MSISDN 号呼叫该车，语音提示已关机。

由于车次号校核信息上传正常，说明 CIR 已经获取车次号，在 GSM-R 模式下，正常时话音单元应注册车次功能号，但在智能网未查到注册信息，初步判定话音单元故障，机车到站后更换话音单元，CIR 语音通信恢复正常。

(2)重复注册车次号

某日 CIR 检测工区接故障申告，车站、调度多个动车组车次都呼叫不到，影响车机联控，启动库检遥测设备正常，联系网管查询智能网注册正常，利用 GSM-R 手机采用车次功能号拨叫试验，拨叫不通，网络同时返回两个 MSISDN 号码，其中一个是该动车组语音号码，另一个是外局号码，拨打该号码询问是外局某客专线动车组运行试验，车次号与本局运行的动车组车次号相同。

该故障现象是两车重复注册一个车次号，GSM-R 网络还未实现调度区段划分，智能网无法区分，造成呼叫不通。临时办法可采用机车功能号或 MSISDN 号码呼叫。

(3)车次号被占用

调度通知某车次号，车站呼叫不通，工区采用车次功能号呼叫返回两个 MSISDN 号，该号码一个是牵引该车次机车 MSISDN 号码，经查另一个机车在库内未运行。联系网管中心将未运行的机车 SIM 卡注册取消，故障恢复。

工区人员上车检查，自检发现电池单元不良，予以更换。由于机车电池不良导致机车上一次车次号未正常注销，影响本次运行。

(4)车次号输入错误

调度通知某 CRH_{380} 型动车组在运行呼叫不到，工区遥测设备良好，联系网管查看车次号校核信息，网管查看通知车次号设置错误，通过 MSISDN 号码联系司机将车次号注销重新注册，正确车次号恢复。

G 网模式下，所有动车组在始发站开车前均需要手动注册车次号，没有 TAX 箱的动车组，默认手动输入的车次号，机车乘务员输错车次号，造成呼叫不通。

简捷判断方法：由于语音注册在北京智能网中查询较为困难，可以通过查询本局 GRIS 服务器中动车组上传的车次号校核信息内容，检查车次号是否正确。

(5)网络问题

某高铁动车组调度反映呼叫不到某车次动车组，工区用功能号呼叫不通，后又接到多列运行动车组申告呼叫不到。由于是大面积相同故障，应排除 CIR 自身问题，联系网管处理，后经信息反馈是智能网出现故障。

CIR 的运用不仅牵扯到 CIR 设备，还与网络、数据软件有很大关联，故障处理应与网管中心联系，协调处理。

(二)GSM-R 数据单元

GSM-R 数据单元目前分 AT 指令、拨号上网两种上网方式。SIM300、SIM340 数据单元采用 AT 方式上网；WAVECOM 数据单元采用拨号方式上网。

1. SIM300 数据单元

SIM300 数据单元面板示意图如图 6-5 所示。SIM300 数据单元各类灯显状态见表 6-4。

2. WAVECOM 数据单元

WAVECOM 数据单元面板示意图如图 6-6 所示。WAVECOM 数据单元各类灯显状态见表 6-6。

表 6-4 SIM300 数据单元指示灯与工作状态

名 称	灯闪状态	含 义
网络状态灯	绿慢闪	工作正常
	绿快闪	搜索网络
	不亮	复位
电源灯	常亮	工作正常
	不亮	关电

表 6-5 WAVECOM 数据单元指示灯与工作状态

指示灯状态		含 义
网络灯(绿灯)	电源灯(红灯)	
常亮	常亮	无网络
频闪	常亮	正常
灭	灭	未加电

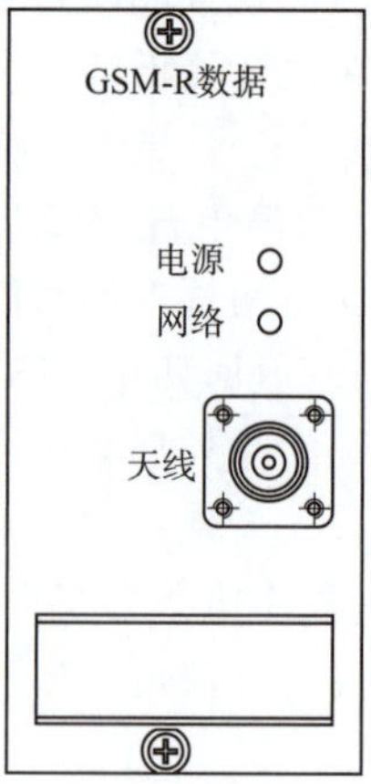

图 6-5 SIM300 数据单元面板示意图

图 6-6 WAVECOM 数据单元面板示意图

3. 各厂家数据单元上网方式(见表 6-6)

4. 数据单元应用注意事项

(1)动车组 CIR 设置参数时，主要是机车号、路局 APN、GRIS IP、主备用 GROS IP 等，各局数据 SIM 卡与本局 APN 绑定，APN 设置不对 CIR 无法获得本机 IP 地址。

(2)跨局动车组数据卡故障处理有两种方式：利用动车组配属局跨局修用抢修卡和采用 APN 为 *(GRIS. *)的通用卡。

表 6-6 各 CIR 厂家数据单元上网模式

序号	厂 家	上网方式	数据单元型号
1	上海新干通	AT 指令	SIM300
2	上海复旦	AT 指令	SIM300
3	天津七一二	拨号	WAVECOM
4	北京世纪东方	拨号	WAVECOM
5	北京华铁	AT 指令	SIM300
6	华铁库检台	拨号	SIM900

(3)AT 指令模式下数据模块场强显示是代表模块自身状态；拨号模式下数据单元场强显示的是语音单元场强值。

(4)跨局机车 IP 地址快速查询方法：跨局机车需要查询 IP 地址，可在 G 网下的库检台设备台账管理窗口，输入机车型号、机车号，单击“DNS 查询”按钮，IP 地址栏显示查询机车 IP 地址。

5. 数据单元故障处理流程

数据单元故障受设备、GSM-R 网络、外部 CTC 网络影响较大，处理应联系网管配合，重点检查是否本机获得 IP 地址，车次号校核信息上传是否正常。数据单元故障处理流程如图 6-7 所示。

6. 数据单元故障案例

(1)天线故障

某动车组应用中数据模块上不了网，无法获得 IP，自检发现语音、数据场强相差较大，维修人员首先将语音、数据天线倒换，发现语音故障，数据模块正常，用功率计测试驻波不合格，更换数据天线故障恢复。

设备维护自检时应注意查看语音、数据模块的场强值，正常情况下两者相近，当相差较大

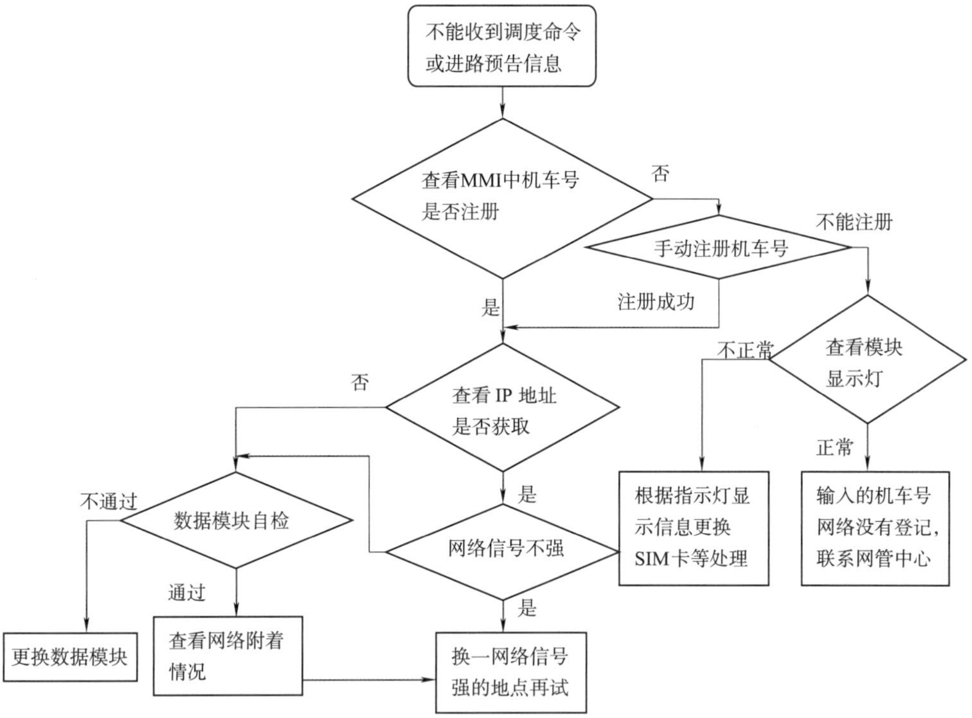

图 6-7　数据单元故障处理流程

时应注意检查天馈线，采用拨号上网的数据模块，自检显示的场强值实际是语音模块的场强，应用时需要注意。

(2)数据 SIM 卡故障

某机车应用中数据模块上不了网，无法获得 IP，维修人员首先将语音、数据天线倒换，发现语音正常，数据模块还上不了网，更换数据模块故障依旧，更换 SIM 卡，故障消除，故障原因是数据 SIM 卡坏。

该次故障处理应用两次替换，首先倒换天线，故障依旧，排除天线原因；更换数据模块，故障依旧，排除模块原因，由于数据 SIM 卡目前没有好的测试手段，只能通过替换实验的方式排除。

(3)各类设置错误问题

①某机车更换 CIR 主控单元后，数据上不了网，更换数据模块、数据 SIM 卡故障依旧，检查发现参数设置时将路局 APN 拼错，修改后恢复。

②某机车更换 CIR 设备后，设备正常，库检一切正常，可司机反映收不到进路预告，遥测该车设备正常。回库后检查是将铁路局 GRIS IP 地址设置成库检台地址，修改后恢复。

以上故障反映的是在设置 CIR 参数时要仔细，铁路局 APN 拼错 SIM 都通不过网络鉴权，因为各铁路局数据卡与本局 APN 绑定；GRIS IP 地址是与 CTC 连接的接口地址，只有通过它才能与 CTC 通信。

(4)机车型号设置错误

某机车维护人员设置完参数，无法获得 IP，检查机车号、铁路局 APN、GRIS IP、主备用 GROS IP 设置正确，联系网管中心查询该车已经配置 IP 地址，检查发现机车型号错误，修改后恢复。

(5)GRIS 地址未及时切换

HXD_{3C} 型机车跨线运行，转线进入某客专线，CIR 未收到进路预告，网管查询无车次号校核信息上传，司机重启设备后车次号校核信息上传正常，进路预告接收正常。入库提取数据分析，进入客专后 CIR 未转换到运行线路 GRIS，GRIS 还保留原线路 IP 地址，重启后跳转到运行线路 GRIS，恢复使用。

该次故障是由于 GPS 未及时通知主控切换 GRIS IP，导致 CIR 还继续向原线路发送车次号校核信息。

(6)外界干扰

某动车组机车乘务员反映在某客专某一站未收到进路预告，其余车站正常，联系网管查询 GRIS，车次号校核信息上传正常，该站进路预告已经下发，并收到自动确认。遥测 CIR 设备一切正常。回库查询进路预告的确没有该站信息，提取运行数据分析，发现当时运行时数据场强为 0，判断是场强弱或外界干扰造成数据接收干扰。

个别站接收不到进路预告，可以排除 CIR 设备本身问题。接收到进路预告后由主机自动向网络发送自动确认，司机查看后按 MMI 确认键，MMI 只向主机转发操作记录，主机不向网络发送。GRIS 只记录自动确认。对于调度命令，主机需要向网络转发手动确认信息，GRIS 必须记录手动确认。

收不到进路预告、调度命令的故障尽可能通过提取 CIR 记录单元运行数据，并结合 GRIS 网管记录一并综合分析。

(7)TAX 箱异常

HXD 型机车在客专线未收到进路预告，语音正常，联系网管中心查询该车未在网络注册，上车发现 MMI 提示请注意机车号，自检 CIR 未获得 IP 地址，TDCS 工作正常，怀疑 TAX 数据异常，将 CIR 关机，断开 TDCS 连接线，开机后机车号注册正常，IP 获得，GPRS 库检正常。断定 TAX 传来的机车号数据异常。

安装 TAX 箱的各型动车组均从 TAX 箱中提取机车号与 CIR 配置机车号对比，不正常时提示告警，无法正常进行机车号注册，数据无法获得 IP，也就收不到进路预告信息。非正常处理手段：将 TDCS 连接线断开，CIR 将启动上传自身存储的机车号，此时能获得 IP，但是注意司机必须手动注册车次号，否则车站无法用车次功能号呼叫机车。

(三)GPS 单元

按最新技术条件输出公用 GPS 信息和原始 GPS 信息。预制线路信息数据库，可利用卫星定位机车位置，搜索前后站位置信息和当前应工作的模式，可提供机车所在小区位置信息，可以通过 GPS 面板升级线用 USB 完成最新程序及 GPS 数据库的升级。向 CIR 各单元提供时钟信息。

GPS 单元工作正常时，CIR 在自动状态下，MMI 显示车站站名，呼叫车站采用 MISDN 号码方式；GPS 单元无效时，MMI 只显示“车站”，呼叫车站采用短号码方式。各厂家 GPS 单元面板及指示灯含义见第二章　CIR 主机各单元模块的配置及功能(四)。

1. GPS 单元故障处理流程

GPS 单元故障处理主要分辨 GPS 单元故障还是接收数据无效，自检时 GPS 单元显示单元正常，数据无效，可基本判断 GPS 单元良好，可能与遮挡物有关，可以换地点试验。GPS 故障处理流程如图 6-8 所示。

2. GPS 单元故障处理案例

(1)天线混淆

某 CRH_{2A} 型动车组 1 端报 GPS 不定位，更换 GPS 单元故障未恢复，怀疑 GPS 天线故障，自检发现语音与数据场强差别很大，数据场强弱，将数据天线与 GPS 天线互换，GPS 恢复。

由于 G 网单元与 GPS 单元都采用 TNC 型头，容易搞混，特别是 GPS 天线目前没有有效简易的判定方法。

(2)天线故障

某 CRH_5 型动车组 0 端 GPS 不定位，进库后更换 GPS 单元无效，采用临时 GPS 天线试验正常，判断 GPS 天线故障，组织更换，发现 N 型头中间插针脱焊。

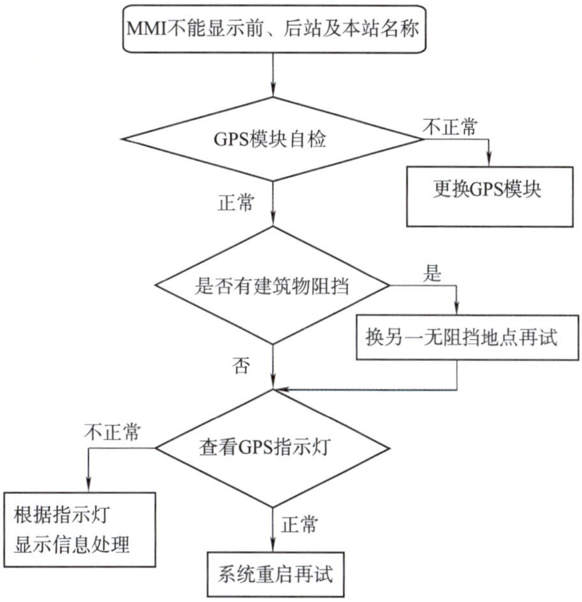

图 6-8　GPS 故障处理流程

该类故障通过自检可以看出 GPS 单元状态，通过用万用表测试 TNC 口，如果有 3 V 以上电压可判定 GPS 单元正常。

(3)数据库无效

某机车运行在新开通线路，司机反映自动状态 MMI 报未知区段，进库后自检 GPS 单元正常，查询运行区段，数据库中未存储该线路信息。

CIR 自动状态下采用 GPS 定位，GPS 单元将接收到的经纬度信号与自身存储的数据库比较从而确定线路、区段，所以 GPS 定位有两个因素，GPS 接收正常和地理信息库。

(四)记录单元

记录单元可采用线控和声控两种方式进行录音操作，同时记录相关数据及通话状态信息。记录单元采用外接 USB 或存储卡设备读取数据，读取时间快，可以设置读取时间段。使用专用的记录单元分析软件可以对 CIR 记录的数据和语音进行分析。

根据 CIR 设备 GPS 单元输出信息进行时钟校正，并可以手动校正记录单元时钟。

记录单元日常通过自检测试，还需要定期提取存储数据分析状态，未安装 TAX 箱的动车组只有记录单元记录运行数据、车机联控语音信息，需要定期检查存储状态。

各厂家记录单元面板示意图及各指示灯状态见第二章　CIR 主机各单元模块的配置及功能(五)。

1. 各厂家记录单元读取方式(见表 6-7)

表 6-7　各厂家记录单元读取方式

厂家	版本号	读取方式	备　注
上海新干通	V1.0	CF	
上海新干通	V2.0	USB	
北京华铁		CF	恒业记录仪专用
北京世纪东方		USB	
天津七一二		SD	

2. 记录单元故障案例

(1)记录单元故障

某 CRH_5 型动车组 CIR 设备，库检语音通话试验时记录单元不回放。查看记录版本号不正常，更换记录单元恢复。

(2)记录单元时钟故障

某动车组提取记录单元数据分析,发现记录单元记录时间与 GPS 时间偏差很大,更换记录单元恢复,原因分析是记录单元时钟电路故障。

(3)记录单元电池不良

某 CRH_5 型动车组 CIR 设备,库检作业结束设备断电,记录单元直接掉电,更换记录单元恢复。判断记录单元电池故障,正常情况 CIR 设备断电后,记录单元应运行 5～10 s 左右才关机。

(五)主控单元

主控单元由嵌入式工控机和外围控制单元共同组成,是 CIR 设备控制核心。主控单元接收其他单元传送的控制指令,进行相应的控制操作;接收各个应用的信息送到 MMI 进行相应的提示和显示;按各个应用接口的数据要求进行相应数据的转发;完成数据的存储功能;与各单元共同完成软关机、复位、电池电量检测、通信串口扩展、450 MHz 与 GSM-R 语音切换、记录单元录放音等功能。

日常维护中,通过查看 CIR 版本号可以判断相应的故障,正常状态主控单元应与各单元通信正常,能记录各单元版本号。CIR 设备引入程序软件控制,各单元大部采取串口通信方式,会造成 CIR 运行过程中出现不稳定,CIR 大部分软件故障都可以通过复位重启方式解决。在 CIR 应急操作中这也是重要的一种处理方法。

各厂家主控单元面板示意图及各指示灯状态见第二章　CIR 主机各单元模块的配置及功能(一)。

主控单元故障案例:

1. 主控单元工控机故障

HXD 型机车 CIR 设备,两端 MMI 不显机车号,无法使用。更换 A 子架恢复。故障原因是主控单元工控机故障。

2. MMI 无法切换主控

HXD 型机车 CIR 设备,两端 MMI 无法切换主控。更换 A 子架恢复。故障原因是主控单元工控机故障。

3. 存储器故障

某动车组 CIR 设备,自检、GPRS 试验都正常,按“界面”键查看进路预告接收情况,发现数据丢失,只有当前库检记录,关电后再重新上电,再按“界面”键查看,库检信息也丢失。

因为 CIR 进路预告等信息既存在记录单元中也存在主控单元中,平常查询读取是从主控单元提取,判断该主控单元存储器发生故障。

4. 语音通话故障

某动车组 CIR 在 GSM-R 模式下,通话时串入 450 MHz 杂音,影响联控,更换主控单元恢复,判定故障原因是语音控制 CPU 异常。

5. 软件异常

某机车进入 G 网区段,调度反映呼叫该车只有回铃,联系司机重启后恢复。经提取该时段运行数据,发现语音场强一直保持固定值,越区切换场强也没变化,故障分析判定主控单元与语音模块通信异常,经重启复位后恢复。

(六)电源单元

1. 电源单元组成及功能

电源单元包含开关电源模块和蓄电池两部分。电源单元为设备提供供电电源。电池单元在外界直流供电切断后为 CIR 进行功能号注销和网络注销提供备用电源。

2. 电源故障案例

(1)电源模块故障

某动车组上电运行,机车乘务员反映 CIR 加不上电,更换 A 子架恢复,经查电源模块桥堆击穿。原因是上电瞬间冲击电流过大击穿模块。

(2)电池充电电路故障

某动车组 CIR 设备自检发现电池单元显示故障,更换电池自检多次还是显示故障,判定是电池充电电路故障,导致电池无法充电。

(3)影响语音通话

某动车组 CIR 设备自检发现语音模块显示故障,观察模块灯显状态不正常,更换语音模块还是显示故障,判定是 19 V 电源故障,导致语音模块无法正常启动。

(4)备用电池不良

CIR 备用电池主要作用就是支持功能号正常注销,自检发现不良应及时更换。

某待备机车进库检修,CIR 检测完毕关电时发现 MMI 屏幕长亮,机车号、车次号未正常注销,观察主机主控单元已经没电,更换 A 子架恢复,后将更换下 A 子架放在工区实验台加电试验,一切正常。

该现象是由于 CIR 电池电压低,无法支持主控单元执行正常关机操作,因为主控失效,导致 MMI 一直处于工作状态,表现就是屏幕长亮,该故障判断有两种情况:电池老化故障,需要更换;电池未充满电,经过反复充电后就能恢复,该故障就属于此类情况。

电池不良常见现象:

①关机后不报车次号注销成功、机车号注销成功,MMI 一直有电。

原因:给主机供电的蓄电池坏。断电后主机主控单元掉电,无法成功注册机车号、车次号,无法成功切换至 MMI 供电的蓄电池,导致关机不正常。

②关机报车次号注销失败 4 次、机车号注销失败 4 次后掉电。

原因:给主机供电的蓄电池坏,电压不足。断电后主机主控单元有电,主控单元最低电压为 8 V,但电压不足使 GSM-R 话音模块射频部分无法工作(射频部分最低电压为 11 V)。

(5)设备绝缘不良

某 HXD 机车 CIR 设备,主机电源上电后输出电源低,MMI 无法正常工作,测试机车输入 110 V 电源正常,初步判断有设备短路,处理时逐个拔出断开与主机的连接线,当将Ⅱ室 MMI 控制缆断开后故障恢复,怀疑Ⅱ室 MMI 不良,更换 MMI,故障依旧,准备换回原来的 MMI,在断开打印机时 MMI 突然恢复,接上打印机故障出现。检查打印机发现打印机内部进水。短路、绝缘故障不能轻易认为是线缆,应分析用电设备电源分配情况,分段逐一排除。

(6)设备接地

某 DF_{11} 机车 CIR 设备,机务反映机车接地灯亮,经查是通信影响。断开 CIR 电源,故障恢复,接电源试验故障依旧,依次断开 CIR 连接线,断开 AB 子架电源连接线时故障恢复。用万用表测量 AB 子架电源连接线有一根线碰地。更换连接线恢复。

某 DF_{8B} 新装小型化 CIR 设备,机务反映机车接地灯亮,处理时排除各线缆,最终确定主机内部接地。

由于接地故障对 CIR 运行没有影响,属于隐蔽性故障,应仔细试验检查。

（七）内置 450 MHz 电台

1. 450 MHz 电台功能

450 MHz 机车电台单元在主控单元的控制下完成 450 MHz 调度通信所规定的机车电台功能及承载的数据传输功能。

450 MHz 电台应按照《无线维规》要求，定期测试主机各项指标、天馈指标，掌握运用状态，发现超标应及时处理。

2. 450 MHz 电台故障案例

(1)450 MHz 电台开启门限超标

某 CRH$_5$ 型动车组运行中，司机反映 450 MHz 电台接收不好，距离稍远就无法呼叫车站，灵敏度还不如手持机。该车进库后测试天线驻波良好，更换 B 子架恢复，经用综合测试仪测试发现内置 450 MHz 电台开启门限超标。

(2)天线故障

某 CRH$_5$ 型动车组运行中，司机反映 450 MHz 电台通话距离近，由于该车最近刚测过 450 MHz 指标，该车进库后测试天线驻波偏大，超出指标，组织更换车顶 450 MHz 天线后故障恢复。

(3)信道机故障

某 HXD 机车 450 MHz 时好时坏，进库试验正常，组织更换 B 子架，更换 B 子架经测试在 1 min 长发时，发射功率由 5 W 迅速下降到 3 W，B 子架发射不良。

(4)软件故障

某 HXD 机车 CIR 设备，450 MHz 运行模式下 MMI 显示 450 MHz 通信故障，无发无收。复位故障未消除，司机断电重启恢复，进库后更换 B 子架。故障是 B 子架 450 MHz 单元与主控通信异常。

(5)亚音频故障

某动车组 CIR 设备入库自检时发现 450 MHz 亚音频故障，更换 B 子架恢复。该类故障在自检操作中就能及时发现。

（八）内置 LBJ 设备

1. LBJ 设备功能状态

MMI 显示屏的主界面具有安全预警显示区，用于显示列车防护报警的各种状态，LBJ 正常状态和报警状态 MMI 显示界面区别如图 6-9 所示。

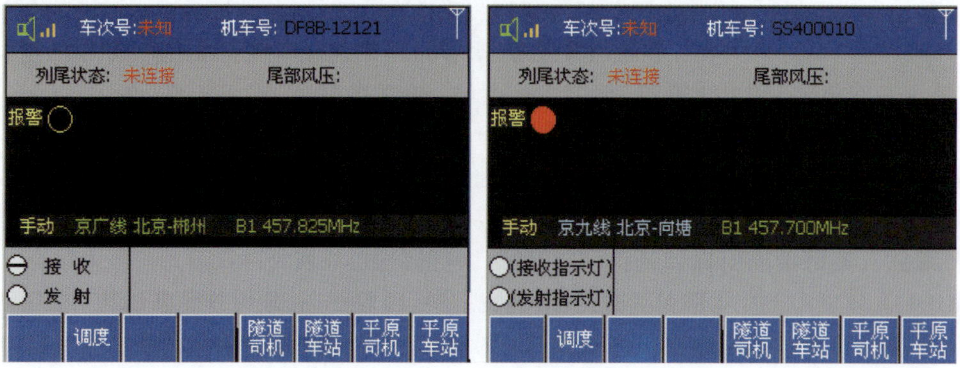

(a) LBJ正常状态 MMI显示界面　　(b) LBJ报警状态 MMI显示界面

图 6-9　LBJ 设备 MMI 显示界面

CIR 开机后，MMI 每隔 10 s 向 LBJ 请求当前状态，在 LBJ 返回当前状态后，MMI 在“安全预警显示区”显示报警主界面；如果 30 s 收不到 LBJ 返回的当前状态信息，自动清除报警显示界面。

“安全预警显示区”的“报警＋圆环”表示电子铅封/工作状态指示灯，如果 LBJ 没有发送过列车防护报警，铅封状态为黄色圆环，黄色圆环表示电子铅封未启用也就是没有发送过列车防护报警信息。发送列车防护报警信息时变为红点频闪，同时 MMI 有语音提示。电子铅封为红色圆点，表示电子铅封已启用，LBJ 曾经发送过列车防护报警，提示维护人员及时读取报警信息，读取完列车防护报警数据后，MMI 恢复。

MMI 操作面板上的“报警”按键，用于发起和解除列车防护报警操作。持续按下“报警”键 3 s 以上，或按下“报警”键后，5 s 内再按“确认/签收”按键，MMI 向 LBJ 发送报警按键信息，或者按下主机“报警”键 LBJ 发送报警。

由 MMI 发起的报警，可以通过该 MMI 解除报警，也可按下主机面板“报警”按钮，解除报警并恢复为守候状态。由主机发起的列车防护报警，按下控制盒“报警”按键，不能解除由主机发起的列车防护报警，必须按下主机面板“报警”按钮，解除报警并恢复为守候状态。

CIR 向 LBJ 转发 TAX 箱数据，LBJ 从中提取当前列车车次号、机车型号、机车号、公里标、时钟等；LBJ 根据 CIR 综合信息中的 GPS 时钟信息校准内部时钟，当 GPS 失效时根据 TAX 箱时钟信息校准内部时钟。

2. LBJ 设备故障案例

(1)LBJ 设备故障

某动车组 CIR 自检发现 800 MHz 电台显示故障，无法查询版本号，MMI 没有显示，判断 LBJ 与 CIR 通信故障，更换 B 子架故障恢复。

(2)LBJ 报警

高速铁路运行机车接收到 DF_{11} 型××××机车事故报警。工区组织立刻查找该机车，经查该车已经进库，上车查看机车已断电，上电后 CIR 开机，MMI 显示 LBJ 报警，按 LBJ 报警按钮解除报警。询访司机，反映运行时误按报警键，发现报警后立刻关闭 CIR 电源，以为已经中止报警。

由于乘务员误操作 LBJ 报警后将扰乱行车秩序，影响行车。发生 LBJ 报警后首要工作是联系指导乘务员消除报警，减小影响范围，CIR 关电、复位不起作用，同时加强乘务员使用操作培训。

(九)MMI 等附件故障

MMI、打印机、送受话器是机车乘务员日常操作使用的设备，使用频率高，故障率较高。如 MMI 各类按键操作、送受话器呼叫通话操作、打印机换纸、打印调度命令等。

1. MMI 故障

某 HXD 型机车配 CIR 设备，Ⅰ台 MMI 白屏，Ⅱ台正常，无法切换主控。判定 MMI 工控机故障，更换后恢复。

2. MMI 软件故障

某 HXD_{3C} 型机车 CIR 设备，Ⅰ台 MMI 显示致命错误，多次复位无效。司机断电重启后恢复。该类故障是 MMI 与主机间通信异常导致，断电后重启可以使工控机初始化，重新同步。

3. MMI 按键

某动车组机车乘务员反映按“界面”键查询进路预告，进不了界面，判定按键故障，更换

MMI 后恢复。

MMI 应定期进行按键功能性测试，确保各按键接触运用良好。

4. 无法通话

某 CRH_5 型动车组运行中，机车乘务员反映报 1 端送受话器送不出话，到站维护人员更换送话器后故障未恢复，更换 MMI 后恢复。

5. MMI 黑屏

某 CRH_5 型动车组运行中，机车乘务员报 1 端 MMI 黑屏，询问状况，反映能看到字，像副控状态，判断 MMI 液晶屏背光电路故障，更换 MMI 后恢复。

6. 内置喇叭故障

某 CRH_5 型动车组运行中机车乘务员反映报电话呼入时不响铃，送受话器通话正常，到站维护人员更换 MMI 后恢复。

7. 打印机故障

某 CRH_5 型动车组 CIR 设备，自检发现打印机打叉，无法查询版本号，经检查发现打印机机芯微带断裂，更换恢复。打印机由于更换打印纸频繁抽拉，容易使打印微带折断导致故障，应引起注意。

8. 送受话器故障

送受话器常见故障有：送不出话或杂音大；PTT 按键失效故障，按下 PTT 后 MMI 不显示；不挂机；听不见等现象。由于送受话器使用频繁，内部接插件容易松动，配线断线、混线易导致故障。

送受话器使用频率最高，应用中发生故障概率较高。根据《无线维规》要求，送受话器两年更换一次，日常维护中应加强送受话器的除尘清扫，线缆加固，可以对内部插件、线缆接头进行点胶加固，提高可靠性。送受话器点胶加固示意如图 6-10 所示。

图 6-10 送受话器点胶加固示意图

（十）线缆故障处理

1. 线缆故障判定

动车组各类线缆走线工艺要求较高，走线隐蔽。维护人员应熟悉各型动车组 CIR 布线图，掌握走线路径，走线要求可参照 CIR 安装工艺要求，重点是控制电缆、电源线、TDCS 电缆等。

由于动车组线缆更换难度较大，应仔细判定故障范围，建议采用替换法、搭临时线缆测试，区分设备与线缆，确认线缆故障组织更换。线缆故障处理流程如图 6-11 所示。

2. 线缆故障案例

(1)控制缆故障

某 CRH_5 型动车组运行中，机车乘务员报 Ⅰ 端 MMI 通话杂音大，进库更换送话器，MMI

故障依旧，将控制缆由B子架端口3换到端口4故障依旧，接临时缆试验故障消除。判定控制缆故障，更换控制缆后故障恢复。

某HXD3C型机车运行中，乘务员反映Ⅰ端MMI发生白屏、重启现象，更换MMI后故障未消除，采用临时线缆试验故障现象消失，更换线缆后恢复。

(2)TDCS电缆故障

某HXD机车CIR设备，主机电源上电后输出电源低，整机无法正常工作，测试机车输入110 V电源正常，初步判断有设备短路的地方，处理时逐个拔出断开与主机连接线，当将TDCS连接线断开时，故障恢复，更换TDCS连接线设备正常。判定故障原因是TDCS连接线被挤伤。

TDCS连接线内有12 V电源，由CIR主机供电，该电源设计是方便TDCS板测试用，而TDCS板工作时是由TAX箱供电。

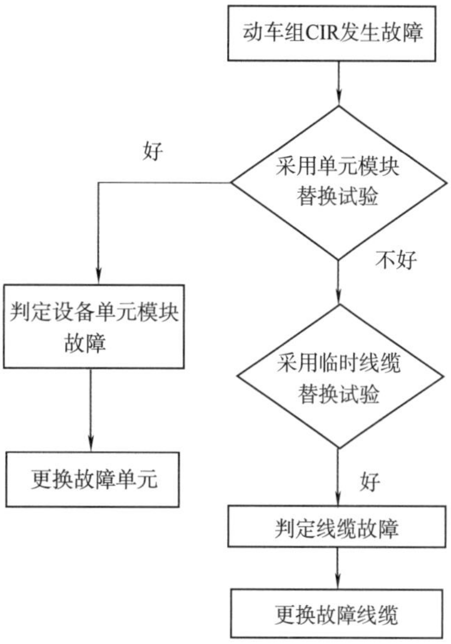

图6-11　线缆故障处理流程

(十一)天馈线故障处理

1. 天馈线故障判定

天馈线故障判定重点是设备单元、馈缆、天线三部分，CIR维护中应定期对GSM-R、450 MHz、800 MHz天馈线功率进行驻波测试，发现驻波超标应及时处理。可采用替代法测试、临时天馈线测试，区分设备与天馈线。判定GPS故障时，由于GPS天线是有源天线，普通仪表无法测试驻波，目前多采用临时天线测试。天馈线故障处理流程如图6-12所示。

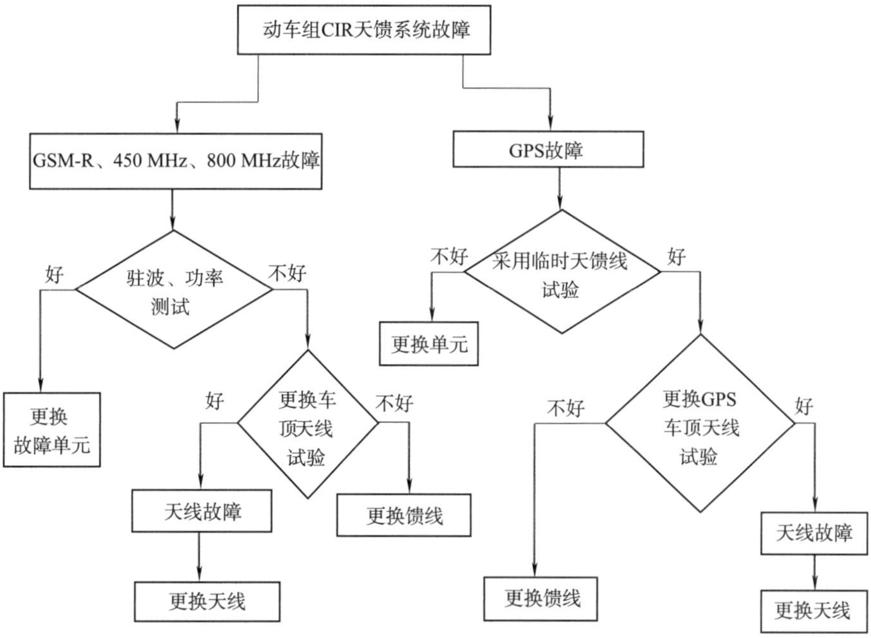

图6-12　天馈线故障处理流程

2. 天馈线故障处理案例

(1)450 MHz 天线破损

某 CRH$_{2A}$ 型动车组进库后，维修人员巡视天线时发现 450 MHz 天线外壳破损，要点更换后恢复。

(2)GPS 天线故障

某 CRH$_{380}$ 动车运行途中，乘务员反映自动状态下不定位，进库自检单元正常，数据无效。初步判断 GPS 天线不良，采用临时 GPS 天线试验，故障恢复。判定 GPS 天线故障。要点更换后恢复。

(3)天馈线故障

某 CRH$_{2A}$ 型动车组语音场强弱，驻波测试超标，初步判断 GSM-R 天线不良，要点处理更换天线，驻波仍然超标，经仔细检查发现天线馈线接头处屏蔽层断裂，重新制作接头后故障恢复。

(十二)跨局修动车组故障处理注意事项

跨局修动车组故障处理按照《铁路无线通信维护暂行规则》中跨局修要求执行，重点是掌握动车组的 IP 地址、路局 APN、路局 GRIS 等数据设置参数。如果 SIM 卡故障，需要选择相对应铁路局的 SIM 卡。

1. 维修人员接到跨局动车组故障申告后，可通过库检台 DNS 快速查询该动车组 IP 地址，通过库检台遥测该车 CIR 状态，初步判定故障范围。或通过联系司机询问故障现象，判断故障范围。

2. 故障处理注意事项：

(1)发生送受话器、打印机、电源等硬件故障时，可直接更换相应设备。

(2)MMI、B 单元(450 MHz、800 MHz 主机)、GPS 单元发生故障时，需要查看设备版本号是否兼容。

(3)主控单元发生故障，需要更换主控单元时，要注意将机车号、路局 APN、路局 GRIS IP 等参数设置正确，正常设备重启后应获得 IP 地址。

(4)语音单元发生故障时，语音单元故障，更换语音单元；语音 SIM 卡故障，可临时更换一张语音卡应急使用。(语音 SIM 卡不分铁路局，全路通用)

(5)数据部分发生故障，数据单元故障，更换数据单元；数据 SIM 卡故障，应特别注意更换动车组配属局的数据卡或采用全路通用卡(APN 为 *)。更换完毕，正常本机获得 IP 地址。

思考题

1. 简述 SAGEM 语音模块灯显含义。
2. 简述 SIM300 数据模块灯显含义。
3. 简述 WAVECOM 数据模块灯显含义。
4. 简述 CIR 蓄电池作用。
5. 简述各厂家记录单元提取数据方式。
6. 如何消除 LBJ 报警？

第二节 动车组CIR设备结合部故障处理

动车组CIR设备并不是孤立的工作，需要有其他设备进行信息交互，实现相应的功能。维护工作中需要熟悉接口部设备工作原理，掌握设备连接，能够判别处理结合部故障，提高应急处理能力。

一、动车组CIR设备与其他设备接口

动车组CIR设备与其他设备接口主要有以下两种。

（一）电源接口

CIR设备使用的110 V直流电源由动车组车辆提供，主要涉及正常设备供电及应急供电两部分。电源要求电压稳定，符合CIR指标要求。

（二）与电务车载系统相关的信息交互接口

CIR设备与电务车载系统相关的信息有车次号校核信息和无线列调录音。

时速250 km以下的动车组安装有机车安全信息综合监控装置（简称TAX箱）和列控设备动态监测系统（简称DMS）。TAX箱中安插CIR设备配套应用的机车数据采集编码器板，通过CIR设备B子架B6（TDCS入）接口连接；CIR外接录音通过CIR设备B子架录音接口与TAX箱连接；CIR设备与DMS通过B子架B5接口连接。

时速300 km以上的动车组取消TAX箱装置，目前CIR设备只与DMS连接。CIR设备没有外接录音装置。

DMS与CIR设备共用GPS或多频段天线，不同型号动车组安装设计不同。

（三）设备维护界面规定

通信部门负责动车组CIR设备主机、操作显示终端（MMI）、打印机、送（受）话器、扬声器、天线合路器及天馈线、TAX箱内的机车数据采集编码器以及各部连接线缆的维护。

动车段负责电源空气开关和电源开关至直流供电装置（电池组或逆变器）的连接电缆及管路的维护；CIR设备主机、操作显示终端（MMI）、打印机、送（受）话器、扬声器、TAX箱内的机车数据采集编码器机盘的日常保管。

动车组机车数据采集编码器以TAX箱48芯插座及后面板12芯插座为分界点，采集编码器及TAX箱至CIR连接电缆由通信部门维护。

CIR设备与TAX箱录音设备分界点：以CIR设备B子架录音口插座为分界点，录音插座以内由通信部门维修。插座外至录音装置间的连线由电务车载部门负责。

DMS设备与CIR设备以CIR设备B子架面板B5接口插座为分界点，插座以内由通信部门维修。插座外至DMS设备间的连接缆由电务车载部门负责。DMS设备与CIR共用GPS天线时以DMS GPS用2分支器分界，2分支器由电务车载部门负责。GPS天馈线由通信部门负责。DMS设备与CIR共用多频段天线时，以天线合路器接口分界，天线合路器及车顶天馈线由通信部门负责，DMS设备用GPRS馈线由电务车载部门负责。（该部分是以运基信号〔2008〕554号为依据）

二、电务车载设备简介

(一)机车安全信息综合监控装置

1. TAX箱作用

为解决机车上众多监测装置实时获取列车运行监控装置采集的时间、公里标、速度、车号和车次等列车运行信息,综合各功能模块单元的检测信息,统一时间、公里标作为基准进行监测记录,铁道部署全路安装机车安全信息综合监测装置。

TAX装置的投入运用为TDCS、TMIS系统运行提供了列车运行信息,为轨道动态检测、弓网检测、无线列调语音录音等机车车载监测设备提供了统一的工作平台。

2. TAX箱结构框图

动车组用TAX07型TAX箱结构框图如图6-13所示。

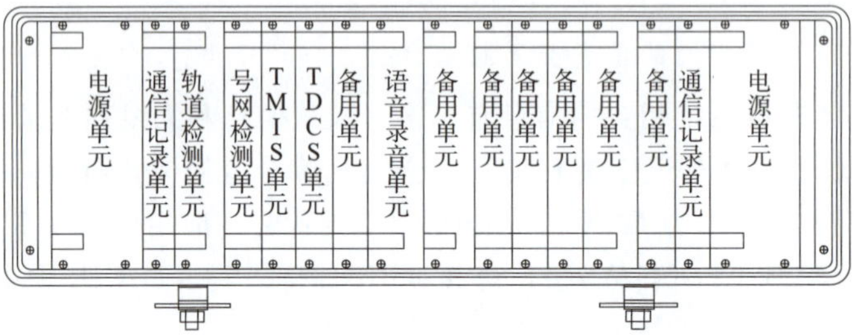

图6-13 动车组用TAX07型设备示意图

3. TAX箱工作原理图及主要板件工作原理

TAX07型监测装置系统结构原理框图如图6-14所示。

(1)通信记录单元

TAX箱以通信记录单元为装置的核心,由48芯插头并通过机箱内母板印制线与各单元相联系,通过机箱后背板专用插座与LKJ监控装置通信,通过它从监控获取年月日、时分秒、公里标、运行速度、机车号、车次、车种、区段号、车站号、司机号、副司机号、列车编组等信息;负责将从LKJ获取的信息通过RS-485方式以每隔50 ms周期发布给TAX装置内各功能单元,各功能单元将经过分析判断且要求记录的信息返回给通信记录单元,通信记录单元完成对各功能单元反馈信息的记录及对外数据转储功能。

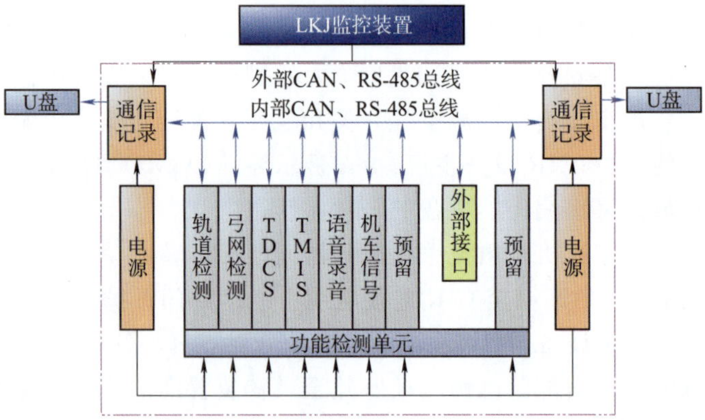

图6-14 TAX07型监测装置系统结构原理框图

(2)TDCS单元

TDCS单元是TDCS工程无线车次号校核系统的车次等信息的传输源。它的主要功能是将从监控装置获取的列车运行的时间、公里标、车次、信号机编号和速度等信息通过CIR传输至CTC中心,完成对动车组的调度管理。

(3)语音录音单元

语音录音单元是CIR设备的外置录音装置。该单元将机车乘务员通过CIR设备进行的语音通话,按数字压缩形式,并以从LKJ监控装置获取的时间、公里标作为基准坐标进行存储记录,再通过地面语音回放器来转储以及还原回放语音信号,以加强对"车机联控"的规范化管理。

4. TAX箱与CIR的连接

如图6-15所示,CIR设备TDCS连接电缆接TAX箱X6口,录音接X9口。CIR与TAX箱连接对应关系见表6-8。

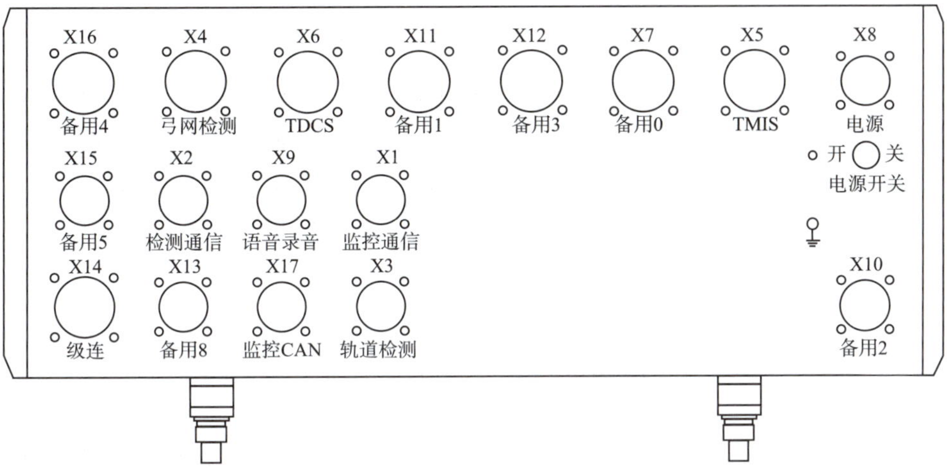

图6-15　TAX07型监测装置背板插座分布示意

表6-8　TAX与CIR连接对应端口表

序号	功　能	TAX箱侧端口	CIR侧端口
1	车次号校核信息	X6(DMIS)	B6(TDCS入)
2	录音	X9(语音录音)	录音

5. 机车车次号采集单元(简称TDCS板)

(1)TDCS板作用

TDCS板安装在监控装置TAX箱内,作为GSM-R模式下传输无线车次号的机车终端设备。CIR只提供数据传输通道,并不参与车次号数据传输的控制过程。

编码器每200 ms将采集到的检测装置的列车运行数据编码发送一次。如MMI设置机车号与TAX箱一致,则车次号自动传输给MMI显示。如机车号不一致,MMI发出提示"注意机车号"。

(2)TAX箱发送车次号校核信息条件

在GSM-R模式下,无线车次号数据的传输是双向的,列车可以向地面发送车次号数据,地面也可以在需要时查询指定列车的当前车次号数据。无线车次号是CTC系统判断机车位置区段并向其下发调度命令、进路预告等控制信息的基础条件。

(3)车次号校核信息发送条件

CIR对机车数据采集编码器发送的信息进行实时分析,数据内容符合以下条件之一时则发送一次车次号信息。

①监控状态下,列车进入新的闭塞分区、进站、出站;

②非监控状态下，列车运行速度由 0 km/h 变为 5 km/h；

③非监控状态转为监控状态时；

④列车停稳时发送一次列车停稳信息，列车启动时发送一次列车启动信息。

(4)动车组发送车次号校核信息内容比较

①带 TAX 箱的动车组

动车组安装有 TAX 箱时，车次号校核信息取自 TAX 箱中的监控信息。CIR 采用透传方式传输到 CIC 中心。200 km/h 动车组车次号校核信息截图如图 6-16 所示。

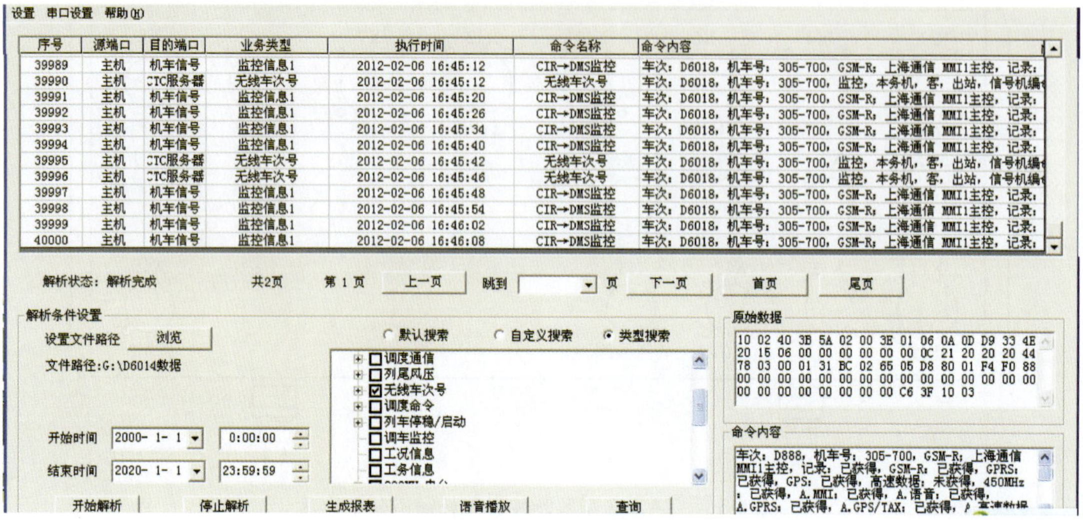

图 6-16　200 km/h 动车组车次号校核信息截图

②未安装 TAX 箱动车组

动车组未安装 TAX 箱，车次号校核信息由 CIR 设备自身发送，发送有效信息内容仅是车次号、机车号。300 km/h 以上动车组车次号校核信息截图如图 6-17 所示。

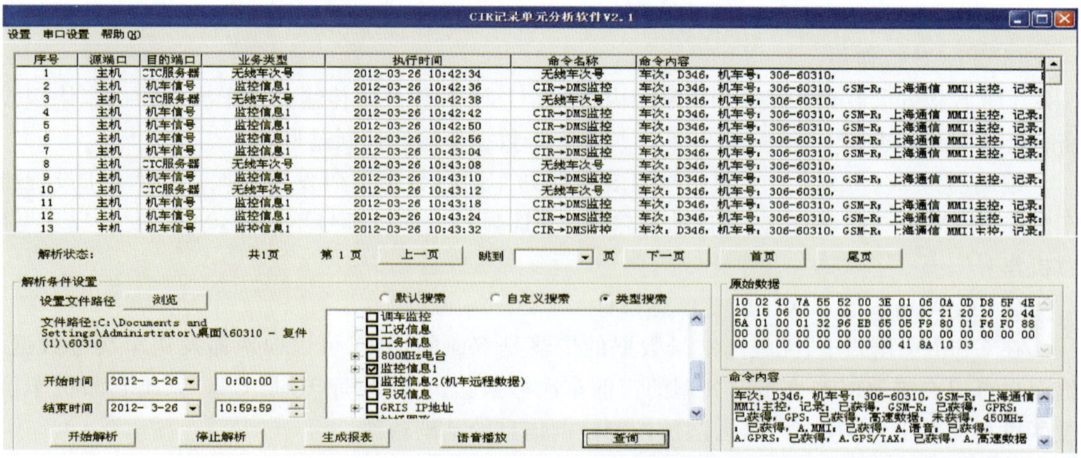

图 6-17　300 km/h 以上动车组车次号校核信息截图

6. TAX 箱录音

安装有 TAX 箱的动车组录音存储有两种方式：CIR 录音单元存储；在 TAX 箱录音板存储。

TAX 箱录音有两种模式，一种是声控模式另一种是电控模式，因为录音清晰度上电控模式优于声控模式，所以目前常用的是电控模式。

未安装 TAX 箱的动车组，录音仅是 CIR 记录单元记录。

（二）列控设备动态监测系统

1. DMS 作用

DMS 是为动车组 CIR 设备、机车信号远程监测系统提供扩展接口，实现数据共享。CIR 通过 B 子架 B5 口与 DMS 主机连接。DMS 设备主机如图 6-18 所示。

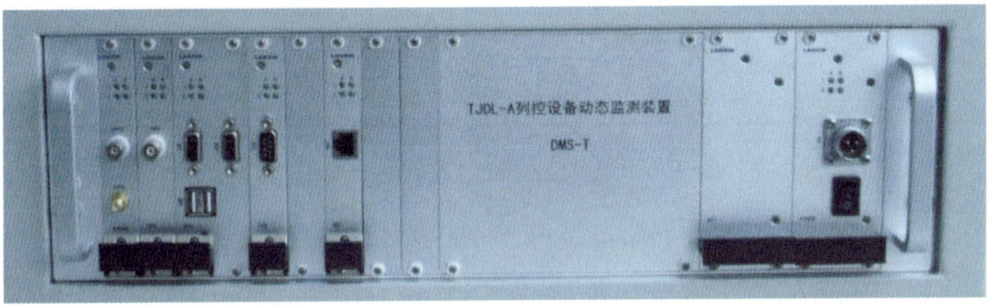

图 6-18　DMS 设备主机示意图

2. 动车组 DMS 与 CIR 连接示意图

(1)CRH_1、CRH_2、CRH_5 型动车组

上述 3 种车型 DMS 设备安装特征：采用 2 分支器与 CIR 共用 GPS 天线；DMS 设备自身用 GPRS 天线采用吸盘式螺旋鞭状天线。如图 6-19 所示。

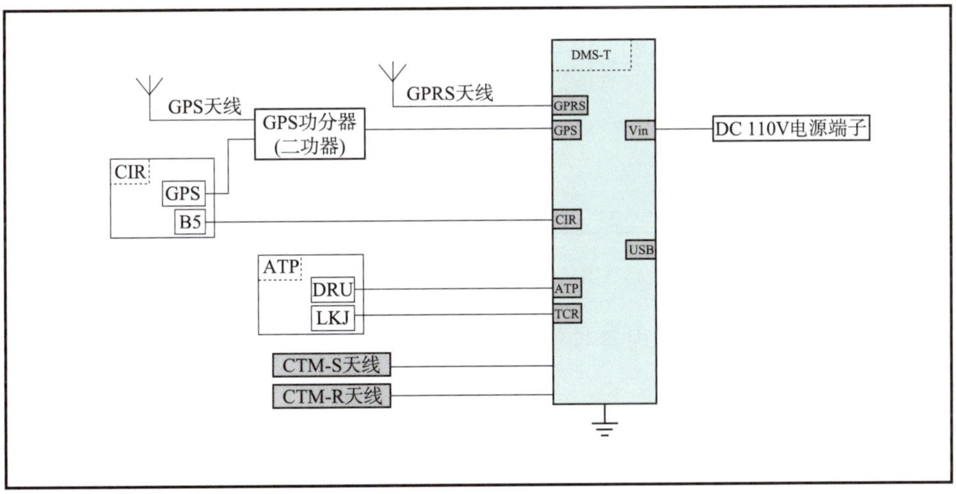

图 6-19　CRH_1、CRH_2、CRH_5 型动车组 DMS 与 CIR 连接示意图

(2)CRH_{2C}、CRH_3 型动车组

上述 2 种车型 DMS 设备安装特征：采用 2 分支器与 CIR 共用 GPS 天线；DMS 设备自身

用 GPRS 天线通过 3 合 1 天线合路器与 CIR 设备450 MHz、800 MHz 电台共用 1 个多频段天线。如图 6-20 所示。

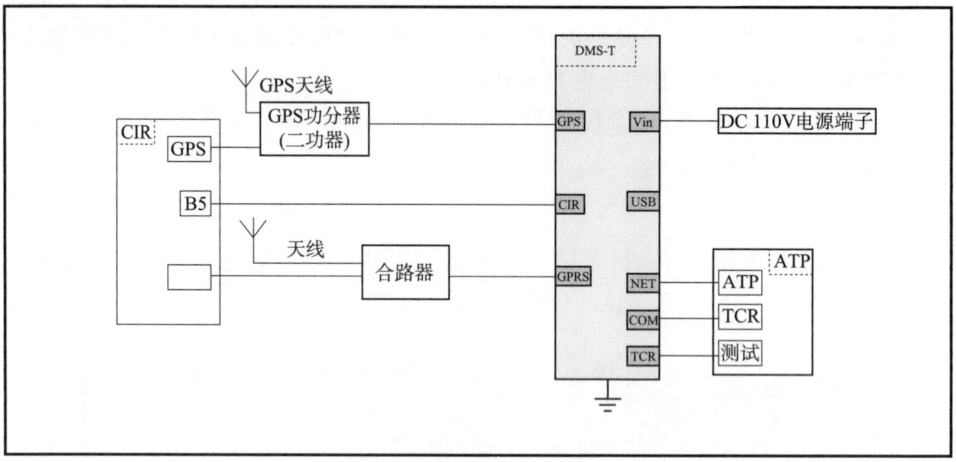

图 6-20 CRH2C、CRH3 型动车组 DMS 与 CIR 连接示意图

(3)CRH380A、CRH380B 系列动车组

CRH380 系列车型 DMS 设备安装特征：DMS 设备 GPS 天线与 CIR 数据 GPRS 天线共用 1 个椭圆形组合天线；DMS 设备自身用 GPRS 天线通过 3 合 1 天线合路器与 CIR 设备 450 MHz、800 MHz 电台共用 1 个多频段天线。如图 6-21 所示。

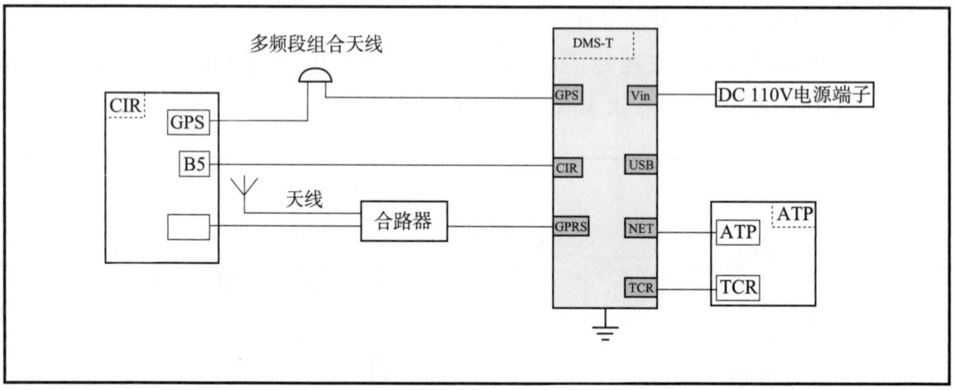

图 6-21 CRH380A、CRH380B 系列动车组 DMS 与 CIR 连接示意图

3. DMS 与 CIR 数据交互的内容与条件

(1)CIR 向 DMS 发送数据

CIR 设备正常情况下每隔 15 s 向 DMS 设备发送信息，信息包括车次号、机车号、CIR 工作模式、CIR 当前各单元状态等信息。

当车次号、机车号、CIR 工作模式有变化时将立即发送信息。

(2)DMS 向 CIR 发送数据

DMS 设备模拟 TAX 型形式每隔 200 ms 向 CIR 设备发送车次号校核信息。

三、结合部故障处理

（一）结合部故障处理要求

处理结合部故障时，维修人员应遵循CIR故障处理相关要求，执行一“询问”、二“查看”、三“分析”、四“处理”的基本原则。通过试验、测试、更换单元配件等方法判定CIR设备是否良好，不良设备应及时修复，及时通知相关维修部门处理，同时本方也要积极配合，故障处理完毕双方应共同试验，确认良好后做好相应的故障分析记录。

（二）外部电源故障处理

CIR电源故障，直接导致设备功能失效，影响到车机联控。电源故障可以从CIR设备电源引入线缆接口作为切入点处理，用万用表在电源线接口处测试，电源符合标准，可以判定外部正常，着手处理设备；没有电源再检查动车组无线列调用空气开关是否闭合，空气开关处于断开状态，断开CIR设备空载运行合上空气开关测试是否有电源，测试电源正常时可以判定外部正常，着手处理设备，没有电源或电源电压异常可以判定CIR设备外部供电不良应及时通知动车所调度组织处理。外部电源故障处理流程如图6-22所示。

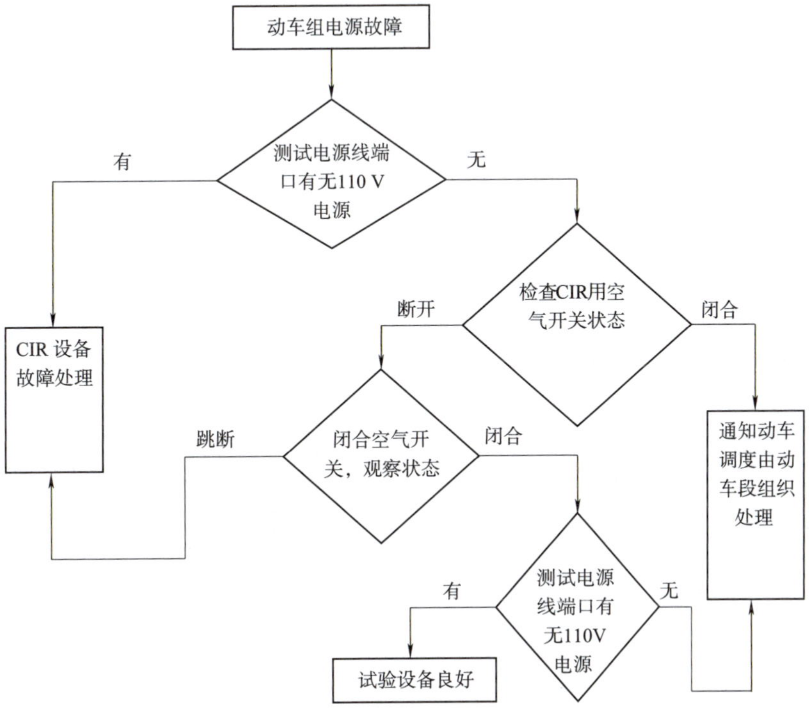

图6-22　外部电源故障处理流程

动态运行中的动车组如果发生电源异常，该类故障排查较为困难，需要通过多种手段分析判断，动车所及动车组厂家需配合处理。

动车组外部电源故障案例：

1. 外部电源供电异常

某CRH_5型动车组值班人员检车时发现0端CIR设备加不上电，检查发现A单元电源模块烧坏，更换A单元后试验良好，隔天发现0端CIR设备又加不上电，同时了解到同期该端

LKJ、ATP 设备也有烧毁现象，由于 ATP、LKJ、CIR 设备电源都是从动车组司机室电气间 24 V转 110 V 逆变器引出，怀疑该逆变器输出不稳定，通知动车所、北车厂家检查处理，经厂家更换逆变器后该故障现象消失。

2. 动车组车辆电源接地

某 CRH_2 型动车组运行中发生 CIR、LKJ 设备故障，回库检查发现都是主机电源击穿烧毁，反映到动车所，联系厂家，经厂家分析为车辆电源接地不良，过分相时浪涌电流较大烧毁设备，由厂家组织整改后恢复。

3. 动车组线缆绝缘测试影响

某 CRH_2 型动车组进厂 4 级修，CIR 维护人员接车时发现 1 端 CIR 加不上电，更换 A 子架恢复，经检查故障 A 单元电源板输入桥堆 D1 被击穿，南车厂家回复有做过线路耐压试验，动车组是按运用状态进厂，CIR 电源开关不能关闭，分析是厂家线路耐压试验导致强电击穿 CIR 电源，经反映后，厂家已经修改试验大纲，再做耐压试验时，首先确认设备电源开关关闭。

4. CIR 电源配线不合理

某 CRH_{2C} 型动车组运行途中 ATP 发生故障，机车乘务员将电气面板上 ATP 空气开关断开复位时，发现 CIR 掉电，影响联控。经厂家查询电路图纸，发现 CIR 与 ATP 电源接在一起，并未接在无线列调空气开关上，当 ATP 断电复位时影响 CIR 的使用，向厂家反映该问题后厂家组织整改，将电源分离。

5. 运行中 CIR 外部掉电

某 CRH_5 型动车组运行途中，CIR 突然黑屏，几分钟后设备自动恢复，该动车组进库检测设备正常，提取记录单元运行数据发现运行中 CIR 设备发生外部掉电。动车组设备掉电数据分析截图如图 6-23 所示。

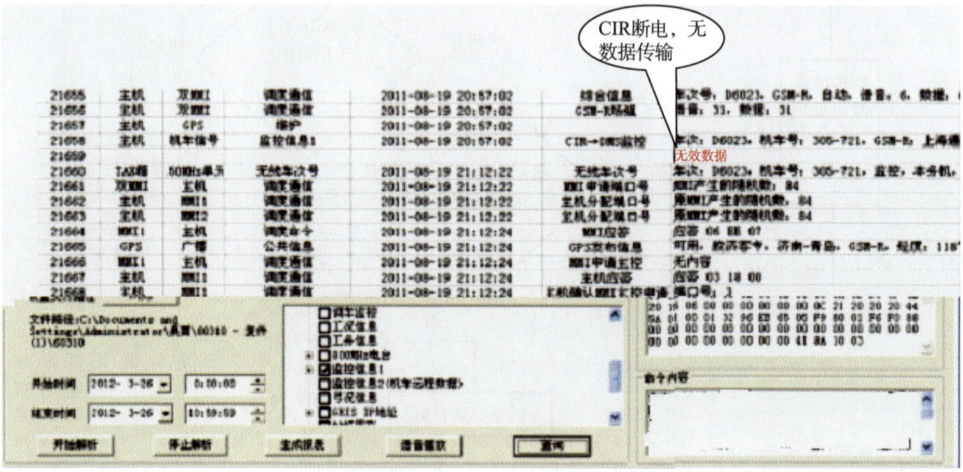

图 6-23 动车组设备掉电数据分析截图

（三）TAX 箱录音故障处理

安装 TAX 箱各型动车组，CIR 设备外置录音口与 TAX 箱录音板连接。CIR 设备本身自检无法监控录音口的状态，在语音通话试验完毕，按一下 TAX 箱录音板放音按钮，正常应回放通话试验的语音内容。TAX 箱录音测试由电务车载部门试验。

当发现录音不正常或录不上音时应检查录音口状态，CIR 设备录音口检测可以通过以下两种方法判定：

1. 更换 B 子架做替换试验，故障恢复说明设备不良；故障依旧，应通知电务车载设备维护人员处理。

2. 用综合测试仪或万用表、电平表测试。因为录音口采用电控方式，按下送受话器"PTT"时测试 5 芯录音口 1、3 脚电压，正常小于 0.3 V，释放"PTT"测试 1、3 脚电压正常为 5 V，不正常说明 CIR 录音控制电路故障；3、4 脚音频输出电压应在 300 mV 左右，音频输出电压过低也能造成 TAX 箱录音板无法录音。当录音口指标测试合格时，可排除 CIR 自身故障，应通知电务车载设备维护人员处理。

CIR 录音口采用 AL16 型 5 芯圆形接插件，引脚定义见表 6-9。

表 6-9　录音接口定义

引脚号	定　义	说　明
1	控制电平	"ON"时小于 0.3 V，"OFF"时为高阻
2	空	
3	GND	
4	音频输出电平	标准测试条件下为 −10 dBm±2 dBm，阻抗 600 Ω
5	空	

（四）TAX 箱传输的车次号校核故障处理

安装 TAX 箱的动车组运行时 CIR 设备用车次号、机车号信息是从 TAX 提取，由 CIR 控制语音模块向智能网注册车次号、机车号，注册成功后车站才能通过功能号方式与动车组实现联控；CIR 设备将接收到的车次号校核信息通过 GSM-R 数据模块上传到 CIC 中心，CTC 中心根据其中的信息分析判定下发进路预告，调度员才能下发调度命令等。

1. TDCS 板检测判断方式

（1）动车组 CIR 设备日常出入库检测时，通过库检台自检或遥测功能都能实现对 TDCS 板状态的监控。

（2）TDCS 板具有自检测功能：按下测试键 1 s 内松开，发送实际车次测试帧 1（信号机编组站，公里标 9 999 888 m，其余为 TAX 实际数据）。按下测试键 2 s 后松开，发送模拟车次测试帧 2（信号机编组站，公里标 8 888 888 m，机车号 4882），CIR 主机接收后，在 MMI 上显示并语音提示。可以判定 TDCS 板与 CIR 设备良好。

（3）TAX 箱与 LKJ 的联系

CIR 设备从 TAX 箱提取车次号校核信息，但是 TAX 箱只是转发机车监控装置 LKJ 的运行数据，当 TAX 箱与 LKJ 设备之间通信异常时，CIR 同样也得不到正确的信息，需要电务车载部门处理。

2. 与 TAX 箱相关的故障案例

（1）车次号跳变

某 CRH_5 型动车组运行时，机务乘务员反映在运行中出现车次号跳变，经提取运行数据分析，发现从 TAX 箱传来的车次号校核信息有不规律跳变现象，时间很短，导致 CIR 设备频繁注册、注销车次号，出现车次号跳变现象，动车组车次号发生跳变分析截图如图 6-24 所示，通知电务车载部门修改 LKJ 数据后恢复。

219	218	主机	CTC服务器	无线车次号	2011-09-26 12:47:56	无线车次号车次：D346，机车号：305-730，监控，本务机，客，其他，信号机编号：1186，公里标：+292028米，交路号：
220	219	主机	CTC服务器	无线车次号	2011-09-26 12:48:00	无线车次号车次：D346，机车号：305-730，监控，本务机，客，其他，信号机编号：1186，公里标：+292028米，交路号：
221	220	主机	CTC服务器	无线车次号	2011-09-26 12:48:26	无线车次号车次：D346，机车号：305-730，监控，本务机，客，其他，信号机编号：1166，公里标：+290020米，交路号：
222	221	主机	CTC服务器	无线车次号	2011-09-26 12:48:30	无线车次号车次：D346，机车号：305-730，监控，本务机，客，其他，信号机编号：1166，公里标：+290020米，交路号：
223	222	主机	CTC服务器	无线车次号	2011-09-26 12:48:54	无线车次号车次：D346，机车号：305-730，监控，本务机，客，其他，信号机编号：1146，公里标：+288093米，交路号：
224	223	主机	CTC服务器	无线车次号	2011-09-26 12:49:00	无线车次号车次：D346，机车号：305-730，监控，本务机，客，其他，信号机编号：1146，公里标：+288093米，交路号：
225	224	TAX箱	主机	无线车次号	2011-09-26 12:49:06	无线车次号车次：DA2097153，机车号：305-730，监控，本务机，客，其他，信号机编号：1146，公里标：+287392米，交
226	225	TAX箱	450MHz单元	无线车次号	2011-09-26 12:49:06	无线车次号车次：DA2097153，机车号：305-730，监控，本务机，客，其他，信号机编号：1146，公里标：+287392米，交
227	226	主机	CTC服务器	无线车次号	2011-09-26 12:49:06	无线车次号车次：DA2097153，机车号：305-730，监控，本务机，客，其他，信号机编号：1146，公里标：+287392米，交
228	227	主机	CTC服务器	无线车次号	2011-09-26 12:49:10	无线车次号车次：DA2097153，机车号：305-730，监控，本务机，客，其他，信号机编号：1146，公里标：+287392米，交
229	228	TAX箱	主机	无线车次号	2011-09-26 12:49:10	无线车次号车次：D346，机车号：305-730，监控，本务机，客，其他，信号机编号：1146，公里标：+287080米，交路号：
230	229	TAX箱	450MHz单元	无线车次号	2011-09-26 12:49:10	无线车次号车次：D346，机车号：305-730，监控，本务机，客，其他，信号机编号：1146，公里标：+287080米，交路号：
231	230	主机	CTC服务器	无线车次号	2011-09-26 12:49:10	无线车次号车次：D346，机车号：305-730，监控，本务机，客，其他，信号机编号：1146，公里标：+287080米，交路号：
232	231	主机	CTC服务器	无线车次号	2011-09-26 12:49:14	无线车次号车次：D346，机车号：305-730，监控，本务机，客，其他，信号机编号：1146，公里标：+287080米，交路号：

图 6-24 动车组车次号发生跳变分析截图

（2）TAX 箱掉电

某 CRH_5 型动车组在某线路运行时，机车乘务员反映收不到进路预告，车机联控正常。通过 GRIS 服务器查询车次号校核信息，发现上传车次号、机车号正确，公里标无效（因为该线路早期 CTC 通过公里标作为判定机车区间下发进路预告依据），通过库检台遥测 CIR，发现 TDCS 板显示故障，该动车组进库后维修人员上车检查发现 TAX 没电，联系电务车载部门处理，TAX 箱上电后试验良好，故障恢复。

该故障出现后维修人员配合网管中心做了相关试验验证，网管中心在 GRIS 服务器上监测上传的车次号校核信息，与 TAX 箱正常连接时，上传车次号校核信息在车次号、机车号、公里表等数据正常。拔下 TDCS 连接缆，模拟与 TAX 箱中断连接，检测上传的车次号校核信息车次号、机车号正确，其他无效，与故障现象一致。该结论符合部标 GSM-R 模式下 CIR 发送车次号校核信息规定：如果 CIR 在 30 s 内无发获取 LKJ 或列控设备输出的车次号数据，在获得司机输入的车次号信息后，CIR 每隔 30 s 发送一次车次号校核信息。

（3）TAX 箱输出机车号异常

某 HXD_{3C} 型机车，机车乘务员反映收不到进路预告，与车站联控正常，经网管中心查询智能网车次号注册正常，数据网查询时发现 PDP 激活异常，出现两个机车号注册，机车到站后维修人员上车发现 MMI 提示“注意机车号”，查询该车 CIR 配置数据正确，维修人员断开 TDCS 连接缆，故障现象消失，接上 TDCS 连接缆故障现象开始出现，判断故障原因是 TAX 箱输出车次号校核信息中的机车号与该车 CIR 设定机车号不符。

（4）LKJ 与 TAX 箱通信中断

某 HXD_{3C} 型机车运行时机车乘务员反映不能自动注册车次号，机车进库后维修人员在 LKJ 设备 DMI 上输入车次号，模拟监控状态，CIR 设备 MMI 上无显示，故障现象就是车次号校核信息未传到 CIR 设备上。

CIR 自检显示各部单元正常，在 TAX 箱侧按压 TDCS 板测试按钮，MMI 有语音提示，说明 CIR 设备工作正常。联系电务车载部门上车处理，发现 TAX 箱通信板灯显异常，经查 TAX 箱与 LKJ 设备连接缆故障，导致 LKJ 运行数据没有传输到 TAX 箱中，更换连接缆故障消除。

（5）TDCS 板故障

某机车进库，CIR 自检发现 TDCS 板显示故障，检查发现 TAX 箱 TDCS 板没电，更换 TDCS 板后恢复，判定 TDCS 板电源故障。

（五）DMS 与 CIR 结合部的相关问题

目前 CIR 与 DMS 通信，只是向 DMS 发送车次号、机车号、CIR 的工作模式、各单元状态等信息。没有 TAX 箱的各型动车组运行时需要机车乘务员手动注册车次号，DMS 故障不影响 CIR 设备运行。

DMS 运行需要记录车次号，优选 ATP 输出的车次号信息，只有 ATP 不具备输出车次号功能或 ATP 输出故障时，DMS 才选择 CIR 输出的车次号信息。

CRH$_1$、CRH$_2$、CRH$_3$、CRH$_5$ 型动车组 DMS 通过 2 分支器与 CIR 共用 GPS 天线，DMS 设备 GPS 故障时容易影响 CIR 设备 GPS 定位。DMS 设备与 CIR 设备共用 GPS 天线如图 6-25所示。

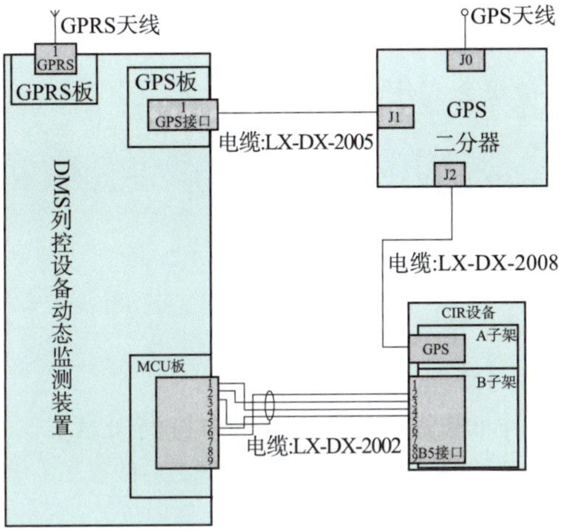

图 6-25　DMS 设备与 CIR 设备共用 GPS 天线示意图

1. DMS 与 CIR 共用 GPS 天线故障判断处理

发现 CIR 设备 GPS 不定位，首先确定天线无遮挡，能够接收 GPS 信号，CIR 设备 GPS 单元正常。可以将 J0 口天馈线甩开直接接 CIR 设备 GPS 单元，GPS 正常，可判定 DMS 设备 GPS 故障；故障未恢复，可以找一根临时 GPS 天线试验，故障恢复可判定车顶 GPS 天线故障。

2. DMS 设备 GPS 影响 CIR 运行案例

某 CRH$_5$ 型动车组运行中司机反映自动状态下不显站名，转手动使用。进库后自检单元正常数据无效，怀疑天馈线不良，CRH$_5$ 型动车组 DMS 设备与 CIR 通过一个 2 分支器共用 GPS 天线，甩开分支器将 GPS 天线直接接在 GPS 单元上，故障恢复。

通过故障分析判定是 DMS 设备 GPS 单元不良影响 CIR，通知电务车载部门处理后恢复。

思考题

1. 简述 CIR 与电务车载设备如何分界。
2. 简述 CIR 与 TAX 箱如何连接。
3. 简述 TDCS 板如何检测。
4. 简述 CIR 与 DMS 如何连接。
5. 简述车次号跳变故障如何快速判断。

复 习 题

1. 简述故障处理常用方法。

2. 简述登车顶更换天线的安全要求。

3. 简述采用车次、机车功能号呼叫动车组的方法。

4. 简述车次号被占用故障处理。

5. 简述语音、数据 SIM 卡的规定。

6. CIR 设备 APN 设置错误会有什么影响?

7. 简述 GPS 单元作用。

8. 如何查询跨局动车组 IP 地址?

9. GPS 单元故障如何判断?

10. CIR 备用电池不良会有什么影响?

11. 如何判断 CIR 天馈线故障?

12. 简述 DMS 与 CIR 如何连接。

13. CRH_5 型动车组运行中出现车次号跳变,如何分析处理?

14. 未安装 TAX 箱的动车组车次号校核信息内容是什么?

附录　动车组车载通信设备维修岗位技能实训设备配置标准建议表

序号	实训项目	设备及材料名称	基本配置标准		备　注
			单位（规格）	数量	
1	动车组车载通信设备维修	出入库检测设备	套	8	全配置
		CIR 设备	套	8	全配置标准型
		列控车载设备	套	8	
		110 V 直流稳压电源	套	16	
		笔记本电脑	套	8	
		万用表	块	8	
		TAX 箱或 TAX 箱模拟设备	套	8	
		便携式机车设备测试仪	台	8	
		便携测试台	台	8	
		数据管理器	台	8	
		450 MHz 便携台	台	8	
		GSM-R 手持台	台	8	
		兆欧表	块	8	
		功率计	台	8	
		记录单元数据分析软件	套	1	按照不同的 CIR 设备厂家配备
		SIM 卡	个	40	
		工具	套	8	用于设备安装和线缆接头制作
		无线综合测试仪	台	8	
		测试夹具	套	8	

参考文献

[1]铁道部.GSM-R数字移动通信网设备技术规范　第二部分:机车综合无线通信设备(V2.0).
[2]上海新干通通信设备有限公司.CIR使用说明书.
[3]北京世纪东方国铁科技有限公司.CIR使用说明书.
[4]北京华铁信息技术开发总公司.CIR使用说明书.
[5]天津七一二通信广播有限公司.CIR使用说明书.
[6]株洲南车时代电气股份有限公司.TAX07型机车安全信息综合监测装置使用说明书.
[7]河南蓝信科技有限公司.列控设备动态监测系统维护手册.
[8]铁道部.铁运〔2010〕194号　铁路无线通信维护暂行规则.北京:中国铁道出版社,2010.
[9]铁道部.运基信号〔2008〕554号　DMS与CIR接口技术条件及设备维护管理分工界面.
[10]华为技术有限公司.移动通信基本原理.